포켓북 왕초보 영한단어 사전

포켓북
왕초보 영한단어 사전

2022년 02월 13일 초판 1쇄 인쇄
2022년 02월 18일 초판 1쇄 발행

지은이 이서영
발행인 손건
편집기획 김상배, 장수경
마케팅 최관호, 김재명
디자인 박민주
제작 최승용
인쇄 선경프린테크

발행처 *LanCom* 랭컴
주소 서울시 영등포구 영등포동4가 146-5, 3층
등록번호 제 312-2006-00060호
전화 02) 2636-0895
팩스 02) 2636-0896
홈페이지 www.lancom.co.kr
이메일 elancom@naver.com

ⓒ 랭컴 2022
ISBN 979-11-92199-06-1 13740

외국어 잡는 포켓북 단어사전 시리즈 1

왕초보

포켓북

영한

ENGLISH-KOREAN
DICTIONARY

단어
사전

*Lan*Com
Language & Communication

이 책의 구성과 특징

영어 학습의 필수 9,000여 영한단어 엄선 수록
영어 단어 개수가 100만 개가 넘어섰다고 하지만, 실제 생활에서 사용하고 시험에 나올 수 있는 단어는 정해져 있습니다. 일상 커뮤니케이션에서는 평균적으로 3천 개 단어 정도를 알고 있으면 회화의 70~80% 정도 이해가 가능합니다. 이 책은 '사용할 수 있는 단어'라는 기준을 두고 일상회화와 영어학습에 꼭 필요한 9천여 단어를 가려 뽑았습니다. 짧은 시간 안에 학습이 가능하도록 반드시 암기해야 할 단어의 품사별 핵심 뜻을 함께 실었습니다.

알파벳순으로 찾아보는 단어사전
단어를 사전처럼 찾아볼 수 있도록 알파벳순으로 엮어 모르는 단어가 나왔을 때 쉽고 빠르게 그 뜻을 찾아 볼 수 있습니다.

한글 발음 동시 표기
영어 발음을 그대로 한글로 표기하는 것은 매우 어려운 일입니다. 본서는 영어를 잘 모르는 초급자라도 쉽게 읽을 수 있도록 가능한 원음에 가깝게 한글로 발음을 표기해두었습니다. 한글 발음을 참조하되 전적으로 의존하지 말고 최대한 원음대로 발음할수 있도록 노력한다면 학습에 많은 도움이 될 것입니다.

주제별 그림단어
학습자의 흥미를 돋우고 지루하지 않도록 중간중간 주제별 단어를 수록하여 그림과 함께 단어를 즐겁게 공부할 수 있습니다.

휴대가 간편한 포켓북 사이즈
한손에 잡히는 아담한 사이즈로 언제 어디서나 쉽게 꺼내 공부할 수 있는 휴대가 간편한 사전입니다.

영어의 발음과 기호

모음 vowel

구분	a	e	i	o	u	ə	ʌ	ɔ	ɛ	æ
소리	아	에	이	오	우	어	어	오	에	애
기호	ㅏ	ㅔ	ㅣ	ㅗ	ㅜ	ㅓ	ㅓ	ㅗ	ㅔ	ㅐ

자음 consonant

유성자음(16개)

구분	b	d	j	l	m	n	r	v
소리	브	드	이	러	므	느	르	브
기호	ㅂ	ㄷ	ㅣ	ㄹ	ㅁ	ㄴ	ㄹ	ㅂ

구분	z	ʤ	ʒ	tz	ð	h	g	ŋ
소리	즈	쥐	지	쯔	뜨	흐	그	응
기호	ㅈ	주	ㅈ	ㅉ	ㄸ	ㅎ	ㄱ	ㅇ

무성자음(10개)

구분	f	k	p	s	t	ʃ	tʃ	θ	t	ŋ
소리	프	크	퍼	스	트	쉬	취	쓰	츠	응
기호	ㅍ	ㅋ	ㅍ	ㅅ	ㅌ	수	추	ㅆ	ㅊ	ㅇ

CONTENTS

주제별 영단어

일러두기

명 명사   대 대명사   동 동사   타 타동사   자 자동사

형 형용사   부 부사   관 관사   전 전치사   접 접속사

감 감탄사

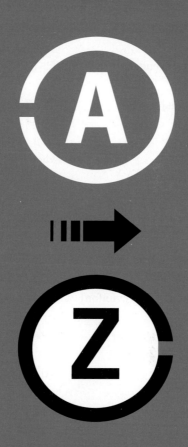

□ **abandon** [əbǽndən]
어밴던
타 버리다, 버려두다, 포기하다

□ **abase** [əbéis]
어베이스
타 (지위·품격 등을) 떨어뜨리다, 깎아내리다

□ **abate** [əbéit]
어베이트
타 감하다
자 감소하다, (값을) 내리다

□ **abbey** [ǽbi]
애비
명 대수도원, 사원, 성당

□ **abbot** [ǽbət]
애버트
명 대수도원장

□ **abbreviate** [əbríːvièit]
어브리이비에이트
타 생략[단축]하다, 짧게 하다

□ **abbreviation** [əbrìːviéiʃən]
어브리이비에이션
명 생략, 약어, 약분

□ **abdomen** [ǽbdəmən]
앱더먼
명 배, 복부

□ **abhor** [æbhɔ́ːr]
업호오
타 몹시 싫어하다, 멸시하다

□ **abide** [əbáid]
어바이드
자 타 남다, 살다, 머무르다

□ **ability** [əbíləti]
어빌러티
명 능력, 수완, 할 수 있음, 재능

□ **abject** [ǽbdʒekt]
애브젝트
형 비천한, 비굴한, 처참한

□ **able** [éibəl]
에이블
형 ~할 수 있는, 유능한, 자격이 있는

8

□ **abnormal** [æbnɔ́ːrməl]
앱노오멀
형 비정상의, 예외의, 변태적인

□ **aboard** [əbɔ́ːrd]
어보오드
부 배에, 차내에 전 ~을 타고

□ **abode** [əbóud]
어보우드
명 주소, 거처; 거주
동 abide의 과거

□ **abolish** [əbáliʃ]
어발리쉬
타 (제도, 법률, 관례 등을) 폐지
하다

□ **abolition** [æbəlíʃən]
애벌리션
명 폐지, 전폐, 철폐

□ **abominable** [əbámənəbəl]
어바머너블
형 밉살맞은, 지긋지긋한, 지겨운

□ **abomination** [əbàmənéiʃən]
어바머네이션
명 증오, 혐오, 추행, 추악

□ **abound** [əbáund]
어바운드
자 많이 있다, 충만하다

□ **about** [əbáut]
어바우트
전 ~에 대하여, 부 ~대략, 거의

□ **above** [əbʌ́v]
어버브
전 ~보다 위에 부 위로, ~이상

□ **abridge** [əbrídʒ]
어브리지
타 요약하다, 단축하다, 줄이다

□ **abroad** [əbrɔ́ːd]
어브로오드
부 국외로, 널리, 해외로

□ **abrupt** [əbrʌ́pt]
어브럽트
형 뜻밖의, 급한, 갑작스러운

□ **absence** [ǽbsəns]
앱슨스
명 부재, 출타, 결석, 결근

□ **absent** [ǽbsənt]
앱슨트
형 부재의, 결근의 타 결석하다

□ **absentminded**
[ǽbsəntmáindid] 앱슨트마인디드
형 방심 상태의, 멍하고[얼빠져]
있는

9

□ **absolute** [ǽbsəlùːt]
앱설루우트
- 혱 절대의, 완전무결한
- 몡 완전무결한 것

□ **absolutely** [ǽbsəlúːtli]
앱설루우틀리
- 혱 절대적으로, 무조건, 완전히

□ **absolution** [æ̀bsəlúːʃən]
앱설루우션
- 몡 면죄, 해제, 사면

□ **absolve** [æbzálv]
애브잘브
- 탸 면제하다, (사람에게) 무죄를 선고하다

□ **absorb** [æbsɔ́ːrb]
애브조오브
- 탸 흡수하다, 열중시키다

□ **absorption** [æbsɔ́ːrpʃən]
애브조오옵션
- 몡 흡수, 병합, 전념, 몰두

□ **abstain** [æbstéin]
앱스테인
- 쟈 삼가다, 그만두다, 기권하다

□ **abstract** [æbstrǽkt]
앱스트랙트
- 혱 추상적인
- 탸 추상하다, 발췌하다

□ **abstraction** [æbstrǽkʃən]
앱스트랙션
- 몡 추상(작용), 절취, 훔침

□ **absurd** [æbsɔ́ːrd]
앱서어드
- 혱 불합리한, 어리석은

□ **abundance** [əbʌ́ndəns]
어번던스
- 몡 풍부, 다수, 다량, 윤택

□ **abundant** [əbʌ́ndənt]
어번던트
- 혱 많은, 풍부한, 풍족한

□ **abuse** [əbjúːz]
어뷰우즈
- 몡 남용, 악용
- 탸 남용하다, 학대하다

□ **abut** [əbʌ́t]
어버트
- 탸 접하다, 기대다

□ **abyss** [əbís]
어비스
- 몡 심연(沈淵), 지옥, 나락

□ **academic** [æ̀kədémik]
애커데믹
- 혱 학원의, 대학의, 학문의

10

□ **academical** [æ̀kədémikəl] 형 학원의, 대학의
애커데미컬

□ **academy** [əkǽdəmi] 명 예술원, 전문학교, 학원, 학회
어캐더미

□ **accelerate** [æksélərèit] 자타 속력을 빠르게 하다,
액셀러레이트 가속하다

□ **acceleration** 명 가속, 촉진, 가속도
[æksèləréiʃən] 액셀러레이션

□ **accent** [ǽksent] 명 악센트, 강세
액센트 타 악센트를 두다

□ **accept** [æksépt] 타 수락하다, 인정하다,
액셉트 받아들이다

□ **acceptable** [ækséptəbl] 형 받아들일 수 있는, 만족스러운,
액셉터블 훌륭한, 마음에 드는

□ **access** [ǽkses] 명 접근, 면접, 입구
액세스

□ **accessary** [æksésəri] 명 부속물, 부속품, 액세서리
액세서리 (=accessory)
형 보조적인, 부속의

□ **accession** [ækséʃən] 명 도달, 접근, 계승, 임관
액세션

□ **accessory** [æksésəri] 명 액세서리, 부속물, 부속품
액세서리

□ **accident** [ǽksədənt] 명 재난, 고장, 사고
액서던트

□ **accidental** [æ̀ksədéntl] 형 우연한, 부수적인
액서덴틀

□ **accommodate** 타 숙박시키다, 편의를 봐주다
[əkámədèit] 어카머데이트

□ **accommodation** 명 (보통 pl.) 숙박[수용]
[əkàmədéiʃən] 어카머데이션 설비, 편의, 도움, 적응, 조화

A
B
C
D
E
F
G
H
I
J
K
L
M
N
O
P
Q
R
S
T
U
V
W
X
Y
Z

11

□ **accompany** [əkʌ́mpəni]
어컴퍼니
　　타 동반하다, [음악] 반주하다,
　　~함께 가다

□ **accomplice** [əkámplis]
어캄플리스
　　명 공범자, 연루자

□ **accomplish** [əkámpliʃ]
어캄플리쉬
　　타 이루다, 성취하다, 완성하다

□ **accomplished** [əkámpliʃt]
어캄플리쉬트
　　형 성취된, 뛰어난, 세련된

□ **accomplishment**
[əkámpliʃmənt] 어캄플리쉬먼트
　　명 완성, 성취, 수행, 업적

□ **accord** [əkɔ́:rd]
어코오드
　　자 타 일치하다, 조화하다
　　명 일치

□ **accordance** [əkɔ́:rdəns]
어코오던스
　　명 일치, 조화

□ **according** [əkɔ́:rdiŋ]
어코오딩
　　부 따라서

□ **accordingly** [əkɔ́:rdiŋli]
어코오딩리
　　부 따라서, 그러므로, 적당히

□ **accordion** [əkɔ́:rdiən]
어코오디언
　　명 아코디언, 손풍금

□ **accost** [əkɔ́:st]
어코오스트
　　타 (모르는 사람이) 다가와서
　　말을 걸다, (손님을) 끌다

□ **account** [əkáunt]
어카운트
　　명 설명, 보고, 거래, 계산(서),
　　타 ~라고 생각하다
　　자 설명하다

□ **accountable** [əkáuntəbl]
어카운터블
　　형 책임이 있는, 설명할 수 있는

□ **accountant** [əkáuntənt]
어카운턴트
　　명 회계원, 계리사

□ **accumulate** [əkjú:mjulèit]
어큐우뮬레이트
　　타 자 (조금씩) 모으다, 축적하다

□ **accumulation**
[əkjùːmjuléiʃən] 어큐우뮬레이션
명 축적, 축재(蓄財), 축적물

□ **accuracy** [ǽkjurəsi]
애큐러시
명 정확(성), 정밀도

□ **accurate** [ǽkjurət]
애큐러트
형 정확한, 정밀한, 빈틈없는

□ **accursed** [əkə́ːrsid]
어커어시드
형 저주받은, 운수가 사나운,
험오스러운

□ **accusation** [ǽkjuzéiʃən]
애큐제이션
명 고발, 고소, 죄(명), 비난

□ **accuse** [əkjúːz]
어큐우즈
타 고발[고소]하다, 나무라다,

□ **accustom** [əkʌ́stəm]
어커스텀
타 익히다, 길들게 하다

□ **accustomed** [əkʌ́stəmd]
어커스텀드
형 익숙해진, 평소의, 길들여진

□ **ache** [éik]
에이크
자 아프다, 쑤시다 명 아픔

□ **achieve** [ətʃíːv]
어취이브
타 이루다, 성취하다, 달성하다

□ **achievement** [ətʃíːvmənt]
어취이브먼트
명 달성, 성취, 성공, 업적

□ **acid** [ǽsid]
애시드
형 신, 신맛이 나는, 산성의
명 산(酸), 신 것

□ **acknowledge** [æknálidʒ]
액날리지
타 인정하다, 알리다, 감사하다

□ **acknowledg(e)ment**
[æknálidʒmənt] 액날리지먼트
명 승인, 인정, 통지

□ **acorn** [éikɔːrn]
에이코오온
명 도토리

□ **acquaint** [əkwéint]
어퀘인트
타 알게 하다, 알리다, 기별하다

□ **acquaintance** [əkwéintəns] 　명 아는 사람[사이], 안면, 지식,
어퀘인턴스 　　　　　　　　　　숙지

□ **acquainted** [əkwéintid] 　형 안면이 있는, 친한, 정통한
어퀘인티드

□ **acquiesce** [æ̀kwiés] 　자 (수동적으로) 동의하다,
애퀴에스 　　　　　　　　　　(마지못해) 따르다, 묵인하다

□ **acquiescence** [æ̀kwiésns] 　명 묵종, 묵인
애퀴에슨스

□ **acquire** [əkwáiər] 　타 취득하다, 얻다, 습득하다,
어콰이어 　　　　　　　　　　획득하다

□ **acquirement** [əkwáiərmənt] 　명 취득, 획득, 습득 (능력)
어콰이어먼트

□ **acquit** [əkwít] 　타 무죄로 하다, 석방하다,
어퀴트 　　　　　　　　　　해제하다, 면제해 주다

□ **acre** [éikər] 　명 에이커(약 40468평방미터),
에이커 　　　　　　　　　　토지

□ **acrid** [ǽkrid] 　형 매운, 쓴, 혹독한
애크리드

□ **across** [əkrɔ́ːs] 　부 가로질러, 맞은편에
어크로오스 　　　　　　　　　　전 ~을 가로질러, ~와 교차하여

□ **act** [ǽkt] 　명 행위, 소행, 법령
액트 　　　　　　　　　　자 행동하다, 처신하다

□ **acting** [ǽktiŋ] 　형 직무 대행의, 연출용의
액팅 　　　　　　　　　　명 연출, 연기

□ **action** [ǽkʃən] 　명 행동, 활동, 작용, 기능, 작동
액션

□ **active** [ǽktiv] 　형 활동적인, 활기찬, 적극적인
액티브

□ **activity** [æktívəti] 　명 활동, 활약, 활발
액티버티

□ **actor** [ǽktər] 　명 배우, 남자 배우
액터

□ **actress** [ǽktris]
액트리스
ⓝ 여배우

□ **actual** [ǽktʃuəl]
액추얼
ⓐ 현실의, 사실상의, 현재의

□ **actuality** [æktʃuǽləti]
액추앨러티
ⓝ 현실, 현존, 실재

□ **actually** [ǽktʃuəli]
액추얼리
ⓐⓓ 현실로, 지금, 실제로

□ **AD** [éidí:]
에이디이
ⓐ 그리스도 기원[서기] … 년

□ **adapt** [ədǽpt]
어댑트
ⓣ 적응(적합)시키다, 개조하다

□ **adaptation** [ædəptéiʃən]
애덥테이션
ⓝ 적합, 적응, 개조

□ **add** [ǽd]
애드
ⓣ ⓘ 더하다, 합치다, 합계하다, 덧붙여 말하다

□ **addition** [ədíʃən]
어디션
ⓝ 부가, 추가, 덧셈

□ **additional** [ədíʃənl]
어디셔늘
ⓐ 부가적인, 추가의, 특별한
ⓝ 부가물

□ **address** [ədrés]
어드레스
ⓝ 인사말, 연설, 주소
ⓣ 말을 걸다, 연설[강연]하다

□ **adequate** [ǽdikwət]
애디쿼트
ⓐ 충분한, 알맞은

□ **adhere** [ædhíər]
애드히어
ⓘ 들러붙다, 접착하다, 충실하다, 집착[고집]하다

□ **adhesion** [ædhí:ʒən]
애드히이전
ⓝ 부착, 점착(력), 들러붙음, 유착

□ **adieu** [ədjú:]
어듀우
ⓘ 안녕! 잘 가!
ⓝ 작별 (인사), 고별

□ **adjacent** [ədʒéisnt]
어제이슨트
ⓐ 이웃의, 인접한, 부근의

15

□ **adjective** [ǽdʒiktiv]
애직티브
　　명 [문법] 형용사 형 형용사의

□ **adjoin** [ədʒɔ́in]
어조인
　　자 타 (~에) 인접하다

□ **adjoining** [ədʒɔ́iniŋ]
어조이닝
　　형 서로 접한, 옆의

□ **adjourn** [ədʒɔ́ːrn]
어저어언
　　타 자 연기하다, 휴회[산회]하다

□ **adjust** [ədʒʌ́st]
어저스트
　　타 자 조절하다, 맞추다, 조정하다

□ **adjustment** [ədʒʌ́stmənt]
어저스트먼트
　　명 조정, 조절, 적응

□ **administer** [ædmínistər]
애드미니스터
　　타 관리하다, 경영하다

□ **admirable** [ǽdmərəbl]
애드머러블
　　형 칭찬[감탄]할 만한, 훌륭한

□ **admiral** [ǽdmərəl]
애드머럴
　　명 해군 대장, 제독, 어선 대장

□ **admiration** [ædməréiʃən]
애드머레이션
　　명 감탄, 찬양, 탄복

□ **admire** [ædmáiər]
애드마이어
　　타 감탄하다, 탄복[찬탄]하다

□ **admirer** [ædmáiərər]
애드마이어러
　　명 찬양자, 숭배자, 구혼자

□ **admiring** [ædmáiəriŋ]
애드마이어링
　　형 감탄하는, 찬양하는

□ **admission** [ædmíʃən]
애드미션
　　명 입장, 입회, 입학, 가입

□ **admit** [ædmít]
애드미트
　　타 자 허락하다, 들이다, 인정하다

□ **admittance** [ædmítns]
애드미턴스
　　명 입장, 입장 허가

16

□ **admonish** [ædmániʃ]
애드마니쉬
타 훈계하다, 깨닫게 하다, 충고하다

□ **ado** [ədúː]
어두우
명 야단법석, 소동, 수고

□ **adopt** [ədápt]
어답트
타 채용[채택]하다, 양자[양녀]로 삼다

□ **adoption** [ədápʃən]
어답션
명 채택, 채용, 양자 결연

□ **adore** [ədɔ́ːr]
어도오
타 숭배하다, 받들다, 사모하다

□ **adorn** [ədɔ́ːrn]
어도오온
타 꾸미다, 장식하다

□ **adult** [ədʌ́lt]
어덜트
명 어른, 성인 형 어른의, 성인의

□ **advance** [ædvǽns]
애드밴스
타 자 전진시키다, 나아가게 하다, 승진시키다, 제출하다, 앞당기다

□ **advanced** [ædvǽnst]
애드밴스트
형 전진한, 앞선, 진보한

□ **advancement**
[ədvǽnsmənt] 어드밴스먼트
명 전진, 진보, 발달, 승진

□ **advantage** [ædvǽntidʒ]
애드밴티지
명 유리, 이익, 강점, 이점

□ **advantageous**
[ædvəntéidʒəs] 애드번테이저스
형 유리한, 이로운, 편리한

□ **advent** [ǽdvent]
애드벤트
명 도래, 출현, 강림절 (크리스마스 전 약 4주일간)

□ **adventure** [ædvéntʃər]
애드벤처
명 모험, 모험심, 희한한 사건

□ **adventurous** [ædvéntʃərəs]
애드벤처러스
형 모험을 좋아하는, 모험적인

□ **adverb** [ǽdvəːrb]
애드버어브
명 [문법] 부사 형 부사의

□ **adversary** [ǽdvərsèri]
애드버서리

명 적, 반대자, 상대편

□ **adverse** [ædvə́ːrs]
애드버어스

형 거스르는, 반대의

□ **adversity** [ædvə́rsəti]
애드버어서티

명 역경, 불운, 재난

□ **advertise** [ǽdvərtàiz]
애드버타이즈

타 자 광고하다, 공시하다

□ **advertisement**
[ædvərtáizmənt] 애드버타이즈먼트

명 광고, 통지

□ **advice** [ædváis]
애드바이스

명 충고, 조언, 권고, 통지

□ **advisable** [ædváizəbl]
애드바이저블

형 권할 만한, 타당한, 현명한

□ **advise** [ædváiz]
애드바이즈

타 자 충고하다, 권하다, 조언하다

□ **adviser, advisor**
[ædváizər] 애드바이저

명 충고자, 의논 상대, 고문

□ **advocate** [ǽdvəkèit]
애드버케이트

명 창도자, 대변자, 변호사

□ **aerial** [ɛəriəl]
에어리얼

형 공기의, 대기의, 공기 같은

□ **aerodrome** [ɛərədròum]
에어러드로움

명 공항, 비행장

□ **aeroplane** [ɛərəplèin]
에어러플레인

명 (영)비행기

□ **Aesop** [íːsɑp]
이이삽

명 이솝(희랍의 우화 작가)

□ **afar** [əfáːr]
어파아

부 멀리, 아득히

□ **affable** [ǽfəbl]
애퍼블

형 붙임성 있는, 상냥한, 사근사근한

18

□ **affair** [əfέər]
어페어
명 사건, 일, 문제, 사무

□ **affect** [əfékt]
어펙트
타 영향을 미치다, 감동시키다

□ **affectation** [æfektéiʃən]
애펙테이션
명 ~체하기, 꾸민 태도, 허식

□ **affection** [əfékʃən]
어펙션
명 애정, 사랑, 감동, 영향

□ **affectionate** [əfékʃənət]
어펙셔너트
형 애정이 깊은, 자애로운, 상냥한

□ **affinity** [əfínəti]
어피너티
명 (…에 대한) 애호, 좋아함,
친근감, 호감, 친척(관계)

□ **affirm** [əfə́ːrm]
어퍼어엄
타 자 단언[주장]하다, 확인하다

□ **affirmative** [əfə́ːrmətiv]
어퍼어머티브
형 긍정적인, 확언적인, 단정적인

□ **afflict** [əflíkt]
어플릭트
타 괴롭히다, 시달리게 하다

□ **affluence** [æfluəns]
애플루언스
명 풍족, 부유, 풍부함

□ **afford** [əfɔ́ːrd]
어포오드
타 ~할 여유가 있다, 공급하다

□ **affright** [əfráit]
어프라이트
명 공포, 위협 타 두려워하게 하다

□ **affront** [əfrʌ́nt]
어프런트
명 모욕 타 모욕하다

□ **afloat** [əflóut]
어플로우트
부 형 (물위에) 떠서, 배위에, 해상에

□ **afraid** [əfréid]
어프레이드
형 두려워하여, 걱정[염려]하여,
유감으로 생각하는

□ **afresh** [əfréʃ]
어프레쉬
부 새로이, 신규로, 다시

□ **Africa** [ǽfrikə]
애프리커
몡 아프리카

□ **after** [ǽftər]
애프터
젠 ~의 뒤에 믿 뒤에 젭 ~한 후에

□ **afternoon** [ǽftərnúːn]
애프터누운
몡 오후 혱 오후의

□ **afterward(s)**
[ǽftərwərd(z)] 애프터워드(즈)
믿 후에, 나중에, 그 후에

□ **again** [əgén]
어겐
믿 다시, 또, 한 번 더

□ **against** [əgénst]
어겐스트
젠 ~에 반대하여, 거슬러, 의지하여

□ **age** [éidʒ]
에이지
몡 나이, 연령, 시대

□ **aged** [éidʒid]
에이지드
혱 늙은, ~살의[에], 숙성한

□ **agency** [éidʒənsi]
에이전시
몡 대리점, 대행 회사, 대리,
대행 기관, 작용, 중개

□ **agent** [éidʒənt]
에이전트
몡 대리인, 특약점, 관리자

□ **aggravate** [ǽgrəvèit]
애그러베이트
태 악화시키다, 괴롭히다

□ **aggressive** [əgrésiv]
어그레시브
혱 침략적인, 적극적인

□ **agitate** [ǽdʒitèit]
애지테이트
태 재 흔들다, 선동하다, 교란하다

□ **agitation** [ǽdʒitéiʃən]
애지테이션
몡 뒤흔들기, 동요, 선동

□ **ago** [əgóu]
어고우
믿 (지금부터) ~전에
혱 ~전, ~이전

□ **agonize** [ǽgənàiz]
애거나이즈
태 재 몹시 괴로워하다, 고뇌하다

□ **agony** [ǽgəni]
애거니
囲 심한 고통, 몸부림

□ **agree** [əgríː]
어그리이
짜 동의하다, 의견이 일치하다, 승인하다

□ **agreeable** [əgríːəbl]
어그리이어블
휑 기분 좋은, 기꺼이 동의하는, 적당한

□ **agreement** [əgríːmənt]
어그리이먼트
囲 일치, 협정

□ **agricultural** [æ̀grikʌ́ltʃərəl]
애그리컬추럴
휑 농업의, 농사의, 농학의

□ **agriculture** [ǽgrikʌ̀ltʃər]
애그리컬처
囲 농업, 농학, 농예

□ **ah** [áː]
아아
囲 아아!(기쁨·슬픔·놀람·고통·경멸·동정·한탄 등을 나타냄)

□ **ahead** [əhéd]
어헤드
뷔 앞쪽에, 앞으로, 빠르게, 앞당겨

□ **aid** [éid]
에이드
타 돕다, 거들다, 조성하다
囲 도움, 원조

□ **ail** [éil]
에일
타 짜 괴롭히다, 고통을 주다, 병을 앓다

□ **ailing** [éiliŋ]
에일링
휑 병든, 괴로워하는

□ **ailment** [éilmənt]
에일먼트
囲 병, 불쾌, 불안

□ **aim** [éim]
에임
타 짜 겨누다, 향하다, 목표삼다
囲 겨냥, 목적

□ **aimless** [éimlis]
에임리스
휑 (이렇다 할) 목적(목표)이 없는

□ **air** [ɛ́ər]
에어
囲 공기, 외양 휑 공기의
타 짜 바람을 쐬다

□ **airdrome** [ɛ́ərdròum]
에어드로움
囲 비행장, 공항

□ **airman** [ɛ́ərmən]
에어먼
- 명 비행사, 비행가

□ **airplane** [ɛ́ərplèin]
에어플레인
- 명 비행기 자 비행기로 가다

□ **airport** [ɛ́ərpɔ̀ːrt]
에어포오트
- 명 공항

□ **airship** [ɛ́ərʃìp]
에어쉽
- 명 비행선

□ **airy** [ɛ́əri]
에어리
- 형 바람이 잘 통하는, 공기 같은, 가벼운

□ **aisle** [áil]
아일
- 명 (극장·교실·열차·버스 등의) 통로, (교회당의) 측면의 복도

□ **akin** [əkín]
어킨
- 형 혈족의, 동족의, 유사한

□ **alabaster** [ǽləbɑ̀ːstər]
앨러바이스터
- 명 설화(雪花), 석고
- 형 설화 석고로 만든, 희고 매끄러운

□ **alarm** [əlɑ́ːrm]
얼라아암
- 명 놀람, 경보
- 타 경보를 울리다, 위급을 알리다

□ **alarm clock** [əlɑ́ːrm klɑ́k]
얼라아암 클라크
- 명 자명종

□ **alarming** [əlɑ́ːrmiŋ]
얼라아밍
- 형 놀라운, 심상치 않은, 불안하게 하는

□ **alas** [əlǽs]
얼래스
- 감 아아, 슬프도다 (슬픔·염려 등을 나타내는 소리)

□ **album** [ǽlbəm]
앨범
- 명 앨범

□ **alcohol** [ǽlkəhɔ̀ːl]
앨커호올
- 명 알코올, 알코올음료, 술

□ **alcoholic** [ǽlkəhɔ́ːlik]
앨커호올릭
- 형 알코올성의, 알코올중독의

□ **alderman** [ɔ́ːldərmən]
오올더먼
- 명 시의회 의원, 부시장

□ **ale** [éil]
에일

명 에일 (맥주의 일종)

□ **alert** [ələ́ːrt]
얼러어트

형 방심하지 않는, 기민한
명 경보, 경계 타 경고하다

□ **algae** [ǽldʒiː]
앨지이

명 해초

□ **algebra** [ǽldʒəbrə]
앨저브러

명 대수(학)

□ **alien** [éiliən]
에일리언

형 외국의, 외국인의, 이질적인
명 외국인

□ **alight** [əláit]
얼라이트

자 (말·차·배 등에서) 내리다,
하차하다

□ **alike** [əláik]
얼라이크

형 서로 같은 부 마찬가지로

□ **aliment** [aliment]
앨러먼트

명 자양물, 영양물

□ **alive** [əláiv]
얼라이브

형 살아 있는, 생생하여

□ **alkali** [ǽlkəlài]
앨컬라이

명 알칼리

□ **all** [ɔ́ːl]
오올

형 전체의, 전부의, 모든, 최대한의
대 모든 것, 모든 사람, 누구나

□ **allay** [əléi]
얼레이

타 진정시키다, 가라앉히다,
누그러뜨리다

□ **allege** [əlédʒ]
얼레지

타 단언하다, 강력히 주장하다

□ **alley** [ǽli]
앨리

명 오솔길, 좁은 길, 골목

□ **alliance** [əláiəns]
얼라이언스

명 동맹, 결연

□ **allied** [əláid]
얼라이드

형 동맹한, 연합한

23

□ **alligator** [ǽligèitər]
앨리게이터
명 악어

□ **allocate** [ǽləkèit]
앨러케이트
타 할당하다, 배분하다

□ **allot** [əlát]
얼라트
타 할당하다, 충당하다

□ **allotment** [əlátmənt]
얼라트먼트
명 할당, 분배, 몫

□ **allow** [əláu]
얼라우
타 허락하다, 주다, 인정하다

□ **alloy** [ǽlɔi]
앨로이
명 합금 동 합금하다

□ **allowance** [əláuəns]
얼라우언스
명 수당, 급여액

□ **allude** [əlú:d]
얼루우드
자 암시하다, 언급하다

□ **allure** [əlúər]
얼루어
타 미끼로 꾀다, 유인[매혹]하다

□ **allusion** [əlú:ʒən]
얼루우전
명 암시, 언급

□ **ally** [əlái]
얼라이
동 동맹[결연, 연합, 제휴] 시키다
명 동맹국

□ **almanac** [ɔ́:lmənæ̀k]
오올머내크
명 책력, 연감

□ **almighty** [ɔ:lmáiti]
오올마이티
형 전능한, 만능의 부 대단히

□ **almost** [ɔ́:lmoust]
오올모우스트
부 거의, 대체로, 대부분

□ **alms** [á:mz]
아암즈
명 (빈민에게의) 자선품, 구호금

□ **aloft** [aloft]
얼로프트
부 위에, 높이, 공중에

□ **alone** [əlóun] 홢튀 홀로, 다만 ~만
얼로운

□ **along** [əlɔ́:ŋ] 튀 ~을 따라서, ~을 지나서
얼로옹 튀 따라서

□ **alongside** [əlɔ́:ŋsáid] 튀튀 (…에) 옆으로 대고
얼로옹사이드

□ **aloof** [əlú:f] 튀 떨어져서, 멀리서
얼루우프 홢 쌀쌀한, 무관심한

□ **aloud** [əláud] 튀 소리 내어, 큰 소리로
얼라우드

□ **alphabet** [ǽlfəbèt] 홢 알파벳, 자모, (the ~) 초보
앨퍼베트

□ **alpine** [ǽlpain] 홢 알프스 산맥의, 높은 산의
앨파인

□ **Alps** [ǽlps] 홢 알프스 산맥
앨프스

□ **already** [ɔ:lrédi] 튀 이미, 벌써
오올레디

□ **also** [ɔ́:lsou] 튀 또한, 역시, 게다가
오올소우

□ **altar** [ɔ́:ltər] 홢 (교회의) 제단, 성찬대
오올터

□ **alter** [ɔ́:ltər] 튀 홢 바꾸다, 변경하다, 달라지다
오올터

□ **alternant** [ɔ́:ltərnənt] 홢 교호(交互)의, 교대의
오올터넌트

□ **alternate** [ɔ́ltərnèit] 홢 번갈아 일어나다, 교체하다
올터네이트 튀 번갈아하다
홢 번갈아 하는, 교대의

□ **alternative** [ɔ:ltə́:rnətiv] 홢 둘 중에서의 선택, 양자택일, 대안
오올터어너티브 홢 양자택일의, 대신의

A
B
C
D
E
F
G
H
I
J
K
L
M
N
O
P
Q
R
S
T
U
V
W
X
Y
Z

25

□ **although** [although]
올도우
접 비록 ~일지라도, ~이기는 하지만

□ **altitude** [ǽltətjùːd]
앨터튜우드
명 (산·비행기 등의) 높이, 고도, 해발

□ **altogether** [ɔ́ːltəgéðər]
오올터게더
부 전적으로, 다 합하여

□ **aluminium** [æ̀ljumíniəm]
앨루미니엄
명 알루미늄

□ **always** [ɔ́ːlweiz]
오올웨이즈
부 늘, 항상, 언제나, 전부터

□ **am** [ǽm, əm]
앰, 엄
동 ~이다, (~에) 있다

□ **a.m.** [ei em]
에이, 엠
부 형 오전에(의)

□ **amateur** [ǽmətʃùər]
애머추어
명 아마추어 형 아마추어의

□ **amaze** [əméiz]
어메이즈
타 몹시 놀라게 하다, 경악하게 하다

□ **amazement** [əméizmənt]
어메이즈먼트
명 놀람, 경탄

□ **ambassador** [æmbǽsədər]
앰배서더
명 대사, 사절

□ **amber** [ǽmbər]
앰버
명 호박, 호박색
형 호박의, 호박색의

□ **ambition** [æmbíʃən]
앰비션
명 야심, 대망, 큰 포부

□ **ambitious** [æmbíʃəs]
앰비셔스
형 야심적인, 대망이 있는

□ **ambulance** [ǽmbjuləns]
앰뷸런스
명 야전병원, 구급차

□ **ambush** [ǽmbuʃ]
앰부쉬
명 잠복, 매복 동 매복하다

26

□ **amen** [èimén]
에이멘
〔감〕〔명〕 아멘(기도 끝에 하는 말)

□ **amend** [əménd]
어맨드
〔타〕 고치다, 수정하다

□ **amends** [əméndz]
어멘즈
〔명〕 보상

□ **amendment** [əméndmənt]
어멘드먼트
〔명〕 개정, 수정(안), 개심

□ **America** [əmérikə]
어메리커
〔명〕 아메리카, 미국

□ **American** [əmérikən]
어메리컨
〔형〕 아메리카의, 미국의 〔명〕 미국인

□ **amiable** [éimiəbl]
에이미어블
〔형〕 붙임성 있는, 귀여운, 상냥한

□ **amid** [əmíd]
어미드
〔전〕 ~의 한복판에

□ **amiss** [əmís]
어미스
〔부〕 잘못되어 〔형〕 적절하지 않은

□ **ammonium** [əmóuniəm]
어모우니엄
〔명〕 암모늄

□ **ammunition** [æ̀mjuníʃən]
애뮤니션
〔명〕 탄약, 무기

□ **among(st)** [əmʌ́ŋ(st)]
어몽(스트)
〔전〕 ~의 사이에, ~중 한 사람으로

□ **amount** [əmáunt]
어마운트
〔명〕 총액, 총계, 양, 액수 〔자〕 총계가
~이 되다, 결과적으로 ~이 되다

□ **ample** [æmpl]
앰플
〔형〕 넓은, 충분한, 광대한

□ **amour** [əmúər]
어뮤어
〔명〕 정사(情事), 바람기

□ **amuse** [əmjúːz]
어뮤우즈
〔타〕 즐겁게 하다, 재미있게 하다

□ **amusement** [əmjúːzmənt]
어뮤우즈먼트
몡 즐거움, 재미, 오락

□ **amusing** [əmjúːziŋ]
어뮤우징
혱 재미있는, 웃기는

□ **an** [ən]
언
괜 어떤 하나의, 하나의

□ **analogy** [ənǽlədʒi]
어낼러지
몡 유사, 유추법

□ **analysis** [ənǽləsis]
어낼러시스
몡 분석, 해석

□ **analyze** [ǽnəlàiz]
애널라이즈
탸 분석하다, 분해하다
(=analyse)

□ **anarchy** [ǽnərki]
애너키
몡 무정부상태, 무질서

□ **anatomist** [ənǽtəmist]
어내터미스트
몡 해부학자, (세밀한) 분석자

□ **anatomy** [ənǽtəmi]
어내터미
몡 해부, 해부학

□ **ancestor** [ǽnsestər]
앤세스터
몡 조상, 선조

□ **anchor** [ǽŋkər]
앵커
몡 닻 탸 쟈 닻을 내리다

□ **ancient** [éinʃənt]
에인션트
혱 고대의, 먼 옛날의

□ **and** [ənd, ǽnd]
언드, 앤드
졉 ~와, 그리고, 및, 또한, 하니까

□ **anecdote** [ǽnikdòut]
애닉도우트
몡 일화, 기담

□ **anemone** [ənéməni]
어네머니
몡 [식물] 아네모네

□ **anew** [ənjúː]
어뉴우
뮈 다시, 새로이

□ **angel** [éindʒəl]
에인절
뗑 천사, 천사 같은 사람, 수호신

□ **angelic** [ændʒélik]
앤젤릭
뗑 천사의

□ **anger** [ǽŋgər]
앵거
뗑 노여움 팀 성나게 하다

□ **angle¹** [ǽŋgl]
앵글
뗑 각도, 모(퉁이)
팀 재 움직이다, 구부리다

□ **angle²** [ǽŋgl]
앵글
뗑 낚시 재 낚시질하다

□ **angrily** [ǽŋgrəli]
앵그럴리
뮌 노하여, 성나서

□ **angry** [ǽŋgri]
앵그리
뗑 성난, 화난

□ **anguish** [ǽŋgwiʃ]
앵귀쉬
뗑 고뇌, 격통, 고민

□ **animal** [ǽnəməl]
애너멀
뗑 동물, 짐승 뗑 동물의

□ **animate** [ǽnəmèit]
애너메이트
팀 ～에 생명을 불어넣다, 살리다

□ **animation** [ǽnəméiʃən]
애너메이션
뗑 생기, 활기, 활발

□ **ankle** [ǽŋkl]
앵클
뗑 발목, 복사뼈

□ **annals** [ǽnlz]
애늘즈
뗑 연대기, 기록, 연보

□ **annex** [ǽneks]
애넥스
팀 부가하다, 추가하다, 첨부하다
뗑 부가물, 부속물

□ **annihilate** [ənáiəlèit]
어나이어레이트
팀 전멸시키다, 근절시키다

□ **anniversary** [ǽnəvə́ːrsəri]
애너버어서리
뗑 기념일 뗑 기념일의, 해마다의

A
B
C
D
E
F
G
H
I
J
K
L
M
N
O
P
Q
R
S
T
U
V
W
X
Y
Z

□ **announce** [ənáuns]
어나운스
🔲 알리다, 발표하다, 공고하다

□ **annoy** [ənɔ́i]
어노이
🔲 성가시게 굴다, 괴롭히다

□ **annoyance** [ənɔ́iəns]
어노이언스
🔲 성가심, 불쾌감

□ **annual** [ǽnjuəl]
애뉴얼
🔲 1년의, 해마다의 🔲 연보

□ **anoint** [ənɔ́int]
어노인트
🔲 (사람·머리에) 성유(聖油)를 바르다

□ **anon** [ənán]
어난
🔲 곧, 이내(soon)

□ **another** [ənʌ́ðər]
어너더
🔲 또 하나[한 사람]의, 다른
🔲 또 하나의 것, 또 한 사람

□ **answer** [answer]
앤서어
🔲 대답, 해답 🔲 🔲 대답하다

□ **answerable** [ǽnsərəbl]
앤서러블
🔲 책임이 있는, 대답할 수 있는

□ **ant** [ǽnt]
앤트
🔲 개미

□ **antagonism** [æntǽgənìzm]
앤태거니즘
🔲 반대, 적대, 대립, 반항

□ **antagonist** [æntǽgənist]
앤태거니스트
🔲 적대자, 경쟁자

□ **antarctic** [æntáːrktik]
앤트아악티크
🔲 남극(지방)의 🔲 남극지방

□ **antecedent** [æntəsíːdnt]
앤터시이던트
🔲 앞서는, 선행의 🔲 전례, 선행자

□ **antenna** [ænténə]
앤테너
🔲 안테나, 촉각, 더듬이

□ **anterior** [æntíəriər]
앤티어리어
🔲 (장소·위치) 앞의, (때, 사건) 전의

30

□ **anthem** [ǽnθəm]
앤썸
團 찬송가, 성가, 축가, 송가

□ **anthracite** [ǽnθrəsàit]
앤스러싸이트
團 무연탄

□ **antic** [ǽntik]
앤티크
働 색다른, 이상야릇한, 익살스러운
團 익살스러운 짓

□ **anticipate** [æntísəpèit]
앤티시페이트
囼 예상하다, 기대하다

□ **anticipation** [æntìsəpéiʃən]
앤티서페이션
團 예상, 예기, 예견

□ **antidote** [ǽntidòut]
앤티도우트
團 해독제

□ **antique** [æntíːk]
앤티이크
働 고미술의, 골동의 團 골동품

□ **antiquity** [æntíkwəti]
앤티쿼티
團 낡음, 태고

□ **antler** [ǽntlər]
앤틀러
團 (사슴의) 가지진 뿔

□ **anvil** [ǽnvil]
앤빌
團 모루, (일반적으로) 물건을
받치는 받침

□ **anxiety** [æŋzáiəti]
앵자이어티
團 걱정, 걱정거리, 염원

□ **anxious** [ǽŋkʃəs]
앵크서스
働 걱정하는, 열망하여

□ **any** [éni]
에니
働 얼마간의 …, 어떤 하나의,
어느 것이든
때 무엇이든지, 아무것도

□ **anybody** [énibàdi]
에니바디
때 누구든지, 아무도, 누군가

□ **anyhow** [énihàu]
에니하우
團 어떻게 해서든지, 아무리 해도,
어쨌든

A
B
C
D
E
F
G
H
I
J
K
L
M
N
O
P
Q
R
S
T
U
V
W
X
Y
Z

31

□ **anyone** [éniwʌn] 　　　대 누군가, 누구든지
에니원

□ **ascent** [əsént] 　　　명 상승, 오름, 승진
어센트

□ **ascertain** [æsərtéin] 　　　타 확인하다, 규명하다
애서테인

□ **ascribe** [əskráib] 　　　타 ~에 돌리다, ~의 탓으로 하다
어스크라이브

□ **ash** [æʃ] 　　　명 재; 화산재; 담뱃재
애쉬

□ **ashamed** [əʃéimd] 　　　형 부끄러워, 수치스러워
어셰임드

□ **ashore** [əʃɔ́ːr] 　　　부 물가[해변]에
어쇼오어

□ **Asia** [éiʒə] 　　　명 아시아
에이저

□ **aside** [əsáid] 　　　부 곁에, 옆에, 따로 두고
어사이드

□ **ask** [æsk] 　　　타 자 묻다, 부탁하다
애스크

□ **asleep** [əslíːp] 　　　부 형 잠들어
어슬리입

□ **aslope** [əslóup] 　　　부 경사져, 비탈[언덕]져
어슬로웁

□ **aspect** [æspekt] 　　　명 양상, 관점, 용모
애스펙트

□ **asphalt** [æsfɔːlt] 　　　명 아스팔트
애스포올트

□ **aspiration** [æspəréiʃən] 　　　명 포부, 열망, 큰 뜻
애스퍼레이션

□ **aspire** [əspáiər] 　　　자 열망하다, 동경하다
어스파이어

□ **ass** [ǽs]
애스
圐 당나귀

□ **assail** [əséil]
어세일
囤 맹렬히 공격하다, 습격하다

□ **assassinate** [əsǽsənèit]
어새서네이트
囤 암살하다

□ **assault** [əsɔ́ːlt]
어소올트
圐 습격, 급습 圖 급습하다

□ **assay** [æséi]
애세이
囤 분석하다, 시금(試金)하다, 판단하다

□ **assemble** [əsémbl]
어셈블
囤 囷 모으다, 조립하다

□ **assembly** [əsémbl]
어셈블리
圐 집합, 회합, 회의

□ **assent** [əsént]
어센트
囷 동의(찬성)하다 圐 동의

□ **assert** [əsə́ːrt]
어서어트
囤 단언하다, 주장하다

□ **assertion** [əsə́ːrʃən]
어서어션
圐 단언, 주장

□ **assign** [əsáin]
어사인
囤 할당하다, 임명하다

□ **assist** [əsíst]
어시스트
囤 囷 거들다, 원조하다, 돕다

□ **assistance** [əsístəns]
어시스턴스
圐 연합, 합동, 결합

□ **association** [əsòusiéiʃən]
어소우시에이션
圐 협회, 연합

□ **assume** [əsúːm]
어슈우움
囤 囷 가정하다, 주제넘게 굴다

□ **assumption** [əsʌ́mpʃən]
어섬션
圐 (증거도 없이) 사실이라고 생각함; 가정, 억측

33

□ **assurance** [əʃúərəns]
어슈어런스
명 보증, 확신

□ **assure** [əʃúər]
어슈어
타 보증하다, 안심시키다

□ **astonish** [əstániʃ]
어스타니쉬
타 (깜짝) 놀라게 하다

□ **astonishing** [əstániʃiŋ]
어스타니슁
형 놀라운, 눈부신

□ **astound** [əstáund]
어스타운드
타 몹시 놀라게 하다

□ **astray** [əstréi]
어스트레이
형 부 길을 잃고, 타락하여

□ **astronomer** [əstránəmər]
어스트라너머
명 천문학자

□ **astronomy** [əstránəmi]
어스트라너미
명 천문학

□ **asunder** [əsándər]
어선더
부 따로따로 떨어져, 산산이 흩어져

□ **asylum** [əsáiləm]
어사일럼
명 보호 시설, 수용소

□ **at** [ət, æt]
엇, 앳
전 ~에, ~에서, ~로

□ **ate** [éit]
에이트
동 eat(먹다)의 과거

□ **atelier** [ætəljéi]
애털리에이
명 아틀리에, 화실

□ **atheism** [éiθiìzm]
에이씨이즘
명 무신론, 무신앙

□ **Atlantic** [ætlǽntik]
애틀랜틱
명 대서양 형 대서양의

□ **atlas** [ǽtləs]
애틀러스
명 지도책

34

□ **atmosphere** [ǽtməsfìər] 명 대기, 공기, 분위기
애트머스피어

□ **atom** [ǽtəm] 명 원자, 미립자
애텀

□ **atone** [ətóun] 타 보상하다, 속죄하다, 갚다
어토운

□ **atrocity** [ətrásəti] 명 포악, 극악무도, 잔학
어트라서티

□ **attach** [ətǽtʃ] 타 붙이다, 달다, 소속시키다
어태취

□ **attache** [æ̀tæʃéi] 명 수행원, 대사관원, 스파이
애태세이

□ **attack** [ətǽk] 타 공격하다, 착수하다, 침범하다
어택　　　　　　　　　　명 공격

□ **attain** [ətéin] 타 자 달성하다, 도달하다
어테인

□ **attainment** [ətéinmənt] 명 달성, 도달, 학식
어테인먼트

□ **attempt** [ətémpt] 타 시도하다 명 시도
어템트

□ **attend** [əténd] 타 출석하다, 간호하다
어텐드　　　　　　　　　　자 보살피다, ～에 귀를 기울이다

□ **attendance** [əténdəns] 명 출석, 출석자[관객] 수, 시중
어텐던스

□ **attendant** [əténdənt] 명 시중드는 사람, 안내원
어텐던트　　　　　　　　　형 시중드는

□ **attention** [əténʃən] 명 주의, 관심, 배려
어텐션

□ **attentive** [əténtiv] 형 주의 깊은, 친절한, 정중한
어텐티브

□ **attest** [ətést] 타 자 증명하다, 증언하다
어테스트

□ **attic** [ǽtik]
애틱
명 다락방

□ **attire** [ətáiər]
어타이어
타 차려 입히다 명 옷차림새, 복장

□ **attitude** [ǽtitjù:d]
애티튜우드
명 태도, 사고방식, 자세

□ **attorney** [ətə́:rni]
어터어니
명 대리인, 변호사, 검사

□ **attract** [ətrǽkt]
어트랙트
타 끌다, 유인(혹)하다

□ **attraction** [ətrǽkʃən]
어트랙션
명 끌어당김, 매력

□ **attractive** [ətrǽktiv]
어트랙티브
형 사람의 마음을 끄는, 매력적인

□ **attribute** [ətríbju:t]
어트리뷰우트
타 ~에 귀착시키다, ~의 탓으로 하다 명 속성, 특성

□ **auction** [ɔ́:kʃən]
오옥션
명 경매, 공매 타 경매하다

□ **audacity** [ɔːdǽsəti]
오오대서티
명 대담함, 무모함, 뻔뻔스러움

□ **audible** [ɔ́:dəbl]
오오더블
형 들리는, 들을 수 있는

□ **audience** [ɔ́:diəns]
오오디언스
명 청중, 관중

□ **auditorium** [ɔ́:dətɔ́:riəm]
오오더토오리엄
명 강당, 청중석

□ **aught** [ɔ́:t]
오오트
대 어떤 일(것), 무언가 명 제로, 0

□ **augment** [ɔːgmént]
오오그멘트
타 자 증가하다, 늘리다

□ **August** [ɔ́:gəst]
오오거스트
명 8월(약어 Aug.)

□ **aunt** [ænt]　　　　　　　 몡 아주머니, (숙모, 고모, 이모)
앤트

□ **aural** [ɔ́:rəl]　　　　　　 혱 귀의, 청각의
오오럴

□ **aurora** [ɔːrɔ́:rə]　　　　 몡 오로라, 극광(極光)
오오로오러

□ **auspice** [ɔ́:spis]　　　　 몡 원조, 찬조
오오스피스

□ **austere** [ɔ:stíər]　　　　 혱 엄한, 엄격한
오오스티어

□ **Australia** [ɔ:stréiljə]　 몡 오스트레일리아, 호주
오오스트레일리어

□ **authentic** [ɔ:θéntik]　 혱 진정한, 진짜의
오오쎈틱

□ **author** [ɔ́:θər]　　　　　 몡 저자, 작가, 저술가
오오써

□ **authoritative** [əθɔ́:rətèitiv] 혱 권위 있는, 믿을만한
어쏘오러테이티브

□ **authority** [əθɔ́:rəti]　　 몡 권위, 권한
오쏘오러티

□ **authorize** [ɔ́:θəràiz]　 톼 권위(권한)를 부여하다
오오쏘라이즈

□ **auto** [ɔ́:tou]　　　　　　 몡 자동차
오오토우

□ **automatic** [ɔ́:təmǽtik]　 혱 자동의, 기계적인
오오터매틱

□ **automobile** [ɔ́:təməbìːl] 몡 자동차
오오터머비일

□ **autumn** [ɔ́:təm]　　　　 몡 가을
오오텀

□ **auxiliary** [ɔ:gzíljəri]　 혱 보조의
오오그질러리

37

□ **avail** [əvéil]
어베일
타 자 쓸모가 있다

□ **avarice** [ǽvəris]
애버리스
명 탐욕

□ **avenge** [əvéndʒ]
어벤지
타 복수를 하다

□ **avenue** [ǽvənjùː]
애버뉴우
명 큰 가로, 대로

□ **average** [ǽvəridʒ]
애버리지
명 평균 형 평균의, 보통 수준의
타 평균하다

□ **avert** [əvə́ːrt]
어버어트
타 (~에서) 돌리다, 피하다

□ **aviation** [èiviéiʃən]
에이비에이션
명 비행, 항공

□ **aviator** [éivièitər]
에이비에이터
명 비행가, 비행사

□ **avoid** [əvɔ́id]
어보이드
타 피하다

□ **await** [əwéit]
어웨이트
타 기다리다, 대기하다

□ **awake** [əwéik]
어웨이크
동 깨우다, 자각시키다
자 깨어나다, 눈뜨다

□ **awaken** [əwéikən]
어웨이컨
타 깨우다, 자각시키다

□ **award** [əwɔ́ːrd]
어워어드
타 (심사하여) 수여하다 명 상

□ **aware** [əwɛ́ər]
어웨어
형 알아차리고, 깨닫고

□ **away** [əwéi]
어웨이
부 떨어져, 떠나, 저리로

□ **awe** [ɔ́ː]
오오
명 두려움, 외경(畏敬)
타 경외하게 하다

□ **awful** [ɔ́:fəl]
오오펄
형 지독한, 대단한, 무서운 부 몹시

□ **awfully** [ɔ́:fəli]
오오펄리
부 대단히, 무섭게

□ **awhile** [əhwáil]
어와일
부 잠깐, 잠시

□ **awkward** [ɔ́:kwərd]
오오쿼드
형 어색한, 서투른

□ **awning** [ɔ́:niŋ]
오오닝
명 (창문 밖에 단) 차일, 차양

□ **ax, axe** [ǽks]
액스
명 도끼 타 도끼로 자르다

□ **axis** [ǽksis]
액시스
명 굴대, 축

□ **axle** [ǽksl]
액슬
명 굴대, 축(軸)

□ **ay** [éi]
에이
감 아아! (놀라움·후회 등을 나타냄)

□ **aye** [ái]
아이
부 감 옳소, 네, 찬성!(yes)

□ **azalea** [əzéiljə]
어제일리어
명 진달래

□ **azure** [ǽʒər]
애저
명 하늘빛, 담청색 형 하늘빛의

가족 Family

① **grandfather**
[grǽndfɑ̀:ðər 그랜드파아더]

② **grandmother**
[grǽndmʌ̀ðər 그랜드머더]

③ **father**
[fɑ́:ðər 파아더]

④ **mother**
[mʌ́ðər 머더]

⑤ **brother**
[brʌ́ðər 브러더]

⑥ **sister**
[sístər 시스터]

⑦ husband
[hʌ́zbənd 허즈번드]

⑧ wife
[waif 와이프]

⑨ child
[tʃaild 촤일드]

⑩ baby
[béibi 베이비]

---

① 할아버지　② 할머니　③ 아버지　④ 어머니　⑤ 남자형제
⑥ 여자형제　⑦ 남편　⑧ 아내　⑨ 어린이　⑩ 아기

□ **baas** [báːs]
바아스
명 주인(master); (호칭) 나리

□ **babble** [bǽbl]
배블
자 불명료한 소리를 내다
명 서투른 말

□ **babe** [béib]
베이브
명 아기, 순진한 사람

□ **baby** [béibi]
베이비
명 갓난아이, 아기

□ **bachelor** [bǽtʃələr]
배철러
명 미혼남자, 학사

□ **back** [bǽk]
백
명 등, 뒤 형 뒤의, 배후의
부 뒤로, 본래 자리로
타 후원하다, 후진시키다

□ **backbone** [bǽkbòun]
백보우운
명 등뼈, 척추

□ **background** [bǽkgràund]
백그라운드
명 배경, 바탕색

□ **backward** [bǽkwərd]
백워드
형 뒤쪽의, 진보가(발달이) 늦은
부 뒤쪽으로, 거꾸로

□ **bacon** [béikən]
베이컨
명 베이컨

□ **bacteria** [bæktíəriə]
백티어리어
명 박테리아, 세균

□ **bad** [bǽd]
배드
형 나쁜, 불량한, 해로운

□ **badge** [bǽdʒ]
배지
명 배지, 기장(記章), 훈장(勳章)

□ **badger** [bǽdʒər]
배저
명 오소리 타 집적대다

□ **badly** [bǽdli]
배들리
부 나쁘게, 서투르게, 대단히, 몹시

□ **badminton** [bǽdmintn]
배드민튼
명 배드민턴

□ **baffle** [bǽfl]
배플
타 당황하게 하다, 좌절시키다

□ **bag** [bǽg]
배그
명 자루, 봉지, 가방, 핸드백

□ **baggage** [bǽgidʒ]
배기지
명 수하물

□ **bail** [béil]
베일
명 보석금, 보석

□ **bailiff** [béilif]
베일리프
명 집행관, 법정 경위, 토지 관리인

□ **bait** [béit]
베이트
타 미끼를 달다, 미끼로 꾀다
명 미끼

□ **bake** [béik]
베이크
타 (빵·과자 등을) 굽다

□ **baker** [béikər]
베이커
명 빵 굽는 사람, 제빵업자

□ **bakery** [béikəri]
베이커리
명 제빵소, 빵집

□ **baking** [béikiŋ]
베이킹
명 빵 굽기

□ **balance** [bǽləns]
밸런스
명 균형, 평균, 천칭(天秤), 저울

□ **balcony** [bǽlkəni]
밸커니
명 발코니

□ **bald** [bɔ́:ld]
보올드
형 벗어진, 대머리의

A
B
C
D
E
F
G
H
I
J
K
L
M
N
O
P
Q
R
S
T
U
V
W
X
Y
Z

□ **bale** [béil]
베일
명 곤포(梱包), 짐짝
타 짐짝으로 만들다

□ **ball** [bɔ́:l]
보올
명 공, 공 모양의 것

□ **ballad** [bǽləd]
밸러드
명 민요, 발라드

□ **balloon** [bəlú:n]
벌루운
명 풍선, 기구

□ **ballot** [bǽlət]
밸러트
명 투표용지, 투표 동 투표하다

□ **ballot box** [bǽlət báks]
밸러트 박스
명 투표함

□ **ballot paper** [bǽlət péipər]
밸러트 페이퍼
명 투표용지

□ **ballroom** [bɔ́:lrù:m]
보올루움
명 무도실[장]

□ **balm** [bá:m]
바암
명 향유, 방향(芳香)이 있는 연고

□ **balmy** [bá:mi]
바아미
형 향유의, 방향(芳香)이 있는,
(마음을) 진정시키는

□ **bamboo** [bæmbú:]
뱀부우
명 대(나무)

□ **ban** [bǽn]
밴
명 금지(령), 파문

□ **banana** [bənǽnə]
버내너
명 바나나

□ **band** [bǽnd]
밴드
명 묶는 것, 밴드, 끈[띠]
타 끈[띠]으로 묶다

□ **bandage** [bǽndidʒ]
밴디지
명 붕대 타 붕대를 감다

□ **bandit** [bǽndit]
밴디트
명 산적, 강도

44

□ **bane** [béin]
베인
명 맹독, 죽음, 멸망

□ **bang** [bǽŋ]
뱅
자 탕 치다, 타 쾅 닫다
명 쾅(하는 소리)

□ **banish** [bǽniʃ]
배니쉬
타 추방하다, 내쫓다

□ **bank** [bǽŋk]
뱅크
명 둑, 제방, 은행, 강기슭

□ **banker** [bǽŋkər]
뱅커
명 은행가

□ **bankrupt** [bǽŋkrʌpt]
뱅크럽트
명 파산자 형 파산한

□ **bankruptcy** [bǽŋkrʌptsi]
뱅크럽시
명 파산, 도산, (성격의) 파탄

□ **banner** [bǽnər]
배너
명 기(旗) (국기·군기·교기 등),
현수막

□ **banquet** [bǽŋkwit]
뱅퀴트
명 연회 타 자 연회를 베풀다

□ **baptism** [bǽptizm]
뱁티즘
명 세례(식), 침례, 영세

□ **Baptist** [bǽptist]
뱁티스트
명 침례교도, 세례자, 세자

□ **bar** [báːr]
바아
명 막대기, 빗장, 막대기 모양의 것
타 빗장을 지르다, 방해하다

□ **barbarian** [baːrbéəriən]
바아베어리언
명 야만인, 미개인

□ **barbarous** [báːrbərəs]
바아버러스
형 야만스러운, 잔인한

□ **barber** [báːrbər]
바아버
명 이발사

□ **bard** [báːrd]
바아드
명 갑옷, 마갑(馬甲)
타 ~에 마갑(馬甲)을 입히다

45

□ **bare** [bɛər]
베어
⟨형⟩ 발가벗은, 있는 그대로의, 빈

□ **barefoot** [bɛərfùt]
베어푸트
⟨형⟩ 맨발의 ⟨부⟩ 맨발로

□ **barefooted** [bɛərfùtid]
베어푸티드
⟨형⟩ 맨발의 ⟨부⟩ 맨발로

□ **barely** [bɛərli]
베얼리
⟨부⟩ 간신히, 겨우, 가까스로

□ **bargain** [báːrɡən]
바아건
⟨명⟩ 싼 물건, 매매계약, 거래
⟨자⟩ 흥정하다

□ **barge** [báːrdʒ]
바아지
⟨명⟩ 바지(선), 거룻배, 유람선

□ **bark** [báːrk]
바아크
⟨자⟩ 짖다

□ **barley** [báːrli]
바알리
⟨명⟩ 보리

□ **barn** [báːrn]
바안
⟨명⟩ 헛간, 광

□ **barometer** [bərámətər]
버라머터
⟨명⟩ 기압계

□ **baron** [bǽrən]
배런
⟨명⟩ 남작, 외국 귀족

□ **barrack**¹ [bǽrək]
배러크
⟨명⟩ 막사, 병역 ⟨타⟩ 막사에 수용하다

□ **barrack**² [bǽrək]
배러크
⟨타⟩⟨자⟩ 야유하다, 성원하다

□ **barrel** [bǽrəl]
배럴
⟨명⟩ 통, 한 통, 1배럴 ⟨타⟩ 통에 넣다

□ **barren** [bǽrən]
배런
⟨형⟩ 불모의, 메마른

□ **barrier** [bǽriər]
배리어
⟨명⟩ 방벽, 장애

□ **base** [béis]
베이스
명 기초, 토대 타 ~의 기초를 두다

□ **baseball** [béisbɔ́:l]
베이스보올
명 야구(공)

□ **baseless** [béislis]
베이스리스
형 기초[근거, 이유]가 없는

□ **basement** [béismənt]
베이스먼트
명 지하실

□ **basic** [béisik]
베이식
형 기초의, 근본적인

□ **basin** [béisn]
베이슨
명 대야, 웅덩이

□ **basis** [béisis]
베이시스
명 기초, 근거

□ **basket** [bǽskit]
배스킷
명 바구니, 광주리

□ **basketball** [bǽskitbɔ́:l]
배스킷볼
명 농구(공)

□ **bass** [béis]
베이스
명 베이스, 저음(가수)

□ **bat¹** [bǽt]
배트
명 (구기의) 배트 동 치다

□ **bat²** [bǽt]
배트
명 박쥐

□ **bath** [bǽθ]
배쓰
명 목욕, 욕조

□ **bathe** [béið]
베이드
타 목욕시키다

□ **bathroom** [bǽθrù(:)m]
배쓰루움
명 욕실, 화장실

□ **battalion** [bətǽljən]
버탤리언
명 [군] 대대

□ **batter¹** [bǽtər]
배터

명 [야구·크리켓] 타자

□ **batter²** [bǽtər]
배터

타 자 난타하다

□ **battery** [bǽtəri]
배터리

명 배터리, 전지, 한 벌의 기구,
[야구] 배터리 (투수와 포수)

□ **battle** [bǽtl]
배틀

명 전투, 싸움, 전쟁 자 싸우다

□ **battleship** [bǽtlʃip]
배틀쉽

명 전함

□ **bawl** [bɔ́:l]
보올

자 타 소리치다, 고함치다

□ **bay¹** [béi]
베이

명 (작은) 만(灣)

□ **bay²** [béi]
베이

명 궁지, 짖는 소리 타 자 짖다

□ **bayonet** [béiənit]
베이어니트

명 총검 동 총검을 사용하다

□ **bazaar** [bəzá:r]
버자아

명 시장, 바자

□ **BC** [bi: si:]
비이 씨이

명 기원전(before Christ)

□ **be** [bi, bí:]
비, 비이

자 ~이다, ~이 있다

□ **beach** [bí:tʃ]
비이취

명 바닷가, 해변

□ **beacon** [bí:kən]
비이컨

명 봉홧불, 등대, 수로[항공, 교통]
표지

□ **bead** [bí:d]
비이드

명 구슬

□ **beak** [bí:k]
비이크

명 (새 따위의) 부리

48

□ **beam** [bíːm] 비임 　명 들보, 광선 　타 자 빛을 발하다

□ **bean** [bíːn] 비인 　명 콩, 강낭콩

□ **bear**[1] [bɛər] 베어 　명 곰

□ **bear**[2] [bɛər] 베어 　타 지탱하다, (의무·책임을) 지다, (아이를) 낳다, (열매를) 맺다
　자 기대다

□ **beard** [bíərd] 비어드 　명 턱수염

□ **bearer** [bɛərər] 베어러 　명 운반인, 짐꾼

□ **bearing** [bɛəriŋ] 베어링 　명 태도, 관계

□ **beast** [bíːst] 비이스트 　명 짐승, (특히) 큰 네발짐승

□ **beat** [bíːt] 비이트 　동 치다, 패배시키다
　자 통통 두드리다, 뛰다

□ **beaten** [bíːtn] 비이튼 　동 beat의 과거분사 　형 두들겨 맞은

□ **beating** [bíːtiŋ] 비이팅 　명 때림, 매질

□ **beau** [bóu] 보우 　명 멋쟁이(남자), 애인
　형 아름다운, 좋은

□ **beautiful** [bjúːtəfəl] 뷰우터펄 　형 아름다운, 훌륭한

□ **beauty** [bjúːti] 뷰우티 　명 아름다움, 미, 훌륭한 것, 미인

□ **beaver** [bíːvər] 비이버 　명 [동물] 비버

- **because** [bikɔ́ːz]
  비코즈

  접 왜냐하면, ~때문에

- **beckon** [békən]
  베컨

  자 타 손짓[몸짓]으로 부르다

- **become** [bikʌ́m]
  비컴

  자 ~이[가] 되다 타 ~에 어울리다

- **bed** [béd]
  베드

  명 침대, 취침

- **bedroom** [bédrùːm]
  베드루움

  명 침실

- **bedside** [bédsàid]
  베드사이드

  명 침대 곁, (환자의) 머리맡

- **bedtime** [bédtàim]
  베드타임

  명 취침 시간, 잘 시간

- **bee** [bíː]
  비이

  명 꿀벌

- **beech** [bíːtʃ]
  비이취

  명 너도밤나무

- **beef** [bíːf]
  비이프

  명 쇠고기

- **been** [bin]
  빈

  동 be의 과거분사

- **beer** [bíər]
  비어

  명 맥주

- **beet** [bíːt]
  비이트

  명 사탕무

- **beetle¹** [bíːtl]
  비이틀

  명 딱정벌레 자 돌출하다

- **beetle²** [bíːtl]
  비이틀

  명 큰 망치 타 치다, 다듬이질하다

- **beetle³** [bíːtl]
  비이틀

  형 돌출한, 숱이 많은 자 돌출하다

□ **before** [bifɔ́ːr]
비포오

튄 전에, 일찍, 앞에, 앞쪽에
젼 ~의 앞에, ~보다 먼저
젭 ~보다 먼저

□ **beforehand** [bifɔ́ːrhæ̀nd]
비포오핸드

튄휑 미리(부터의), 벌써(부터의)

□ **befriend** [bifrénd]
비프렌드

타 ~의 친구가 되다, 돕다

□ **beg** [bég]
베그

타재 구걸하다, 빌다, 간청하다

□ **beggar** [bégər]
베거

명 거지

□ **begin** [bigín]
비긴

재타 시작하다, 시작되다

□ **beginner** [bigínər]
비기너

명 초심자, 초학자, 창시자

□ **beginning** [bigíniŋ]
비기닝

명 처음, 초기

□ **begot** [bigát]
비가트

동 beget의 과거·과거분사

□ **begun** [bigʌ́n]
비건

동 begin의 과거분사

□ **beguile** [bigáil]
비가일

타 속이다, 기만하다(=cheat)

□ **behalf** [biháːf]
비하아프

명 이익, 자기편

□ **behave** [bihéiv]
비헤이브

타재 행동[처신]하다

□ **behavio(u)r** [bihéivjər]
비헤이비어

명 행동, 행실, 품행, 태도

□ **behead** [bihéd]
비헤드

타 (사람을) 목 베다, 참수형에 처하다

A
B
C
D
E
F
G
H
I
J
K
L
M
N
O
P
Q
R
S
T
U
V
W
X
Y
Z

51

- **behind** [biháind]
  비하인드
  - 里 뒤에, (때·시간) 늦어
  - 전 ~의 뒤에, ~에 뒤늦어

- **behold** [bihóuld]
  비호울드
  - 타 보다 감 보라!

- **being** [bíːiŋ]
  비이잉
  - 동 (be의 현재분사) ~되고 있는 중, ~이기 때문에 명 존재, 생물

- **belch** [béltʃ]
  벨취
  - 자 트림을 하다
  - 타 내뿜다, 분출하다

- **belief** [bilíːf]
  빌리이프
  - 명 믿음, 신뢰, 신앙

- **believe** [bilíːv]
  빌리이브
  - 타 자 믿다, 신뢰하다, (~라고) 생각하다

- **bell** [bél]
  벨
  - 명 종, 방울, 초인종

- **belle** [bél]
  벨
  - 명 미인

- **bellow** [bélou]
  벨로우
  - 자 (소가) 큰 소리로 울다
  - 타 큰 소리로 말하다

- **belly** [béli]
  벨리
  - 명 배, 복부

- **belong** [bilɔ́ːŋ]
  빌로옹
  - 자 (~에) 속하다, (~에) 소속하다

- **beloved** [bilʌ́vid]
  빌러비드
  - 형 가장 사랑하는, 소중한

- **below** [bilóu]
  빌로우
  - 전 ~보다 아래[밑]에 里 아래로(에)

- **belt** [bélt]
  벨트
  - 명 혁대, 허리띠, 벨트

- **bench** [béntʃ]
  벤취
  - 명 벤치, 긴 의자

- **bend** [bénd]
  벤드
  - 동 구부리다, 돌리다, 굽히다

□ **beneath** [biníːθ]
비니이쓰

전 ~의 바로 밑에, ~보다 낮은
부 밑에

□ **beneficial** [bènəfíʃəl]
베너피셜

형 유익한, 이로운

□ **benefit** [bénəfit]
베너피트

명 이익, 혜택

□ **benevolent** [bənévələnt]
버네벌런트

형 자비로운, 인자한

□ **bent** [bént]
벤트

동 bend의 과거·과거분사
형 굽은, 결심한

□ **bequeath** [bikwíːð]
비퀴이드

타 유언으로 증여하다, 후세에
남기다

□ **Berlin** [bərlín]
버얼린

명 베를린(독일의 수도)

□ **berry** [béri]
베리

명 베리(딸기류의 열매)

□ **berth** [bə́ːrθ]
버어쓰

명 (열차·배 등의) 침대

□ **beseech** [bisíːtʃ]
비시이취

타 간청[탄원]하다

□ **beset** [bisét]
비세트

타 괴롭히다, 포위하다

□ **beside** [bisáid]
비사이드

전 ~의 곁에, ~에 비해서,
~와 떨어져서

□ **besides** [bisáidz]
비사이즈

전 ~ 외에[밖에], ~말고는
부 그 위에, 게다가

□ **besiege** [bisíːdʒ]
비시이지

타 포위(공격)하다

□ **best** [bést]
베스트

형 가장 좋은, 가장 잘하는
부 가장 잘
명 제일 좋은 것[사람], 최선

A
B
C
D
E
F
G
H
I
J
K
L
M
N
O
P
Q
R
S
T
U
V
W
X
Y
Z

□ **bestow** [bistóu]
비스토우
타 주다, 수여하다

□ **bet** [bét]
베트
동 걸다, 내기를 걸다 명 내기

□ **betray** [bitréi]
비트레이
타 (적에게) 팔다, 배반하다, 누설하다

□ **better** [bétər]
베터
형 ~보다 나은, 더 잘하는
부 더 잘, 더 좋게

□ **between** [bitwíːn]
비트위인
전 ~의 사이에 부 사이에(among)

□ **beverage** [bévəridʒ]
베버리지
명 마실 것, 음료

□ **bevy** [bévi]
베비
명 떼, 무리

□ **bewail** [biwéil]
비웨일
타 자 통곡하다, 슬퍼하다

□ **beware** [biwɛər]
비웨어
자 타 조심하다, 주의하다

□ **bewilder** [biwíldər]
비윌더
타 당황하게 하다

□ **bewitch** [biwítʃ]
비위취
타 ~에게 마법을 걸다, 매혹시키다

□ **beyond** [biánd, bijánd]
비안드
전 ~의 저쪽에, ~을 넘어서, ~을 지나서 부 저편에

□ **bias** [báiəs]
바이어스
명 선입견, 편견

□ **bib** [bíb]
비브
명 턱받이, (앞치마 등의) 가슴 부분, 목 보호구, 등번호

□ **Bible** [báibl]
바이블
명 성서, 성경

□ **bicycle** [báisikl]
바이시클
명 자전거 자 자전거를 타다

54

□ **bid** [bíd]
비드
　타 자 명령하다, 말하다,
　값을 매기다 명 입찰

□ **big** [bíg]
빅
　형 큰, 훌륭한, 중대한

□ **bill** [bíl]
빌
　명 계산서, 청구서, 지폐, 법안, 전단

□ **billiards** [bíljərdz]
빌리어즈
　명 당구

□ **billion** [bíljən]
빌리언
　명 10억

□ **billow** [bílou]
빌로우
　명 큰 물결

□ **bin** [bín]
빈
　명 (뚜껑 달린) 큰 상자

□ **bind** [báind]
바인드
　동 묶다, (둘러) 감다

□ **binding** [báindiŋ]
바인딩
　형 구속력이 있는
　명 제본, 장정, 묶는 것

□ **biography** [baiágrəfi]
바이아그러피
　명 전기, 일대기

□ **biology** [baiálədʒi]
바이알러지
　명 생물학

□ **birch** [bə́:rtʃ]
버어취
　명 박달나무, 자작나무

□ **bird** [bə́:rd]
버어드
　명 새

□ **birth** [bə́:rθ]
버어쓰
　명 탄생, 출생, 출산, 혈통, 출신

□ **birthday** [bə́:rθdèi]
버어쓰데이
　명 생일, 창립일

□ **birthright** [bə́:rθràit]
버어쓰라이트
　명 타고난 권리, 생득권, 상속권

- **biscuit** [bískit]
  비스키트
  - 명 비스킷

- **bishop** [bíʃəp]
  비셥
  - 명 주교, 감독

- **bit** [bít]
  비트
  - 명 작은 조각, 조금, 잠시

- **bite** [báit]
  바이트
  - 동 물다, 물어뜯다, (모기 등이) 쏘다 명 묾, 물기, 한 입

- **biting** [báitiŋ]
  바이팅
  - 형 물어뜯는, 살을 에는 듯한

- **bitten** [bítn]
  비튼
  - 명 bite의 과거분사

- **bitter** [bítər]
  비터
  - 형 쓴, 쓰라린, 지독한
  - 명 쓴맛, 쓰라림

- **bitterness** [bítərnis]
  비터니스
  - 명 씀, 쓴 맛, 쓰라림, 비통, 비꼼

- **biweekly** [baiwíːkli]
  바이위이클리
  - 형 격주의
  - 명 격주 간행물 (신문·잡지 등)

- **black** [blǽk]
  블랙
  - 형 검은, 암흑의, 흑인의
  - 명 검정, 검정 옷, 흑인

- **blackbird** [blǽkbɔ́ːrd]
  블랙버어드
  - 명 검은 새, 찌르레깃과의 새

- **blackboard** [blǽkbɔ́ːrd]
  블랙보오드
  - 명 칠판

- **blacken** [blǽkən]
  블래컨
  - 타 검게 하다, 어둡게 하다

- **blacksmith** [blǽksmìθ]
  블랙스미쓰
  - 명 대장장이

- **blade** [bléid]
  블레이드
  - 명 칼날, 잎

- **blame** [bléim]
  블레임
  - 타 비난하다, 책임지우다
  - 명 비난, 책임

56

□ **blank** [blǽŋk]
블랭크

⟨형⟩ 백지의, 공백의 ⟨명⟩ 공백, 공란

□ **blanket** [blǽŋkit]
블랭키트

⟨명⟩ 담요, 모포

□ **blast** [blɑ́:st]
블라아스트

⟨명⟩ 센 바람, 돌풍, 폭풍
⟨타⟩ 망쳐 버리다, 폭파하다

□ **blaze** [bléiz]
블레이즈

⟨명⟩ 불꽃, 화염 ⟨자⟩ ⟨타⟩ 타오르다

□ **bleach** [blí:tʃ]
블리이취

⟨타⟩ 표백하다

□ **bleak** [blí:k]
블리이크

⟨형⟩ 황량한, 처량한, 차가운

□ **bleat** [blí:t]
블리이트

⟨자⟩ (염소 등이) 매애 울다
⟨명⟩ (염소 등의) 울음 소리

□ **bleed** [blí:d]
블리이드

⟨자⟩ 피가 나다, 출혈하다

□ **blend** [blénd]
블렌드

⟨타⟩ ⟨자⟩ 섞다, 섞이다, 혼합되다

□ **bless** [blés]
블레스

⟨타⟩ 축복하다, 은혜를 베풀다

□ **blessing** [blésiŋ]
블레싱

⟨명⟩ (하나님의) 은총, 은혜, 축복

□ **blessed** [blésid]
블레시드

⟨형⟩ 신성한, 복된

□ **blight** [bláit]
블라이트

⟨명⟩ [식물] 마름병 ⟨타⟩ (식물을)
마르게 하다, 시들게 하다

□ **blimp** [blímp]
블림프

⟨명⟩ 소형 연식 비행선

□ **blind** [bláind]
블라인드

⟨형⟩ 눈먼, 장님의, 안목이 없는,
맹목적인 ⟨타⟩ 눈멀게 하다
⟨명⟩ 블라인드

□ **blink** [blíŋk]
블링크
자 타 눈을 깜박거리다, 깜작이다

□ **bliss** [blís]
블리스
명 더 없는 기쁨, 행복

□ **blister** [blístər]
블리스터
명 물집, 수포
타 자 물집이 생기게 하다

□ **block** [blák]
블라크
명 덩어리, 블록, 받침, 방해물
타 (길 등을) 막다, 방해하다

□ **blockade** [blɑkéid]
블라케이드
명 봉쇄

□ **blond(e)** [blánd]
블란드
형 블론드의, 금발의

□ **blood** [blʌ́d]
블러드
명 피, 혈액, 혈기, 혈통

□ **bloody** [blʌ́di]
블러디
형 피로 더럽혀진, 피의, 유혈의

□ **bloom** [blú:m]
블루움
명 꽃기 자 꽃이 피다

□ **blossom** [blásəm]
블라섬
명 (과실의) 꽃 자 꽃 피다

□ **blot** [blát]
블라트
명 얼룩, 흠 타 더럽히다

□ **blouse** [bláus, bláuz]
블라우스(즈)
명 블라우스

□ **blow¹** [blóu]
블로우
자 타 불다, 바람에 날리다, 입김을 내뿜다

□ **blow²** [blóu]
블로우
명 강타, 구타, 타격

□ **blue** [blú:]
블루우
형 푸른, 우울한, 창백한 명 파랑

□ **bluebird** [blú:bə́:rd]
블루우버어드
명 [조류] 블루버드, 푸른 날개의 새

□ **bluff¹** [blʌf]
블러프

휑 절벽의 뗑 절벽

□ **bluff²** [blʌf]
블러프

뗑 허세, 속임수
타 ~에게 허세 부리다

□ **blunder** [blʌ́ndər]
블런더

뗑 큰 실수, 실책 짜 큰 실수를 하다

□ **blunt** [blʌ́nt]
블런트

휑 무딘 타 무디게 하다

□ **blur** [bláːr]
블러어

짜 타 (광경·의식·눈 등을) 흐리게
하다, 더럽히다 뗑 흐림

□ **blush** [blʌ́ʃ]
블러쉬

짜 얼굴을 붉히다 뗑 얼굴을 붉힘

□ **boar** [bɔ́ːr]
보오

뗑 수퇘지, 멧돼지

□ **board** [bɔ́ːrd]
보오드

뗑 판자, 칠판, 게시판, 위원회
타 타다

□ **boast** [bóust]
보우스트

짜 타 자랑하다 뗑 자랑

□ **boat** [bóut]
보우트

뗑 보트, 작은 배

□ **boatman** [bóutmən]
보우트먼

뗑 뱃사공, 배 젓는 사람

□ **bob** [báb]
보브

뗑 재빠르게 움직이기
동 위아래로 움직이다

□ **bobby¹** [bábi]
바비

뗑 경관, 순경

□ **Bobby²** [bábi]
바비

뗑 남자 이름

□ **bodily** [bádəli]
바덜리

휑 신체[육체]상의

□ **body** [bádi]
바디

뗑 몸, 육체, 몸통, (사물의) 주요부

59

- □ **bog**¹ [bág, bɔ́:g]
  바그, 보오그
  몡 수렁, 습지
  탸 쟈 수렁에 빠뜨리다

- □ **bog**² [bág, bɔ́:g]
  바그, 보오그
  몡 변소, 화장실, 배변 쟈 배변하다

- □ **boil** [bɔ́il]
  보일
  쟈 탸 끓다, 격분하다, 삶다

- □ **boisterous** [bɔ́istərəs]
  보이스터러스
  혱 거친, 난폭한, 명랑하고 떠들썩한

- □ **bold** [bóuld]
  보울드
  혱 대담한, 뻔뻔스러운

- □ **boldly** [bóuldli]
  보울들리
  튄 대담하게, 뻔뻔스럽게

- □ **bolt** [bóult]
  보울트
  몡 볼트(나사), 빗장, 번개
  탸 빗장을 질러 잠그다, 볼트로 죄다

- □ **bomb** [bám]
  밤
  몡 폭탄 탸 폭격하다

- □ **bombast** [bámbæst]
  밤배스트
  몡 허풍, 과장

- □ **bond** [bánd]
  반드
  몡 묶는 것, 속박, 유대

- □ **bondage** [bándidʒ]
  반디지
  몡 노예의 신분, 속박

- □ **bone** [bóun]
  보운
  몡 뼈, 골격, 시체

- □ **bonnet** [bánit]
  바니트
  몡 보닛 (여자·아이들이 쓰는 끈으로 매는 모자), 덮개, 뚜껑

- □ **bonny** [báni]
  보니
  혱 예쁘장한, 사랑스러운

- □ **bonus** [bóunəs]
  보우너스
  몡 보너스, 상여금, 특별수당

- □ **book** [búk]
  북
  몡 책, 권, 장부
  탸 기입하다, 예약하다

□ **bookcase** [búkkèis]
북케이스
명 책장, 책꽂이, 서가

□ **bookkeeping** [búkkì:piŋ]
북키이핑
명 부기

□ **booklet** [búklit]
북리트
명 작은 책자, 팸플릿

□ **bookseller** [búksèlər]
북셀러
명 서적상, 책장수

□ **bookstall** [bukstɔ́:l]
북스토올
명 헌책방, 신문·잡지 매점

□ **bookstore** [búkstɔ́:r]
북스토오
명 책방, 서점

□ **boom** [bú:m]
부움
명 쿵 하고 울리는 소리 자 쿵 하고
울리다, 갑자기 경기가 좋아지다

□ **boon** [bú:n]
부운
명 혜택, 이익, 은혜

□ **boot** [bú:t]
부우트
명 부츠, 장화

□ **booth** [bú:θ]
부우쓰
명 노점, 전화박스, 칸막이한 좌석

□ **booty** [bú:ti]
부우티
명 전리품, 획득물

□ **bopeep** [boupí:p]
보우피이프
명 아웅, 까꿍(애를 놀리는 소리)

□ **border** [bɔ́:rdər]
보오더
명 가장자리, 경계 타 접경하다
자 인접하다

□ **bore** [bɔ́:r]
보오
타 (구멍·터널을) 뚫다
자 구멍을 내다

□ **born** [bɔ́:rn]
보온
형 타고난, 천성의
동 bear의 과거분사

□ **borough** [bɔ́:rou, bʌ́rou]
버로우
명 자치 도시

□ **borrow** [bárou] 　　　　타 자 빌리다, 차용하다
　바로우

□ **bosom** [búzəm] 　　　　명 가슴, 가슴속, 속
　부점

□ **boss** [bɔ́ːs] 　　　　명 두목 타 자 두목[보스]이 되다
　보오스

□ **botanical** [bətǽnikl] 　　　형 식물의, 식물학의
　버태니컬

□ **botany** [bátəni] 　　　　명 식물학
　바터니

□ **both** [bóuθ] 　　　　명 양쪽의 대 양자, 양쪽 다
　보우쓰 　　　　　　　　부 ~도 ~도(양쪽 다)

□ **bother** [báðər] 　　　　타 괴롭히다, 귀찮게 하다
　바더 　　　　　　　　　　자 걱정하다

□ **bottle** [bátl] 　　　　명 병, 술병, 한 병의 분량
　바틀 　　　　　　　　　　타 병에 담다

□ **bottom** [bátəm] 　　　　명 밑(바닥), 기초
　바텀

□ **bough** [báu] 　　　　명 큰 가지
　바우

□ **boulder** [bóuldər] 　　　명 큰 둥근 돌, 옥석
　보울더

□ **bounce** [báuns] 　　　　자 튀다 타 튀게 하다
　바운스

□ **bound¹** [báund] 　　　　형 묶인, 의무가 있는
　바운드

□ **bound²** [báund] 　　　　자 튀어 오르다, 되튀다
　바운드

□ **bound³** [báund] 　　　　명 경계(선), 범위, 한계
　바운드

□ **boundary** [báundəri] 　　명 경계(선), 한계
　바운더리

62

□ **boundless** [báundlis] 　　혱 무한한, 한없는, 끝없는
　바운들리스

□ **bounty** [báunti] 　　몡 박애, 관대
　바운티

□ **bouquet** [buːkéi] 　　몡 꽃다발, 부케
　부우케이

□ **bout** [báut] 　　몡 한판 승부
　바우트

□ **bow¹** [báu] 　　쟈 탸 머리를 숙이다, 절하다 몡 절
　바우

□ **bow²** [báu] 　　몡 이물
　바우

□ **bow³** [báu] 　　몡 활
　바우

□ **bowel** [báuəl] 　　몡 창자, 내장
　바우얼

□ **bower** [báuər] 　　몡 나무 그늘, 정자
　바우어

□ **bowl¹** [bóul] 　　몡 사발, 볼
　보울

□ **bowl²** [bóul] 　　몡 나무공, (볼링의) 공 탸 굴리다
　보울

□ **box¹** [báks] 　　몡 상자, 한 상자 탸 상자에 넣다
　박스

□ **box²** [báks] 　　몡 손바닥으로 침 탸 손바닥[주먹]
　박스 　　으로 때리다, ~와 권투하다

□ **boxer** [báksər] 　　몡 복서, 권투선수
　박서

□ **boxing** [báksiŋ] 　　몡 권투, 복싱
　박싱

□ **boy** [bɔ́i] 　　몡 소년, 아들
　보이

A
B
C
D
E
F
G
H
I
J
K
L
M
N
O
P
Q
R
S
T
U
V
W
X
Y
Z

63

□ **boycott** [bɔ́ikɑt]
보이카트

타 보이콧하다, 불매(不買) 동맹을 맺다 명 보이콧, 불매동맹

□ **boyhood** [bɔ́ihùd]
보이후드

명 소년기, 소년시절

□ **boyish** [bɔ́iiʃ]
보이이쉬

형 소년의, 소년 같은, 소년다운

□ **boyscout** [bɔ́iskáut]
보이스카우트

명 보이 스카우트 단원

□ **brace** [bréis]
브레이스

타 버팀대로 받치다 명 버팀대

□ **bracket** [brǽkit]
브래키트

명 까치발, 받침대

□ **brag** [brǽg]
브래그

타 자 자랑하다 명 허풍, 자랑

□ **braid** [bréid]
브레이드

명 꼰[땋은] 끈, 노끈

□ **brain** [bréin]
브레인

명 뇌, 두뇌

□ **brake** [bréik]
브레이크

명 브레이크, 제동기
타 자 브레이크를 걸다

□ **bran** [brǽn]
브랜

명 밀기울, 겨

□ **branch** [brǽntʃ]
브랜취

명 (나뭇) 가지 자 가지를 내다

□ **brand** [brǽnd]
브랜드

명 상표, 소인
타 (죄인·가축에) 소인을 찍다

□ **brandy** [brǽndi]
브랜디

명 브랜디

□ **brass** [brɑ́:s]
브라아스

명 놋쇠, 금관 악기

□ **brave** [bréiv]
브레이브

형 용감한, 화려한

□ **bravery** [bréivəri]
브레이버리

명 용기, 용감함, 화려함

□ **brawl** [brɔ́ːl]
브로올

명 말다툼, 싸움 재 싸움하다

□ **brazen** [bréizn]
브레이즌

형 놋쇠로 만든, 뻔뻔스러운

□ **Brazil** [brəzíl]
브러질

명 브라질

□ **breach** [bríːtʃ]
브리이취

명 위반, 침해

□ **bread** [bréd]
브레드

명 빵, 양식, 생계

□ **breadth** [brédθ]
브레드쓰

명 폭, 넓이

□ **break** [bréik]
브레이크

타 재 깨다, 고장 내다, 부서지다
명 갈라진 틈, 중단, 잠깐의 휴식

□ **breaker** [bréikər]
브레이커

명 파괴자, 깨는 사람

□ **breakfast** [brékfəst]
브렉퍼스트

명 아침 식사

□ **breast** [brést]
브레스트

명 가슴, 유방

□ **breath** [bréθ]
브레쓰

명 숨, 호흡, 한숨

□ **breathe** [bríːð]
브리이드

재 타 숨 쉬다, 호흡하다, 휴식하다

□ **breathless** [bréθlis]
브레쓸리스

형 숨 가쁜, 숨이 찬

□ **breeches** [brítʃiz]
브리취즈

명 (승마용) 반바지

□ **breed** [bríːd]
브리이드

타 재 (새끼를) 낳다, 사육하다,
양육하다 명 품종

65

- **breeze** [bríːz]
  브리이즈
  명 산들바람, 미풍

- **brethren** [bréðrin]
  브레드린
  명 같은 교인들, 동업자들

- **brew** [brúː]
  브루우
  자 타 양조하다 명 양조주(음료)

- **briar** [bráiər]
  브라이어
  명 찔레, 들장미

- **bribe** [bráib]
  브라이브
  명 뇌물 자 타 매수하다

- **brick** [brík]
  브리크
  명 벽돌 타 벽돌을 쌓다

- **bridal** [bráidl]
  브라이들
  형 신부의, 혼례의 명 결혼식

- **bride** [bráid]
  브라이드
  명 신부, 새색시

- **bridegroom** [bráidgrù(ː)m]
  브라이드그루움
  명 신랑

- **bridge** [brídʒ]
  브리지
  명 다리

- **bridle** [bráidl]
  브라이들
  명 말굴레, 고삐

- **brief** [bríːf]
  브리이프
  형 잠시의, 간결한

- **brier** [bráiər]
  브라이어
  명 찔레, 들장미

- **brigade** [brigéid]
  브리게이드
  명 [군사] 여단

- **bright** [bráit]
  브라이트
  형 빛나는, 밝은, 선명한

- **brighten** [bráitn]
  브라이튼
  타 빛나게 하다, 밝게 하다
  자 밝아지다

□ **brightly** [bráitli]
브라이틀리
뤼 밝게, 빛나게, 환히

□ **brightness** [bráitnis]
브라이트니스
몡 빛남, 선명함, 총명

□ **brilliant** [bríljənt]
브릴리언트
혱 빛나는, 찬란한, 훌륭한

□ **brim** [brím]
브림
몡 가장자리, 언저리

□ **bring** [bríŋ]
브링
톙 가져오다, 초래하다

□ **brink** [bríŋk]
브링크
몡 (벼랑의) 가장자리, 물가

□ **brisk** [brísk]
브리스크
혱 활발한, 기운찬, 상쾌한

□ **bristle** [brísl]
브리슬
몡 뻣뻣한 털

□ **Britain** [brítn]
브리튼
몡 영국

□ **British** [brítiʃ]
브리티쉬
혱 영국의, 영국인의 몡 영국인

□ **brittle** [brítl]
브리틀
혱 부서지기 쉬운, 덧없는

□ **broad** [brɔ́ːd]
브로오드
혱 폭이 넓은, 널따란, 넓은

□ **broadcast** [brɔ́ːdkæst]
브로드캐스트
톙 쟈 방송하다 몡 방송, 방영

□ **broadcasting station**
[brɔ́ːdkæstiŋstéiʃən] 브로오드캐스팅 스테이션
몡 방송국

□ **broil** [brɔ́il]
브로일
톙 쟈 굽다, 구워지다 몡 굽기

□ **broken** [bróukən]
브로우컨
툉 break의 과거분사
혱 부서진, 고장 난, 깨진

67

□ **broker** [bróukər] 명 브로커, 중개인
브로우커

□ **bronze** [bránz] 명 청동, 브론즈
브란즈

□ **brooch** [bróutʃ] 명 브로치
브로우취

□ **brood** [brú:d] 명 한 배의 병아리, 한 배의 새끼
브루우드　　　자 알을 품다, 골똘히 생각하다

□ **brook** [brúk] 명 시내, 개천
브루크

□ **broom** [brú:m] 명 비 타 비로 쓸다
브루움

□ **broth** [brɔ́:θ] 명 묽은 수프
브로오쓰

□ **brother** [brʌ́ðər] 명 형제, 형, 아우, 동료
브러더

□ **brotherhood** [brʌ́ðərhùd] 명 형제간, 형제의 우애
브러더후드

□ **brow** [bráu] 명 눈썹, 이마
브라우

□ **brown** [bráun] 형 갈색의 명 갈색
브라운

□ **bruise** [brú:z] 타 ~에게 타박상을 주다
브루우즈　　　명 타박상, 멍

□ **brush** [brʌ́ʃ] 명 솔, 화필 타 솔질하다
브러쉬

□ **brutal** [brú:tl] 형 잔인한, 야만적인
브루우틀

□ **brute** [brú:t] 명 짐승, 짐승 같은 사람
브루우트

□ **bub** [bʌ́b] 명 (주로 호칭으로) 소년, 젊은 친구
버브

68

□ **bubble** [bʌ́bl]
버블
阌 거품 困 탄 거품이 일다

□ **buck** [bʌ́k]
벅
阌 수사슴

□ **bucket** [bʌ́kit]
버킷
阌 버킷, 물통, 한 버킷(의 양)

□ **buckle** [bʌ́kl]
버클
阌 (혁대 등의) 버클

□ **bud** [bʌ́d]
버드
阌 [식물] 눈

□ **budget** [bʌ́dʒit]
버지트
阌 예산 탄 困 예산을 세우다

□ **buff** [bʌ́f]
버프
阌 담황색 가죽

□ **buffalo** [bʌ́fəlòu]
버펄로우
阌 물소, 들소

□ **buffet¹** [bʌ́fit]
버피트
阌 타격 탄 치다

□ **buffet²** [bəféi]
버페이
阌 뷔페

□ **bug** [bʌ́g]
버그
阌 곤충, 병원균, (컴퓨터) 오류

□ **bugle** [bjúːgl]
뷰우글
阌 나팔

□ **build** [bíld]
빌드
됨 짓다, 쌓아 올리다

□ **builder** [bíldər]
빌더
阌 건축자

□ **building** [bíldiŋ]
빌딩
阌 건축, 건축물

□ **bulb** [bʌ́lb]
벌브
阌 (양파 등의) 구근(球根), 전구

69

□ **bulge** [bʌldʒ]
벌지

명 불룩한 것[부분]
자 타 부풀(리)다

□ **bulk** [bʌlk]
벌크

명 부피, 크기, 대부분

□ **bull** [búl]
불

명 황소, 수컷

□ **bulldog** [búldɔ́ːg]
불도오그

명 불도그, 완강한 사람

□ **bullet** [búlit]
불리트

명 (소총·권총의) 총탄

□ **bulletin** [búlətin]
불러틴

명 고시, 뉴스 속보

□ **bullion** [búljən]
불리언

명 금[은] 덩어리

□ **bully** [búli]
불리

명 약자를 괴롭히는 사람, 불량배

□ **bulwark** [búlwərk]
불워크

명 성채, 방파제

□ **bumf** [bʌmf]
범프

명 따분한 서류, 관청의 서류, 휴지

□ **bump** [bʌmp]
범프

타 자 부딪치다, 충돌하다 명 충돌

□ **bun** [bʌn]
번

명 둥근 빵 (건포도가 들어 있거나 햄버거용으로 쓰이는)

□ **bunch** [bʌntʃ]
번취

명 송이, 다발 타 자 다발로 묶다

□ **bundle** [bʌndl]
번들

명 묶음, 다발

□ **bungalow** [bʌ́ŋgəlòu]
벙걸로우

명 방갈로

□ **bunk** [bʌŋk]
벙크

명 (배, 기차의) 침대

70

□ **bunny** [bʌ́ni]
버니
명 토끼

□ **buoy** [búːi]
부우이
명 [항해] 부이, 부표(浮漂)

□ **buoyant** [bɔ́iənt]
보이언트
형 부력이 있는

□ **burden** [bə́ːrdn]
버어든
명 무거운 짐, 짐, 부담
타 ~에게 짐을 지우다

□ **bureau** [bjúərou]
뷰어로우
명 (관청의) 국(局), 사무소

□ **burglar** [bə́ːrglər]
버어글러
명 강도

□ **burial** [bériəl]
베리얼
명 매장

□ **burn** [bə́ːrn]
버언
자 불타다, 타다, 타는 듯이 느끼다
타 태우다 명 화상

□ **burrow** [bʌ́rou]
버로우
명 굴, 은신처

□ **burst** [bə́ːrst]
버어스트
타 자 파열하다, 터지다
명 파열, 돌발

□ **bury** [béri]
베리
타 묻다, 파묻다, 매장하다

□ **bus** [bʌ́s]
버스
명 버스

□ **bush** [búʃ]
부쉬
명 관목, 수풀, 덤불

□ **bushel** [búʃəl]
부셸
명 부셸(양을 재는 단위 8갤론)

□ **bushy** [búʃi]
부쉬이
형 관목(덤불)이 많은

□ **busily** [bízəli]
비절리
부 바쁘게, 부지런히

- □ **business** [bíznis]
  비즈니스

  명 사무, 직업, 상업, 장사

- □ **bust** [bʌst]
  버스트

  명 흉상, 상반신

- □ **bustle** [bʌ́sl]
  버슬

  자 부산하게 움직이다
  타 법석[부산]떨게 하다

- □ **busy** [bízi]
  비지

  명 바쁜, 분주한, 통화 중인

- □ **but** [bʌt]
  벗

  접 그러나, 하지만, 그렇지만
  부 단지, 다만
  전 ~외에, ~을 제외하고

- □ **butcher** [bútʃər]
  부쳐

  명 푸주한, 고깃간[정육점] 주인,
  도살자 타 도살하다

- □ **butler** [bʌ́tlər]
  버틀러

  명 집사, 하인의 우두머리

- □ **butt** [bʌt]
  버트

  타 머리[뿔]로 받다[밀다], 부딪치다

- □ **butter** [bʌ́tər]
  버터

  명 버터 타 버터를 바르다

- □ **butterfly** [bʌ́tərflài]
  버터플라이

  명 나비

- □ **button** [bʌ́tn]
  버튼

  명 단추, (초인종의) 누름단추
  타 단추를 채우다

- □ **buy** [bái]
  바이

  타 사다, 구입하다

- □ **buzz** [bʌz]
  버즈

  명 윙윙거리는 소리 자 윙윙거리다,
  분주하게 돌아다니다

- □ **by** [bái]
  바이

  전 ~ 옆에, ~의 옆을, ~에 의하여
  부 옆에, 옆을 지나

- □ **bystreet** [báistrìːt]
  바이스트리이트

  명 뒷골목

② frying pan
[fraiiŋ pæn 프라이잉 팬]

① sink
[siŋk 싱크]

③ kettle
[kétl 케틀]

⑤ oven
[ʌvən 어번]

④ napkin
[nǽpkin 냅킨]

① 싱크대 ② 프라이팬 ③ 주전자 ④ 냅킨 ⑤ 오븐

⑥ **refrigerator**
[rifrídʒərèitəːr 리프리저레이터]

⑦ **cupboard**
[kʌ́bərd 커버드]

⑧ **glass**
[glæs 글래스]

⑨ **plate**
[pleit, 플레이트]

⑩ **dish**
[diʃ 디쉬]

⑪ **table**
[téibl 테이블]

⑥ 냉장고 ⑦ 찬장 ⑧ 유리잔 ⑨ (속이 얕은) 접시
⑩ (속이 깊은) 접시 ⑪ 탁자

□ **cab** [kǽb]
캡
명 택시

□ **cabbage** [kǽbidʒ]
캐비지
명 양배추

□ **cabin** [kǽbin]
캐빈
명 오두막집, 선실

□ **cabinet** [kǽbənit]
캐버니트
명 장식장, 캐비닛, 내각

□ **cable** [kéibl]
케이블
명 굵은 밧줄, 케이블, 닻줄

□ **caddish** [kǽdiʃ]
캐디쉬
형 야비한, 비신사적인

□ **cadence** [kéidns]
케이든스
명 운율, 억양

□ **cafe** [kæféi]
캐페이
명 식당, 다방, 커피점

□ **cage** [kéidʒ]
케이지
명 새장, (동물의) 우리

□ **cake** [kéik]
케이크
명 케이크

□ **calamity** [kəlǽməti]
컬래머티
명 큰 재난, 큰 불행, 참사

□ **calcium** [kǽlsiəm]
캘시엄
명 칼슘

□ **calculate** [kǽlkjulèit]
캘큘레이트
타 자 계산하다, 추정하다

□ **calendar** [kǽləndər]
캘린더
명 달력, 책력

□ **calf** [káːf]
카아프
명 송아지

□ **calico** [kǽlikòu]
캘리코우
명 옥양목, 캘리코, 사라사(무늬를 날염한 면포)

□ **call** [kɔ́ːl]
코올
타 자 부르다, 외치다, 방문하다, 전화하다 명 부르는 소리, 짧은 방문, 초청

□ **calm** [káːm]
카암
형 고요한, 평온한 명 고요함

□ **calorie** [kǽləri]
캘러리
명 칼로리(음식의 열량단위)

□ **camel** [kǽməl]
캐멀
명 낙타

□ **camera** [kǽmərə]
캐머러
명 카메라, 사진기

□ **camp** [kǽmp]
캠프
명 캠프장, 야영지, 야영 천막, 진영 자 야영하다

□ **campaign** [kæmpéin]
캠페인
명 (사회적·정치적) 운동, 캠페인

□ **campus** [kǽmpəs]
캠퍼스
명 (대학 등의) 교정, 구내, 캠퍼스

□ **can¹** [kən, kæn]
컨, 캔
조 ~할 수 있다, ~할 줄 알다

□ **can²** [kæn]
캔
명 깡통, 금속제 용기 타 통조림으로 만들다

□ **Canada** [kǽnədə]
캐너더
명 캐나다

□ **Canadian** [kənéidiən]
커네이디언
형 캐나다의 명 캐나다 사람

□ **canal** [kənǽl]
커낼

몡 운하, 인공 수로

□ **canary** [kənέəri]
커네어리

몡 카나리아(빛)

□ **cancel** [kǽnsəl]
캔설

타 취소[중지]하다 몡 취소, 해제

□ **cancer** [kǽnsər]
캔서

몡 암(癌), 병폐, 해악

□ **candid** [kǽndid]
캔디드

혱 솔직한, 숨김없는

□ **candidate** [kǽndidèit]
캔디데이트

몡 후보자, 지원자

□ **candle** [kǽndl]
캔들

몡 양초

□ **cando(u)r** [kǽndər]
캔더

몡 공평함, 허심탄회, 정직

□ **candy** [kǽndi]
캔디

몡 캔디, 사탕 과자

□ **cane** [kéin]
케인

몡 지팡이, 막대기

□ **cannon** [kǽnən]
캐넌

몡 대포, 기관포 자 대포를 쏘다

□ **cannot** [kǽnɑt]
캐나트

조 ~할 수 없다

□ **canoe** [kənú:]
커누우

몡 카누

□ **canon** [kǽnən]
캐넌

몡 교회법, 규범

□ **canopy** [kǽnəpi]
캐너피

몡 천개(天蓋), 차양 타 천개로 덮다

□ **canter** [kǽntər]
캔터

몡 [승마] 보통 구보
자 타 보통 구보로 달리다

77

□ **canton** [kǽntən]
캔턴
명 (스위스 연방의) 주(州); (프랑스의) 군(郡)

□ **canvas** [kǽnvəs]
캔버스
명 돛, 범포, 캔버스

□ **canyon** [kǽnjən]
캐니언
명 깊은[큰] 협곡

□ **cap**[1] [kǽp]
캡
명 (테 없는) 모자
동 ~에게 모자를 씌우다

□ **cap**[2] [kǽp]
캡
명 대문자 타 대문자로 쓰다

□ **cap**[3] [kǽp]
캡
명 정제, 캡슐
타 자 (캡슐을) 열다, 사용하다

□ **capable** [kéipəbl]
캐이퍼블
형 유능한, 능력이 있는

□ **capacious** [kəpéiʃəs]
커페이셔스
형 널찍한

□ **capacity** [kəpǽsəti]
커패서티
명 수용력[량], 용적, 재능, 자격

□ **cape**[1] [kéip]
케입
명 곶, 갑(岬)(headland)

□ **cape**[2] [kéip]
케입
명 어깨 망토

□ **caper** [kéipər]
케이퍼
자 신나게 뛰놀다

□ **capital** [kǽpətl]
캐퍼틀
형 자본의, 가장 중요한
명 수도, 대문자

□ **captain** [kǽptən]
캡턴
명 장(長), 우두머리(chief)

□ **captive** [kǽptiv]
캡티브
형 포로의, 사로잡힌 명 포로

□ **capture** [kǽptʃər]
캡쳐
타 붙잡다, 사로잡다 명 포획, 생포

□ **car** [káːr]
카아
명 차, 자동차

□ **caramel** [kǽrəmèl]
캐러멜
명 캐러멜, 설탕엿

□ **caravan** [kǽrəvæ̀n]
캐러밴
명 (사막의) 대상(隊商), 운반차

□ **carbon** [káːrbən]
카아번
명 [화학] 탄소

□ **carbonic** [kɑːrbánik]
카아바닉
형 탄소의

□ **carcass** [káːrkəs]
카아커스
명 (짐승의) 시체

□ **card** [káːrd]
카아드
명 카드, 명함, 초대장, 엽서, (카드 놀이의) 카드, 패

□ **cardboard** [káːrdbɔ́ːrd]
카아드보오드
명 판지, 마분지

□ **cardinal** [káːrdənl]
카아더늘
형 기본적인, 주요한, 진홍색의
명 추기경

□ **care** [kɛər]
케어
명 걱정, 주의, 돌봄, 보관
자 걱정하다, 좋아하다, 바라다

□ **career** [kəríər]
커리어
명 직업, 경력

□ **careful** [kɛərfəl]
케어펄
형 조심성 있는, 신중한, 꼼꼼한

□ **careless** [kɛərlis]
케얼리스
형 부주의한, 경솔한, 조심성 없는

□ **caress** [kərés]
커레스
명 애무 타 애무하다, 어루만지다

□ **cargo** [káːrgou]
카아고우
명 뱃짐, 화물

□ **carnation** [kɑːrnéiʃən]
카아네이션
명 카네이션

□ **carnival** [káːrnəvəl]
카아너벌
명 사육제(謝肉祭), 카니발

□ **carol** [kǽrəl]
캐럴
명 기쁨의 노래, (종교적) 축가, 캐럴 자 타 기뻐[즐겁게] 노래하다

□ **carp¹** [káːrp]
카아프
자 흠을 들추다, 트집 잡다
명 불평, 투덜거림

□ **carp²** [káːrp]
카아프
명 [어류] 잉어

□ **carpenter** [káːrpəntər]
카아펀터
명 목수 자 타 목수 일을 하다

□ **carpet** [káːrpit]
카아피트
명 카펫, 양탄자, 융단

□ **carriage** [kǽridʒ]
캐리지
명 탈것, 차, 마차

□ **carrier** [kǽriər]
캐리어
명 운반인, 배달원, 운반기

□ **carrot** [kǽrət]
캐러트
명 당근

□ **carry** [kǽri]
캐리
타 자 나르다, 운반하다, 전하다, 휴대하다

□ **cart** [káːrt]
카아트
명 짐수레 타 자 짐수레로 나르다

□ **carve** [káːrv]
카아브
타 자 (고기를) 베다, (어떤 모양 으로) 새기다, 조각하다

□ **cascade** [kæskéid]
캐스케이드
명 작은 폭포

□ **case¹** [kéis]
케이스
명 경우, 실정, 사실, 사건, 사례, 병상

□ **case²** [kéis]
케이스
명 상자, 케이스

□ **casement** [kéismənt]
케이스먼트
명 여닫이창, 창틀

□ **cash** [kǽʃ]
캐쉬
명 현금, 현찰 타 현금으로 바꾸다

□ **cashier** [kæʃíər]
캐쉬어
명 출납원

□ **cask** [kǽsk]
캐스크
명 (포도주 등의) 큰 통; 한 통(의 분량)

□ **casket** [kǽskit]
캐스키트
명 (보석·귀중품을 넣는) 작은 상자, 관

□ **cast** [kǽst]
캐스트
타 재 던지다, 던져 버리다, 배정하다 명 던지기, 주형

□ **castle** [kǽsl]
캐슬
명 성, 성곽

□ **casual** [kǽʒuəl]
캐주얼
형 우연의, 무심결의, 평상복의

□ **cat** [kǽt]
캣
명 고양이

□ **catalog** [kǽtəlɔ́ːg]
캐터로오그
명 (물품·책 등의) 목록, 카탈로그

□ **catastrophe** [kətǽstrəfi]
커태스트러피
명 대참사, 큰 재앙

□ **catch** [kǽtʃ]
캐취
타 재 붙들다, 받다, 잡아타다, 이해하다 명 잡기, 잡은 것

□ **catcher** [kǽtʃər]
캐쳐
명 잡는 사람[물건], [야구] 포수

□ **caterpillar** [kǽtərpìlər]
캐터필러
명 모충(毛蟲), 쐐기벌레

□ **cathedral** [kəθíːdrəl]
커씨이드럴
명 대성당, 큰 교회당

□ **Catholic** [kǽθəlik]
캐썰릭
형 가톨릭교회의, 천주교의

□ **catholic** [kǽθəlik]
캐썰릭
형 치우치지 않는, 보편적인, 일반적인

81

□ **cattle** [kǽtl] 　　　　　　명 소, 가축
캐틀

□ **cause** [kɔ́:z] 　　　　　　　명 원인, 이유, 주의
코오즈　　　　　　　　　　타 ~의 원인이 되다

□ **caution** [kɔ́:ʃən] 　　　　　명 조심, 경고, 담보, 보증
코오션

□ **cautious** [kɔ́:ʃəs] 　　　　　형 조심성 있는, 신중한
코오셔스

□ **cavalier** [kæ̀vəlíər] 　　　　명 기사도 정신의 소유자
캐벌리어

□ **cavalry** [kǽvəlri] 　　　　　명 기병대, 기갑부대
캐벌리

□ **cave** [kéiv] 　　　　　　　　명 동굴
케이브

□ **cavern** [kǽvərn] 　　　　　명 (넓은) 동굴
캐번

□ **cavity** [kǽvəti] 　　　　　　명 공동(空洞), 움푹한 곳, 충치의
캐버티　　　　　　　　　　구멍

□ **caw** [kɔ́:] 　　　　　　　　명 까악 까악 (까마귀의 울음소리)
코오　　　　　　　　　　　자 (까마귀가) 까악 까악 울다

□ **cease** [sí:s] 　　　　　자 그치다, 그만두다 타 중지하다
시이스

□ **cedar** [sí:dər] 　　　　　　명 [식물] 히말라야삼목
시이더

□ **ceiling** [sí:liŋ] 　　　　　　명 천장, (가격·임금·요금 등의)
시일링　　　　　　　　　　최고 한도

□ **celebrate** [séləbrèit] 　　　타 자 축하하다
셀러브레이트

□ **celebrated** [séləbrèitid] 　　형 유명한, 이름 높은
셀러브레티이드

□ **celebration** [sèləbréiʃən] 　명 축하, 축전, 의식, 찬양
셀러브레이션

□ **celery** [séləri]
셀러리

명 [식물] 셀러리

□ **celestial** [səléstʃəl]
설레스티얼

형 하늘의, 천국의, 거룩한

□ **cell** [sél]
셀

명 작은 방, 독방, [생물] 세포,
[전기] 전지

□ **cellar** [sélər]
셀러

명 지하실

□ **celluloid** [séljulɔ́id]
셀룰로이드

명 셀룰로이드

□ **cement** [simént]
시멘트

명 시멘트

□ **cemetery** [sémətèri]
세머테리

명 공동묘지

□ **censure** [sénʃər]
센셔

명 비난 타 자 비난하다, 책망하다

□ **census** [sensəs]
센서스

명 (인구)조사, 국세조사

□ **cent** [sent]
센트

명 백, 센트(미국, 캐나다 화폐 단위)

□ **center** [séntər]
센터

명 중심, 중앙, 핵심, 중점

□ **centigram(me)**
[séntıgræm] 센티그램

명 센티그램(cmg)

□ **centiliter** [séntəlì:tər]
센티리이터

명 센티리터(cl)

□ **centimeter** [séntəmì:tər]
센티미터

명 센티미터(cm)

□ **central** [séntrəl]
센트럴

형 중심의, 주요한, 기본적인

□ **century** [séntʃəri]
센츄리

명 1세기, 100년, 백인조

□ **cereal** [síriəl]
시리얼
⟨형⟩ 곡물의, 곡식의 ⟨명⟩ 곡물, 곡초류

□ **ceremony** [sérəmouni]
세러머니
⟨명⟩ 의식, 예식, 예의, 형식

□ **certain** [sə́ːrtn]
서어튼
⟨형⟩ 확실한, 틀림없는, 확정된

□ **certainly** [sə́ːrtnli]
서어튼리
⟨부⟩ 확실히, 반드시, 틀림없이

□ **certainty** [sə́ːrtnti]
서어튼티
⟨명⟩ 확신, 확실성

□ **certificate** [sərtífikət]
서티피키트
⟨명⟩ 증명서, 증서

□ **chafe** [tʃeif]
체이프
⟨타⟩ ⟨자⟩ 비벼서 따뜻하게 하다

□ **chaff** [tʃæf]
채프
⟨명⟩ 왕겨, 여물, 마초, 찌꺼기

□ **chain** [tʃein]
체인
⟨명⟩ 사슬, 연쇄, 연속, 체인

□ **chair** [tʃéər]
체어
⟨명⟩ 의자, 강좌, 의장석

□ **chairman** [tʃéərmən]
체어먼
⟨명⟩ 의장, 위원장, 사회자

□ **chalk** [tʃɔ́ːk]
초오크
⟨명⟩ 분필, 백묵, 초크

□ **challenge** [tʃǽlindʒ]
챌린쥐
⟨명⟩ 도전, 결투의 신청 ⟨타⟩ 도전하다

□ **chamber** [tʃéimbər]
체임버
⟨명⟩ 방, 침실, 회의실

□ **chamberlain** [tʃéimbərlin]
체임버린
⟨명⟩ 시종, 집사, 가령, 의전관

□ **champagne** [ʃæmpéin]
샴페인
⟨명⟩ (C~) 프랑스 북부지방, 샴페인

84

□ **champion** [tʃǽmpiən]
챔피언
⟮명⟯ 우승자, 선수, 투사, 전사

□ **chance** [tʃǽns]
챈스
⟮명⟯ 기회, 우연, 호기, 운

□ **chandelier** [ʃæ̀ndəlíər]
섄덜리어
⟮명⟯ 꽃 전등, 샹들리에

□ **change** [tʃéindʒ]
체인쥐
⟮타⟯ 변경하다, 바꾸다 ⟮명⟯ 변화

□ **channel** [tʃǽnl]
채늘
⟮명⟯ 수로, 해협, 강바닥

□ **chant** [tʃǽnt]
챈트
⟮명⟯ 노래, 멜로디 ⟮타⟯⟮자⟯ 노래하다

□ **chaos** [kéiɑs]
케이아스
⟮명⟯ 혼돈, 혼란, 무질서

□ **chap** [tʃǽp]
챕
⟮명⟯ 녀석, 사나이, 고객

□ **chapel** [tʃǽpəl]
채펄
⟮명⟯ 병원, 학교, 예배당, 교회당

□ **chaplain** [tʃǽplin]
채플린
⟮명⟯ 군목, 예배당 목사

□ **chapter** [tʃǽptər]
챕터
⟮명⟯ (책의) 장(章), 한시기 부문

□ **character** [kǽriktər]
캐릭터
⟮명⟯ 인격, 성격, 품성, 특성

□ **characteristic**
[kæ̀riktərístik] 캐릭터리스틱
⟮형⟯ 특유한, 특색의

□ **characterize** [kǽriktəràiz]
캐릭터라이즈
⟮타⟯ 특징을 나타내다, 특색짓다

□ **charcoal** [tʃɑ́ːrkòul]
차코울
⟮명⟯ 숯, 목판

□ **charge** [tʃɑ́ːrdʒ]
차아쥐
⟮타⟯ 짐을 싣다, 채우다 ⟮명⟯ 책임

□ **charger** [tʃáːrdʒər]
차아줘
명 (장교용의) 군마, 충전기

□ **chariot** [tʃǽriət]
채리어트
명 (옛, 희랍, 로마의) 2륜마차

□ **charity** [tʃǽrəti]
채러티
명 사랑, 자비, 양육원

□ **charm** [tʃáːrm]
차아암
명 미관, 매력 타 자 매혹하다

□ **charming** [tʃáːrmiŋ]
차아밍
형 매력적인, 아름다운, 즐거운

□ **chart** [tʃáːrt]
차아트
명 그림, 해도, 도표

□ **charter** [tʃáːrtər]
차아터
명 특허장, 헌장, 선언서

□ **chase** [tʃéis]
체이스
타 추적하다 명 추격

□ **chasm** [kǽzm]
캐즘
명 깊게 갈라진 틈, 틈새, 빈틈

□ **chaste** [tʃéist]
체이스트
형 정숙한, 수수한, 담백한

□ **chat** [tʃǽt]
채트
명 잡담, 담화 자 잡담하다

□ **chatter** [tʃǽtər]
채터
자 지껄여대다 명 수다, 잡담

□ **chauffeur** [ʃóufər]
쇼우퍼
명 (자가용차의) 운전수
자 몰고가다

□ **cheap** [tʃíːp]
치입
형 싼, 값이 싼

□ **cheat** [tʃíːt]
치이트
타 자 속이다, 사취하다

□ **check** [tʃék]
체크
명 저지, 억제, 방해

□ **cheek** [tʃíːk]
치이크
뗑 볼, 뺨

□ **cheer** [tʃíər]
치어
뗑 환호, 갈채, 만세, 격려

□ **cheerfully** [tʃíərfəli]
치어펄리
뛔 기분 좋게, 유쾌하게

□ **cheery** [tʃíəri]
치어리
뼹 기운 좋은, 명랑한

□ **cheese** [tʃíːz]
치이즈
뗑 치즈

□ **chemical** [kémikəl]
케미컬
뼹 화학의, 화학적인

□ **chemise** [ʃəmíːz]
쉐미즈
뗑 속치마, 슈미즈

□ **chemist** [kémist]
케미스트
뗑 화학자, 약제사, 약종상

□ **chemistry** [kéməstri]
케머스트리
뗑 화학

□ **cherish** [tʃériʃ]
체리쉬
뛔 귀여워하다, 소중히 하다

□ **chess** [tʃés]
체스
뗑 체스, 서양 장기

□ **chest** [tʃést]
체스트
뗑 큰 상자, 궤, 금고, 가슴

□ **chestnut** [tʃésnʌt]
체스너트
뗑 밤 뼹 밤색의

□ **chew** [tʃúː]
츄우
뛔 쟤 씹다, 깨물어 부수다

□ **chick** [tʃík]
치크
뗑 병아리, 새끼 새

□ **chicken** [tʃíkin]
치킨
뗑 병아리, 새새끼, 닭고기

A
B
C
D
E
F
G
H
I
J
K
L
M
N
O
P
Q
R
S
T
U
V
W
X
Y
Z

□ **chide** [tʃáid]
좌이드
태 자 꾸짖다, 꾸짖어 내쫓다

□ **chief** [tʃíːf]
취이프
명 수령, 지도자, 추장

□ **child** [tʃáild]
좌일드
명 아이, 어린애, 유아, 아동

□ **childhood** [tʃáildhùd]
좌일드후드
명 유년기, 어린 시절

□ **childish** [tʃáildiʃ]
좌일디쉬
형 어린애 같은, 앳띤

□ **children** [tʃíldrən]
칠드런
명 child의 복수, 어린이들

□ **chill** [tʃíl]
칠
명 한기, 냉기, 오한

□ **chime** [tʃáim]
좌임
명 차임, 태 자 (종·차임이) 울리다

□ **chimney** [tʃímni]
침니
명 굴뚝, 남포, 등피

□ **chin** [tʃín]
친
명 턱, 지껄여댐, 턱끝

□ **China** [tʃáinə]
좌이너
명 중국

□ **china** [tʃáinə]
좌이너
명 도자기, 사기전 형 도자기의

□ **Chinese** [tʃainíːz]
좌이니이즈
형 중국의 명 중국어

□ **chink** [tʃíŋk]
칭크
명 짤랑짤랑 자 태 쨍그랑 울리다

□ **chip** [tʃíp]
칩
명 나무때기, 얇은 조각, 토막

□ **chirp** [tʃə́ːrp]
춰어프
자 태 짹짹 울다

□ **chisel** [tʃízəl]
취절
명 조각칼 타 끌로 깎다

□ **choice** [tʃɔ́is]
취이스
명 선택, 가림, 선택권

□ **choir** [kwáiər]
콰이어
명 성가대, 합창단

□ **choke** [tʃóuk]
초우크
타 자 질식시키다, 막다, 메우다

□ **cholera** [kálərə]
칼러러
명 콜레라, 호열자

□ **choose** [tʃúːz]
츄으즈
타 자 고르다, 선택하다(선정하다)

□ **chop** [tʃáp]
찹
타 자 자르다, 뻐개다

□ **chord** [kɔ́ːrd]
코오드
명 (악기의) 줄, 화현

□ **chosen** [tʃóuzn]
쵸우즌
동 choose의 과거분사 형 선택된

□ **Christ** [kráist]
크라이스트
명 그리스도, 구세주

□ **christen** [krísn]
크리슨
타 자 세례를 주다, 이름을 붙이다

□ **Christian** [krístʃən]
크리스천
명 기독교도 형 그리스도의

□ **Christianity** [krìstʃiǽnəti]
크리스취애너티
명 기독교

□ **Christmas** [krísməs]
크리스머스
명 크리스마스, 성탄절

□ **chronicle** [kránikl]
크라니클
명 연대기(年代記), 기록, 연기대

□ **chuckle** [tʃʌ́kl]
춰클
자 킬킬 웃다, 꼬꼬거리다

89

□ **church** [tʃə́:rtʃ]　　　　　명 교회당, 성당
처어치

□ **churchman** [tʃə́:rtʃmən]　　명 목사, 성직자
처어치먼

□ **churchyard** [tʃə́:rtʃjà:rd]　명 (교회, 부속) 묘지
처어치야아드

□ **cider** [sáidər]　　　　　　명 사과 술, 사이다
사이더

□ **cigar** [sigá:r]　　　　　　　명 엽궐련, 여송연, 시가
시가아

□ **cigarette** [sìgərét]　　　　명 궐연, 시가레트, 담배
시거렛트

□ **cinder** [síndər]　　　　　명 (석탄따위) 탄 재, 뜬 숯, 쇠똥
신더

□ **cinema** [sínəmə]　　　　　명 영화관, 영화
시너머

□ **cinnamon** [sínəmən]　　　명 계피 형 육계색의
시너먼

□ **circle** [sə́:rkl]　　　　　　명 원, 원형의 장소, 원주
서어클

□ **circuit** [sə́:rkit]　　　　　명 주위, 순회, 회전
서어키트

□ **circular** [sə́:rkjulər]　　　형 원형의, 고리모양의
서어큘러

□ **circulate** [sə́:rkjulèit]　　자 타 돌다, 돌게하다
서어큘레이트

□ **circulation** [sə́:rkjuléiʃən]　명 순환, 배포, 유포, 유통
서어큘레이션

□ **circumference**　　　　　명 원주, 주변, 주선, 지역
[sərkʌ́mfərəns] 서컴퍼런스

□ **circumfuse** [sə́:rkəmfjú:z]　명 주위에 붓다(쏟다), 에워싸다
서어컴퓨우즈

90

□ **circumstance**
[sə́:rkəmstæns] 서어컴스탠스
명 사정, 상황, 환경

□ **circus** [sə́:rkəs]
서어커스
명 곡마, 곡예, 서커스

□ **cite** [sáit]
사이트
타 인용하다, 예증하다, 소환하다

□ **citizen** [sítəzən]
시터전
명 시민, 국민, 주민

□ **city** [síti]
시티
명 시, 도시, 도회

□ **civic** [sívik]
시빅
형 시의, 시민의

□ **civil** [sívəl]
시벌
형 시민의, 문명인, 국민의

□ **civilian** [sivíljən]
시빌런
명 일반인, 비전투원

□ **civility** [sivíləti]
시빌러티
명 정중함, 공손함

□ **civilization** [sìvəlizéiʃən]
시벌리제이션
명 문명, 개화

□ **civilize** [sívəlàiz]
시벌라이즈
타 문명으로 이끌다, 교화하다

□ **claim** [kléim]
클레임
명 요구, 청구 타 자 되찾다

□ **clam** [klǽm]
클램
명 대합조개, 말없는 사람

□ **clamber** [klǽmbər]
클램버
자 기어오르다

□ **clamo(u)r** [klǽmə(r)]
클래머
명 소란한 소리, 외치는 소리

□ **clan** [klǽn]
클랜
명 씨족, 일가, 일문, 당파

91

□ **clang** [klǽŋ]
클랭
자 타 쾅[떵그랑] 울리다

□ **clap** [klǽp]
클랩
자 타 (손뼉을) 치다, 박수하다

□ **clash** [klǽʃ]
클래쉬
명 격돌, 충돌 자 타 충돌하다

□ **clasp** [klǽsp]
클래습
타 자 껴안다, 꽉 쥐다

□ **class** [klǽs]
클래스
명 계급, 학급, 종류, 악수

□ **classy** [klǽsi]
클래시
명 고급의, 세련된, 멋진

□ **classic** [klǽsik]
클래식
형 고전적인, 명작의, 고상한

□ **classical** [klǽsikəl]
클래시컬
형 고전의, 고전주의의

□ **classification**
[klæ̀səfikéiʃən] 클래서피케이션
명 분류, 종별, 등급

□ **classify** [klǽsəfài]
클래서파이
타 분류하다, 등급으로 가르다

□ **classmate** [klǽsmèit]
클래스메이트
명 급우, 동급생

□ **classroom** [klǽsrùːm]
클래스루움
명 교실

□ **clatter** [klǽtər]
클래터
명 시끄러운 소리
자 타 덜걱덜걱 소리나다

□ **clause** [klɔ́ːz]
클로오즈
명 조목, 조항

□ **claw** [klɔ́ːz]
클로오즈
명 발톱, 집게발

□ **clay** [kléi]
클레이
명 찰흙, 점토, 흙

□ **clean** [klíːn]
클리인
⑲ 깨끗한, 청결한, 순결한

□ **cleaner** [klíːnər]
클리이너
⑲ 청소부, 깨끗이 하는 사람

□ **cleaning** [klíːniŋ]
클리이닝
⑲ 세탁, 청소

□ **cleanly** [klénli]
클렌리
⑲ 깨끗한 것을 좋아하는, 산뜻한

□ **cleanliness** [klénlinis]
클렌리니스
⑲ 청결, 깨끗함

□ **cleanse** [klénz]
클렌즈
⑲ 정화하다, 청결하게 하다

□ **clear** [klíər]
클리어
⑲ 밝은, 투명한, 갠

□ **clearly** [klíərli]
클리어리
⑲ 명백히, 틀림없이

□ **clearing** [klíəriŋ]
클리어링
⑲ 청소, 제거, 조해

□ **cleave** [klíːv]
클리이브
⑲ ⑲ 짜개다, 가르다, 단결하다

□ **cleft** [kléft]
클레프트
⑲ cleave의 과거분사 ⑲ 짜개진

□ **clench** [kléntʃ]
클렌취
⑲ ⑲ 꽉 죄다, 악물다

□ **clergy** [kláːrdʒi]
클러어쥐
⑲ 목사(들), 성직자

□ **clerk** [kláːrk]
클러어크
⑲ 학자, 점원, 사무원

□ **clever** [klévər]
클레버
⑲ 영리한, 머리가 좋은

□ **cliff** [klíf]
클리프
⑲ 벼랑, 절벽, 낭떠러지

□ **climate** [kláimit]
클라이미트
명 기후, 풍토, 환경, 분위기

□ **climax** [kláimæks]
클라이맥스
명 절정 극점 자 타 절정에 달하다

□ **climb** [kláim]
클라임
타 자 기어오르다, 올라가다

□ **clime** [kláim]
클라임
명 풍토, 지방, 나라

□ **cling** [klíŋ]
클링
자 달라붙다, 밀착하다

□ **clinic** [klínik]
클리니크
명 임상강의(실), 진찰실, 진료소

□ **clip** [klíp]
클립
타 자르다, 깎다

□ **cloak** [klóuk]
클로우크
명 (소매 없는) 외투, 망토

□ **cloakroom** [klóukrù(:)m]
클로욱루움
명 휴대품 보관소

□ **clock** [klák]
클락
명 시계 타 자 ~의 시간을 재다

□ **close** [klóus]
클로우스
타 닫다, 감다 형 가까운, 좁은

□ **closet** [klázit]
클라지트
명 벽장, 받침 타 벽장에 가두다

□ **cloth** [klɔ́:θ]
클로오쓰
명 헝겊, 천, 옷감, 직물

□ **clothe** [klóuð]
클로우드
타 입히다, 덮다, 가리다

□ **clothes** [klóuz]
클오우즈
명 옷, 침구, 의복

□ **clothing** [klóuðiŋ]
클로우딩
명 의류, 의복, 덮개

94

□ **cloud** [kláud]
클라우드

명 구름, 연기, 암운

□ **cloudy** [kláudi]
클라우디

형 흐린, 똑똑하지 않은, 탁한

□ **clover** [klóuvər]
클로우버

명 토끼풀, 크로바

□ **clown** [kláun]
클라운

명 어릿광대, 촌뜨기

□ **club** [kláb]
클럽

명 곤봉, 동호회, 클럽 타봉

□ **cluck** [klák]
클럭

타 (암탉이) 꼬꼬 울다

□ **clump** [klámp]
클럼프

명 숲, 덤불 자 쿵쿵 걷다

□ **clumsy** [klámzi]
클럼지

형 볼품없는, 솜씨없는

□ **cluster** [klástər]
클러스터

명 떼, 덩어리, 송이 자 몰리다

□ **clutch** [klátʃ]
클러치

타 자 꽉 붙들다, 부여잡다

□ **Co.** [kámpəni]
컴퍼니

명 회사(company)의 약어

□ **coach** [kóutʃ]
코우치

명 4륜마차, 객차, 코우치, 감독

□ **coachman** [kóutʃmən]
코우치먼

명 마부

□ **coal** [kóul]
코울

명 석탄, 숯, 무연탄

□ **coalesce** [kòuəlés]
코우얼레스

명 합동, 합체 자 합체하다

□ **coalition** [kòuəlíʃən]
코우얼리션

명 연합, 동맹, 제휴, 연립

□ **coarse** [kɔ́:rs]
코오스
   혱 거칠은, 조잡한, 음탕한

□ **coast** [kóust]
코우스트
   몡 해안 짜 해안을 항해하다

□ **coat** [kóut]
코우트
   몡 상의, 코우트, 모피

□ **coax** [kóuks]
코욱스
   타 짜 어르다, 달래다

□ **cobweb** [kábwèb]
캅웹
   몡 거미줄 타 거미줄로 덮다

□ **cock** [kák]
칵
   몡 수탉, 수컷, 두목, 왕초

□ **cocktail** [káktèil]
칵테일
   몡 꼬리자른 말, 칵테일

□ **cocoa** [kóukou]
코우코우
   몡 코코아(음료)

□ **coco(a)nut** [kóukənʌ̀t]
코우커넛
   몡 야자수 열매, 머리

□ **cod** [kád]
카드
   몡 대구 타 속이다, 우롱하다

□ **code** [kóud]
코우드
   몡 법전, 규정, 암호, 약호

□ **coffee** [kɔ́:fi]
코오피
   몡 커피, 커피색

□ **coffin** [kɔ́:fin]
코오핀
   몡 관(棺), 널 타 관에 넣다

□ **coign** [kɔ́in]
코인
   몡 벽 따위의 모서리, 구석돌

□ **coil** [kɔ́il]
코일
   몡 둘둘 감음 타 짜 관에 넣다

□ **coin** [kɔ́in]
코인
   몡 화폐, 돈 타 화폐를 주조하다

□ **coinage** [kɔ́inidʒ]
코이니쥐
명 화폐 주조, 화폐제도, 발명

□ **coincide** [kòuinsáid]
코우인사이드
자 일치하다, 부합하다, 암합하다

□ **cold** [kóuld]
코울드
형 추운, 차가운, 찬

□ **collapse** [kəlǽps]
컬랩스
명 붕괴, 쇠약 자 붕괴하다

□ **collar** [kálər]
칼러
명 칼라, 깃, 목에 대는 마구

□ **colleague** [káliːg]
칼리이그
명 동료, 동업자

□ **collect** [kəlékt]
컬렉트
타 자 모으다, 수집하다, 모이다

□ **collection** [kəlékʃən]
컬렉션
명 수금, 수집, 채집

□ **collective** [kəléktiv]
컬렉티브
형 집합적인, 집단적인, 공동적

□ **college** [kálidʒ]
칼리쥐
명 단과대학, 전문학교

□ **colonel** [kə́ːrnl]
커어늘
명 육군대령, 연대장, 부장, 단장

□ **colonial** [kəlóuniəl]
컬로우니얼
형 식민지의, 식민의

□ **colonist** [kálənist]
칼러니스트
명 이주민, 식민지 사람

□ **colony** [káləni]
칼러니
명 식민지, 거류지, 이민단

□ **colo(u)r** [kʌ́lər]
컬러
명 색, 빛깔 자 타 색칠하다

□ **colo(u)rful** [kʌ́lərfəl]
컬러펄
형 다채로운, 화려한

97

□ **colossal** [kəlásəl]
컬라설
형 거대한, 굉장한

□ **colt** [kóult]
코울트
명 망아지, 초심자, 애송이

□ **Columbus** [kəlʌ́mbəs]
컬럼버스
명 컬럼버스(1446?–1506) 탐험가

□ **column** [káləm]
칼럼
명 원주, 단, 기둥

□ **comb** [kóum]
코움
명 빗, 닭의 볏 타 빗질하다

□ **combat** [kəmbǽt]
컴패트
명 싸움, 전투, 결투

□ **combination** [kàmbənéiʃən]
캄퍼베이션
명 결합, 단결, 배합

□ **combine** [kəmbáin]
컴바인
타 자 결합시키다, 협력하다

□ **combustion** [kəmbʌ́stʃən]
컴버스쳔
명 연소, 산화

□ **come** [kʌ́m]
컴
자 오다, 도착하다

□ **comedy** [kámədi]
카머디
명 희극, 희극적 요소

□ **comely** [kʌ́mli]
컴리
형 아름다운, 말쑥한

□ **comet** [kámit]
카미트
명 혜성, 살별

□ **comfort** [kʌ́mfərt]
컴퍼트
명 위로, 위안, 안락, 편함

□ **comfortable** [kʌ́mftəbl]
컴프터블
형 기분좋은, 안락한 타 위로하다

□ **comic** [kámik]
카믹
형 희극의, 우스운

□ **coming** [kʌ́miŋ] 　　　명 도래, 내방 형 다음의, 다가올
커밍

□ **comma** [kámə] 　　　명 콤마, 구두점(,), 쉼표
카머

□ **command** [kəmǽnd] 　　　타 명하다, 요구하다
커맨드

□ **commandment** 　　　명 계명, 계율, 율법
[kəmǽndmənt] 커맨드먼트

□ **commander** [kəmǽndər] 　　　명 지휘관, 해군 중령
커맨더

□ **commence** [kəméns] 　　　타 자 개시하다, 시작하다
커멘스

□ **commencement** 　　　명 개시, 졸업식, 시작
[kəménsmənt] 커멘스먼트

□ **commend** [kəménd] 　　　타 위탁하다, 추천하다, 권하다
커멘드

□ **comment** [káment] 　　　명 주석, 해석, 논평
카멘트

□ **commentary** [kámentèri] 　　　명 비평, 논평, 실황방송
카멘테리

□ **commerce** [kámərs] 　　　명 상업, 통상, 무역, 거래
카머스

□ **commercial** [kəmə́ːrʃəl] 　　　형 상업의, 판매용의, 영리적인
커머어셜

□ **commission** [kəmíʃən] 　　　명 위임, 위탁, 직권
커미션

□ **commissioner** 　　　명 위원, 이사, 국장, 판매관
[kəmíʃənər] 커미셔너

□ **commit** [kəmít] 　　　타 저지르다, 범하다
커미트

□ **committee** [kəmíti] 　　　명 위원회, 위원들
커미티

□ **commodity** [kəmádəti] 　　　　名 물품, 상품, 일용품
　커마더티

□ **common** [kámən] 　　　　形 공통의, 공유의, 협동의
　카먼

□ **commonplace** 　　　　形 평범한 名 비망록
　[kámənplèis] 카먼플레이스

□ **commonwealth** 　　　　名 국가, 공화국
　[kámənwèlθ] 카먼웰쓰

□ **commotion** [kəmóuʃən] 　　名 동요, 동란, 소동, 폭동
　커모우션

□ **commune** [kəmjú:n] 　　　自 간담하다, 교제하다
　커뮤운

□ **communicate** 　　　　他 自 전하다, 통신하다
　[kəmjú:nəkèit] 커뮤우너케이트

□ **communication** 　　　名 전달, 통신, 보도, 발표
　[kəmjù:nəkéiʃən] 커뮤우너케이션

□ **communion** [kəmjú:njən] 　名 공유, 친교, 간담, 영적교섭
　커뮤우년

□ **communism** [kámjunìzm] 　名 공산주의(운동, 정치)
　카뮤니즘

□ **community** [kəmjú:nəti] 　名 사회, 공동 생활체, 부락
　커뮤우너티

□ **compact** [kəmpǽkt] 　　　形 잔뜩 찬, 아담한 他 꽉 채우다
　컴팩트

□ **companion** [kəmpǽnjən] 　名 동반자, 동무, 짝
　컴패년

□ **company** [kʌ́mpəni] 　　　名 일행, 단체, 떼
　컴퍼니

□ **comparable** [kámpərəbl] 　形 비교되는, 필적하는
　캄퍼러블

□ **comparative** [kəmpǽrətiv] 形 비교의, 비교적인
　컴패러티브

100

□ **compare** [kəmpéər] 　　　타 자 비교하다, 대조하다
　컴페어

□ **compartment** 　　　명 구획, 구분, 칸막이
　[kəmpáːrtmənt] 컴파아트먼트

□ **compass** [kʌ́mpəs] 　　　명 둘레, 콤파스, 한계, 주위
　컴퍼스

□ **compassion** [kəmpǽʃən] 　명 동정, 불쌍히 여김
　컴패션

□ **compel** [kəmpél] 　　　타 강제하다, 억지로 ~시키다
　컴펠

□ **compensate** [kʌ́mpənsèit] 　자 타 보상하다, 보충하다
　캄펀세이트

□ **compensation** 　　　명 보상, 봉급, 배상
　[kàmpənséiʃən] 캄펀세이션

□ **compete** [kəmpíːt] 　　　자 경쟁하다, 겨루다, 필적하다
　컴피이트

□ **competent** [kʌ́mpətənt] 　형 유능한, 능력있는
　캄퍼턴트

□ **competition** [kàmpətíʃən] 　명 경쟁, 겨루기, 시합
　캄퍼티션

□ **competitive** [kəmpétətiv] 　형 경쟁적인, 경쟁의
　컴페터티브

□ **competitor** [kəmpétətər] 　명 경쟁자
　컴페터터

□ **compile** [kəmpáil] 　　　타 자료를 모으다, 편집하다
　컴파일

□ **complain** [kəmpléin] 　　자 불평을 하다, 고소하다
　컴플레인

□ **complaint** [kəmpléint] 　　명 불평, 고소, 우는 소리
　컴플레인트

□ **complement** [kʌ́mpləmənt] 　명 보충, 보완하는 것
　캄플러먼트

A
B
C
D
E
F
G
H
I
J
K
L
M
N
O
P
Q
R
S
T
U
V
W
X
Y
Z

□ **complete** [kəmplíːt]
컴플리이트
형 완전한, 완벽한 타 완성하다

□ **completely** [kəmplíːtli]
컴플리이틀리
부 전적으로, 완전히

□ **completion** [kəmplíːʃən]
컴플리이션
명 완료, 종료, 완성

□ **complex** [kəmpléks]
컴플렉스
형 복잡한, 착잡한

□ **complexion** [kəmplékʃən]
컴플렉션
명 안색, 외모, 형세, 피부색

□ **complicate** [kámpləkèit]
캄플러케이트
타 복잡하게 하다, 뒤얽히게 하다

□ **complicated**
[kámpləkèitid] 캄플러케이티드
형 복잡한, 까다로운

□ **complication**
[kàmpləkéiʃən] 캄플러케이션
명 복잡, 분규

□ **compliment**
[kámpləmənt] 캄플러먼트
명 경의, 칭찬, 빈말, 인사

□ **comply** [kəmplái]
컴플라이
자 응하다, 따르다, 쫓다

□ **compose** [kəmpóuz]
컴포우즈
타 자 구성하다, 짜맞추다

□ **composed** [kəmpóuzd]
컴포우즈드
형 태연한, 침착한, 가라앉은

□ **composer** [kəmpóuzər]
컴포우저
명 작곡가, 구성자, 구도자

□ **composition** [kàmpəzíʃən]
캄퍼지션
명 짜맞춤, 조성, 합성

□ **composure** [kəmpóuʒər]
컴포우저
명 차분함, 침착, 고요

□ **compound** [kámpaund]
캄파운드
타 혼합하다, 합성하다

102

□ **comprehend**
[kàmprihénd] 캄프리헨드
   🈺 이해하다, 포함하다

□ **comprehensive**
[kàmprihénsiv] 캄프리헨시브
   🈝 이해력이 있는, 포함하는

□ **compress** [kəmprés]
컴프레스
   🈺 압축하다, 축소하다

□ **comprise** [kəmpráiz]
컴프라이즈
   🈺 포함하다, ~로 되다

□ **compromise**
[kámprəmàiz] 캄프러마이즈
   🈔 타협, 절충안 🈺 🈐 타협하다

□ **compulsory** [kəmpʌ́lsəri]
컴팔서리
   🈝 강제적인, 의무적, 필수의

□ **compute** [kəmpjúːt]
컴퓨우트
   🈺 🈐 계산하다, 평가하다

□ **comrade** [kámræd]
캄래드
   🈔 동무, 동지, 전우

□ **conceal** [kənsíːl]
컨시일
   🈺 숨기다, 비밀로 하다

□ **concede** [kənsíːd]
컨시이드
   🈺 🈐 인정하다, 허락하다

□ **conceit** [kənsíːt]
컨시이트
   🈔 자부심, 생각, 사견

□ **conceive** [kənsíːv]
컨시이브
   🈺 🈐 상상하다, 임신하다, 진술하다

□ **conceivable** [kənsíːvəbl]
컨시이버블
   🈝 생각할 수 있는

□ **concentrate** [kánsəntrèit]
칸선트레이트
   🈺 🈐 집중하다, 농축하다

□ **concentration**
[kànsəntréiʃən] 칸선트레이션
   🈔 집중, 전념, 전신

□ **conception** [kənsépʃən]
컨셉션
   🈔 임신, 개념, 착상

103

- **concern** [kənsə́:rn]
  컨서어언
  타 관여하다, 관계하다

- **concerned** [kənsə́:rnd]
  컨서어언드
  형 근심하여, 걱정하는

- **concerning** [kənsə́:rniŋ]
  컨서어닝
  전 ~에 관하여(=about)

- **concert** [kánsə:rt]
  칸서어트
  명 협력, 합주, 음악회

- **concession** [kənséʃən]
  컨서션
  명 양보, 허가, 용인, 조계

- **concise** [kənsáis]
  컨사이스
  형 간명한, 간결한

- **conclude** [kənklú:d]
  컨클루우드
  타 자 끝내다, 결정하다, 종결하다

- **conclusion** [kənklú:ʒən]
  컨클루우전
  명 종결, 결과, 결론, 결말

- **concord** [kánkɔ:rd]
  칸코오드
  명 일치, 화합, 평화

- **concrete** [kánkri:t]
  칸크리이트
  형 구체적인, 유형의 명 콘크리트

- **condemn** [kəndém]
  컨뎀
  타 나무라다, 선고하다

- **condense** [kəndéns]
  컨덴스
  타 자 응축하다, 요약하다

- **condition** [kəndíʃən]
  컨디션
  명 상태, 처지, 조건, 신분

- **conduct** [kándʌkt]
  칸덕트
  명 행동, 품행, 경영, 지휘

- **conductor** [kəndʌ́ktər]
  컨덕터
  명 지도자, 안내자, 호송자

- **cone** [kóun]
  코운
  명 원추, 솔방울, 원뿔꼴

104

□ **confederacy** [kənfédərəsi] 몡 연합, 동맹, 연방
컨페더러시

□ **confer** [kənfə́:r] 팀 쥐 주다, 베풀다, 수여하다
컨퍼어

□ **conference** [kánfərəns] 몡 회의 상담, 협의
칸퍼런스

□ **confess** [kənfés] 팀 쥐 자인하다, 자백하다
컨페스

□ **confession** [kənféʃən] 몡 자백, 신앙, 실토, 참회
컨페션

□ **confide** [kənfáid] 팀 털어놓다, 신탁하다
컨파이드

□ **confidence** [kánfədəns] 몡 신임, 신용, 자신
칸퍼던스

□ **confident** [kánfədənt] 혱 확신하여, 자신있는, 대담한
칸퍼던트

□ **confidential** [kànfədénʃəl] 혱 신임하는, 심복의
칸퍼덴셜

□ **confine** [kənfáin] 팀 감금하다, 제한하다
컨파일

□ **confirm** [kənfə́:rm] 팀 확인하다, 증명하다
컨퍼어엄

□ **confirmation** 몡 확정, 확인, 인가
[kànfərméiʃən] 칸퍼메이션

□ **confiscate** [kánfəskèit] 팀 몰수하다, 압수하다
칸퍼스케이트

□ **conflict** [kánflikt] 몡 투쟁, 충돌, 대립
칸플릭트

□ **conform** [kənfɔ́:rm] 쥐 팀 일치하다, 따르게 하다
컨포오옴

□ **confound** [kɑnfáund] 팀 혼동하다, 혼란시키다
칸파운드

□ **confront** [kənfrʌ́nt] 탄 직면하다, 맞서다
컨프런트

□ **confuse** [kənfjúːz] 탄 헷갈리게 하다, 혼동하다
컨퓨우즈

□ **confusion** [kənfúːʒən] 명 혼란, 당황, 혼동
컨퓨우젼

□ **congenial** [kəndʒíːnjəl] 형 같은 성질의, 적합한
컨쥐이녈

□ **congratulate** 탄 축하하다, 축사를 드리다
[kəngrǽtʃulèit] 컨그래츌레이트

□ **congregation** 명 회합, 모이기, 집회
[kàŋgrigéiʃən] 캉그리게이션

□ **congress** [káŋgris] 명 회의, 회합, 의회
캉그리스

□ **congressional** 형 국회의, 의회의
[kəngréʃənl] 컨그레셔늘

□ **congressman** 명 국회의원
[káŋgrismən] 캉그리스먼

□ **conjecture** [kəndʒéktʃər] 명 추측, 억측 탄 자 추측하다
컨쟄춰

□ **conjoin** [kəndʒɔ́in] 탄 자 결합하다, 합치다
컨쥐인

□ **conjugal** [kándʒugəl] 형 부부의, 혼인상의
칸쥐걸

□ **conjugation** 명 (동사의) 변화, 활용
[kàndʒugéiʃən] 칸쥐게이션

□ **conjunct** [kəndʒʌ́ŋkt] 형 결합한, 연합한, 공동의
컨쟝크트

□ **conjunction** [kəndʒʌ́ŋkʃən] 명 결합, 접합, [문법] 접속사
컨쟝크션

□ **conjure** [kándʒər] 탄 자 요술을 쓰다, 출현시키다
칸줘

□ **connect** [kənékt]
커넥트

태 재 잇다, 결합하다, 연결시키다

□ **connection** [kənékʃən]
커넥션

명 연결, 관계, 관련

□ **conquer** [káŋkər]
캉커

태 재 정복하다, 획득하다, 이기다

□ **conqueror** [káŋkərər]
캉커러

명 정복자, 승리자

□ **conquest** [kánkwest]
캉퀘스트

명 정복, 획득

□ **conscience** [kánʃəns]
칸션스

명 양심, 도의심, 자각

□ **conscientious** [kànʃiénʃəs]
칸쉬엔셔스

형 양심적인, 도의적인

□ **conscious** [kánʃəs]
칸셔스

형 의식적인, 알고 있는

□ **consciousness**
[kánʃəsnis] 칸셔스니스

명 의식, 자각, 알아챔

□ **consecrate** [kánsəkrèit]
칸서크레이트

태 하나님에게 바치다, 봉헌하다

□ **consent** [kənsént]
컨센트

명 동의 재 승낙하다, 찬성하다

□ **consequence**
[kánsəkwèns] 칸서퀜스

명 결과, 결말, 영향

□ **consequent**
[kánsəkwènt] 칸서퀜트

형 결과로서 생기는, 필연의

□ **consequently**
[kánsəkwèntli] 칸서퀜틀리

부 따라서, 그러므로

□ **conservation**
[kànsərvéiʃən] 칸서베이션

명 보존, 보안림, 유지

□ **conservative**
[kənsə́:rvətiv] 컨서어버티브

형 보수적인, 보수당

□ **conserve** [kənsə́ːrv]
컨서어브
타 설탕에 절여두다, 보존하다

□ **consider** [kənsídər]
컨시더
타 자 숙고하다, 고찰하다

□ **considerable** [kənsídərəbl]
컨시더러블
형 고려할만한, 중요한, 어지간한

□ **considerate** [kənsídərət]
컨시더러트
형 인정 있는, 사려 깊은

□ **consideration**
[kənsìdəréiʃən] 컨시더레이션
명 고려, 숙고, 중요함, 사려

□ **considering** [kənsídəriŋ]
컨시더링
전 (~한 점을) 고려한다면

□ **consign** [kənsáin]
컨사인
타 인도하다, 교부하다

□ **consist** [kənsíst]
컨시스트
자 ~로 되다, ~에 있다

□ **consistent** [kənsístənt]
컨시스턴트
형 일치하는, 일관된

□ **consolation** [kànsəléiʃən]
칸설레이션
명 위자료, 위로, 위안

□ **console** [kənsóul]
컨소울
타 위로하다, 위문하다

□ **consolidate** [kənsálədèit]
컨살러데이트
타 자 공고히 하다, 굳어지다

□ **consonant** [kánsənənt]
칸서넌트
형 일치된, 자음의 명 자음

□ **consort** [kánsɔːrt]
칸소오트
명 (왕, 여왕의) 배우자

□ **conspicuous** [kənspíkjuəs]
컨스피큐어스
형 특징적인, 유난히 눈에 띄는

□ **conspiracy** [kənspírəsi]
컨스피러시
명 공모, 음모, 모반

108

□ **conspirator** [kənspírətər]　 명 공모자, 음모자
　컨스피러터

□ **conspire** [kənspáiər]　 재 타 공모하다, 음모를 꾸미다
　컨스파이어

□ **constable** [kánstəbl]　 명 경관, 순경, 치안관
　칸스터블

□ **constancy** [kánstənsi]　 명 불변성, 항구성, 정절
　칸스턴시

□ **constant** [kánstənt]　 형 불변의, 일정한
　칸스턴트

□ **constantly** [kánstəntli]　 부 끊임없이, 항상, 변함없이
　칸스턴틀리

□ **constellation** [kànstəléiʃən]　 명 별자리, 성좌, 간부들의 무리
　칸스터레이션

□ **constituent** [kənstítʃuənt]　 타 구성하다, 임명하다
　컨스티츄언트

□ **constitute** [kánstətjùːt]　 타 구성하다, 임명하다
　칸스터튜우트

□ **constitution** [kànstətjúːʃən]　 명 구성, 조직, 골자
　칸스터튜우션

□ **constitutional**　 형 타고난, 소질의, 구조상의
　[kànstətjúːʃənl] 칸스터튜우셔늘

□ **construct** [kənstrʌ́kt]　 타 조립하다, 세우다, 건설하다
　컨스트럭트

□ **construction** [kənstrʌ́kʃən]　 명 세움, 구성, 건조
　컨스트럭션

□ **constructive** [kənstrʌ́ktiv]　 형 구성상의, 건설적인
　컨스트럭티브

□ **construe** [kənstrúː]　 타 분석하다, 해석하다
　컨스트루우

□ **consul** [kánsəl]　 명 영사, 집정관, 총독
　칸설

A
B
C
D
E
F
G
H
I
J
K
L
M
N
O
P
Q
R
S
T
U
V
W
X
Y
Z

109

□ **consult** [kənsʌ́lt]
컨설트
㉧ 상의하다, 의견을 듣다

□ **consultation** [kɑ̀nsəltéiʃən]
칸설테이션
㉤ 상담, 진찰, 조사, 합의

□ **consume** [kənsú:m]
컨슈우움
㉧㉨ 소비하다, 다 써 버리다

□ **consumer** [kənsú:mər]
컨슈우머
㉤ 소비자, 수요자

□ **consummate** [kɑ́nsəmèit]
칸서메이트
㉧ 이루다, 성취하다

□ **consumption** [kənsʌ́mpʃən]
컨섬션
㉤ 소비, 소모, 멸시

□ **contact** [kɑ́ntækt]
칸택트
㉤ 접촉, 인접, 교제 ㉧㉨ 연락하다

□ **contagious** [kəntéidʒəs]
컨테이져스
㉠ 전염성의, 감염하는

□ **contain** [kəntéin]
컨테인
㉧ 포함하다, 넣다, 품다

□ **contemplate**
[kɑ́ntəmplèit] 칸텀플레이트
㉧㉨ 응시하다, 정관하다

□ **contemplation**
[kɑ̀ntəmpléiʃən] 칸텀플레이션
㉤ 응시, 눈여겨 봄, 명상

□ **contemporary**
[kəntémpərèri] 컨템퍼레리
㉠ 현대의 ㉤ 같은 시대 사람

□ **contempt** [kəntémpt]
컨템프트
㉤ 모욕, 경멸, 체면손상

□ **contemptuous**
[kəntémptʃuəs] 컨템츄어스
㉠ 모욕적인, 업신여기는

□ **contend** [kənténd]
컨텐드
㉨㉧ 싸우다, 경쟁하다, 논쟁하다

□ **content** [kəntént]
컨텐트
㉤ 용적, 만족 ㉧ 흡족시키다

110

□ **contented** [kənténtid] 혱 만족한, 만족해 하는
컨텐티드

□ **contention** [kənténʃən] 몡 경쟁, 논쟁
컨텐션

□ **contest** [kántest] 몡 경쟁, 논쟁 쟈 탸 다투다
칸테스트

□ **continent** [kántənənt] 몡 대륙, 육지, 유럽 대륙
칸터넌트

□ **continual** [kəntínjuəl] 혱 빈번한, 계속되는
컨티뉴얼

□ **continuance** [kəntínjuəns] 몡 연속, 계속
컨티뉴언스

□ **continuation** [kəntìnjuéiʃən] 몡 계속, 연속, 속편
컨티뉴에이션

□ **continue** [kəntínjuː] 쟈 탸 계속하다, 연장하다
컨티뉴우

□ **continuous** [kəntínjuəs] 혱 연속적인, 끊임없이
컨티뉴어스

□ **contract** [kántrækt] 몡 계약, 정관 탸 쟈 계약하다
칸트랙트

□ **contradict** [kὰntrədíkt] 탸 부정하다, 반박하다, 반대하다
칸트러딕트

□ **contrary** [kántreri] 혱 불순한, 반대의, 모순된
칸트레리

□ **contrast** [kántræst] 몡 대조, 대비 탸 쟈 대조하다
칸트래스트

□ **contribute** [kəntríbjuːt] 탸 쟈 기부하다, 공헌하다, 기증하다
컨트리뷰우트

□ **contribution** 몡 기부, 기여, 공헌
[kὰntrəbjúːʃən] 칸트러뷰우션

□ **contrive** [kəntráiv] 탸 연구하다, 고안하다, 설계하다
컨트라이브

111

□ **control** [kəntróul]
컨트로울
명 지배, 관리 타 통제하다

□ **controversy** [kántrəvə́ːrsi]
칸트러버어시
명 논쟁, 논박전

□ **convenience** [kənvíːnjəns]
컨비이년스
명 편의, 유리, 형편(좋음)

□ **convenient** [kənvíːnjənt]
컨비이년트
형 편리한, 형편 좋은

□ **convent** [kánvent]
칸벤트
명 수녀원, 수도원

□ **convention** [kənvénʃən]
컨벤션
명 협의회, 협약, 집합, 관례

□ **conventional** [kənvénʃnl]
컨벤셔늘
형 관습적인, 인습적인

□ **conversation** [kànvərséiʃən]
칸버세이션
명 회화, 담화

□ **converse** [kənvə́ːrs]
컨버어스
자 친교하다, 담화하다

□ **conversion** [kənvə́ːrʒən]
컨버어전
명 전환, 전향, 개종

□ **convert** [kənvə́ːrt]
컨버어트
타 바꾸다, 전환시키다

□ **convey** [kənvéi]
컨베이
타 나르다, 운반하다, 전달하다

□ **convict** [kənvíkt]
컨빅트
타 유죄로 하다 명 죄수

□ **conviction** [kənvíkʃən]
컨빅션
명 유죄, 확신, 신념

□ **convince** [kənvíns]
컨빈스
타 납득시키다, 깨닫게 하다

□ **convincing** [kənvínsiŋ]
컨빈싱
형 설득력 있는, 수긍시키는

112

□ **coo** [kúː]
쿠우
자 (비둘기가) 구구 울다

□ **cook** [kúk]
쿡
타 요리하다 명 요리사, 쿡

□ **cookery** [kúkəri]
쿠커리
명 취사장, 요리법

□ **cool** [kúːl]
쿠울
형 서늘한, 시원한, 냉정한

□ **cooperate** [kouápərèit]
코우아퍼레이트
자 합동하다, 서로 돕다

□ **cooperation** [kouàpəréiʃən]
코우아퍼레이션
명 협력, 협동

□ **cooperative** [kouápərətiv]
코우아퍼러티브
형 협동의, 조합의 명 협동조합

□ **coordinate** [kouɔ́ːrdənət]
코우오오더너트
형 동등의 명 동등한 것

□ **cope** [kóup]
코웁
자 극복하다, 대처하다

□ **copper** [kápər]
카퍼
명 동, 구리, 동화

□ **copy** [kápi]
카피
명 복사, 모방, 사본

□ **copyright** [kápiràit]
카피라이트
명 판권 타 판권을 얻다

□ **coral** [kɔ́ːrəl]
코오럴
명 산호 형 산호빛의

□ **cord** [kɔ́ːrd]
코오드
명 가는 줄, 끈, 새끼
타 가는 바로 묶다

□ **cordial** [kɔ́ːrdʒəl]
코오쥘
형 충심으로의, 성실한, 청결한

□ **core** [kɔ́ːr]
코오
명 핵심, 응어리, 마음속, 속

A
B
C
D
E
F
G
H
I
J
K
L
M
N
O
P
Q
R
S
T
U
V
W
X
Y
Z

113

☐ **cork** [kɔ́ːrk] 코오크	명 코르크 타 코르크 마개를 하다
☐ **corn** [kɔ́ːrn] 코오온	명 곡물, 낟알, 곡식
☐ **corner** [kɔ́ːrnər] 코오너	명 구석, 모퉁이, 귀퉁이
☐ **corona** [kəróunə] 커로우너	명 관, 화관, 부관
☐ **coronation** [kɔ́ːrənéiʃən] 코오러네이션	명 즉위식, 대관식
☐ **corporal** [kɔ́ːrpərəl] 코오퍼럴	형 육체의 명 상등병
☐ **corporation** [kɔ́ːrpəréiʃən] 코오퍼레이션	명 법인, 자치단체
☐ **corps** [kɔ́ːr] 코오	명 군단, 병단
☐ **corpse** [kɔ́ːrps] 코오읍스	명 시체, 송장
☐ **correct** [kərékt] 커렉트	형 정확한, 옳은 타 바로 잡다
☐ **correction** [kərékʃən] 커렉션	명 정정, 교정, 바로 잡음
☐ **correspond** [kɔ́ːrəspánd] 코오러스판드	자 해당하다, 상당하다
☐ **correspondence** [kɔ́ːrəspándəns] 코오러스판던스	명 서신 왕래, 일치, 상응, 통신
☐ **correspondent** [kɔ́ːrəspándənt] 코오러스판던트	명 특파원, 통신자
☐ **corresponding** [kɔ́ːrəspándiŋ] 코어러스판딩	형 일치하는, 대응하는
☐ **corridor** [kɔ́ːridər] 코오리더	명 복도, 낭하

□ **corrupt** [kərʌ́pt] 형 타락한, 썩은, 부정한 타 자 썩다
커럽트

□ **corruption** [kərʌ́pʃən] 명 부패, 타락
커럽션

□ **cosmetic** [kɑzmétik] 형 명 화장품(의), 미용의
카즈메틱

□ **cosmos** [kɑ́zməs] 명 우주, 천지만물
카즈머스

□ **costume** [kɑ́stju:m] 명 복장, 몸치장, 여성복
카스튜움

□ **cot** [kɑ́t] 명 간이 침대, (비둘기, 양 등의) 집
카트

□ **cottage** [kɑ́tidʒ] 명 시골 집, 아담한 집
카티쥐

□ **cotton** [kɑ́tn] 명 목화, 솜(무명실)
카튼

□ **couch** [kɑ́utʃ] 명 침대, 소파, 침상
카우취

□ **cough** [kɔ́:f] 명 기침 자 타 기침하다
코오프

□ **could** [kúd] 조 ~하고 싶은, can의 과거
쿠드

□ **council** [kɑ́unsəl] 명 평의회, 회의
카운설

□ **counsel** [kɑ́unsəl] 명 조언, 협의, 충고, 권고
카운설

□ **count** [kɑ́unt] 타 자 세다, 계산하다, 셈에 넣다
카운트

□ **countenance** [kɑ́untənəns] 명 얼굴, 용모, 표정
카운터넌스

□ **counter** [kɑ́untər] 명 판매대, 계산대
카운터

□ **counteract** [kàuntərǽkt]
카운터랙트
타 반작용하다, 좌절시키다

□ **counterfeit** [káuntərfit]
카운터피트
형 모조리, 가짜의 타 흉내내다

□ **countess** [káuntis]
카운티스
명 백작 부인, 여백작

□ **countless** [káuntlis]
카운틀리스
형 수 없이 많은, 무수한

□ **country** [kántri]
컨트리
명 나라, 국가, 국토, 고향

□ **countryman** [kántrimən]
컨트리먼
명 시골 사람, 촌뜨기

□ **countryside** [kántrisàid]
컨트리사이드
명 시골, 지방, 지방인

□ **county** [káunti]
카운티
명 주, 군, 지방

□ **couple** [kápl]
커플
명 한 쌍, 둘, 부부
타 자 결혼하다, 맺다

□ **coupon** [kú:pɑn]
쿠우판
명 승차권, 우대권, 회수권

□ **courage** [kə́:ridʒ]
커어리쥐
명 용기(=bravery), 담력, 배짱

□ **courageous** [kəréidʒəs]
커레이줘스
형 용기 있는, 용감한

□ **course** [kɔ́:rs]
코오스
명 진행, 진로, 길, 코스

□ **court** [kɔ́:rt]
코오트
명 안뜰, 궁정, 큰저택

□ **courteous** [kə́:rtiəs]
커어티어스
형 정중한, 예의바른

□ **courtesy** [kə́:rtəsi]
커어터시
명 예의, 정중함, 호의

□ **courtier** [kɔ́ːrtiər]
코오티어
명 아첨꾼, 정신, 조신

□ **courtyard** [kɔ́ːrtjàːrd]
코오트야아드
명 안뜰, 안마당

□ **cousin** [kʌ́zn]
커즌
명 사촌, 종형제, 친척일가

□ **cove** [kóuv]
코우브
명 후미, 작은만, 한구석

□ **covenant** [kʌ́vənənt]
커버넌트
명 서약 자 타 서약하다

□ **cover** [kʌ́vər]
커버
타 덮다, 가리다, 씌우다

□ **covet** [kʌ́vit]
커비트
타 자 몹시 탐내다, 갈망하다

□ **cow** [káu]
카우
명 암소, 젖소

□ **coward** [káuərd]
카우어드
명 겁쟁이, 비겁한 자 형 겁 많은

□ **cowboy** [káubɔ̀i]
카우보이
명 목동, 카우보이, 난폭한 운전수

□ **cozy** [kóuzi]
코우지
형 아늑한, 포근한

□ **crab** [krǽb]
크랩
명 게, 야생 능금, 사과

□ **crack** [krǽk]
크랙
명 균열, 갈라진 금

□ **cracker** [krǽkər]
크래커
명 깨뜨리는 사람, 비스킷

□ **crackle** [krǽkl]
크래클
명 꽝 하는 소리

□ **cradle** [kréidl]
크레이들
명 요람, 발상지 타 요람에 넣다

A B C D E F G H I J K L M N O P Q R S T U V W X Y Z

□ **craft** [kræft]
크래프트
명 솜씨, 교묘함, 기교

□ **crafty** [kræfti]
크래프티
형 교활한, 간악한

□ **crag** [kræg]
크래그
명 울퉁불퉁한 바위

□ **cram** [kræm]
크램
타 자 잔뜩 채워 넣다, 다져 넣다

□ **cramp** [kræmp]
크램프
명 꺽쇠 타 속박하다

□ **crane** [kréin]
크레인
명 두루미, 학, 매갈

□ **crank** [krǽŋk]
크랭크
명 크랭크, 굴곡, 변덕

□ **crash** [kræʃ]
크래쉬
명 충돌, 추락
자 타 와지끈 무너지다

□ **crate** [kréit]
크레이트
명 나무틀, 나무판 상자

□ **crave** [kréiv]
크레이브
타 자 열망하다, 갈망하다

□ **crawl** [kró:l]
크로오올
자 기다, 천천히 가다

□ **crayon** [kréiɑn]
크레이안
명 크레용 타 크레용으로 그리다

□ **crazy** [kréizi]
크레이지
형 미친, 열광한, 열중한

□ **creak** [krí:k]
크리이크
자 타 삐꺽거리다, 금이 가다

□ **cream** [krí:m]
크리이임
명 크림, 크림색, 유지, 노른자

□ **create** [kriéit]
크리에이트
타 창조하다, 고안하다

118

□ **creation** [kriéiʃən]
크리에이션

명 창조, 창설, 창작

□ **creative** [kriéitiv]
크리에이티브

형 창조적인, 창작력

□ **creature** [kríːtʃər]
크리이춰

명 창조물, 피조물, 생물

□ **credit** [krédit]
크레디트

명 신용, 명예, 명성

□ **creed** [kríːd]
크리이드

명 신조, 교의

□ **creek** [kríːk]
크리이크

명 후미, 작은 개울, 시내

□ **creep** [kríːp]
크리이프

자 기다, 포복하다

□ **crescent** [krésnt]
크레슨트

명 초생달 형 초생달 모양의

□ **crest** [krést]
크레스트

명 닭의 볏, 봉우리, 깃장식

□ **crevice** [krévis]
크레비스

명 갈라진 틈, 터진 곳

□ **crew** [krúː]
크루우

명 승무원, 선원, 동아리

□ **cricket** [kríkit]
크리키트

명 귀뚜라미, 크리켓트

□ **crime** [kráim]
크라임

명 범죄, 위범, 죄악

□ **criminal** [krímənl]
크리머늘

형 범죄의, 죄의 명 범인

□ **crimson** [krímzn]
크림즌

명 진홍색 형 심홍색의

□ **crinkle** [kríŋkl]
크링클

명 주름, 물결모양, 굴곡

□ **cripple** [krípl]
크리플
명 신체 장애자, 불구자

□ **crisis** [kráisis]
크라이시스
명 위기, 공항, 중대한 시기

□ **crisp** [krísp]
크리습
형 파삭파삭한, 깨지기 쉬운

□ **critic** [krítik]
크리티크
명 비평가, 흠잡는 사람

□ **critical** [krítikəl]
크리티컬
형 비평의, 비판적인, 정밀한

□ **criticism** [krítəsìzm]
크리터시즘
명 비평, 평론, 비판

□ **criticize** [krítəsàiz]
크피터사이즈
타 자 비평하다, 비관하다

□ **croak** [króuk]
크로우크
자 타 까악까악 울다

□ **crochet** [krouʃéi]
크로우쉐이
타 자 코바늘 뜨개질하다

□ **crocodile** [krákədàil]
크라커다일
명 악어

□ **crook** [krúk]
크루크
명 굽은 것, 손잡이가 굽은 지팡이

□ **crooked** [krúkid]
크루키드
형 꼬부라진, 부정직한, 뒤틀린

□ **crop** [kráp]
크랍
명 농작물, 수확

□ **cross** [krɔ́ːs]
크로오스
명 십자가, 십자형

□ **crouch** [kráutʃ]
크라우취
자 쭈구리다 명 웅크림

□ **crow** [króu]
크로우
명 까마귀 자 함성을 지르다

120

□ **crowd** [kráud]
크라우드
圀 군중, 많은 사람, 민중

□ **crown** [kráun]
크라운
圀 왕관 囘 왕위에 즉위시키다

□ **crucial** [krúːʃəl]
크루우셜
혱 최종적인, 중대한, 엄격한

□ **crude** [krúːd]
크루우드
혱 천연 그대로의, 생으로의

□ **cruel** [krúːəl]
크루우얼
혱 잔인한, 무자비한, 비참한

□ **cruise** [krúːz]
크루우즈
圀 순항 쟈 순항하다, 돌아다니다

□ **crumb** [krʌ́m]
크럼
圀 빵가루, 작은 조각

□ **crumble** [krʌ́mbl]
크럼블
囘 쟈 무너지다, 부서지다

□ **crumple** [krʌ́mpl]
크럼플
圀 주름, 꾸김 囘 쟈 꾸기다

□ **crusade** [kruːséid]
크루우세이드
혱 십자군, 개혁운동

□ **crush** [krʌ́ʃ]
크러쉬
囘 눌러 부수다, 으깨다

□ **crust** [krʌ́st]
크러스트
圀 빵의 껍질, 파이 껍질
囘 쟈 외피로 덮다

□ **crutch** [krʌ́tʃ]
크러취
圀 버팀, 지주

□ **cry** [krái]
크라이
圀 외침 쟈 囘 부르짖다, 외치다

□ **crystal** [krístl]
크리스틀
圀 결정체, 수정 혱 수정같은

□ **cub** [kʌ́b]
컵
圀 애송이, (곰, 사자) 새끼

□ **cube** [kjú:b]
큐우브
圀 입방체, 세제곱 囿 세제곱하다

□ **cubic** [kjú:bik]
큐우빅
囿 세제곱의, 입방의

□ **cuckoo** [kú:ku:]
쿠우쿠우
圀 뻐꾹새, 멍청이

□ **cucumber** [kjú:kʌmbər]
큐우컴버
圀 오이

□ **cuddle** [kʌ́dl]
커들
囿 囿 꼭 껴안다, 포옹

□ **cuff** [kʌ́f]
커프
圀 소맷부리, 소맷동

□ **cultivate** [kʌ́ltəvèit]
컬터베이트
囿 양식하다, 재배하다

□ **culture** [kʌ́ltʃər]
컬쳐
圀 경작, 재배, 문화

□ **cunning** [kʌ́niŋ]
커닝
囿 교묘한, 잘된, 교활한 圀 교활

□ **cup** [kʌ́p]
컵
圀 잔, 찻종, 글라스

□ **cupboard** [kʌ́bərd]
커버드
圀 찬장, 벽장, 작은장

□ **cupola** [kjú:pələ]
큐우펄러
圀 둥근 지붕(천장), 용선로

□ **curb** [kə́:rb]
커어브
圀 고삐, 구속 囿 구속하다

□ **cure** [kjúər]
큐어
囿 치료하다, 고치다 圀 치유

□ **curiosity** [kjùəriásəti]
큐어리아서티
圀 호기심, 진기한 것

□ **curious** [kjúəriəs]
큐어리어스
囿 기묘한, 이상한

122

□ **curl** [kə́:rl]
커어얼

명 곱슬머리 타 자 곱슬거리게 하다

□ **currant** [kə́:rənt]
커어런트

명 건포도, 까치밥 나무의 열매

□ **currency** [kə́:rənsi]
커어런시

형 유통, 통화, 화폐

□ **current** [kə́:rənt]
커어런트

형 유행하는, 현재의, 유행의

□ **curse** [kə́:rs]
커어스

명 저주, 악담 타 자 저주하다

□ **curtail** [kərtéil]
커테일

타 짧게 줄이다, 단축하다

□ **curtain** [kə́:rtn]
커어튼

명 커어튼, 막 타 커어튼을 달다

□ **curve** [kə́:rv]
커어브

명 곡선, 굽음 타 자 구부리다

□ **cushion** [kúʃən]
쿠션

명 방석, 베개, 바늘겨레

□ **custard** [kʌ́stərd]
커스터드

명 커스터드(과자의 일종)

□ **custody** [kʌ́stədi]
커스터디

명 보관, 보호, 관리

□ **custom** [kʌ́stəm]
커스텀

명 습과, 풍습, 관습

□ **customary** [kʌ́stəmèri]
커스터메리

형 관습상의, 재래의

□ **customer** [kʌ́stəmər]
커스터머

명 고객, 단골, 거래처

□ **cut** [kʌ́t]
커트

타 베다, 자르다, 절개하다

□ **cute** [kjú:t]
큐우트

형 영리한, 약삭빠른, 빈틈없는

□ **cutter** [kʌ́tər]
커터

명 자르는 사람, 재단기

□ **cycle** [sáikl]
사이클

명 주기, 순환, 한시대

□ **cylinder** [sílindər]
실린더

명 원통, 기관의 실린더

□ **cynical** [sínikəl]
시니컬

형 냉소적인, 비꼬는

□ **cypress** [sáiprəs]
사이프러스

명 삼나무의 일종(애도의 상징)

□ **Czar** [zɑ́ːr]
자아

명 황제, 독재자

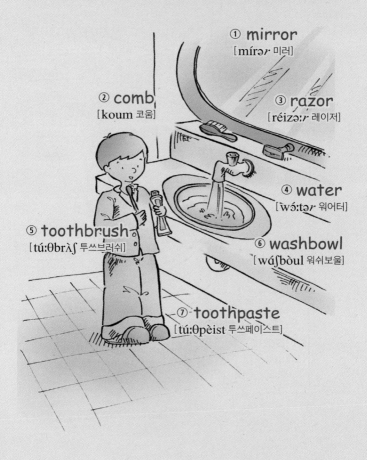

① **mirror**
[mírər 미러]

② **comb**
[koum 코움]

③ **razor**
[réizər 레이저]

④ **water**
[wɔ́:tər 워어터]

⑤ **toothbrush**
[túːθbrʌʃ 투쓰브러쉬]

⑥ **washbowl**
[wáʃbòul 워쉬보울]

⑦ **toothpaste**
[túːθpèist 투쓰페이스트]

① 거울 ② 빗 ③ 면도기 ④ 물 ⑤ 칫솔 ⑥ 세면대 ⑦ 치약

⑧ **towel**
[táuəl 타우얼]

⑨ **hot water**
[hat wɔ́:tər 핫 워어터]

⑩ **waterworks**
[wɔ́:tərwɜ̀rks 워어터웍스]

⑪ **soap**
[soup 소우프]

⑫ **bathtub**
[bǽθtʌ̀b 배쓰터브]

⑧ 수건 ⑨ 온수 ⑩ 수도꼭지 ⑪ 비누 ⑫ 욕조

- **dad, daddy** [dǽd, dǽdi]
대드, 대디
명 아빠(=papa), 아버지

- **daffodil** [dǽfədìl]
대퍼딜
명 수선, 수선화의 일종

- **dagger** [dǽgər]
대거
명 단도, 비수, 이중칼표

- **dahlia** [dǽljə]
댈러
명 다알리아의 꽃

- **daily** [déili]
데일리
형 매일의, 일상의 부 매일

- **dainty** [déinti]
데인티
형 우아한, 고상한, 맛좋은

- **dairy** [déəri]
데어리
명 낙농장, 우유점, 낙농업

- **daisy** [déizi]
데이지
명 들국화 형 귀여운, 멋진

- **dale** [déil]
데일
명 골짜기, 작은 골짜기

- **dam** [dǽm]
댐
명 둑, 방축, 땜, 장애물

- **damage** [dǽmidʒ]
대미쥐
명 손해, 손상, 배상금

- **dame** [déim]
데임
명 귀부인, 중년여자

- **damn** [dǽm]
댐
타 자 비난하다, 악평하다

127

□ **damp** [dǽmp]
댐프
명 습기, 낙담 형 축축한

□ **damsel** [dǽmzəl]
댐젤
명 소녀, 처녀

□ **dance** [dǽns]
댄스
명 춤, 무용 자 타 춤추다, 뛰다

□ **dancer** [dǽnsər]
댄서
명 땐서, 무용가, 무희

□ **dancing** [dǽnsiŋ]
댄싱
명 춤, 연습

□ **dandelion** [dǽndəlàiən]
댄덜라이언
명 민들레

□ **danger** [déindʒər]
데인져
명 위험, 위난

□ **dangerous** [déindʒərəs]
데인져러스
형 위험한, 사나운

□ **dangle** [dǽŋgl]
댕글
자 타 매달리다, 붙어있다

□ **dare** [déər]
데어
타 자 감히 ~하다, 도전하다

□ **daring** [déəriŋ]
데어링
형 대담한, 용감한 명 대담, 무모

□ **dark** [dáːrk]
다아크
형 어두운, 캄캄한 명 암흑, 어둠

□ **darkly** [dáːrkli]
다아클리
부 어둡게, 음침하게

□ **darkness** [dáːrknis]
다아크니스
명 암흑, 무지, 어두움

□ **darken** [dáːrkən]
다아컨
자 타 어둡게 하다, 거뭇해지다

□ **darling** [dáːrliŋ]
다아링
형 소중한 명 귀여운 사람

□ **darn** [dá:rn]
다아안
탭 꿰매 깁다, 떠서 깁다

□ **darned** [dá:rnd]
다아안드
부 터무니 없는, 엄청나게

□ **dart** [dá:rt]
다아트
명 창, 표창 탭 돌진하다

□ **dash** [dǽʃ]
대쉬
탭 좌절시키다, 내던지다 명 돌진

□ **data** [déitə]
데이터
명 지식, 정보, 자료, 데이터

□ **date** [déit]
데이트
명 날짜, 연, 월일 탭 자 날짜를 적다

□ **daughter** [dɔ́:tər]
도오터
명 딸, 여자자손

□ **dawn** [dɔ́:n]
도오온
자 동이 트다, 여명 명 새벽

□ **day** [déi]
데이
명 날, 하루, 낮, 주간, 일광

□ **daybreak** [déibrèik]
데이브레이크
명 동틀녘, 새벽녘

□ **daylight** [déilàit]
데이라이트
명 일광, 낮, 주간, 밝음

□ **daytime** [déitàim]
데이타임
명 주간, 낮에

□ **daze** [déiz]
데이즈
탭 눈부시게 하다, 멍하게 하다

□ **dazzle** [dǽzl]
대즐
탭 눈부시게 하다, 현혹케 하다

□ **DDT** [diditi]
디디티
약 살충제의 일종

□ **dead** [déd]
데드
형 죽은, 생명이 없는 부 아주

□ **deadly** [dédli] 데들리	혱 죽음 같은, 치명적인
□ **deaf** [déf] 데프	혱 귀머거리의, 귀먹은
□ **deafen** [défən] 데펀	타 귀먹게 하다, 귀가 멀게 하다
□ **deal** [díːl] 디이일	타 자 분배하다, 거래하다, 다루다
□ **dealing** [díːliŋ] 디이일링	몡 취급, 조치, 교제
□ **dean** [díːn] 디이인	몡 학장, 학부장, 사제장
□ **dear** [díər] 디어	혱 사랑하는, 귀중한 몡 애인
□ **death** [déθ] 데쓰	몡 죽음, 사망, 절멸, 사인
□ **debase** [dibéis] 디베이스	타 떨어뜨리다, 저하시키다
□ **debate** [dibéit] 디베이트	몡 토론회, 논쟁 타 자 토론하다
□ **debt** [dét] 데트	몡 부채, 빚, 채무
□ **decade** [dékeid] 데케이드	몡 10년간, 열권
□ **decagram** [dékəgræm] 데커그램	몡 데카그램, 10그램
□ **decaliter** [dékəlìːtər] 데컬리이터	몡 데카리터, 10리터
□ **decameter** [dékəmìːtər] 데커미이터	몡 데카미터, 10미터
□ **decay** [dikéi] 디케이	자 썩다, 부패하다 몡 부패, 부식

□ **decease** [disíːs]
디시이스
명 사망 자 사망하다

□ **deceit** [disíːt]
디시이트
명 허위, 사기, 속임

□ **deceive** [disíːv]
디시이브
타 속이다, 기만하다, 혹하게 하다

□ **December** [disémbər]
디셈버
명 12월(=Dec)

□ **decency** [díːsnsi]
디이슨시
명 예의, 점잖음

□ **deception** [disépʃən]
디셉션
명 사기, 속임, 가짜

□ **decide** [disáid]
디사이드
타 자 판결하다, 해결하다

□ **decided** [disáidid]
디사이디드
형 뚜렷한, 명백한, 결정적인

□ **decigram** [désigræm]
데시그램
명 데시그램, 1/10그램

□ **deciliter** [désəlìːtər]
데설리이터
명 데시리터, 1/10리터

□ **decimeter** [désəmìːtər]
데서미이터
명 데시미터, 1/10미터

□ **decision** [disíʒən]
디시전
명 결정, 결의, 판결

□ **decisive** [disáisiv]
디사이시브
형 결정적, 단호한, 확고한

□ **deck** [dék]
데크
명 갑판, 평평한 지붕, 지면

□ **declaration** [dèkləréiʃən]
데클러레이션
명 선언, 포고, 발표, 공표

□ **declare** [diklέər]
디클레어
타 자 선언하다, 발표하다

A
B
C
D
E
F
G
H
I
J
K
L
M
N
O
P
Q
R
S
T
U
V
W
X
Y
Z

131

□ **decline** [dikláin]
디클라인
자 타 기울다, 아래로 향하다

□ **decompose** [dì:kəmpóuz]
디이컴포우즈
타 자 분해하다, 썩게 하다

□ **decorate** [dékərèit]
데커레이트
타 장식하다, 꾸미다

□ **decoration** [dèkəréiʃən]
데커레이션
명 장식, 훈장

□ **decrease** [dikrí:s]
디크리이스
명 감소 자 타 감소시키다, 줄다

□ **decree** [dikrí:]
디크리이
명 법령, 포고, 명령

□ **dedicate** [dédikèit]
데디케이트
타 헌납하다, 봉납하다

□ **deed** [dí:d]
디이드
명 소위, 실행

□ **deem** [dí:m]
디이임
타 자 생각하다, ~으로 간주하다

□ **deep** [dí:p]
디이프
형 깊은, 심원한, 심한

□ **deepen** [dí:pən]
디이펀
타 자 깊게 하다, 짙어지다

□ **deeply** [dí:pli]
디이플리
부 깊게, 짙게

□ **deer** [díər]
디어
명 사슴, 수사슴

□ **defeat** [difí:t]
디피이트
타 쳐부수다, 지우다 명 격파

□ **defect** [dí:fekt]
디이펙트
명 약점, 결점, 부족, 단점

□ **defective** [diféktiv]
디펙티브
형 불완전한, 결함이 있는

132

□ **defence** [diféns]
디펜스
명 방위, 수비, 방어, 방비

□ **defend** [difénd]
디펜드
동 지키다, 방위하다

□ **defendant** [diféndənt]
디펜던트
명 피고

□ **defense** [diféns]
디펜스
명 방위, 수비, 방어

□ **defensive** [difénsiv]
디펜시브
명 방위, 수세 형 방어의

□ **defer** [difə́ːr]
디퍼어
타 자 늦추다, 연기하다

□ **defiance** [difáiəns]
디파이언스
명 도전, 반항, 저항

□ **deficiency** [difíʃənsi]
디피션시
명 결함, 결핍, 부족

□ **deficient** [difíʃənt]
디피션트
형 결함있는, 불충분한

□ **defile** [difáil]
디파일
자 타 더럽히다, 모독하다

□ **define** [difáin]
디파인
타 한계를 정하다, 규정짓다

□ **definite** [défənit]
데퍼니트
형 명확한, 일정한, 뚜렷한

□ **definition** [dèfəníʃən]
데퍼니션
명 한정, 정의, 명확

□ **deformity** [difɔ́ːrməti]
디포오머티
명 불구, 모양이 흉함, 결함

□ **defy** [difái]
디파이
타 도전하다, 경쟁하다

□ **degenerate** [didʒénərèit]
디제너레이트
자 타락시키다, 좌천시키다

□ **degradation** [dègrədéiʃən] 명 강직, 퇴화, 타락
데그러데이션

□ **degree** [digríː] 명 정도, 등급, 눈금, 계급
디그리이

□ **dejected** [didʒéktid] 형 낙담한, 기운없는, 풀없는

□ **delay** [diléi] 자 타 지연시키다, 미루다
딜레이

□ **delegate** [déligət] 명 대표자, 대리 타 대표로 보내다
델리거트

□ **delegation** [dèligéiʃən] 명 대리 파견, 위임
델리게이션

□ **delete** [dilíːt] 타 삭제하다, 지우다
딜리이트

□ **deliberate** [dilíbərət] 타 자 숙고하다 형 계획적인
딜리버러트

□ **deliberation** [dilìbəréiʃən] 명 숙고, 심의, 신중
딜리버레이션

□ **delicacy** [délikəsi] 명 섬세, 민감, 정교, 예민
델리커시

□ **delicate** [délikət] 형 섬세한, 우아한, 미묘한
델리커트

□ **delicious** [dilíʃəs] 형 맛있는, 유쾌한, 맛좋은
딜리셔스

□ **delight** [diláit] 명 기쁨, 즐거움 자 타 기뻐하다
딜라이트

□ **delightful** [diláitfəl] 형 매우 기쁜, 유쾌한, 즐거운
딜라이트펄

□ **deliver** [dilívər] 타 구하다, 해방하다, 배달하다
딜리버

□ **deliverance** [dilívərəns] 명 구출, 석방, 진술
딜리버런스

□ **delivery** [dilívəri] 　　명 인도, 교부, 납품
딜리버리

□ **dell** [dél] 　　명 작은 골짜기, 협곡
델

□ **delta** [déltə] 　　명 삼각주, 삼각형의 물건
델터

□ **deluge** [délju:dʒ] 　　명 대 홍수, 큰비, 호우
델루우쥐

□ **delusion** [dilú:ʒən] 　　명 기만, 미혹, 환상, 착각
딜루우젼

□ **demand** [dimǽnd] 　　명 요구 타 요구하다, 청구하다
디맨드

□ **demeanor** [dimí:nər] 　　명 태도, 품행, 행실
디미이너

□ **democracy** [dimákrəsi] 　　명 민주주의, 민주정체
디마크러시

□ **democrat** [déməkræt] 　　명 민주주의자
데머크래트

□ **democratic** [dèməkrǽtik] 　　형 민주주의의, 서민적인
데머크래틱

□ **demon** [dí:mən] 　　명 악마, 귀신, 사신
디이먼

□ **demonstrate** [démənstrèit] 　　타 자 논증하다, 시위 운동을 하다
데먼스트레이트

□ **demonstration** 　　명 증명, 표명, 논증, 증거
[dèmənstréiʃən] 데먼스트레이션

□ **den** [dén] 　　명 우리, (도둑의) 소굴
덴

□ **denial** [dináiəl] 　　명 부정, 거부, 거절
디나이얼

□ **Denmark** [dénmɑ:rk] 　　명 덴마크
덴마아크

A
B
C
D
E
F
G
H
I
J
K
L
M
N
O
P
Q
R
S
T
U
V
W
X
Y
Z

135

□ **denomination** [dinàmənéiʃən] 디나머네이션	몡 명칭, 종류, 이름
□ **denote** [dinóut] 디노우트	탸 표시하다, 의미하다
□ **denounce** [dináuns] 디나운스	탸 공공연히 비난하다, 고발하다
□ **dense** [déns] 덴스	혱 조밀한, 밀집한
□ **density** [dénsəti] 덴서티	몡 밀도, 농도
□ **dent** [dént] 덴트	몡 옴폭 들어간 곳, 눌린 자국
□ **dental** [déntl] 덴틀	혱 이의, 치과의, 치음의
□ **dentist** [déntist] 덴티스트	몡 치과의사
□ **denude** [dinjú:d] 디뉴우드	탸 발가벗기다, 박탈하다
□ **deny** [dinái] 디나이	탸 거절하다, 부인하다
□ **depart** [dipá:rt] 디파아트	쟈 탸 출발하다, 떠나다, 벗어나다
□ **department** [dipá:rtmənt] 디파아트먼트	몡 부(部), 성(省), 국(局)
□ **departure** [dipá:rtʃər] 디파아쳐	몡 출발, 떠남, 이탈
□ **depend** [dipénd] 디펜드	쟈 좌우되다, 달려있다
□ **dependent** [dipéndənt] 디펜던트	혱 의지하고 있는, 의존하는
□ **dependence** [dipéndəns] 디펜던스	몡 의존, 신뢰, 종속

□ **dependent** [dipéndənt]
디펜던트
형 의지하는

□ **depeople** [di:pí:pl]
디이피이플
타 자 인구가 줄다

□ **depict** [dipíkt]
디픽트
타 묘사하다, 그리다

□ **deplore** [diplɔ́ːr]
디플로오
타 ~을 비탄하다, 슬퍼하다

□ **deploy** [diplɔ́i]
디플로이
자 타 전개하다

□ **depose** [dipóuz]
디포우즈
타 면직하다, 왕을 폐하다

□ **deposit** [dipázit]
디파지트
타 놓다, 맡기다 명 예금, 공탁금

□ **depot** [díːpou]
디이포우
명 저장소, 창고, 정거장

□ **deprave** [dipréiv]
디프레이브
타 (도덕적으로) 타락시키다

□ **depress** [diprés]
디프레스
타 불경기로 만들다, 저하시키다

□ **depression** [dipréʃən]
디프레션
명 하락, 침하, 상실, 손해

□ **deprive** [dipráiv]
디프라이브
타 빼앗다, 박탈하다

□ **depth** [dépθ]
뎁쓰
명 심도, 깊은 곳, 저음

□ **deputy** [dépjuti]
데퓨티
명 대리인, 대표자, 부관

□ **deride** [diráid]
디라이드
타 비웃다, 조롱하다

□ **derision** [diríʒən]
디리전
명 비웃음, 조롱, 경멸

□ **derive** [diráiv]
디라이브
타 끌어내다, 유래하다 자 획득하다

□ **descend** [disénd]
디센드
자 경사지다, 내려가다

□ **descendant** [diséndənt]
디센던트
명 자손, 후예

□ **descent** [disént]
디센트
명 하강, 하산, 상속

□ **describe** [diskráib]
디스크라이브
타 기술하다, 그리다

□ **description** [diskrípʃən]
디스크립션
명 서술, 묘사, 기술, 특징

□ **desert** [dézərt]
데저트
명 사막, 황무지 타 돌보지 않다

□ **deserve** [dizə́:rv]
디저어브
타 자 ~을 받을 가치가 있다

□ **design** [dizáin]
디자인
명 디자인, 의장 타 계획하다

□ **designate** [dézignèit]
데지그네이트
타 가리키다, 명명하다

□ **desirable** [dizáiərəbl]
디자이어러블
형 바람직한, 탐나는

□ **desire** [dizáiər]
디자이어
타 원하다, 바라다 명 욕망, 소원

□ **desirous** [dizáiərəs]
디자이어러스
형 바라는, 원하는, 열망하는

□ **desk** [désk]
데스크
명 책상, 사무용책상

□ **desolate** [désələt]
데설러트
형 황폐한, 황량한, 고독한

□ **despair** [dispéər]
디스페어
명 절망 자 절망하다, 단념하다

□ **despairing** [dispéəriŋ]
디스페어링
형 절망의, 단념의, 자포자기

□ **despatch** [dispǽtʃ]
디스패취
명 발송 타 급송하다(=dispatch)

□ **desperate** [déspərət]
데스퍼러트
형 절망적인, 필사적인, 무모한

□ **despise** [dispáiz]
디스파이즈
타 경멸하다, 멸시하다

□ **despite** [dispáit]
디스파이트
명 원한, 멸시 전 ~에도 불구하고

□ **despond** [dispánd]
디스판드
자 낙담하다, 실망하다, 기가 죽다

□ **dessert** [dizə́:rt]
디저어트
명 디저트(식후의 과자나 과실)

□ **destine** [déstin]
데스틴
타 운명짓다, 할당하다, 예정하다

□ **destiny** [déstəni]
데스터니
명 운명, 천명, 숙명

□ **destitute** [déstətjù:t]
데스티튜우트
형 결핍한, ~이 없는

□ **destroy** [distrɔ́i]
디스트로이
타 파괴하다, 죽이다, 부수다

□ **destruction** [distrʌ́kʃən]
디스트럭션
명 파괴, 멸망, 분쇄

□ **destructive** [distrʌ́ktiv]
디스트럭티브
형 파괴적인, 파멸시키는, 해로운

□ **detach** [ditǽtʃ]
디태취
타 분리하다, 파견하다, 떼다

□ **detail** [dí:teil]
디이테일
명 세부, 세목 타 상세히 설명하다

□ **detain** [ditéin]
디테인
타 말리다, 붙들다, 억류하다

139

□ **detect** [ditékt] 　 🇹 발견하다, 간파하다
디텍트

□ **detective** [ditéktiv] 　 🇲 탐정, 형사 🇭 탐정의
디텍티브

□ **detente** [deitá:nt] 　 🇲 국제간의 긴장완화
데이타안트

□ **deter** [ditə́:r] 　 🇹 단념시키다, 방해하다
디터어

□ **deteriorate** [ditíəriərèit] 　 🇹 저하시키다 🇯 나빠지다
디티어리어레이트

□ **determination** 　 🇲 결심, 확정
[ditə̀:rmənéiʃən] 디터어머네이션

□ **determine** [ditə́:rmin] 　 🇯 🇹 결정하다, 결의하다
디터어민

□ **determined** [ditə́:rmind] 　 🇭 결정된, 단호한, 확정된
디터어민드

□ **detest** [ditést] 　 🇹 미워하다, 혐오하다
디테스트

□ **detract** [ditrǽkt] 　 🇹 🇯 (가치 등을) 떨어뜨리다,
디트랙트 　 줄이다

□ **detriment** [détrəmənt] 　 🇲 손해, 손상
데트러먼트

□ **devastate** [dévəstèit] 　 🇹 약탈하다, 망치다, 유린하다
데버스테이트

□ **develop** [divéləp] 　 🇹 🇯 발전시키다, 확장하다
디벨럽

□ **development** 　 🇲 발전, 계발, 발육
[divéləpmənt] 디벨럽먼트

□ **device** [diváis] 　 🇲 계획, 고안, 도안, 장치
디바이스

□ **devil** [dévəl] 　 🇲 악마, 악인, 마왕, 사탄
데벌

□ **devise** [diváiz]
디바이즈
타 궁리하다, 고안하다, 발명하다

□ **devolve** [diválv]
디발브
타 (권리, 의무) 양도하다, 맡기다

□ **devote** [divóut]
디보우트
타 바치다, 충당하다

□ **devoted** [divóutid]
디보우티드
형 헌신적인, 충실한

□ **devotion** [divóuʃən]
디보우션
명 헌신, 전념, 강한 애착

□ **devour** [diváuər]
디바우어
타 게걸스럽게 먹다, 멸망시키다

□ **dew** [djúː]
듀우
명 이슬, (땀, 눈물 따위) 방울

□ **dewy** [djúːi]
듀우이
형 이슬에 젖은, 이슬의

□ **diagram** [dáiəgræm]
다이어그램
명 도표, 도식, 도형

□ **dial** [dáiəl]
다이얼
명 문자판, 눈금판, 다이얼

□ **dialect** [dáiəlèkt]
다이얼렉트
명 방언, 사투리

□ **dialog(ue)** [dáiəló(ː)g]
다이얼로그
명 대화, 문답

□ **diameter** [daiǽmətər]
다이애머터
명 직경, 지름, 배율

□ **diamond** [dáiəmənd]
다이어먼드
명 다이아몬드, 금강석, 마름모꼴

□ **diary** [dáiəri]
다이어리
명 일기, 일지

□ **dice** [dáis]
다이스
명 주사위, 노름

□ **dictate** [díkteit]
디테이트
자 타 받아쓰게 하다, 명령하다

□ **dictation** [diktéiʃən]
딕테이션
명 받아쓰기, 명령, 지령

□ **dictator** [díkteitər]
딕테이터
명 명령자, 지령자, 독재자

□ **dictionary** [díkʃənèri]
딕셔네리
명 사전, 사서

□ **did** [díd]
디드
동 do의 과거, 행하다, 하다

□ **die** [dái]
다이
자 죽다, 꺼지다, 말라죽다

□ **diet** [dáiət]
다이어트
명 식품, 특별 식사, 규정식

□ **differ** [dífər]
디퍼
자 다르다, 틀리다

□ **difference** [dífərəns]
디퍼런스
명 다름, 차이, 불화

□ **different** [dífərənt]
디퍼런트
형 다른, 이상한, 틀린

□ **difficult** [dífikʌlt]
디피컬트
형 곤란한, 어려운, 난해한

□ **difficulty** [dífikʌlti]
디피컬티
명 곤란, 난사, 어려움, 수고

□ **diffuse** [difjúːz]
디퓨우즈
자 타 발산하다, 흐트러뜨리다

□ **dig** [díg]
디그
타 (땅을) 파다, 탐구하다, 헤치다

□ **digest** [didʒést]
디쩨스트
타 자 소화하다, 이해하다, 삭이다

□ **digestion** [didʒéstʃən]
디쩨스천
명 소화, 숙고, 소화력

□ **digestive** [didʒéstiv]
디줴스티브
᠂ 소화의 ᠂ 소화제

□ **digger** [dígər]
디거
᠂ 파는 사람, 갱부, 공부벌레

□ **dignify** [dígnəfài]
디그너파이
᠂ 위엄을 갖추다, 고상하게 보이다

□ **dignity** [dígnəti]
디그너티
᠂ 위엄, 존엄, 품위

□ **dike** [dáik]
다이크
᠂ 둑, 방벽

□ **dilate** [dailéit]
다일레이트
᠂ 펼치다, 넓히다

□ **dilemma** [dilémə]
딜레머
᠂ 진퇴양난, 딜레마

□ **diligence** [dílədʒəns]
딜러전스
᠂ 부지런함, 근면, 주의

□ **diligent** [dílədʒənt]
딜러전트
᠂ 부지런한, 근면한, 애쓴

□ **dilute** [dailú:t]
다일루우트
᠂ 묽게 하다, 약하게 하다

□ **dim** [dím]
딤
᠂ 어둠침침한, 희미한

□ **dime** [dáim]
다임
᠂ 10센트 은화

□ **dimension** [diménʃən]
elapstus
᠂ 치수, 크기, 용적

□ **diminish** [dimíniʃ]
디미니쉬
᠂ 감소시키다, 줄이다

□ **diminutive** [dimínjutiv]
디미뉴티브
᠂ 작은, 소형의

□ **dimly** [dímli]
딤리
᠂ 어둑(희미)하게

143

□ **dimple** [dímpl] 명 보조개 타 자 보조개를 짓다
딤플

□ **din** [dín] 명 소음, 떠듦 타 소음을 일으키다
딘

□ **dine** [dáin] 자 타 식사를 하다, 정찬을 먹다
다인

□ **dingy** [díndʒi] 형 평이 나쁜, 더러운, 지저분한
딘쥐

□ **diningcar** [dáiniŋ kάːr] 명 식당차
다이닝 카아

□ **diningroom** [dáiniŋ rúːm] 명 식당
다이닝 루우움

□ **dinner** [dínər] 명 정찬, 만찬, 오찬, 저녁식사
디너

□ **dint** [dínt] 명 맞인 자국, 움푹 들어간 곳
딘트

□ **dip** [díp] 타 적시다, 담그다, 살짝 적시다
딥

□ **diploma** [diplóumə] 명 면허장, 졸업장, 수여금
디플로우머

□ **diplomacy** [diplóuməsi] 명 외교, 권모술수
디플로우머시

□ **diplomat** [dípləmæt] 명 외교관, 외교가
디플러매트

□ **dire** [dáiər] 형 무서운, 극도의, 비참한
다이어

□ **direct** [dirékt] 타 지도하다 형 직접의, 솔직한
디렉트

□ **direction** [dirékʃən] 명 방위, 지휘, 감독, 관리
디렉션

□ **directly** [diréktli] 부 곧바로, 즉시, 직접
디렉틀리

144

□ **director** [diréktər] 　명 관리자, 지도자, 중역, 장관
디렉터

□ **dirt** [də́:rt] 　명 쓰레기, 먼지, 오물, 진흙
더어트

□ **dirty** [də́:rti] 　형 더러운, 추잡한, 불결한, 비열한
더어티

□ **disable** [diséibl] 　타 무능하게 하다, 쓸모없게 하다
디세이블

□ **disadvantage** 　명 불리, 불편, 손해
[dìsədvǽntidʒ] 디스드밴티쥐

□ **disagree** [dìsəgrí:] 　자 일치하지 않다, 다르다
디서그리이

□ **disagreeable** [dìsəgrí:əbl] 　형 불쾌한, 까다로운
디서그리이어블

□ **disappear** [dìsəpíər] 　자 사라지다, 소멸하다
디서피어

□ **disappoint** [dìsəpɔ́int] 　타 실망시키다, 기대를 어기다
디서포인트

□ **disappointment** 　명 실망, 낙담, 기대의 어긋남
[dìsəpɔ́intmənt] 디서포인트먼트

□ **disapprove** [dìsəprú:v] 　타 ~을 안된다고 하다, 비난하다
디서프루우브

□ **disapproval** [dìsəprú:vəl] 　명 불찬성, 비난, 불만
디서프루우벌

□ **disarm** [disá:rm] 　타 자 무기를 거두다
디사아암

□ **disarmament** 　명 군비 축소, 무장 해제
[disá:rməmənt] 디사아머먼트

□ **disaster** [dizǽstər] 　명 재앙, 재해, 참사
디재스터

□ **disastrous** [dizǽstrəs] 　형 재해의, 비참한
디재스트러스

145

□ **discard** [diskáːrd]
디스카아드
 타 버리다, 해고하다

□ **discern** [disə́ːrn]
디서어언
 타 자 인식하다, 분별하다

□ **discharge** [distʃáːrdʒ]
디스촤아쥐
 타 발사하다, 방출하다, 면제하다

□ **disciple** [disáipl]
디사이플
 명 제자, 문하생(종도)

□ **discipline** [dísəplin]
디서플린
 명 훈련, 훈육, 규율 타 훈련하다

□ **disclose** [disklóuz]
디스클로우즈
 타 나타내다, 폭로하다

□ **discomfort** [diskʌ́mfərt]
디스컴퍼트
 명 불쾌, 불편 타 불편을 주다

□ **discontent** [dìskəntént]
디스컨텐트
 명 불만, 불평 타 불만케 하다

□ **discontinue** [dìskəntínjuː]
디스컨티뉴우
 타 자 중지하다, 중단하다

□ **discord** [dískɔːrd]
디스코오드
 명 불화, 불일치, 압력

□ **discount** [dískaunt]
디스카운트
 명 할인, 에누리 타 할인하다

□ **discourage** [diskə́ːridʒ]
디스커어리쥐
 타 낙담시키다, 실망시키다

□ **discourse** [dískɔːrs]
디스코오스
 명 강연, 설교 타 자 강연하다

□ **discover** [diskʌ́vər]
디스커버
 타 발견하다, 깨닫다

□ **discoverer** [diskʌ́vərər]
디스커버러
 명 발견자

□ **discovery** [diskʌ́vəri]
디스커버리
 명 발견, 발견물

□ **discredit** [diskrédit]
디스크레디트
명 불신용 타 신용하지 않다

□ **discreet** [diskríːt]
디스크리이트
형 사려가 깊은, 신중한, 분별있는

□ **discretion** [diskréʃən]
디스크레션
명 사려, 분별, 판단

□ **discriminate**
[diskrímənèit] 디스크리머네이트
자 타 구별하다, 차별대우하다

□ **discuss** [diskʌ́s]
디스커스
타 논의하다, 토론하다

□ **discussion** [diskʌ́ʃən]
디스커션
명 토론, 검토, 변론

□ **disdain** [disdéin]
디스데인
명 경멸, 멸시, 오만 타 경멸하다

□ **disease** [dizíːz]
디지이즈
명 병, 질환, 불건전

□ **disfigure** [disfígjər]
디스피겨
타 모양을 손상하다, 추하게 하다

□ **disgrace** [disgréis]
디스그레이스
명 치욕, 불명예 타 망신을 주다

□ **disguise** [disgáiz]
디스가이즈
타 변장하다, 위장하다

□ **disgust** [disgʌ́st]
디스거스트
타 역겹게 하다, 정떨어지게 하다

□ **dish** [díʃ]
디쉬
명 접시, 식기류 타 접시에 담다

□ **dishonest** [disánist]
디사니스트
형 정직하지 않은, 부정의

□ **dishono(u)r** [dɪsɒnə(r)]
디스아너
명 불명예, 치욕 타 망신을 시키다

□ **disk** [dísk]
디스크
명 원반, 레코오드

□ **dislike** [disláik]
디스라이크
⊞ 싫어하다, 미워하다 ⊞ 혐오

□ **dismal** [dízməl]
디즈멀
⊞ 어두운, 음침한, 무서운

□ **dismay** [disméi]
디스메이
⊞ 깜짝 놀라게 하다 ⊞ 경악

□ **dismiss** [dismís]
디스미스
⊞ 해고하다, 해산시키다

□ **dismount** [dismáunt]
디스마운트
⊞ ⊞ 말에서 내리다, 하차하다

□ **disobey** [dìsəbéi]
디서베이
⊞ ⊞ 반항하다, 복종하지 않다

□ **disorder** [disɔ́:rdər]
디스오오더
⊞ 무질서 ⊞ 혼란시키다

□ **dispart** [dispá:rt]
디스파아트
⊞ 분할하다

□ **dispatch** [dispǽtʃ]
디스패취
⊞ ⊞ 급송하다, 특파하다 ⊞ 발송

□ **dispense** [dispéns]
디스펜스
⊞ ⊞ 분배하다, 베풀다

□ **disperse** [dispə́:rs]
디스퍼어스
⊞ ⊞ 분산시키다, 흩뜨리다

□ **displace** [displéis]
디스플레이스
⊞ 옮기다, 이동시키다

□ **display** [displéi]
디스플레이
⊞ 보이다, 전시하다, 진열하다
⊞ 진열

□ **displease** [dìsplí:z]
디스플리이즈
⊞ 불쾌하게 하다, 노하게 하다

□ **disposal** [dispóuzəl]
디스포우절
⊞ 배치, 처리, 매각, 양도

□ **dispose** [dispóuz]
디스포우즈
⊞ 배치하다, 배열하다

148

□ **disposition** [dìspəzíʃən] 명 배열, 배치, 성질
디스퍼지션

□ **dispute** [dispjúːt] 타 자 싸우다, 논쟁하다
디스퓨우트

□ **disregard** [dìsrigáːrd] 명 무시, 경시 타 무시하다
디스리가아드

□ **dissect** [disékt] 타 해부하다, 분석하다
디섹트

□ **dissemble** [disémbl] 타 (성격, 감정) 숨기다, 속이다
디셈블

□ **dissension** [disénʃən] 명 의견차이, 불화
디센션

□ **dissolution** [dìsəlúːʃən] 명 용해, 분해, 해산
디설루우션

□ **dissolve** [dizálv] 타 자 용해하다, 녹이다
디잘브

□ **distance** [dístəns] 명 거리, 간격 타 사이를 두다
디스턴스

□ **distant** [dístənt] 형 먼, 희미한, 떨어진
디스턴트

□ **distil(l)** [distíl] 타 자 증류하다, 추출하다
디스틸

□ **distinct** [distíŋkt] 형 독특한, 별개의, 다른
디스팅크트

□ **distinction** [distíŋkʃən] 명 차별, 구별, 특성, 특질
디스팅크션

□ **distinctive** [distíŋktiv] 형 독특한, 특이한
디스팅크티브

□ **distinguish** [distíŋgwiʃ] 타 분간하다, 구별하다
디스팅귀쉬

□ **distort** [distɔ́ːrt] 타 (얼굴을) 일그러뜨리다
디스토오트

149

□ **distract** [distrǽkt] 　　　타 혼란케 하다, 미혹케 하다
　디스트랙트

□ **distress** [distrés] 　　　명 고통, 고민, 심통, 가난
　디스트레스

□ **distribute** [distríbju:t] 　　　타 배포하다, 분류하다
　디스트리뷰우트

□ **distribution** [dìstrəbjú:ʃən] 　명 분배, 배당, 분류
　디스트러뷰우션

□ **district** [dístrikt] 　　　명 지구, 지방, 행정
　디스트릭트

□ **disturb** [distə́:rb] 　　　타 어지럽히다, 방해하다
　디스터어브

□ **disturbance** [distə́:rbəns] 　명 소동, 방해, 폭동
　디스터어번스

□ **ditch** [dítʃ] 　　　명 도랑, 개천, 시궁창
　디취

□ **dive** [dáiv] 　　　명 잠수, 다이빙 자 다이빙하다
　다이브

□ **divers** [dáivə:rz] 　　　형 여러가지의, 약간의
　다이버어즈

□ **diverse** [divə́:rs] 　　　형 잡다한, 다양한
　디버어스

□ **diversion** [divə́:rʒən] 　　　명 전환, 기분전환, 오락
　디버어젼

□ **diversity** [divə́:rsəti] 　　　명 다름, 다양성, 각종
　디버어서티

□ **divert** [divə́:rt] 　　　타 돌리다, 전환하다, 유용하다
　디버어트

□ **divide** [diváid] 　　　타 자 쪼개다, 나누다, 분리하다
　디바이드

□ **dividend** [dívədènd] 　　　명 배당금, 피제수
　디버덴드

150

□ **divine** [diváin]
디바인
형 신의, 신성한 타 자 예언하다

□ **divinity** [divínəti]
디비너티
명 신성, 신, 신학, 상제

□ **division** [divíʒən]
디비전
명 분할, 구분, 구획

□ **divorce** [divɔ́ːrs]
디보오스
명 이혼, 별거 타 이혼하다

□ **dizzy** [dízi]
디지
형 현기증나는, 팽팽 도는

□ **do** [dúː]
두우
동 하다, 행하다, 처리하다

□ **dock** [dák]
다크
명 선창, 계선장, 부두
자 타 도크를 넣다

□ **doctor** [dáktər]
닥터
명 의사, 박사 타 치료하다

□ **doctrine** [dáktrin]
닥트린
명 교의(敎義), 주의, 학설

□ **document** [dákjumənt]
다큐먼트
명 서류, 문서, 증서, 증권

□ **dodge** [dádʒ]
다쥐
자 타 날쌔게 비키다, 살짝 피하다

□ **dog** [dɔ́ːg]
도오그
명 개, 놈, 수캐

□ **dogma** [dɔ́ːgmə]
도오그머
명 교의, 신조, 정설, 교리

□ **doing** [dúːiŋ]
두우잉
명 행위, 짓, 소행, 노력

□ **doll** [dál]
달
명 인형, 젊은 여자

□ **dollar** [dálər]
달러
명 달러, 불(弗)(미국의 화폐 단위)

A
B
C
D
E
F
G
H
I
J
K
L
M
N
O
P
Q
R
S
T
U
V
W
X
Y
Z

151

□ **dolly** [dáli]
달리
명 작은 수레, 인형, 각시

□ **dolphin** [dálfin]
달핀
명 돌고래

□ **domain** [douméin]
도우메인
명 영토, 판도, 영역, 세력

□ **dome** [dóum]
도움
명 둥근 지붕, 둥근 천장

□ **domestic** [dəméstik]
더메스틱
형 가정내의, 가사의, 가정적인

□ **dominant** [dámənənt]
다머넌트
형 우세한, 지배적인, 유력한

□ **dominate** [dámənèit]
다머네이트
타 자 지배하다, 통치하다

□ **dominion** [dəmínjən]
더미년
명 통치권, 주권, 지배력

□ **don** [dán]
단
명 님, 스페인사람, 명사, 요인

□ **donate** [dóuneit]
도우네이트
타 기부하다, 기증하다

□ **done** [dʌn]
던
동 do의 과거분사, 끝난, 다된

□ **donkey** [dáŋki]
당키
명 당나귀, 얼간이, 고집통이

□ **doom** [dáŋki]
당키
명 운명, 숙명, 파멸 타 운명짓다

□ **door** [dɔ́:r]
도오
명 문, 문짝, 도어, 문간

□ **doorstep** [dɔ́:rstèp]
도오스텝
명 현관의 계단

□ **doorway** [dɔ́:rwèi]
도오웨이
명 문간, 입구

□ **dope** [dóup] 명 진한 액체, 마취제
도웁

□ **dormitory** [dɔ́ːrmətɔ́ːri] 명 기숙사, 요사
도오머토오리

□ **dosage** [dóusidʒ] 명 투약, 조제, 적량
도우시쥐

□ **dose** [dóus] 명 한첩 타 투약하다
도우스

□ **dot** [dάt] 명 점, 작은 점
다트

□ **double** [dʌ́bl] 형 2배의 부 2배로
더블 타 자 2배로 하다

□ **doubt** [dáut] 명 의심, 의문 타 자 의심하다
다우트

□ **doubtful** [dáutfəl] 형 의심스러운, 확신을 못하는
다우트펄

□ **doubtfully** [dáutfəli] 부 확실히, 물론 형 수상스럽게
다우트펄리

□ **doubtless** [dáutlis] 부 확실히, 의심없이 형 확실한
다우틀리스

□ **dough** [dóu] 명 밀가루 반죽, 굽기 전의 빵
도우

□ **doughnut** [dóunət] 명 도우넛
도우너트

□ **dove** [dʌ́v] 명 비둘기, 순진한, 온유한
더브

□ **down** [dáun] 부 아래로 형 아래로의
다운

□ **downfall** [dáunfɔ́ːl] 명 낙하, 호우, 추락, 쏟아짐
다운포올

□ **downstairs** [dáunstέərz] 형 아래층의 부 아래층으로
다운스테어즈

□ **downtown** [dàuntáun]
다운타운
圀 도심지, 중심지
凰 혱 도심지로(의)

□ **downward** [dáunwərd]
다운워드
혱 아래로의 凰 아래로, 내려가는

□ **downwards** [dáunwərz]
다운워즈
凰 아래쪽으로, 밑으로

□ **doze** [dóuz]
도우즈
圀 선잠, 졸기 刃 邑 졸다, 겉잠들다

□ **dozen** [dʌ́zn]
더즌
圀 타스(12개)

□ **Dr.** [dáktər]
닥터
얔 Doctor의 줄임, 박사, 의사

□ **draft** [dræft]
드래프트
圀 설계도, 초안 邑 기초하다

□ **drag** [drǽg]
드래그
刃 邑 끌다, 질질끌다, 끌어당기다

□ **dragon** [drǽgən]
드래건
圀 용, 용자리

□ **dragonfly** [drǽgənflài]
드래건플라이
圀 잠자리

□ **drain** [dréin]
드레인
邑 刃 배수하다, 간척하다

□ **drainage** [dréinidʒ]
드레이니쥐
圀 배수, 하수

□ **drake** [dréik]
드레이크
圀 들오리, 집오리

□ **drama** [drá:mə]
드라아머
圀 극, 희곡, 연극, 극작법

□ **dramatic** [drəmǽtik]
드러매틱
혱 연극의, 희곡의

□ **drapery** [dréipəri]
드레이퍼리
圀 포목, 피륙, 직물

□ **drastic** [drǽstik]
드래스틱

혱 과감한, 맹렬한, 격렬한

□ **draught** [drǽft]
드래프트

동 선발하다(draft)

□ **draw** [drɔ́ː]
드로오

타 자 끌어당기다, 당기다, 접근하다

□ **drawer** [drɔ́ːər]
드로오어

명 (어음)발행인, 서랍

□ **drawing** [drɔ́ːiŋ]
드로오잉

명 도화, 선화, 제도, 그림

□ **drawing-room** [drɔ́ːiŋrúːm]
드로오잉 루우움

명 응접실, 객실, 특별객차

□ **drawl** [drɔ́ːl]
드로오올

타 자 느릿느릿 말하다

□ **drawn** [drɔ́ːn]
드로오온

동 draw의 과거분사 혱 무승부의

□ **dread** [dréd]
드레드

타 자 두려워하다, 걱정하다

□ **dreadful** [drédfəl]
드레드펄

혱 무서운, 두려운, 지독한

□ **dream** [dríːm]
드리이임

명 꿈, 환상, 공상 자 타 꿈꾸다

□ **dreary** [dríəri]
드리어리

혱 울적한, 황량한, 지루한

□ **dreg** [drég]
드레그

명 찌꺼기, 앙금

□ **drench** [dréntʃ]
드렌취

타 담그다, 흠뻑 젖게 하다

□ **dress** [drés]
드레스

타 자 옷을 입다, 정장시키다
명 의복

□ **dressing** [drésiŋ]
드레싱

명 마무리, 장식, 옷치장, 손질

155

□ **dressmaker** [drésmèikə*r*]
드레스메이커
명 양재사, 재봉사, 양장점

□ **drift** [dríft]
드리프트
명 조류, 흐름 타 자 표류하다

□ **drill** [dríl]
드릴
명 훈련, 연습
타 자 훈련하다, 구멍을 뚫다

□ **drink** [dríŋk]
드링크
타 자 흡수하다, 마시다 명 음료

□ **drip** [dríp]
드립
자 타 (물방울 따위가) 똑똑
떨어지다

□ **drive** [dráiv]
드라이브
타 자 몰다, 운전하다, 쫓다

□ **driver** [dráivə*r*]
드라이버
명 기관사, 조종사, 운전수

□ **drizzle** [drízl]
드리즐
자 이슬비가 내리다 명 가랑비

□ **drone** [dróun]
드로운
명 (꿀벌의) 숫벌, 게으름뱅이

□ **droop** [drú:p]
드루우웁
자 처지다, 시들다

□ **drop** [dráp]
드랍
명 물방울, 소량의 술
자 타 떨어지다

□ **dross** [drɔ́:s]
드로오스
명 쇠똥

□ **drought** [dráut]
드라우트
명 가뭄, 건조, 한발

□ **drown** [dráun]
드라운
타 자 물에 빠뜨리다, 흠뻑 젖게
하다

□ **drowsy** [dráuzi]
드라우지
형 졸리는, 졸음 오게 하는

□ **drug** [drʌ́g]
드러그
명 약, 약제, 약품, 마취약

□ **druggist** [drʌ́gist] 명 약종상, 약제사
드러기스트

□ **drum** [drʌ́m] 명 북, 고수, 고동 타 자 북을 치다
드럼

□ **drunkard** [drʌ́ŋkərd] 명 술고래
드렁커드

□ **drunken** [drʌ́ŋkən] 형 술취한, 술고래의
드렁컨

□ **dry** [drái] 형 마른, 건성, 건조한
드라이 타 자 말리다

□ **dryly** [dráili] 부 냉담하게, 공연히
드라일리

□ **duchess** [dʌ́tʃis] 명 공작 부인, 여공작
더취스

□ **duck** [dʌ́k] 명 오리, 집오리, 암오리
덕

□ **duckling** [dʌ́kliŋ] 명 새끼 오리, 집오리 새끼
더클링

□ **due** [djú:] 형 정당한, 만기가 된, 당연한
듀우

□ **duel** [djú:əl] 명 결투, 싸움, 투쟁 자 결투하다
듀우얼

□ **duke** [djú:k] 명 공작(公爵), 손, 주먹
듀우크

□ **dull** [dʌ́l] 형 우둔한, 무딘, 타 무디게 하다
덜

□ **duly** [djú:li] 부 올바르게, 적당히, 정당하게
듀우울리

□ **dumb** [dʌ́m] 형 벙어리의, 무언의, 말 못하는
덤

□ **dump** [dʌ́mp] 타 탁 떨어뜨리다, 내버리다
덤프

□ **dungeon** [dʌ́ndʒən]
던전
명 토굴, 감옥, 지하의 옥

□ **duplicate** [djúːplikət]
듀우플리커트
형 이중의, 한쌍의, 중복의 명 사본

□ **durable** [djúərəbl]
듀어러블
형 튼튼한, 지탱하는

□ **duration** [djuréiʃən]
듀레이션
명 기간, 지속, 내구

□ **during** [djúəriŋ]
듀어링
전 ~의 동안에, ~사이

□ **dusk** [dʌ́sk]
더스크
명 황혼, 땅거미, 어스름

□ **dusky** [dʌ́ski]
더스키
형 어스레한, 어둑한, 음침한

□ **dust** [dʌ́st]
더스트
명 먼지, 티끌 타 먼지를 털다

□ **dusty** [dʌ́sti]
더스티
형 먼지투성이의, 먼지 많은

□ **Dutch** [dʌ́tʃ]
더취
형 네덜란드의 명 네덜란드말

□ **duty** [djúːti]
듀우티
명 본분, 의무, 임무, 직책

□ **dwarf** [dwɔ́ːrf]
드워어프
명 난쟁이, 좀생이 형 작은, 소형의

□ **dwell** [dwél]
드웰
자 살다, 거주하다, 체재하다

□ **dweller** [dwélər]
드웰러
명 거주자, 주민

□ **dwelling** [dwéliŋ]
드웰링
명 집, 주소, 주거

□ **dwindle** [dwíndl]
드윈들
자 감소되다, 줄다, 야위다

□ **dye** [dái]
다이
명 물감, 염색 재 타 물들이다

□ **dying** [dáiiŋ]
다이잉
형 죽어가는, 임종의, 빈사의

□ **dynamic** [dainǽmik]
다이내미크
형 동력의, 활동적인, 정력적인

□ **dynamite** [dáinəmàit]
다이더마이트
명 다이너마이트, 최고의, 굉장한

□ **dynamo** [dáinəmòu]
다이너모우
명 발전기

□ **dynasty** [dáinəsti]
다이너스티
명 왕조, 왕가, 왕조의 지배

교실 Classroom

① teacher
[tíːtʃəːr 티처]

② globe
[gloub 글로우브]

③ chalk
[tʃɔːk 초크]

④ pupil
[pjúːpəl 퓨플]

$$6 + 1 =$$
$$7 + 4$$

⑤ pencil
[pénsəl 펜슬]

⑥ eraser
[iréisər 이레이서]

⑦ dictionary
[díkʃənèri 딕셔네리]

---

① 교사 ② 지구본 ③ 분필 ④ 학생 ⑤ 연필 ⑥ 지우개 ⑦ 사전

⑧ **blackboard**
[blǽkbɔ̀ːrd 블랙보드]

⑨ **map**
[mǽp 맵]

⑩ **chair**
[tʃeər 체어]

⑪ **desk**
[desk 데스크]

⑫ **pencil sharpener**
[pénsəl ʃáːrpənər 펜슬 샤프너]

⑬ **pencil case**
[pénsəl keis
펜슬 케이스]

⑧ 칠판　⑨ 지도　⑩ 의자　⑪ 책상　⑫ 연필깎이　⑬ 필통

□ **each** [íːtʃ]
이이취

형 각각의, 각자의 대 각자, 제각기

□ **eager** [íːgər]
이이거

형 열심인, 간절히 바라고, 열망하여

□ **eagerly** [íːgərli]
이이걸리

부 열심히

□ **eagerness** [íːgərnis]
이이거니스

명 열심, 열망

□ **eagle** [íːgl]
이이글

명 독수리, 수리, 수리표

□ **ear** [íər]
이어

명 귀, 귓바퀴, 청력

□ **earl** [ə́ːrl]
어어얼

명 백작(伯爵)

□ **early** [ə́ːrli]
어어얼리

형 이론, 초기의 부 일찍이, 초기

□ **earn** [ə́ːrn]
어어언

타 벌다, 획득하다, 손에 넣다

□ **earning** [ə́ːrniŋ]
어어닝

명 벌이, 소득, 수입

□ **earnest** [ə́ːrnist]
어어니스트

형 성실한, 착실한, 진지한 명 성실

□ **earth** [ə́ːrθ]
어어쓰

명 지구, 대지, 땅
타 흙 속에 파묻다

□ **earthen** [ə́ːrθən]
어어썬

형 흙의, 흙으로 만든

□ **earthly** [ə́ːrθli]
어어쓸리
형 지구의, 이 세상의, 현세의

□ **earthquake** [ə́ːrθkwèik]
어어쓰퀘이크
명 지진, 동란, 큰병론

□ **earthworm** [ə́ːrθwəːrm]
어어쓰워어엄
명 지렁이

□ **ease** [íːz]
이이즈
명 편안, 안락 타 자 안심시키다

□ **easily** [íːzili]
이이질리
부 용이하게, 쉽사리, 편안히

□ **east** [íːst]
이이스트
명 동쪽, 동방 형 동쪽의

□ **Easter** [íːstər]
이이스터
명 부활절, 주일

□ **eastern** [íːstərn]
이이스턴
형 동쪽의, 동양의, 동양풍의

□ **easy** [íːzi]
이이지
형 용이한, 쉬운, 평이한

□ **eat** [íːt]
이일
타 자 먹다, 식사하다

□ **eaves** [íːvz]
이이브즈
명 차양, 처마

□ **ebb** [éb]
엡
명 썰물, 간조, 쇠퇴, 감퇴

□ **ebony** [ébəni]
에버니
명 흑단, 칠흙 형 칠흙의

□ **eccentric** [ikséntrik]
익센트릭
형 이상한, 별난 명 별난 사람

□ **echo** [ékou]
에코우
명 메아리, 흉내, 반향
타 자 반향하다

□ **eclipse** [iklíps]
이클립스
명 일(월)식, (세력, 명예가) 떨어짐

163

□ **economic** [èkənámik] 형 경제상의, 재정상의
에커나미크

□ **economical** [èkənámikəl] 형 절약하는, 경제적인, 실속있는
데커나미컬

□ **economics** [èkənámiks] 명 경제학, 채산
에커나믹스

□ **economist** [ikánəmist] 명 경제학자, 절약가
이카너미스트

□ **economy** [ikánəmi] 명 경제, 절약, 검약
이카너미

□ **ecstasy** [ékstəsi] 명 대희열, 무한한 기쁨
엑스터시

□ **eddy** [édi] 명 작은 소용돌이, 회오리
에디

□ **Eden** [íːdn] 명 에덴동산, 낙원
이이든

□ **edge** [édʒ] 명 칼날, 테두리 타 날을 세우다
에쥐

□ **edible** [édəbl] 형 먹을 수 있는
에더블

□ **edifice** [édəfis] 명 큰 건물, 건축물, 구성
에더피스

□ **edit** [édit] 타 편집하다, 교정보다
에디트

□ **edition** [idíʃən] 명 (서적, 신문의) 판, 간행본
이디션

□ **editor** [édətər] 명 편집자
에더터

□ **editorial** [èdətɔ́ːriəl] 명 사설, 논설 형 주필의
에더토오리얼

□ **educate** [édʒukèit] 타 교육하다, 양성하다
에쥬케이트

□ **education** [èdʒukéiʃən] 	명 교육, 훈도, 양성
에쥬케이션

□ **educational** [èdʒukéiʃənl] 	형 교육상의, 훈도의
에쥬케이셔늘

□ **eel** [íːl] 	명 뱀장어, 칠성장어
이이일

□ **efface** [iféis] 	타 지우다, 삭제하다
이페이스

□ **effect** [ifékt] 	명 결과, 효과, 결말
이펙트

□ **effective** [iféktiv] 	형 유효한, 효과적인, 효력이 있는
이펙티브

□ **effectual** [iféktʃuəl] 	형 유효한, 효과 있는
이펙츄얼

□ **effendi** [iféndi] 	명 나리, 선생님
이펜디

□ **efficiency** [ifíʃənsi] 	명 능률, 효력, 능력
이피션시

□ **efficient** [ifíʃənt] 	형 능률적인, 효과적인
이피션트

□ **effort** [éfərt] 	명 노력, 수고, 진력
에퍼트

□ **egg** [ég] 	명 알, 달걀
에그

□ **ego** [íːgou, égou] 	명 자아, 자기, 자부심
이이고우, 에고우

□ **Egypt** [íːdʒipt] 	명 이집트, 아랍공화국
이이췝트

□ **eight** [éit] 	명 8 형 8의
에이트

□ **eighteen** [èitíːn] 	명 18 형 18의
에이티이인

□ **eighteenth** [èití:nθ]
에이티인쓰
명 제 18 형 제 18의

□ **eighth** [éitθ]
에이트쓰
명 제 8 형 제 8의

□ **eighty** [éiti]
에이티
명 80 형 80의

□ **eightieth** [éitiiθ]
에이티이쓰
명 제 80 형 제 80의

□ **either** [í:ðər]
이이더
형 대 둘 중 어느 것인가, 양쪽 다

□ **eject** [idʒékt]
이젝트
타 쫓아내다, 몰아내다

□ **elaborate** [ilǽbərət]
일래버러트
형 공들인, 힘들여 만든

□ **elapse** [ilǽps]
일랩스
자 (때가) 경과하다

□ **elastic** [ilǽstik]
일래스티크
형 탄력있는, 유연한

□ **elate** [iléit]
일레이트
타 의기양양하다, 우쭐대다

□ **elbow** [élbou]
엘보우
명 팔꿈치 타 자 팔꿈치로 찌르다

□ **elder** [éldər]
엘더
형 손위의, 연장의

□ **eldest** [éldist]
엘디스트
형 최연장의, 맏아들의

□ **elect** [ilékt]
일렉트
타 뽑다, 선임하다 형 뽑힌

□ **election** [ilékʃən]
일렉션
명 선택, 선거, 선정

□ **elector** [iléktər]
일렉터
명 선거인, 유권자

166

□ **electric** [iléktrik]
일렉트릭

형 전기의, 발전용인

□ **electrical** [iléktrikəl]
일렉트리컬

형 전기같은, 강렬한, 전기의

□ **electricity** [ilektrísəti]
일렉트리서티

명 전기, 전기학, 전류

□ **electron** [iléktràn]
일렉트란

명 전자

□ **elegant** [éligənt]
엘리건트

형 우아한, 품위있는, 기품있는

□ **element** [éləmənt]
엘러먼트

명 요소, 분자, 성분

□ **elementary** [èləméntəri]
엘러멘터리

형 초보의, 기본의, 초등의

□ **elephant** [éləfənt]
엘러펀트

명 코끼리, 공화당의 상징

□ **elevate** [éləvèit]
엘러베이트

타 올리다, 승진시키다, 높이다

□ **elevation** [èləvéiʃən]
엘러베이션

명 승진, 향상, 높은 곳, 고도

□ **elevator** [éləvèitər]
엘러베이터

명 승강기, 엘리베이터, 기중기

□ **eleven** [ilévən]
일레번

명 11 형 11의

□ **eleventh** [ilévənθ]
일레번쓰

형 제 11의 명 제 11

□ **elf** [élf]
엘프

명 꼬마 요정, 난장이, 작은 요정

□ **eliminate** [ilímənèit]
일리머네이트

타 제거하다, 삭제하다

□ **elm** [élm]
엘름

명 느릅나무, 느릅나무 재목

□ **eloquence** [éləkwəns]
엘러퀀스
명 웅변, 웅변술

□ **eloquent** [éləkwənt]
엘러퀀트
형 웅변의, 말 잘하는

□ **else** [éls]
엘스
부 그 외에, 그 밖에
접 그렇지 않으면

□ **elsewhere** [élshwὲər]
엘스웨어
부 어딘가, 딴 곳에, 딴 곳으로

□ **elude** [ilú:d]
일루우드
타 피하다, 모면하다, 벗어나다

□ **emancipate** [imǽnsəpèit]
이맨서페이트
타 해방하다, 이탈시키다

□ **embank** [imbǽŋk]
임팽크
타 제방을 쌓다, 둑을 쌓다

□ **embark** [imbá:rk]
임바아크
자 타 배를 타다, 출항하다

□ **embarrass** [imbǽrəs]
임배러스
타 난처하게 하다, 당황케 하다

□ **embarrassment**
[imbǽrəsmənt] 임배러스먼트
명 난처함, 당황, 거북함

□ **embassy** [émbəsi]
엠버시
명 대사관, 사절단

□ **ember** [émbər]
엠버
명 타다 남은 불, 여신, 잔화

□ **emblem** [émbləm]
엠블럼
명 상징, 표상, 문장 타 상징하다

□ **embody** [imbádi]
임바디
타 유행화하다, 구체화하다

□ **embrace** [imbréis]
임브레이스
타 포옹하다, 얼싸안다

□ **embroider** [imbrɔ́idər]
임브로이더
타 자수하다, 수놓다

□ **embroidery** [imbrɔ́idəri] 명 자수, 수, 윤색
임브로이더리

□ **embryo** [émbriòu] 명 배아, 태아, 움, 눈
엠브리오우

□ **emerald** [émərəld] 명 녹옥, 에메랄드(빛깔)
에머럴드

□ **emerge** [imə́:rdʒ] 자 나타나다, 나오다
이머어쥐

□ **emergency** [imə́:rdʒənsi] 명 위급, 비상사태, 돌발
이머어쥔시

□ **emigrant** [émigrənt] 형 이주하는, 이민하는 명 이민
에미그런트

□ **eminence** [émənəns] 명 높은 곳, 언덕, 탁월, 고귀
에머넌스

□ **eminent** [émənənt] 형 우수한, 저명한, 뛰어난
에머넌트

□ **emit** [imít] 타 내다, 방사하다, 방출하다
이미트

□ **emotion** [imóuʃən] 명 정서, 감정, 흥분, 감격
이모우션

□ **emotional** [imóuʃənl] 형 감정의, 정서의
이모우셔늘

□ **emperor** [émpərər] 명 황제, 제왕
엠퍼러

□ **emphasis** [émfəsis] 명 강조, 강세, 역설
엠퍼시스

□ **emphasize** [émfəsàiz] 타 강조하다, 역설하다
엠퍼사이즈

□ **empire** [émpaiər] 명 제국, 절대 지배권, 통치
엠파이어

□ **employ** [implɔ́i] 타 고용하다, 쓰다 명 사용, 고용
임플로이

169

- **employer** [implóiər]
  임플로이어
  명 고용주, 사용자

- **employment** [implóimənt]
  임플로이먼트
  명 고용, 사용, 직업, 사역

- **employee** [implóii:]
  임플로이이
  명 사용인, 종업원, 고용인

- **empress** [émpris]
  엠프리스
  명 황후, 여왕, 왕비

- **empty** [émpti]
  엠프티
  형 빈, 공허한, 무의미한

- **enable** [inéibl]
  이네이블
  타 능력을 주다

- **enact** [inǽkt]
  이낵트
  타 (법을) 제정하다, 명하다

- **enamel** [inǽməl]
  이내멀
  명 잿물, 유약

- **encamp** [inkǽmp]
  인캠프
  타 자 야영케 하다, 야영하다

- **enchant** [intʃǽnt]
  인cos트
  타 매혹하다, 황홀하게 하다

- **enchantment**
  [intʃǽntmənt] 인챈트먼트
  명 요술, 황홀, 매력, 매혹

- **encircle** [insə́:rkl]
  인서어클
  타 둘러싸다, 일주하다

- **enclose** [inklóuz]
  인클로우즈
  타 둘러싸다, 에워싸다

- **enclosure** [inklóuʒər]
  인클오우저
  명 울타리, 담, 경계

- **encore** [ɑ́:nkɔ:r]
  아안코오
  감 명 앙코올, 재청 타 재청하다

- **encounter** [inkáuntər]
  인카운터
  명 우연히 만남 자 타 만나다

170

□ **encourage** [inkə́:ridʒ]
인커어리쥐
> 囲 용기를 돋구다, 격려하다

□ **encroach** [inkróutʃ]
인크로우취
> 困 침입하다, 침해하다, 침식하다

□ **encyclopaedia**
[insàikləpí:diə] 인사이클러피이디어
> 명 백과 사전

□ **end** [énd]
엔드
> 명 마지막, 종말, 끝, 최후

□ **endeavo(u)r** [indévər]
인데버
> 명 노력 囲 困 노력하다

□ **endemic** [endémik]
엔데믹
> 명 지방병, 풍토병

□ **endless** [éndlis]
엔들리스
> 형 끝없는, 무한한, 부단한

□ **endow** [indáu]
인다우
> 囲 부여하다, 기부하다, 주다

□ **endurance** [indjúərəns]
인듀어런스
> 명 인내, 인내력 困 견디다

□ **endure** [indjúər]
인듀어
> 囲 困 견디다, 참다, 지속하다

□ **endurable** [indjúərəbl]
인듀어러블
> 형 견딜 수 있는, 참는

□ **enemy** [énəmi]
에너미
> 명 적, 원수, 적군, 적수

□ **energetic** [ènərdʒétik]
에너줴틱
> 형 정력적인, 원기왕성한, 활동적인

□ **energy** [énərdʒi]
에너쥐
> 명 정력, 활기, 힘, 에네르기

□ **enforce** [infɔ́:rs]
인포오스
> 囲 실시하다, 강요하다, 집행하다

□ **enforcement** [infɔ́:rsmənt] 명 실시, 시행, 강요
인포오스먼트

□ **engage** [ingéidʒ]
인게이쥐

타 자 속박하다, 약속하다

□ **engagement** [ingéidʒmənt]
인게이쥐먼트

명 약속, 예약, 약혼

□ **engine** [éndʒin]
엔쥔

명 기관, 엔진, 발동기

□ **engineer** [èndʒiníər]
엔쥐니어

명 기사, 기관사, 기술자, 설계자

□ **England** [íŋglənd]
잉글런드

명 잉글랜드, 영국

□ **English** [íŋgliʃ]
잉글리쉬

형 영국의, 잉글랜드의, 영어의

□ **engrave** [ingréiv]
인그레이브

타 새기다, 조각하다, 파다

□ **engross** [ingróus]
인그로우스

타 열중시키다, 몰두시키다

□ **enhance** [inhǽns]
인핸스

타 (가치 등을) 높이다, 향상하다

□ **enjoin** [indʒɔ́in]
인조인

타 명령하다, 분부하다

□ **enjoy** [indʒɔ́i]
인조이

타 즐기다, 향락하다, 맛보다

□ **enjoyable** [indʒɔ́iəbl]
인조이어블

형 즐거운, 유쾌한

□ **enjoyment** [indʒɔ́imənt]
인조인먼트

명 즐거움, 쾌락, 기쁨, 향수

□ **enlarge** [inláːrdʒ]
인라아쥐

타 자 확대하다, 넓어지다

□ **enlighten** [inláitn]
인라이튼

타 교화하다, 계발하다

□ **enlist** [inlíst]
인리스트

타 자 병적에 넣다, 입대하다

172

□ **enmity** [énməti] 　　　　　명 적의, 증오, 불화
　엔머티

□ **enormous** [inɔ́ːrməs] 　　 형 거대한, 막대한, 무도한
　이노오머스

□ **enough** [inʌ́f] 　　　　　　형 충분한, ~에 족한 부 충분히
　이너프

□ **enrage** [inréidʒ] 　　　　 타 격분시키다, 노하게 하다
　인레이쥐

□ **enrich** [inrítʃ] 　　　　　 타 유복하게 하다, 기름지게 하다
　인리취

□ **enroll** [inróul] 　　　　　 타 명부에 올리다, 입회시키다
　인로울

□ **ensign** [ensain] 　　　　 명 휘장, 표장, 국기, 기
　엔사인

□ **ensue** [insúː] 　　　　　　자 잇달아 일어나다
　인슈우

□ **entail** [intéil] 　　　　　 타 상속권을 한정하다
　인테일

□ **entangle** [intǽŋgl] 　　 타 얽히게 하다, 엉클어지게 하다
　인탱글

□ **enter** [éntər] 　　　　　　타 자 참가하다, 들어가다, 박히다
　엔터

□ **enterprise** [éntərpràiz] 　명 사업, 기업, 기획
　엔터프라이즈

□ **entertain** [èntərtéin] 　　타 환대하다, 접대하다
　엔터테인

□ **entertainment** 　　　　　명 대접, 환대, 주연
　[èntərtéinmənt] 엔터테인먼트

□ **enthusiasm** [inθúːziæzm] 명 열심, 열중, 열광
　인쑤우지애즘

□ **entice** [intáis] 　　　　　 타 유혹하다, 꾀다, 부축이다
　인타이스

□ **entire** [intáiər] 형 전체의, 완전한, 흠없는
인타이어

□ **entitle** [intáitl] 타 칭호를 주다, 제목을 붙이다
인타이틀

□ **entourage** [àːnturáːʒ] 명 측근자, 주위, 환경
아안투라아쥐

□ **entrance** [éntrəns] 명 들어감, 입장, 입구
엔트런스

□ **entreat** [intríːt] 타 간청하다, 탄원하다, 부탁하다
인트리이트

□ **entreaty** [intríːti] 명 간청, 간원, 애원
인트리이티

□ **entrust** [intrʌ́st] 타 맡기다, 위임하다, 위탁하다
인트러스트

□ **entry** [éntri] 명 입장, 참가, 입구, 등장
엔트리

□ **enumerate** [injúːmərèit] 타 일일이 헤아리다, 열거하다
이뉴우머레이트

□ **envelop** [invéləp] 타 싸다, 봉하다, 덮다
인벨럽

□ **envelope** [énvəlòup] 명 봉투, 포장지, 싸개
엔벌로우프

□ **envious** [énviəs] 형 부러워하는, 시기하는
엔비어스

□ **environment** 명 환경, 주위, 둘러쌈, 포위
[inváiərənmənt] 인바이어런먼트

□ **envy** [énvi] 타 부러워하다 명 선망, 부러움
엔비

□ **epic** [épik] 명 서사시 형 서사시적인
에픽

□ **epidemic** [èpədémik] 명 유행병, 전염병 형 유행성의
에퍼데믹

□ **episcopal** [ipískəpəl]
이피스커펄
형 감독의, 감독파의

□ **episode** [épəsòud]
에퍼소우드
명 삽화, 에피소드, 소설, 극

□ **epistle** [ipísl]
이피슬
명 편지, 서간, 시한

□ **epitaph** [épitæf]
에피태프
명 (묘)비명, 비문

□ **epoch** [épək]
에퍼크
명 신기원, 신시대, 시대

□ **equal** [íːkwəl]
이이퀄
형 같은, 동등한 타 ~와 같다

□ **equality** [ikwáləti]
이콸러티
명 평등, 대등, 평균, 균등

□ **equator** [ikwéitər]
이퀘이터
명 적도(赤道), 주야

□ **equip** [ikwíp]
이퀍
타 갖추다, 설비하다, 꾸미다

□ **equipment** [ikwípmənt]
이퀍먼트
명 비품, 준비, 장비

□ **equity** [ékwəti]
에쿼티
명 공평, 공정, 정당

□ **equivalent** [ikwívələnt]
이퀴벌런트
형 동등의, 동등한, ~와 같은

□ **era** [íərə]
이어러
명 기원, 시대, 연대

□ **erase** [iréis]
이레이스
타 지워버리다, 삭제하다

□ **eraser** [iréisər]
이레이서
명 칠판 지우개, 고무지우개

□ **ere** [ɛər]
에어
전 ~의 전에 접 ~이전에

175

□ **erect** [irékt]
이렉트
형 똑바로 선 타 똑바로 세우다

□ **erosion** [iróuʒən]
이로우전
명 부식, 침식

□ **err** [ə́ːr]
어어
자 잘못하다, 헤매다

□ **errand** [érənd]
에런드
명 심부름, 용건, 사명

□ **error** [érər]
에러
명 잘못, 실수, 착오, 과오

□ **escalator** [éskəlèitər]
에스컬레이터
명 자동 계단, 에스컬레이터

□ **escape** [iskéip]
이스케이프
자 타 탈출하다, 도망하다

□ **escort** [éskɔːrt]
에스코오트
명 호위, 호송 타 호송하다

□ **Eskimo** [éskəmòu]
에스커모우
명 에스키모사람

□ **especial** [ispéʃəl]
이스페셜
형 특별한, 특수한, 예외적인

□ **especially** [ispéʃəli]
이스페셜리
부 특히, 대단히, 각별히

□ **esquire** [éskwaiər]
에스콰이어
명 지원자, 기사의 종자

□ **essay** [ései]
에세이
명 평론, 수필, 시론

□ **essence** [ésns]
에슨스
명 본질, 정수, 정유

□ **essential** [isénʃəl]
이센셜
형 본질적인, 필수의 명 요소

□ **essentially** [isénʃəli]
이센셜리
부 본래, 본질적으로

176

□ **establish** [istǽbliʃ]
이스태블리쉬

⟨타⟩ 확립하다, 창립하다

□ **establishment**
[istǽbliʃmənt] 이스태블리쉬먼트

⟨명⟩ 설립, 설정, 설치

□ **estate** [istéit]
이스테이트

⟨명⟩ 재산, 유산, 토지, 부동산

□ **esteem** [istí:m]
이스티이임

⟨타⟩ 존경하다, 존중하다

□ **estimate** [éstəmət]
에스터머트

⟨타⟩⟨자⟩ 어림잡다, 견적하다, 평가하다

□ **estimation** [èstəméiʃən]
에스터메이션

⟨명⟩ 견적, 평가, 판단, 추산

□ **etc** [et setərə]
엣 세터러

⟨약⟩ et cetera 줄임, ~따위, ~등

□ **eternal** [itə́:rnl]
이터어늘

⟨형⟩ 영원한, 불멸의, 끝없는

□ **eternity** [itə́:rnəti]
이터어너티

⟨명⟩ 영원, 영구, 무궁, 불사

□ **ether** [í:θər]
이이써

⟨명⟩ 에테르, 정기(精氣), 대기

□ **ethics** [éθiks]
에씩스

⟨명⟩ 윤리, 윤리학, 도덕

□ **etiquette** [étikit]
에티킷

⟨명⟩ 예의, 예의범절, 예법

□ **etymology** [ètəmálədʒi]
에터말러쥐

⟨명⟩ 어원(語源), 어원학, 어원론

□ **Europe** [júərəp]
유어럽

⟨명⟩ 유럽, 구주

□ **European** [jùərəpí:ən]
유어러피이언

⟨형⟩ 유럽의 ⟨명⟩ 유럽 사람

□ **evade** [ivéid]
이베이드

⟨타⟩ 면하다, 속이다

□ **evaporate** [ivǽpərèit]
이배퍼레이트
자 타 증발하다, 증발시키다

□ **Eve** [íːv]
이이브
명 이브(아담의 아내), 하와

□ **eve** [íːv]
이이브
명 전야제, 명절의 전날밤, 직전

□ **even** [íːvən]
이이번
형 평평한, ~이라도, ~조차

□ **evening** [íːvniŋ]
이이브닝
명 저녁 때, 해질 무렵, 밤

□ **event** [ivént]
이벤트
명 사건, 대사건, 결과, 사변

□ **ever** [évər]
에버
부 일찍이, 언젠가, 언제나

□ **evergreen** [évərgrìːn]
에버그리인
형 상록의 명 [식물] 상록수

□ **everlasting** [èvərlǽstiŋ]
에버래스팅
형 영원한, 변함없는, 지루한

□ **evermore** [èvərmɔ́ːr]
에버모오
부 언제나, 항상, 영구히, 늘

□ **every** [évri]
에브리
형 모든, 일체의, 어느 ~이다

□ **everybody** [évribàdi]
에브리바디
대 누구나, 각자, 제각기

□ **everyday** [évridèi]
에브리데이
형 매일의, 일상의, 평범한

□ **everyone** [évriwʌ̀n]
에브리원
대 누구나, 각자, 모두

□ **everything** [évriθìŋ]
에브리씽
대 모든 것, 모두, 만사

□ **everywhere** [évrihwèər]
에브리웨어
부 어디에나, 도처에

□ **evidence** [évədəns]
에버던스
명 증거, 징후, 증언 타 증명하다

□ **evident** [évədənt]
에버던트
형 뚜렷한, 명백한, 분명한

□ **evidently** [évədəntli]
에버던틀리
부 분명히, 명백히

□ **evil** [íːvəl]
이이벌
형 간악한, 나쁜, 사악한

□ **evolution** [èvəlúːʃən]
에벌루우션
명 진화, 전개, 발전, 진전

□ **evolve** [ivάlv]
이발브
타 자 전개하다, 발전시키다

□ **ewe** [júː]
유우
명 암양

□ **exact** [igzǽkt]
이그잭트
형 엄밀한, 정확한, 틀림없는

□ **exaggerate** [igzǽdʒərèit]
이그재저레이트
타 과장하다, 허풍떨다

□ **exalt** [igzɔ́ːlt]
이그조올트
타 높이다, 승진시키다, 올리다

□ **examination**
[igzæmənéiʃən] 이그재머네이션
명 시험, 검사, 심사, 조사

□ **examine** [igzǽmin]
이그재민
타 자 조사하다, 검사하다

□ **example** [igzǽmpl]
이그잼플
명 실례, 보기, 견본

□ **exasperate** [igzǽspərèit]
이그재스퍼레이트
타 화나게 하다, 격앙시키다

□ **exceed** [iksíːd]
익시이드
타 자 초과하다, (한도를) 넘다

□ **exceeding** [iksíːdiŋ]
익시이딩
형 대단한, 초과의, 지나친

□ **exceedingly** [iksíːdiŋli] 뵞 대단히, 몹시, 굉장히
익시이딩글리

□ **excel** [iksél] 타 자 (〜을) 능가하다, 뛰어나다
익셀

□ **excellence** [éksələns] 몡 탁월, 우수, 장점, 뛰어남
엑설런스

□ **Excellency** [éksələnsi] 몡 (높은 사람에 대한 경칭) 각하
엑설런시

□ **excellent** [éksələnt] 혱 우수한, 탁월한, 일류의
엑설런트

□ **except** [iksépt] 타 제외하다 전 〜을 제외하고
익셉트

□ **exception** [iksépʃən] 몡 제외, 예외, 이의(異議)
익셉션

□ **exceptional** [iksépʃənl] 혱 예외적인, 특별한, 드문
익셉셔늘

□ **exceptionally** [iksépʃənəli] 뵞 예외적으로, 특별히
익셉셔널리

□ **excess** [iksés] 몡 과다, 과잉, 초과, 잉여
익세스

□ **excessive** [iksésiv] 혱 과도한, 엄청난, 부절제한
익세시브

□ **exchange** [ikstʃéindʒ] 타 자 교환하다, 환전하다
익스체인쥐

□ **excite** [iksáit] 타 자극하다, 흥분시키다, 돋우다
익사이트

□ **exclaim** [ikskléim] 자 타 외치다, 부르짖다
익스클레임

□ **exclamation** [èkskləméiʃən] 몡 외침, 절규, 감탄
엑스클러메이션

□ **exclude** [iksklúːd] 타 배척하다, 추방하다, 몰아내다
익스클루우드

□ **exclusive** [iksklúːsiv] 형 제외적인, 배타적인, 독점적인
익스클루우시브

□ **exclusively** [iksklúːsivli] 부 오로지, 독점적으로
익스클루우시블리

□ **excursion** [ikskə́ːrʒən] 명 소풍, 수학여행, 회유
익스커어젼

□ **excuse** [ikskjúːz] 타 변명하다, 용서하다, 면제하다
익스큐우즈

□ **execute** [éksikjùːt] 타 실행하다, 실시하다, 수행하다
엑시큐우트

□ **execution** [èksikjúːʃən] 명 실행, 수행, 이행, 달성
엑시큐우션

□ **executive** [igzékjutiv] 형 실행의, 실시의, 적합한
이그제큐티브

□ **exempt** [igzémpt] 타 면제하다, 면해주다 형 면제된
이그젬프트

□ **exercise** [éksərsàiz] 명 사용, 운동, 연습, 훈련
엑서사이즈

□ **exert** [igzə́ːrt] 타 발휘하다, 노력하다, 쓰다
이그저어트

□ **exertion** [igzə́ːrʃən] 명 노력, 진력, 발휘, 수고
이그저어션

□ **exhale** [ekshéil] 타 자 발산하다, 내뿜다, 증발시키다
엑스헤일

□ **exhaust** [igzɔ́ːst] 타 자 비우다, 다하다, 유출하다
이그조오스트

□ **exhaustion** [igzɔ́ːstʃən] 명 소모, 고갈, 피로
이그조오스쳔

□ **exhibit** [igzíbit] 타 보이다, 공개하다
이그지빗

□ **exhibition** [èksəbíʃən] 명 공개, 전시회, 진열, 공시
엑서비션

□ **exile** [égzail] 　　　　　타 추방하다, 망명하다, 유형하다
에그자일

□ **exist** [igzíst] 　　　　　자 존재하다, 생존하다
이그지스트

□ **existence** [igzístəns] 　　명 실재, 생존, 실존, 존재
이그지스턴스

□ **exit** [égzit] 　　　　　　명 나가는 곳, 출구 타 퇴거하다
에그짓

□ **expand** [ikspǽnd] 　　　타 자 넓히다, 퍼지다, 펴다
익스팬드

□ **expanse** [ikspǽns] 　　　명 넓음, 넓은 장소, 팽창
액스팬스

□ **expansion** [ikspǽnʃən] 　명 확장, 확대, 팽창, 퍼짐
익스팬션

□ **expect** [ikspékt] 　　　　타 기대하다, 예기하다
익스펙트

□ **expectation** [èkspektéiʃən] 명 기대, 예기, 예상
엑스펙테이션

□ **expedient** [ikspíːdiənt] 　형 쓸모있는, 유용한, 편리한
익스피이디언트

□ **expedition** [èkspədíʃən] 　명 여행, 원정, 탐험, 토벌
엑스퍼디션

□ **expel** [ikspél] 　　　　　타 쫓아내다, 몰아내다
익스펠

□ **expend** [ikspénd] 　　　타 소비하다, 쓰다
익스펜드

□ **expenditure** [ikspénditʃər] 명 소비, 경비, 비용, 지출
익스펜디쳐

□ **expense** [ikspéns] 　　　명 소비, 지출, 비용, 출비
익스펜스

□ **expensive** [ikspénsiv] 　　형 비싼, 사치스런, 돈이 드는
익스펜시브

182

- □ **experience** [ikspíriəns] 명 경험, 체험, 경력
  익스피어런스

- □ **experiment** [ikspérəmənt] 명 실험, 시도 타 실험하다
  익스페러먼트

- □ **experimental** 형 실험적인, 실험상의
  [ikspèrəméntl] 익스페러멘틀

- □ **expert** [ékspəːrt] 명 숙달자, 노련가, 전문가
  엑스퍼어트

- □ **expire** [ikspáiər] 자 타 끝나다, (숨을) 내쉬다
  익스파이어

- □ **explain** [ikspléin] 타 자 설명[해석]하다, 쉽게 하다
  익스플레인

- □ **explanation** [èksplənéiʃən] 명 설명, 해설, 변명
  엑스플러네이션

- □ **explode** [iksplóud] 타 자 폭발시키다, 타파하다
  익스프로우드

- □ **exploit** [iksplóit] 타 이용하다, 개발하다 명 공훈
  익스플로이트

- □ **exploration** [èkspləréiʃən] 명 탐험, 탐구, 개발
  엑스플러레이션

- □ **explore** [iksplɔ́ːr] 타 자 탐험하다, 답사하다
  익스플로오

- □ **explorer** [iksplɔ́ːrər] 명 탐험가, 탐구자
  익스플로오러

- □ **explosion** [iksplóuʒən] 명 파열, 폭발, 폭파
  익스플로우전

- □ **export** [ikspɔ́ːrt] 명 수출 타 수출하다
  익스포오트

- □ **expose** [ikspóuz] 타 (위험, 비바람 따위에) 쐬다
  익스포우즈

- □ **exposition** [èkspəzíʃən] 명 해명, 박람회, 해설, 제시
  엑스퍼지션

□ **exposure** [ikspóuʒər]
익스포우저
명 노출, 폭로, 적발

□ **express** [iksprés]
익스프레스
타 표현하다, 발표하다 형 명백한
명 급행열차

□ **expression** [ikspréʃən]
익스프레션
명 표현, 말투, 표시, 어귀

□ **exquisite** [ikskwízit]
익스퀴지트
형 미묘한, 우아한, 훌륭한

□ **extend** [iksténd]
익스텐드
타 늘이다, 펴다, 넓히다

□ **extension** [iksténʃən]
익스텐션
명 신장, 연장, 확장, 진전

□ **extensive** [iksténsiv]
익스텐시브
형 넓은, 대규모의, 광대한

□ **extent** [ikstént]
익스텐트
명 넓이, 크기, 지역, 범위

□ **exterior** [ikstíəriər]
익스티어리어
형 외부의, 바깥의 명 외부, 외관

□ **external** [ikstə́:rnl]
익스터어늘
형 외부의, 외계의, 표면의

□ **extinct** [ikstíŋkt]
익스팅크트
형 꺼진, 끊어진, 다된

□ **extinguish** [ikstíŋgwiʃ]
익스팅귀쉬
타 끄다, 진화하다

□ **extra** [ékstrə]
엑스트러
형 임시의, 특별한 부 가외로

□ **extract** [ikstrǽkt]
익스트랙트
타 끌어내다, 뽑아내다, 캐내다

□ **extraordinary**
[ikstrɔ́:rdəneri] 익스트로오더네리
형 비상한, 비범한, 엄청난

□ **extravagant**
[ikstrǽvəgənt] 익스트래버건트
형 지나친, 엄청난

184

□ **extravagance**
[ikstrǽvəgəns] 익스트래버건스
圐 엉뚱한 낭비, 터무니 없음

□ **extreme** [ikstríːm]
익스트리임
휑 극단의, 최후의, 말단의

□ **extremely** [ikstríːmli]
익스트리이임리
閈 극도로, 아주, 몹시

□ **extremity** [ikstréməti]
익스트레머티
圐 말단, 극단, 선단

□ **exuberant** [igzúːbərənt]
이그쥬우버런트
휑 무성한, 풍부한

□ **exult** [igzʌ́lt]
이그절트
재 무척 기뻐하다, 우쭐대다

□ **eye** [ái]
아이
圐 눈, 시력, 눈동자 타 잘 보다

□ **eyeball** [áibɔ́ːl]
아이보오올
圐 안구, 눈알

□ **eyebank** [aibǽŋk]
아이뱅크
圐 안구은행, 각막은행

□ **eyebrow** [áibràu]
아이브라우
圐 눈썹

□ **eyelash** [áilæ̀ʃ]
아이래쉬
圐 속눈썹

□ **eyelid** [áilìd]
아일리드
圐 눈꺼풀, 눈두덩

□ **eyesight** [áisàit]
아이사이트
圐 시력, 시야, 시각, 시계

과일과 야채 Fruit & Vegetable

① **tomato**
[təméitou 터메이토우]

② **cucumber**
[kjú:kəmbər 큐컴버]

③ **carrot**
[kǽrət 캐럳]

④ **onion**
[ʌ́njən 어니언]

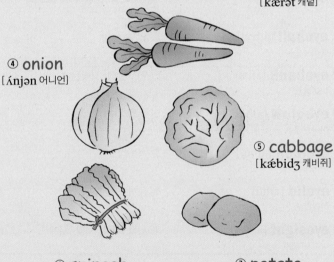

⑤ **cabbage**
[kǽbidʒ 캐비쥐]

⑥ **spinach**
[spínitʃ 스피니취]

⑦ **potato**
[pətéitou 퍼테이토우]

① 토마토 ② 오이 ③ 당근 ④ 양파 ⑤ 양배추 ⑥ 시금치
⑦ 감자

⑧ lemon
[lémən 레먼]

⑨ cherry
[tʃéri 체리]

⑩ watermelon
[wɔ́:təːrmèlən 워터멜런]

⑪ banana
[bənǽnə 버내너]

⑫ strawberry
[strɔ́:bèri 스트로베리]

⑬ grape
[greip 그레이프]

⑭ peach
[pi:tʃ 피취]

⑮ chestnut
[tʃésnʌt 체스넛]

⑯ apple
[ǽpl 애플]

⑰ orange
[ɔ́(:)rindʒ 오린쥐]

⑧ 레몬 ⑨ 체리 ⑩ 수박 ⑪ 바나나 ⑫ 딸기 ⑬ 포도 ⑭ 복숭
⑮ 밤 ⑯ 사과 ⑰ 오렌지

□ **fable** [féibl]
페이블

명 우화(寓話), 꾸민 이야기, 전설

□ **fabric** [fǽbrik]
패브릭

명 조직, 피륙, 직물, 천

□ **fabulous** [fǽbjuləs]
패뷸러스

형 전설적인, 믿기 어려운

□ **face** [féis]
페이스

명 낯, 얼굴, 표정 타 자 대면하다

□ **facilitate** [fəsílətèit]
퍼실러테이트

타 쉽게하다, 촉진하다, 돕다

□ **facility** [fəsíləti]
퍼실러티

명 기능, 능숙, 재능, 솜씨

□ **fact** [fǽkt]
팩트

명 사실, 진상, 실제, 진실

□ **faction** [fǽkʃən]
팩션

명 도당, 당파, 파벌

□ **factor** [fǽktər]
팩터

명 요소, 요인, 원동력, 인자

□ **factory** [fǽktəri]
팩터리

명 공장, 제작소, 대리점

□ **faculty** [fǽkəlti]
패컬티

명 능력, 권능, 기능, 지능

□ **fade** [féid]
페이드

자 타 시들다, 색이 바래지게 하다

□ **Fahrenheit** [fǽrənhàit]
패런하이트

명 화씨 온도계 형 화씨의

□ **fail** [féil]
페일
자 타 실수하다, 태만히 하다

□ **failure** [féiljər]
페일러
명 실패, 태만, 낙제, 부족

□ **fain** [féin]
페인
형 기꺼이 ~하는 부 기꺼이, 쾌히

□ **faint** [féint]
페인트
형 희미한, 약한 자 기절하다

□ **faintly** [féintli]
페인틀리
부 힘없이, 희미하게, 어렴풋이

□ **fair** [féər]
페어
형 아름다운, 고운
명 공진회, 박람회

□ **fairly** [féərli]
페얼리
부 바르게, 공평히, 바로

□ **fairy** [féəri]
페어리
명 요정 형 요정의, 경쾌한

□ **fairyland** [féərilænd]
페어리랜드
명 요정의 나라, 동화의 나라

□ **faith** [féiθ]
페이쓰
명 신뢰, 신념, 신조

□ **faithful** [féiθfəl]
페이쓰펄
형 성실한, 정확한, 충실한

□ **faithfully** [féiθfəli]
페이쓰펄리
부 충실히, 성실하게, 정숙하게

□ **falcon** [fɔ́:lkən]
포오올컨
명 송골매, 매

□ **fall** [fɔ́:l]
포오올
자 떨어지다, 함락하다, 지다

□ **fallen** [fɔ́:lən]
포오올런
동 fall의 과거분사 형 떨어진

□ **false** [fɔ́:ls]
포오올스
형 거짓의, 그릇된 부 거짓으로

□ **falsehood** [fɔ́ːlshùd]
포오올스후드
명 거짓, 허위, 잘못, 허언

□ **falter** [fɔ́ːltər]
포오올터
자 타 비틀거리다, 더듬거리다

□ **fame** [féim]
페임
명 명성, 성망 타 유명하게 만들다

□ **familiar** [fəmíljər]
퍼밀려
형 친한, 흔한, 가까운

□ **familiarity** [fəmìliǽrəti]
퍼밀리애러티
명 친교, 정통, 친숙

□ **family** [fǽməli]
패멀리
명 가족, 식구, 일가, 가정

□ **famine** [fǽmin]
패민
명 기근, 굶주림, 결핍

□ **famous** [féiməs]
페이머스
형 유명한, 잘 알려진

□ **fan** [fǽn]
팬
명 부채, 선풍기 타 자 부채질하다

□ **fancy** [fǽnsi]
팬시
명 공상, 환상, 변덕 타 공상하다

□ **fantastic** [fæntǽstik]
팬태스틱
형 공상적인, 기묘한, 환상적인

□ **fantasy** [fǽntəsi]
팬터시
명 공상, 환상, 기상

□ **far** [fáːr]
파아
형 먼, 저쪽의 부 멀리, 아득한

□ **farce** [fáːrs]
파아스
명 익살, 연극, 광대극, 소극

□ **fare** [féər]
페어
명 요금, 운임, 통행료 자 지내다

□ **farewell** [fèərwél]
페어웰
감 안녕! 형 작별의 명 작별

□ **farm** [fάːrm]
파아암
명 농지, 농가 타 자 경작하다

□ **farmer** [fάːrmər]
파아아머
명 농부, 농민

□ **farmhouse** [fάːrmhàus]
파아암하우스
명 농가, 농사꾼의 집

□ **farmyard** [fάːrmjàːrd]
파아암야아드
명 농가의 마당, 농장의 구내

□ **far-off** [fάːrɔ́ːf]
파아오오프
형 아득히 먼, 까마득한

□ **farther** [fάːrðər]
파아더
형 더 먼, 더 앞의 부 더 멀리

□ **farthest** [fάːrðist]
파아디스트
형 가장 긴 부 가장 멀리

□ **fascination** [fæ̀sənéiʃən]
패서네이션
명 매혹, 눈독 들임

□ **fashion** [fǽʃən]
패션
명 유행, 방식 타 모양을 만들다

□ **fashionable** [fǽʃənəbl]
패셔너블
형 유행의, 사교계의

□ **fast** [fæst]
패스트
형 빠른, 민첩한, 고속의, 단단한

□ **fasten** [fǽsn]
패슨
타 자 단단히 고정시키다, 잠기다

□ **fat** [fæt]
패트
형 살찐, 비대한 명 기름기

□ **fatal** [féitl]
페이틀
형 숙명의, 치명적인, 운명의

□ **fate** [féit]
페이트
명 운명, 숙명, 파멸, 인연

□ **father** [fάːðər]
파아더
명 아버지, 조상, 장인

□ **father-in-law** [fɑ́:ðərinlɔ́:] 명 시아버지, 장인
파아더 인 로오

□ **fathom** [fǽðəm] 명 길(6ft, 약 183m)
패덤 타 수심을 재다

□ **fatigue** [fətí:g] 명 피로, 피곤 타 지치게 하다
퍼티이그

□ **fault** [fɔ́:lt] 명 결점, 과실, 과오, 허물
포오올트

□ **favo(u)r** [féivər] 명 호의, 친절, 은혜, 부탁
페이버

□ **favo(u)rable** [féivərəbl] 형 형편좋은, 유리한
페이버러블

□ **favo(u)rite** [féivərit] 형 마음에 드는 명 행운아
페이버리트

□ **fawn** [fɔ́:n] 명 새끼 사슴 자 타 새끼를 낳다
포오온

□ **fear** [fíər] 명 두려움, 공포 타 자 무서워하다
피어

□ **fearful** [fíərfəl] 형 무서운, 두려운
피어펄

□ **fearfully** [fíərfəli] 부 지독히, 두려워하면서
피어펄리

□ **feast** [fí:st] 명 축제일, 향연
피이스트 타 자 잔치를 베풀다

□ **feat** [fí:t] 명 행위, 공적, 묘기
피이트

□ **feather** [féðər] 명 깃털, 깃 장식
페더

□ **feature** [fí:tʃər] 명 용모, 특징 타 ~의 특징이 되다
피이쳐

□ **February** [fébruèri] 명 2월(약 Feb)
페브루어리

□ **federal** [fédərəl]
페더럴
혱 연방의, 연방 정부의, 동맹의

□ **federate** [fédərət]
페더러트
태 재 연합시키다, 동맹하다

□ **federation** [fèdəréiʃən]
페더레이션
명 연합, 연방, 연맹, 동맹

□ **fee** [fíː]
피이
명 수수료, 요금 태 요금을 치르다

□ **feeble** [fíːbl]
피이블
혱 약한, 연약한, 힘없는

□ **feebly** [fíːbl]
피이블
튄 약하게, 힘없이, 무기력하게

□ **feed** [fíːd]
피이드
태 재 먹이다, 기르다

□ **feeder** [fíːdər]
피이더
명 사양자, 사육자, 선동자

□ **feel** [fíːl]
피이일
태 재 만지다, 더듬다 명 느낌

□ **feeling** [fíːliŋ]
피이일링
명 촉감, 지각, 느낌, 감촉

□ **feign** [féin]
페인
태 재 가장하다, ~체하다

□ **fellow** [félou]
펠로우
명 동무, 친구, 동지 혱 동지의

□ **fellowship** [félouʃip]
펠로우쉽
명 교우, 공동단체, 우정, 친교

□ **felt** [félt]
펠트
명 펠트 동 feel의 과거분사

□ **female** [fíːmeil]
피이메일
명 여성, 암컷 혱 여자의

□ **feminine** [fémənin]
페머닌
혱 여성의, 여자다운

□ **fence** [féns]
펜스
명 담, 울타리 자 타 방어하다

□ **ferment** [fərmént]
퍼멘트
명 효소, 발효 타 자 발효시키다

□ **fern** [fə́ːrn]
퍼어언
명 고사리무리, 양치류

□ **ferry** [féri]
페리
명 나룻터, 나룻배, 도선장

□ **fertile** [fə́ːrtl]
퍼어틀
형 기름진, 풍부한

□ **fertilize** [fə́ːrtəlàiz]
퍼어털라이즈
타 비옥하게 하다, 수정시키다

□ **fervent** [fə́ːrvənt]
퍼어번트
형 뜨거운, 열렬한, 격심한

□ **fervor** [fə́ːrvər]
퍼어버
명 열렬, 열정, 열심

□ **festival** [féstəvəl]
페스터벌
명 축전, 축제일, 향연

□ **fetch** [fétʃ]
페취
타 가서 가져오다, 불러오다

□ **fetter** [fétər]
패터
명 속박, 구속 타 속박하다

□ **feud** [fjúːd]
퓨우드
명 불화, 반목, 싸움

□ **feudal** [fjúːdl]
퓨우들
형 봉건적인, 영지의

□ **feudalism** [fjúːdəlìzm]
퓨우덜리즘
명 봉건제도, 봉건제도 연구자

□ **fever** [fíːvər]
피이버
명 열병, 열, 열광 타 발열시키다

□ **feverish** [fíːvəriʃ]
피이버리쉬
형 열이 있는, 열병의

□ **few** [fjú:]
퓨우
명 소수 형 소수의, 적은

□ **fiance** [fi:a:nséi]
피이아안세이
명 (프랑스말) 약혼자(남자)

□ **fiber** [fáibər]
파이버
명 섬유, 성질, 실

□ **fickle** [fíkl]
피클
형 변덕스러운, 변하기 쉬운

□ **fiction** [fíkʃən]
픽션
명 소설, 꾸며낸 일, 가정, 가설

□ **fiddle** [fídl]
피들
명 바이올린 자 타 바이올린을 켜다

□ **fidelity** [fidéləti]
피델러티
명 충실, 엄수, 진실, 성실

□ **field** [fí:ld]
피이일드
명 벌판, 들, 논, 목초지

□ **fiend** [fí:nd]
피이인드
명 악마, 악령, 잔인한 사람

□ **fierce** [fíərs]
피어스
형 사나운, 맹렬한, 흉포한

□ **fiercely** [fíərsli]
피어슬리
부 사납게, 맹렬하게

□ **fiery** [fáiəri]
파이어리
형 불의, 불같은, 불길의

□ **fifteen** [fiftí:n]
피프티인
명 15 형 15의

□ **fifteenth** [fiftí:nθ]
피프티인쓰
명 열다섯째 형 15번째의

□ **fifth** [fífθ]
피프쓰
명 제 5, 5분의 1 형 5번째의

□ **fifty** [fífti]
피프티
명 50 형 50의, 쉰의

195

□ **fiftieth** [fíftiiθ]
피프티이쓰

⃝형 제 50의 ⃝명 제 50

□ **fig** [fíg]
피그

⃝명 무화과, 복장, 모양

□ **fight** [fáit]
파이트

⃝명 전투, 다툼 ⃝타 ⃝자 전투하다

□ **fighter** [fáitər]
파이터

⃝명 전사, 투사, 무인

□ **fighting** [fáitiŋ]
파이팅

⃝명 싸움, 전투, 투쟁

□ **figure** [fígjər]
피겨

⃝명 모양, 형태 ⃝자 ⃝타 그리다

□ **filament** [fíləmənt]
필러먼트

⃝명 섬유, 꽃실, 필라멘트

□ **file** [fáil]
파일

⃝명 서류철, 표지 ⃝타 철하다

□ **fill** [fíl]
필

⃝타 ⃝자 채우다, 가득 차다

□ **film** [fílm]
필름

⃝명 필름, 피막
⃝타 ⃝자 얇은 껍질로 덮다

□ **filter** [fíltər]
필터

⃝명 여과기, 여과판 ⃝자 ⃝타 거르다

□ **filth** [fílθ]
필쓰

⃝명 오물, 쓰레기, 불결물

□ **filthy** [fílθi]
필씨

⃝형 더러운, 추잡한

□ **fin** [fín]
핀

⃝명 지느러미, 어류, 어족

□ **final** [fáinl]
파이늘

⃝형 최후의, 결정적인 ⃝명 최후, 최종

□ **finally** [fáinəli]
파이널리

⃝부 마침내, 최후로

□ **finance** [fáinæns]
파이낸스
명 재정, 재무, 재력

□ **financial** [fainǽnʃəl]
파이낸셜
형 재정의, 재무의

□ **find** [fáind]
파인드
타 자 찾아내다, 발견하다

□ **fine** [fáin]
파인
형 뛰어난, 훌륭한 명 벌금

□ **finely** [fáinli]
파인리
부 훌륭하게, 아름답게, 곱게

□ **finger** [fíŋgər]
핑거
명 손가락 자 타 손가락을 대다

□ **finish** [fíniʃ]
피니쉬
타 자 완성하다, 마치다, 끝나다

□ **finite** [fáinait]
파이나이트
형 유한의, 한정된, 제한된

□ **fir** [fə́:r]
퍼어
명 전나무

□ **fire** [fáiər]
파이어
명 불, 화롯불, 모닥불, 숯불

□ **fire-engine** [fáiəréndʒin]
파이어 엔진
명 소방 펌프, 불 자동차

□ **fire-fly** [fáiərflái]
파이어 플라이
명 개똥벌레

□ **fireman** [fáiərmən]
파이어먼
명 (직업적) 소방수

□ **fireplace** [fáiərplèis]
파이어플레이스
명 (벽)난로

□ **firework** [fáiərwə́:rk]
파이어워어크
명 불꽃

□ **firm** [fə́:rm]
퍼어엄
형 굳은, 단단한, 튼튼한

□ **firmly** [fə́:rmli]
퍼어멈리
및 튼튼하게, 굳게

□ **firmness** [fə́:rmnis]
퍼어엄니스
명 견고, 확실

□ **firmament** [fə́:rməmənt]
퍼어머먼트
명 하늘, 창공

□ **first** [fə́:rst]
퍼어스트
형 첫번째의, 최초의 및 첫째로

□ **first-class** [fə́:rst klǽs]
퍼어스트 클래스
형 일류의, 1등의

□ **first-rate** [fə́:rst réit]
퍼어스트레이트
형 일류의

□ **fiscal** [fískəl]
피스컬
형 국고의, 회계의

□ **fish** [fíʃ]
피쉬
명 물고기, 생선

□ **fisher** [fíʃər]
피셔
명 물고기를 잡는 동물, 어부

□ **fisherman** [fíʃərmən]
피셔먼
명 어부, 낚시꾼

□ **fist** [físt]
피스트
명 주먹, 철권
타 주먹을 쥐다,(치다)

□ **fit** [fít]
피트
형 적당한 타 자 ~에 적합하다

□ **fitness** [fítnis]
피트니스
명 건강함, 적합, 적절

□ **five** [fáiv]
파이브
명 5 형 5의

□ **fix** [fíks]
픽스
타 자 고정시키다, 고정하다

□ **fixed** [fíkst]
픽스트
동 fix의 과거(분사) 형 고정된

□ **fixture** [fíkstʃər] 　　　　　명 정착물, 비품
픽스쳐

□ **flag** [flǽg] 　　　　　명 기 타 기를 올리다
플래그

□ **flake** [fléik] 　　　　　명 얇은 조각, 박편(薄片)
플레이크

□ **flame** [fléim] 　　　　　명 불길, 화염 자 훨훨 타다
플레임

□ **flank** [flǽŋk] 　　　　　명 옆구리, 측면, 옆구리살
플랭크

□ **flannel** [flǽnl] 　　　　　명 플란넬, 플란넬의류, 융의 일종
플래늘

□ **flap** [flǽp] 　　　　　자 타 펄럭거리다, 날개치며 날다
플랩

□ **flare** [fléər] 　　　　　자 타 너울거리는 불길
플레어

□ **flash** [flǽʃ] 　　　　　명 섬광, 번쩍임 자 타 번쩍이다
플래쉬

□ **flask** [flǽsk] 　　　　　명 프라스크, 작은 병
플래스크

□ **flat** [flǽt] 　　　　　형 평평한 타 자 평평하게 하다
플래트

□ **flatten** [flǽtn] 　　　　　타 자 평평하게 하다, 고르다
플래튼

□ **flatter** [flǽtər] 　　　　　타 아첨하다, 알랑거리다
플래터

□ **flatterer** [flǽtərər] 　　　　　명 아첨꾼, 추종자
플래터러

□ **flattery** [flǽtəri] 　　　　　명 아첨, 치레말
플래터리

□ **flavor** [fléivər] 　　　　　명 풍미, 맛, 향기
플레이버

□ **flaw** [flɔ́:]
플로오
명 흠, 금, 결점 타 자 금가다

□ **flax** [flǽks]
플랙스
명 아마(亞麻), 아마 섬유, 리넨

□ **flea** [flí:]
플리이
명 벼룩

□ **flee** [flí:]
플리이
자 타 도망하다, 피하다

□ **fleece** [flí:s]
플리이스
명 양털 타 양털을 깎다

□ **fleet** [flí:t]
플리이트
명 함대 형 빠른 자 빨리 날아가다

□ **flesh** [fléʃ]
플레쉬
명 살, 살집, 식욕, 육욕

□ **flexible** [fléksəbl]
플렉서블
형 구부리기 쉬운, 융통성 있는

□ **flicker** [flíkər]
플리커
자 가물거리다 명 깜빡이는 빛

□ **flight** [fláit]
플라이트
명 비행, 날기

□ **fling** [flíŋ]
플링
타 자 던지다, 돌진하다

□ **flint** [flínt]
플린트
명 부싯돌, 라이타돌 형 고집센

□ **flirt** [flɔ́:rt]
플러어트
타 자 장난삼아 연애하다, 내던지다

□ **flit** [flít]
플리트
자 홀쩍 날다, 훨훨 날다

□ **float** [flóut]
플로우트
자 타 뜨다, 띄우다 명 낚시찌

□ **flock** [flák]
플락
명 (양, 새의) 떼 자 떼지어 오다

200

□ **flood** [flʌd]
플러드

명 홍수, 만조 타 자 범람하다

□ **floor** [flɔ́ːr]
플로오

명 마루, 층계, 의원석, 바닥

□ **flop** [fláp]
플랍

자 타 쾅 떨어지다, 탁 던지다

□ **flora** [flɔ́ːrə]
플로오러

명 (한 시대, 한 지역의) 식물상

□ **flounder** [fláundər]
플라운더

명 버둥거림 자 버둥거리다

□ **flour** [fláuər]
플라우어

명 가루, 밀가루 타 가루를 뿌리다

□ **flourish** [flɔ́ːriʃ]
플러어리쉬

자 타 무성하다, 번창하다

□ **flow** [flóu]
플로우

자 흐르다, 지나가다

□ **flower** [fláuər]
플라우어

명 꽃 자 타 꽃이 피다, 번영하다

□ **flowery** [fláuəri]
플라우어리

형 꽃이 많은, 꽃무늬의

□ **fluid** [flúːid]
플루우이드

명 액체, 유동체 형 유동성의

□ **flush** [flʌʃ]
플러쉬

타 자 얼굴을 붉히다, 왈칵 쏟다

□ **flute** [flúːt]
플루우트

명 피리 자 타 피리를 불다

□ **flutter** [flʌ́tər]
플러터

자 타 날개치다, 홰치다 명 외침

□ **fly** [flái]
플라이

명 파리 자 타 날다, 비행하다

□ **flying** [fláiiŋ]
플라이잉

명 비행, 질주 형 나는, 급한

□ **foam** [fóum]
포움
명 거품 자 타 거품 일다

□ **focus** [fóukəs]
포우커스
명 초점, 중심점 타 자 집중하다

□ **fodder** [fάdər]
파더
명 가축의 먹이, 사료
타 사료를 주다

□ **foe** [fóu]
포우
명 적, 원수

□ **fetus** [fíːtəs]
피이터스
명 태아, 뱃속의 아이

□ **fog** [fɔ́ːg]
포오그
명 안개 타 안개로 덮다

□ **foggy** [fɔ́ːgi]
포오기
형 안개 짙은, 흐린, 뿌연

□ **foil** [fɔ́il]
포일
명 (금속의) 박 타 좌절시키다

□ **fold** [fóuld]
포울드
타 자 접다, 접치다 명 접음, 우리

□ **foliage** [fóuliidʒ]
포울리이쥐
명 잎, 잎이붙은 가지

□ **folk** [fóuk]
포우크
명 사람들, 가족, 친척

□ **follow** [fάlou]
팔로우
타 자 ~의 뒤를 따라가다, 따르다

□ **follower** [fάlouər]
팔로우어
명 수행자, 부하, 종자

□ **following** [fάlouiŋ]
팔로우잉
형 다음의, 순풍의 명 다음

□ **folly** [fάli]
팔리
명 어리석음, 어리석은 짓

□ **fond** [fάnd]
판드
형 좋아하여, 다정한, 애정있는

□ **fondly** [fándli]
판들리
㉯ 정답게, 귀여워해서

□ **fondness** [fándnis]
판드니스
㉥ 자애, 좋아함

□ **food** [fú:d]
푸우드
㉥ 음식물, 자양분

□ **fool** [fú:l]
푸우울
㉥ 바보, 어리석은 사람

□ **foot** [fút]
푸트
㉥ 발, 족부, 피이트(=12인치)

□ **football** [fútbɔ́:l]
푸트보오올
㉥ 축구

□ **footing** [fútiŋ]
푸팅
㉥ 발판, 터전, 확고한 지반

□ **footstep** [fútstèp]
푸트스텝
㉥ 걸음걸이, 발자국소리

□ **for** [fɔ́:r]
포오
㉐ ~을 위하여, ~대신, ~동안

□ **forage** [fɔ́:ridʒ]
포오리쥐
㉥ 꼴, 마초 ㉣ ㉧ 식량을 주다

□ **forbear** [fɔ:rbέər]
포오베어
㉣ ㉧ 억누르다, 참고 견디다

□ **forbid** [fərbíd]
퍼비드
㉣ 금하다, 금지하다

□ **forbidden** [fərbídn]
퍼비든
㉰ forbid의 과거분사 ㉯ 금지된

□ **force** [fɔ́:rs]
포오스
㉥ 힘, 세력
㉣ 강요하다, 억지로 시키다

□ **ford** [fɔ́:rd]
포오드
㉥ 여울
㉣ ㉧ (강,개울) 걸어서 건너다

□ **fore** [fɔ́:r]
포오
㉥ 앞면 ㉯ 앞에 ㉯ 전방의

A
B
C
D
E
F
G
H
I
J
K
L
M
N
O
P
Q
R
S
T
U
V
W
X
Y
Z

□ **forecast** [fɔ́ːrkæ̀st] 명 예상 타 예상하다
포오캐스트

□ **forefather** [fɔ́ːrfɑ̀ːðər] 명 선조, 조상
포오파아더

□ **forefinger** [fɔ́ːrfìŋgər] 명 집게손가락
포오핑거

□ **forehead** [fɔ́ːrhèd] 명 이마, 앞 부분
포오헤드

□ **foreign** [fɔ́ːrən] 형 외국의, 외국풍의, 이질적인
포오런

□ **foremost** [fɔ́ːrmòust] 형 맨앞의 부 맨앞에
포오모우스트

□ **forenoon** [fɔ́ːrnùːn] 명 오전
포오누우운

□ **foresee** [fɔːrsíː] 타 자 미리 알다, 예견하다
포오시이

□ **foresight** [fɔ́ːrsàit] 명 선견지명, 심려, 전망
포오사이트

□ **forest** [fɔ́ːrist] 명 숲, 삼림 타 숲으로 만들다
포오리스트

□ **foretell** [fɔːrtél] 타 자 예언하다, 예고하다
포오텔

□ **forever** [fɔːrévər] 부 영원히, 언제나
포오레버

□ **forfeit** [fɔ́ːrfit] 명 상실 타 상실하다, 몰수하다
포오피트

□ **forge** [fɔ́ːrdʒ] 명 철공장 타 벼리다, 단련하다
포오쥐

□ **forget** [fərgét] 타 잊어버리다, 망각하다
퍼겟

□ **forgive** [fərgív] 타 용서하다, 탕감하다
퍼기브

□ **forgiveness** [fərgívnis] 　　명 용서, 면제
퍼기브니스

□ **fork** [fɔ́ːrk] 　　명 포크, 쇠스랑
포오크

□ **forlorn** [fərlɔ́ːrn] 　　형 버림받은, 고독한, 비참한
퍼로오온

□ **form** [fɔ́ːrm] 　　명 모양, 형상 타 모양을 짓다
포오음

□ **formal** [fɔ́ːrməl] 　　형 정식의, 형식의
포오멀

□ **formally** [fɔ́ːrməli] 　　부 형식적으로, 공식으로
포오멀리

□ **formality** [fɔːrmǽləti] 　　명 형식, 존중, 형식적 행위
포오맬러티

□ **formation** [fɔːrméiʃən] 　　명 형성, 조직, 구성
포오메이션

□ **former** [fɔ́ːrmər] 　　형 앞의, 이전의, 전자의
포오머

□ **formerly** [fɔ́ːrmərli] 　　부 옛날에, 이전에
포오멀리

□ **formidable** [fɔ́ːrmidəbl] 　　형 무서운, 만만치 않은
포오미더블

□ **Formosa** [fɔːrmóusə] 　　명 타이완인, 대만
포오모우서

□ **formula** [fɔ́ːrmjulə] 　　명 판에 박은 말, 공식, 법식, 처방
포오뮬러

□ **formulate** [fɔ́ːrmjulèit] 　　타 공식으로 나타내다
포오뮬레이트

□ **forsake** [fərséik] 　　타 포기하다, 내버리다
퍼세이크

□ **fort** [fɔ́ːrt] 　　명 보루, 성채, 포대
포오트

205

□ **forth** [fɔ́:rθ]
포오쓰

用 앞으로, 밖으로, ~이후

□ **forthwith** [fɔ́:rθwíð]
포오쓰위드

用 당장, 즉시, 즉각

□ **fortieth** [fɔ́:rtiiθ]
포오티이쓰

名 제 40 形 제 40의

□ **fortification**
[fɔ́:rtəfikéiʃən] 포오터피케이션

名 방비, 축성, 요새

□ **fortify** [fɔ́:rtəfài]
포오터파이

他 견고하게 하다, 뒷받침하다

□ **fortitude** [fɔ́:rtətjùːd]
포오터튜우드

名 인내, 꿋꿋함

□ **fortnight** [fɔ́:rtnàit]
포오트나이트

名 2주간, 14일

□ **fortress** [fɔ́:rtris]
포오트리스

名 요새(要塞), 성채

□ **fortunate** [fɔ́:rtʃənət]
포오쳐너트

形 행운의, 복받은, 운좋은

□ **fortunately** [fɔ́:rtʃənətli]
포오쳐너틀리

用 운좋게, 다행히

□ **fortune** [fɔ́:rtʃən]
포오천

名 운, 행운, 우연

□ **forty** [fɔ́:rti]
포오티

名 40 形 40의

□ **forum** [fɔ́:rəm]
포오럼

名 공회의 광장, 시장, 법정

□ **forward** [fɔ́:rwərd]
포오워드

用 앞으로, 앞에 形 앞쪽의

□ **fossil** [fásəl]
파설

名 화석, 形 화석의

□ **foster** [fɔ́:stər]
포오스터

他 기르다, 양육하다, 돌보다

□ **foul** [fául]　　　　　　　　형 더러운, 불결한, 천한
파울

□ **foulness** [fáulnis]　　　　명 더러움, 불결, 입이 상스러움
파울니스

□ **found** [fáund]　　　　　　태 자 기초를 두다, 창설하다
파운드

□ **foundation** [faundéiʃən]　　명 토대, 기초, 근거
파운데이션

□ **founder** [fáundər]　　　　명 창설자, 발기인 자 태 침몰하다
파운더

□ **fountain** [fáuntən]　　　　명 샘, 분수, 원천, 수원
파운턴

□ **fountain pen** [fáuntənpen]　명 만년필
파운턴 펜

□ **four** [fɔ́:r]　　　　　　　　명 4, 넷 형 4의, 넷의
포오

□ **fourscore** [fɔ́:rskɔ́:r]　　　형 80의
포오스코오

□ **fourteen** [fɔ́:rtíːn]　　　　명 14 형 14의
포오티이인

□ **fourteenth** [fɔ́:rtíːnθ]　　명 제 14, 열넷 형 제 14의
포오티이인쓰

□ **fourth** [fɔ́:rθ]　　　　　　명 제 4, 네 번째 형 제 4의
포오쓰

□ **fowl** [fául]　　　　　　　명 닭, 가금, 새고기
파울

□ **fox** [fáks]　　　　　　　　명 여우, 교활한 사람
팍스

□ **fraction** [frǽkʃən]　　　　명 단편, 부분, 파편
프랙션

□ **fracture** [frǽktʃər]　　　　명 부숨, 부러짐 태 자 부수다
프랙쳐

□ **fragile** [frǽdʒəl]
프래절
혱 부서지기 쉬운, 연약한

□ **fragment** [frǽgmənt]
프래그먼트
몡 파편, 단편, 미완성 유고

□ **fragrant** [fréigrənt]
프레이그런트
혱 향기가 좋은, 향긋한

□ **fragrance(y)** [fréigrəns(i)]
프레그런스(시)
몡 향기로움, 향기

□ **frail** [fréil]
프레일
혱 허약한, 무른

□ **frailty** [fréilti]
프레일티
몡 허약, 약점, 여림

□ **frame** [fréim]
프레임
몡 뼈대, 구조, 기구 팀 만들다

□ **framework** [fréimwə́ːrk]
프레임워어크
몡 틀, 뼈대, 구성

□ **franc** [frǽŋk]
프랭크
몡 프랑(프랑스, 벨기에 화폐 단위)

□ **France** [frǽns]
프랜스
몡 프랑스

□ **frank** [frǽŋk]
프랭크
혱 솔직한, 숨김없는 몡 프랑스인

□ **frankly** [frǽŋkli]
프랭클리
倶 솔직히

□ **frankness** [frǽŋknis]
프랭크니스
몡 솔직, 담백

□ **frantic** [frǽntik]
프랜틱
혱 광적인, 필사적인

□ **fraternity** [frətə́ːrnəti]
프러터어너티
몡 형제간의 우애, 동업

□ **fraud** [frɔ́ːd]
프로오드
몡 사기, 부정수단, 사기꾼

□ **freak** [frí:k]
프리이크
- 명 변덕, 기형, 변종

□ **freckle** [frékl]
프레클
- 명 주근깨 자 타 얼룩이 생기다

□ **free** [frí:]
프리이
- 형 자유로운 타 자유롭게 하다

□ **freedom** [frí:dəm]
프리이덤
- 명 자유, 독립, 해방

□ **freeman** [frí:mən]
프리이먼
- 명 자유민, 정사원, 정회원

□ **freeze** [frí:z]
프리이즈
- 자 타 얼어붙다, 얼다

□ **freight** [fréit]
프레이트
- 명 화물 수송, 수상 수송

□ **French** [fréntʃ]
프렌취
- 형 프랑스의, 프랑스어의

□ **Frenchman** [fréntʃmən]
프렌취먼
- 명 프랑스인, 프랑스 사람

□ **frenzy** [frénzi]
프렌쥐
- 명 광란, 격분 타 격분하게 하다

□ **frequent** [frí:kwənt]
프리이퀀트
- 형 빈번한 타 자주 가다

□ **frequently** [frí:kwəntli]
프리이퀀틀리
- 부 자주, 빈번하게

□ **fresh** [fréʃ]
프레쉬
- 형 새로운, 신선한, 생기있는

□ **fret** [frét]
프렛
- 타 자 속타게 하다, 안달나게 하다

□ **fretful** [frétfəl]
프렛펄
- 형 화를 잘내는, 안달하는

□ **friar** [fráiər]
프라이어
- 명 탁발승, 수도승

□ **friction** [fríkʃən]
프릭션
명 마찰, 불화, 알력

□ **Friday** [fráidei]
프라이데이
명 금요일(약어 Fri)

□ **friend** [frénd]
프렌드
명 벗, 친구, 동무

□ **friendly** [fréndli]
프렌들리
형 친구의, 우정이 있는

□ **friendship** [fréndʃip]
프렌드쉽
명 우정, 친교, 교우

□ **fright** [fráit]
프라이트
명 공포, 놀람, 경악

□ **frighten** [fráitn]
프라이튼
타 자 놀라게 하다, 겁내다

□ **frightful** [fráitfəl]
프라이트펄
형 무서운, 추악한

□ **frightfully** [fráitfəli]
프라이트펄리
부 무섭게, 추악하게

□ **fringe** [fríndʒ]
프린쥐
명 술, 장식, 외변 타 술을 달다

□ **frivolous** [frívələs]
프리벌러스
형 하찮은, 시시한, 경박한

□ **fro** [fróu]
프로우
부 저쪽으로, 앞뒤로

□ **frock** [frák]
프락
명 부인복, 성직자의 옷

□ **frog** [frɔ́:g]
프로오그
명 개구리

□ **frolic** [frálik]
프랄릭
명 장난 자 장난치다, 까불다

□ **from** [frəm]
프럼
전 ~에서, ~부터, ~으로,

□ **front** [frʌnt]
프런트
뗑 앞면 톙 정면의 태 재 맞서다

□ **frontier** [frʌntíər]
프런티어
뗑 국경 지방, 변경

□ **frost** [frɔ́ːst]
프로오스트
뗑 서리, 강상 태 서리로 덮다

□ **frosty** [frɔ́ːsti]
프로오스티
톙 서리가 내리는, 쌀쌀한

□ **frown** [fráun]
프라운
태 재 얼굴을 찡그리다

□ **frozen** [fróuzn]
프로우즌
뙝 freeze의 과거분사 톙 냉동의

□ **frugal** [frúːgəl]
프루우걸
톙 검소한, 알뜰한, 검약한

□ **fruit** [frúːt]
프루우트
뗑 과일, 과실 재 태 열매를 맺다

□ **fruitless** [frúːtlis]
프루우틀리스
톙 효과가 없는, 불모의

□ **fruitful** [frúːtfəl]
프루우트펄
톙 열매가 잘 열리는, 효과적인

□ **frustrate** [frʌ́streit]
프러스트레이트
태 좌절시키다, 실패시키다

□ **fry** [frái]
프라이
태 재 기름에 튀기다

□ **frying-pan** [fráiiŋ pǽn]
프라이잉 팬
뗑 프라이 팬

□ **fuel** [fjúːəl]
퓨우얼
뗑 연료 태 재 연료를 공급하다

□ **fugitive** [fjúːdʒətiv]
퓨우저티브
톙 도망하는, 덧없는 뗑 도망자

□ **fulfill** [fulfíl]
풀필
태 이행하다, 완수하다

□ **full** [fúl]
풀
형 가득찬, 충분한 부 가득히

□ **fully** [fúlli]
풀리
부 충분히, 꼬박

□ **fullness** [fúlnis]
풀니스
명 충분함, 풍부함

□ **fumble** [fʌ́mbl]
펌블
자 타 더듬다, 만지작거리다

□ **fume** [fjúːm]
퓨우움
명 연기, 김, 증기
자 타 연기가 나다

□ **fun** [fʌ́n]
펀
명 즐거움, 재미 자 장난하다

□ **function** [fʌ́ŋkʃən]
펑크션
명 기능, 작용, 임무

□ **fund** [fʌ́nd]
펀드
명 기금, 자금, 소지금

□ **fundamental**
[fʌ̀ndəméntl] 펀더멘틀
형 근본적인, 중요한

□ **funeral** [fjúːnərəl]
퓨우너럴
명 장례식 형 장례식의

□ **fungus** [fʌ́ŋgəs]
펑거스
명 균, 균류, (곰팡이, 버섯의) 균

□ **funnel** [fʌ́nl]
퍼늘
명 깔때기, 채광구멍

□ **funny** [fʌ́ni]
퍼니
형 우스운, 재미있는

□ **fur** [fə́ːr]
퍼어
명 모피, 부드러운 털, 털가죽

□ **furious** [fjúəriəs]
퓨어리어스
형 격분한, 맹렬한, 무서운

□ **furiously** [fjúəriəsli]
퓨어리어슬리
부 미친 듯이 노하여, 맹렬히

□ **furnace** [fɔ́ːrnis] 　　　　　명 화덕, 용광로
퍼어니스

□ **furnish** [fɔ́ːrniʃ] 　　　　　타 공급하다, 주다
퍼어니쉬

□ **furniture** [fɔ́ːrnitʃər] 　　　명 가구, 비품
퍼어니쳐

□ **furrow** [fɔ́ːrou] 　　　　　명 밭고랑, 주름살
퍼어로우

□ **further** [fɔ́ːrðər] 　　　　　형 더욱이, 그 이상의 부 더 멀리
퍼어더

□ **furthermore** [fɔ́ːrðərmɔ́ːr] 　부 더욱이, 게다가
퍼어더모오

□ **furthest** [fɔ́ːrðist] 　　　　형 가장 먼 부 가장 멀리
퍼어디스트

□ **fury** [fjúəri] 　　　　　　　명 분격, 광포, 격노
퓨어리

□ **fuse** [fjúːz] 　　　　　　　명 퓨우즈, 도화선, 신관
퓨우즈

□ **fuss** [fʌs] 　　　　　　　　명 몸달아 설침, 야단법석
퍼스 　　　　　　　　　　　　자 타 속타다

□ **futile** [fjúːtl] 　　　　　　형 쓸데없는, 하찮은, 무익한
퓨우틀

□ **future** [fjúːtʃər] 　　　　　명 미래, 장래 형 미래의
퓨우쳐

□ **fuzz** [fʌz] 　　　　　　　　명 잔털, 솜털 자 타 보플이 일다
퍼즈

만들기 **Making**

① **paint**
[peint 페인트]

② **paper**
[péipər 페이퍼]

③ **crayon**
[kréiən 크레이언]

④ **sketchbook**
[skétʃbùk 스케취북]

① 물감   ② 종이   ③ 크레용   ④ 스케치북

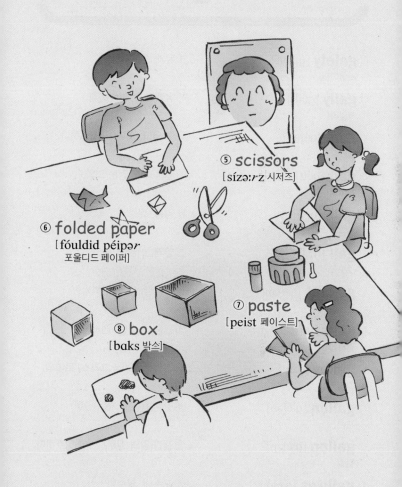

⑤ scissors
[sízə:rz 시저즈]

⑥ folded paper
[fóuldid péipər
포울디드 페이퍼]

⑧ box
[baks 박스]

⑦ paste
[peist 페이스트]

⑤ 가위 ⑥ 종이접기 ⑦ 풀 ⑧ 상자

□ **gaiety** [géiəti]
게이어티

똉 유쾌, 명랑, 쾌활

□ **gaily** [géili]
게일리

円 유쾌하게, 명랑하게

□ **gain** [géin]
게인

타 재 얻다, 이기다, 도달하다

□ **gait** [géit]
게이트

똉 걸음걸이, 걷는 모양

□ **gale** [géil]
게일

똉 강풍, 질풍

□ **gall** [gɔ́:l]
고오올

똉 쓸개즙, 담낭, 쓴맛

□ **gallant** [gǽlənt]
갤런트

휑 훌륭한, 용감한, 씩씩한

□ **gallery** [gǽləri]
갤러리

똉 관람석, 화랑, 전시장

□ **galley** [gǽli]
갤리

똉 갤리선, (고대 그리스, 로마의)
전함

□ **gallon** [gǽlən]
갤런

똉 갈론(용량을 재는 단위)

□ **gallop** [gǽləp]
갤럽

똉 갤럽(말의 질주) 재 타 질주하다

□ **gallows** [gǽlouz]
갤로우즈

똉 교수대, 교수형

□ **gamble** [gǽmbl]
갬블

재 타 도박을 하다, 투기하다

□ **game** [géim]
게임
명 유희, 오락 타 자 내기하다

□ **gang** [gǽŋ]
갱
명 한떼

□ **gangster** [gǽŋstər]
갱스터
명 갱의 한 사람

□ **gap** [gǽp]
갭
명 갈라진 틈, 빈틈

□ **gape** [géip]
게이프
명 쩍 벌어진 틈, 입 벌림
자 입을 벌리다

□ **garage** [gərá:ʒ]
거라아쥐
명 자동차 차고, 격납고, 주요소

□ **garb** [gá:rb]
가아브
명 (직업, 지위 등을 분별하는)
복장

□ **garden** [gá:rdn]
가아든
명 뜰, 정원, 마당

□ **gardener** [gá:rdnər]
가아드너
명 정원사, 원예가

□ **gardening** [gá:rdniŋ]
가아드닝
명 뜰 만들기, 원예, 가꾸기

□ **garland** [gá:rlənd]
가아알런드
명 화환 타 ~으로 장식하다

□ **garment** [gá:rmənt]
가아먼트
명 겉옷, 의복

□ **garnish** [gá:rniʃ]
가아니쉬
명 장식물 타 장식하다, 꾸미다

□ **garret** [gǽrət]
개러트
명 다락방

□ **garrison** [gǽrəsn]
개러슨
명 수비대, 요새지, 주둔지

□ **garter** [gá:rtər]
가아터
명 양말 대님

□ **gas** [gǽs]
개스
図 기체, 가스 函 가스를 공급하다

□ **gaseous** [gǽsiəs]
개시어스
형 가스 모양의, 기체의

□ **gash** [gǽʃ]
개쉬
図 깊은 상처 타 깊은 상처를 주다

□ **gasoline** [gǽsəlìːn]
개설리인
図 가솔린, 휘발유

□ **gasp** [gǽsp]
개습
자 타 헐떡거리다, 숨이 차다
図 헐떡거림

□ **gate** [géit]
게이트
図 문, 수문, 통로, 관문

□ **gateway** [géitwèi]
게이트웨이
図 문, 출입구, 대문

□ **gather** [gǽðər]
개더
타 자 모으다, 채집하다, 모이다

□ **gathering** [gǽðəriŋ]
개더링
図 집합, 집회, 수금

□ **gaudy** [gɔ́ːdi]
고오디
형 야한, 번지르르한

□ **gauge** [géidʒ]
게이쥐
図 표준 치수, 자, 규격

□ **gaunt** [gɔ́ːnt]
고온트
형 여윈, 수척한, 무시무시한

□ **gauze** [gɔ́ːz]
고오즈
図 가아제, 사(紗), 얇은 천

□ **gay** [géi]
게이
형 쾌활한, 화려한, 방탕한

□ **gayly, gaily** [géili]
게일리
부 명랑하게, 화려하게

□ **gaze** [géiz]
게이즈
図 응시, 주시 자 응시하다

□ **gear** [gíər]
기어
명 톱니바퀴, 연동기, 도구

□ **geese** [gíːs]
기이스
명 goose의 복수

□ **gem** [dʒém]
쥄
명 보석 타 보석으로 장식하다

□ **gender** [dʒéndər]
젠더
명 [문법] 성(性), 성별

□ **general** [dʒénərəl]
쩨너럴
형 보통의, 일반적인

□ **generally** [dʒénərəli]
쩨너럴리
부 일반적으로, 대체로

□ **generate** [dʒénərèit]
쩨너레이트
타 낳다, 산출하다, 생기다

□ **generation** [dʒènəréiʃən]
쩨너레이션
명 동시대의 사람들, 세대

□ **generosity** [dʒènərásəti]
쩨너라서티
명 관대, 도량이 큼, 대범

□ **generous** [dʒénərəs]
쩨너러스
형 관대한, 마음이 넓은

□ **generously** [dʒénərəsli]
쩨너러슬리
부 관대하게, 아낌없이

□ **genial** [dʒíːnjəl]
쥐이녈
형 온화한, 쾌적한, 기분좋은

□ **genius** [dʒíːnjəs]
쥐이너스
명 천재, 타고난 자질, 특질

□ **gentle** [dʒéntl]
쩬틀
형 상냥한, 온화한, 얌전한

□ **gently** [dʒéntli]
쩬틀리
부 상냥하게, 온화하게

□ **gentleness** [dʒéntlnis]
쩬틀니스
명 상냥함, 온화함

A
B
C
D
E
F
G
H
I
J
K
L
M
N
O
P
Q
R
S
T
U
V
W
X
Y
Z

□ **gentleman** [dʒéntlmən] 쥀틀먼 — 명 신사, 점잖은 사람, 남자

□ **gentry** [dʒéntri] 쥀트리 — 명 신사 사회, 상류 계급

□ **genuine** [dʒénjuin] 줴뉴인 — 형 순수한, 성실한, 진짜인

□ **geography** [dʒiágrəfi] 쥐아그러피 — 명 지리학, 지리, 지형

□ **geographical** [dʒìːəgrǽfikəl] 쥐이어그래피컬 — 형 지리학의, 지세의

□ **geology** [dʒiálədʒi] 쥐알러쥐 — 명 지질학, 지질

□ **geometry** [dʒiámətri] 쥐아머트리 — 명 기하학, 기하학책

□ **germ** [dʒə́ːrm] 줘어엄 — 명 어린 싹, 병원균, 세균

□ **German** [dʒə́ːrmən] 줘어먼 — 형 독일의 명 독일사람

□ **Germany** [dʒə́ːrməni] 줘어머니 — 명 독일

□ **germinate** [dʒə́ːrmənèit] 줘어머네이트 — 자 타 발아하다, 발아시키다

□ **gerund** [dʒérənd] 줴런드 — 명 [문법] 동명사

□ **gesture** [dʒéstʃər] 줴스쳐 — 명 손짓, 몸짓, 태도, 거동

□ **get** [gét] 겟 — 타 자 얻다, 획득하다, 도착하다

□ **ghastly** [gǽstli] 개스틀리 — 형 무시무시한 부 무섭게

□ **ghost** [góust] 고우스트 — 명 유령, 환상, 망령

□ **giant** [dʒáiənt]
좌이언트

명 거인, 거물 형 거대한

□ **giddy** [gídi]
기디

형 현기증나는, 어지러움

□ **gift** [gíft]
기프트

명 선물, 선사품 타 선사하다

□ **gifted** [gíftid]
기프티드

형 천부의 재주가 있는, 수재의

□ **gigantic** [dʒaigǽntik]
좌이갠틱

형 거인같은, 거대한

□ **giggle** [gígl]
기글

자 낄낄거리다 형 낄낄 웃기

□ **gild** [gíld]
길드

타 금을 입히다, 금 도금하다

□ **gill** [gíl]
길

명 (물고기의) 아가미, 처녀, 소녀

□ **gilt** [gílt]
길트

동 gild의 과거분사 형 금 도금한

□ **gin** [dʒín]
쥔

명 진(술 이름) 타 덫으로 잡다

□ **ginger** [dʒíndʒər]
쥔쥐

명 생강, 정력, 원기

□ **gingerbread**
[dʒíndʒərbrèd] 쥔쥐브레드

명 생강이 든 빵 형 싸구려

□ **gingham** [gíŋəm]
깅엄

명 깅감(줄무늬가 있는 무명)

□ **giraffe** [dʒərǽf]
쥐래프

명 지라프, 기린

□ **gird** [gə́ːrd]
거어드

타 허리띠로 졸라매다

□ **girdle** [gə́ːrdl]
거어들

명 띠, 허리띠

A
B
C
D
E
F
G
H
I
J
K
L
M
N
O
P
Q
R
S
T
U
V
W
X
Y
Z

221

□ **girl** [gə́:rl]
거어얼

명 소녀, 계집아이

□ **give** [gív]
기브

타 자 주다, 선사하다, 증여하다

□ **giver** [gívər]
기버

명 주는 사람, 기증자

□ **glacier** [gléiʃər]
글레이셔

명 빙하

□ **glad** [glǽd]
글래드

형 기쁜, 기쁜 듯한, 즐거운

□ **gladly** [glǽdli]
글래들리

부 기쁘게, 기꺼이

□ **gladness** [glǽdnis]
글래드니스

명 기쁨, 기꺼움, 즐거움

□ **gladden** [glǽdn]
글래든

타 자 기쁘게 하다, 기뻐하다

□ **glade** [gléid]
글레이드

명 숲속의 빈터, 늪지

□ **glamour** [glǽmər]
글래머

명 마력, 신비한 매력

□ **glance** [glǽns]
글랜스

명 힐끗 봄, 일견 자 타 힐끗 보다

□ **gland** [glǽnd]
글랜드

명 선(腺), 분비기관

□ **glare** [gléər]
글레어

명 번쩍이는 빛, 섬광

□ **glass** [glǽs]
글래스

명 유리컵 타 유리를 끼우다

□ **glaze** [gléiz]
글레이즈

타 자 유리를 끼우다, 광을 내다

□ **gleam** [glíːm]
글리임

명 어렴풋한 빛 자 번쩍이다

□ **glean** [glíːn]
글리인
태자 이삭을 줍다, 수집하다

□ **glee** [glíː]
글리이
명 환희, 유쾌

□ **glen** [glén]
글렌
명 협곡, 계곡

□ **glide** [gláid]
글라이드
자타 미끄러지다, 미끄러뜨리다

□ **glider** [gláidər]
글라이더
명 글라이더, 활주자

□ **glimmer** [glímər]
글리머
자 희미하게 빛나다 명 미광

□ **glimpse** [glímps]
글림프스
명 힐끗 봄, 언뜻 봄

□ **glint** [glínt]
글린트
자 반짝이다 명 반짝이는 빛

□ **glisten** [glísn]
글리슨
자 반짝 빛나다 명 반짝 빛나는 빛

□ **glitter** [glítər]
글리터
자 번쩍번쩍빛나다 명 반짝거림

□ **globe** [glóub]
글로우브
명 공, 지구, 천체

□ **gloom** [glúːm]
글루움
명 암흑, 어둠 자타 어두워지다

□ **gloomy** [glúːmi]
글루우미
형 어두운, 음울한

□ **glorify** [glɔ́ːrəfài]
글로오러파이
태 찬미하다, 칭송하다

□ **glorious** [glɔ́ːriəs]
글로오리어스
형 영광스러운, 빛나는

□ **glory** [glɔ́ːri]
글로오리
명 영광, 영예 자 기뻐하다

A
B
C
D
E
F
G
H
I
J
K
L
M
N
O
P
Q
R
S
T
U
V
W
X
Y
Z

□ **gloss** [glás]
글라스
명 광택, 허식, 윤

□ **glossy** [glási]
글라시
형 광택이 있는, 겉면만 차리는

□ **glove** [glʌ́v]
글러브
명 장갑, (야구, 권투용) 글러브

□ **glow** [glóu]
글로우
자 타다, 빛을 내다 명 백열, 작열

□ **glue** [glúː]
글루우
명 아교 타 아교로 붙이다

□ **gnat** [nǽt]
내트
명 모기, 각다귀, 사소한 일

□ **gnaw** [nɔ́ː]
노오
타 자 갉아먹다, 쏠다, 물다

□ **go** [góu]
고우
자 가다, 나아가다, 지나가다

□ **goal** [góul]
고울
명 결승점, 목표, 득점

□ **goat** [góut]
고우트
명 염소, 호색한

□ **gobble** [gábl]
가블
타 자 게걸스레 먹다, 채어가다

□ **goblet** [gáblit]
가블리트
명 굽 달린 잔

□ **goblin** [gáblin]
가블린
명 요마, 도깨비, 마귀

□ **god** [gád]
갓
명 신, 하느님 타 우상화하다

□ **goddess** [gádis]
가드니스
명 여신

□ **godfather** [gádfàːðər]
갓파아더
명 (세례식 때의) 대부(代父)

□ **godmother** [gádmʌ̀ðər] 명 (세례식 때의) 대모(代母)
갓머더

□ **going** [góuiŋ] 명 보행, 여행 형 진행중의
고우잉

□ **gold** [góuld] 명 금, 황금, 금화 형 금의
고울드

□ **golden** [góuldən] 형 금빛의, 금의, 황금빛의
고울던

□ **goldfish** [góuldfiʃ] 명 금붕어
고울드피쉬

□ **goldsmith** [góuldsmìθ] 명 금 세공인
고울드스미쓰

□ **golf** [gɔ́:lf] 명 골프 자 골프를 치다
고올프

□ **gone** [gɔ́:n] 동 go의 과거분사 형 사라진
고온

□ **good** [gúd] 형 좋은, 잘된, 훌륭한, 착한
굳

□ **good-by(e)** [gùdbái] 감 안녕히! 명 고별, 작별
굳바이

□ **good-looking** [gùdlúkiŋ] 형 잘 생긴, 핸섬한
굳루킹

□ **goodly** [gúdli] 형 유쾌한, 잘 생긴, 훌륭한
구들리

□ **good-natured** 형 사람이 좋은, 온후한
[gùdnéitʃərd] 굳네이쳐드

□ **goodness** [gúdnis] 명 좋음, 친절, 미덕, 우수
굳니스

□ **goods** [gúdz] 명 선, 이익, 행복, 선량함
구즈

□ **goodwill** [gúdwíl] 명 호의, 동정, 영업권
굳윌

225

□ **goose** [gúːs]
구우스
명 거위, 바보, 얼간이

□ **gore** [gɔ́ːr]
고오
명 흘린 피, 선지피, 삼각주

□ **gorge** [gɔ́ːrdʒ]
고오쥐
명 골짜기, 포식, 불쾌

□ **gorgeous** [gɔ́ːrdʒəs]
고오줘스
형 호화스러운, 굉장한

□ **gosh** [gáʃ]
가쉬
감 아이쿠!, 큰일났군!, 기필코

□ **gospel** [gáspəl]
가스펄
명 (예수의) 복음, 교리, 진리

□ **gossip** [gásəp]
가섭
명 잡담 자 잡담하다

□ **Gothic** [gáθik]
가씩
형 고딕양식의, 중세의

□ **govern** [gʌ́vərn]
거번
타 자 통치하다, 관리하다

□ **government** [gʌ́vərnmənt]
거번먼트
명 통치, 지배, 정치

□ **governor** [gʌ́vərnər]
거버너
명 통치자, 지사, 장관, 사령관

□ **gown** [gáun]
가운
명 긴 겉옷, 가운, 드레스

□ **grab** [grǽb]
그랩
타 자 움켜잡다, 잡아채다

□ **grace** [gréis]
그레이스
명 우아, 매력, 얌전한

□ **gracious** [gréiʃəs]
그레이셔스
형 고상한, 상냥한, 정중한

□ **grade** [gréid]
그레이드
명 단체, 계급, 등급

226

□ **gradual** [grǽdʒuəl]
그래쥬얼
형 점차적인, 서서히 하는

□ **gradually** [grǽdʒuəli]
그래쥬얼리
부 점차로, 서서히

□ **graduate** [grǽdʒuèit]
그래쥬에이트
타 등급을 매기다 자 자격을 따다

□ **graduation** [græ̀dʒuéiʃən]
그래쥬에이션
명 졸업, 학위 수여

□ **graft** [grǽft]
그래프트
명 접목, 눈접 타 자 접목하다

□ **grain** [gréin]
그레인
명 곡식, 낟알, 미량, 알

□ **gram** [grǽm]
그램
명 그램(=g)

□ **grammar** [grǽmər]
그래머
명 문법, 문법책, 문전

□ **gramme** [grǽm]
그램
명 그램(=g 영국에서 씀)

□ **gramophone** [grǽməfòun]
그래머포운
명 축음기

□ **grand** [grǽnd]
그랜드
형 웅대한, 장엄한, 광대한

□ **grandfather** [grǽndfɑ̀:ðər]
그랜드파아더
명 할아버지, 조부

□ **grandma** [grǽndmɑ̀:]
그랜드마아
명 할머니

□ **grandmother**
[grǽndmʌ̀ðər] 그랜드머더
명 조모, 할머니

□ **grandpa** [grǽndpɑ̀:]
그랜드파아
명 할아버지

□ **grandson** [grǽndsʌ̀n]
그랜드선
명 손자

□ **granite** [grǽnit]
그래니트
명 화강암, 쑥돌

□ **granny** [grǽni]
그래니
명 할머니, 노파

□ **grant** [grǽnt]
그랜트
타 승낙하다, 허락하다, 수여하다

□ **grape** [gréip]
그레이프
명 포도, 포도나무

□ **grapple** [grǽpl]
그래플
타 자 꽉 잡다, 맞붙어 싸우다

□ **grasp** [grǽsp]
그래습
타 잡다, 쥐다, 이해하다

□ **grass** [grǽs]
그래스
명 풀, 목초, 잔디, 목장

□ **grasshopper** [grǽshàpər]
그래스하퍼
명 메뚜기, 여치

□ **grassy** [grassy]
그라시
형 녹색의, 풀이 무성한

□ **grate** [gréit]
그레이트
명 쇠살판 타 자 문지르다, 갈다

□ **grateful** [gréitfəl]
그레이트펄
형 감사히 여기는, 고마운

□ **gratefully** [gréitfəli]
그레이트펄리
부 고맙게 여기며, 감사하며

□ **gratify** [grǽtəfài]
그래터파이
타 만족시키다, 기쁘게 하다, 채우다

□ **gratitude** [grǽtətjùːd]
그래터튜우드
명 감사, 사의

□ **grave** [gréiv]
그레이브
명 무덤, 죽음 형 중대한, 진지한

□ **gravely** [gréivli]
그레이블리
부 진지하게, 중대하게

□ **gravel** [grǽvəl]
그래벌
명 자갈 타 자갈을 깔다

□ **gravitate** [grǽvətèit]
그래버테이트
자 중력에 끌리다, 가라앉다

□ **gravitation** [grǽvətéiʃən]
그래버테이션
명 인력, 중력

□ **gravity** [grǽvəti]
그래버티
명 진지함, 중대함, 중력

□ **gravy** [gréivi]
그레이비
명 고기국물(소오스)

□ **gray** [gréi]
그레이
명 회색, 황혼 형 어두운, 창백한

□ **graze** [gréiz]
그레이즈
자 타 풀을 뜯어 먹다 명 목축

□ **grease** [grí:s]
그리이스
명 짐승의 기름 타 기름을 바르다

□ **great** [gréit]
그레이트
형 큰, 위대한, 훌륭한

□ **greatly** [gréitli]
그레이틀리
부 크게, 대단히, 매우, 위대하게

□ **greatness** [gréitnis]
그레이트니스
명 위대, 거대

□ **Greece** [grí:s]
그리이스
명 그리이스

□ **greedy** [grí:di]
그리이디
형 탐욕스러운, 욕심많은

□ **Greek** [grí:k]
그리이크
형 그리이스의
명 그리이스 사람, 그리스어

□ **green** [grí:n]
그리이인
형 초록색의, 싱싱하게 푸른

□ **greet** [grí:t]
그리이트
타 인사하다, 맞이하다, 환영하다

□ **greeting** [gríːtiŋ]
그리이팅
圀 인사, 경례

□ **grey** [gréi]
그레이
圀 회색 圀 백발의, 회색의

□ **greyhound** [gréihàund]
그레이하운드
圀 그레이하운드(사냥개의 이름)

□ **grief** [gríːf]
그리이프
圀 비탄, 슬픔

□ **grievance** [gríːvəns]
그리이번스
圀 불만, 불평

□ **grieve** [gríːv]
그리이브
타 자 슬퍼하다, 슬프게 하다

□ **grievous** [gríːvəs]
그리이버스
圀 괴롭히는, 쓰라린, 슬픈

□ **grim** [grím]
그림
圀 엄한, 무서운, 불굴의

□ **grin** [grín]
그린
자 씩 웃다, 싱글거리다

□ **grind** [gráind]
그라인드
타 자 맷돌질하다, 빻다, 찧다

□ **grip** [gríp]
그립
圀 잡기 타 자 잡다, 고착하다

□ **grit** [grít]
그리트
圀 (기계에 장해되는) 잔모래

□ **grizzly** [grízli]
그리즐리
圀 회색의, 회색을 띤

□ **groan** [gróun]
그로운
자 신음하다 圀 신음소리

□ **grocer** [gróusər]
그로우서
圀 식료품상, 잡화상

□ **grocery** [gróusəri]
그로우서리
圀 어물점, 식료품점

□ **groom** [grúːm]
그루움
명 마부, 신랑 타 몸차림시키다

□ **groove** [grúːv]
그루우브
명 가늘고 긴 흠, 정해진 순서

□ **grope** [gróup]
그로웁
자 타 더듬다, 손으로 더듬다

□ **gross** [gróus]
그로우스
형 조잡한, 큰, 투박한, 거친

□ **grotesque** [groutésk]
그로우테스크
형 괴상한, 터무니없는

□ **ground** [gráund]
그라운드
명 땅, 지면 타 자 세우다

□ **group** [grúːp]
그루웁
명 무리, 집단 자 타 모으(이)다

□ **grouse** [gráus]
그라우스
명 뇌조류, 불평 자 불평하다

□ **grove** [gróuv]
그로우브
명 작은 숲, 수풀, 잔나무 밭

□ **grow** [gróu]
그로우
자 타 성장하다, 성장시키다

□ **growl** [grául]
그라울
자 으르렁거리다 명 불만의 소리

□ **grown-up** [gróun-ʌ́p]
그로운 업
명 어른 형 어른이 된

□ **growth** [gróuθ]
그로우쓰
명 성장, 발육, 발달

□ **grub** [grʌ́b]
그럽
타 파내다, 개간하다

□ **grudge** [grʌ́dʒ]
그러쥐
타 아까워하다 명 원한, 악의

□ **gruff** [grʌ́f]
그러프
형 무뚝뚝한, 거칠은, 난폭한

□ **grumble** [grʌmbl] 　　　　자 타 불평하다, 투덜거리다
그럼블

□ **grunt** [grʌnt] 　　　　타 푸념하다 명 불평
그런트

□ **guarantee** [gæ̀rəntíː] 　　　명 보증, 보장 타 보증하다
개런티이

□ **guaranty** [gǽrənti] 　　　명 보증, 담보
개런티

□ **guard** [gáːrd] 　　　　명 경계, 감시 타 지키다
가아드

□ **guardian** [gáːrdiən] 　　　명 보호자, 후견인
가아디언

□ **guess** [gés] 　　　　명 추측 자 추측하다
게스

□ **guest** [gést] 　　　　명 손님, 숙박인, 빈객
게스트

□ **guidance** [gáidns] 　　　명 안내, 지도, 지휘
가이든스

□ **guide** [gáid] 　　　　명 안내자, 지도자 타 안내하다
가이드

□ **guild** [gíld] 　　　　명 동업 조합, 길드
길드

□ **guilt** [gílt] 　　　　명 죄, 범죄, 비행
길트

□ **guiltless** [gíltlis] 　　　형 죄없는, 무고한
길틀리스

□ **guilty** [gílti] 　　　　형 유죄의, 죄를 범한
길티

□ **guinea** [gíni] 　　　　명 기니 금화
기니

□ **guise** [gáiz] 　　　　명 외관, 복장, 외양
가이즈

□ **guitar** [gitáːr]   명 기타(악기)
기타아

□ **gulf** [gʌlf]   명 만(彎), 심연(深淵)
걸프

□ **gulp** [gʌlp]   타 자 꿀꺽꿀꺽 마시다, 삼키다
걸프

□ **gum** [gʌm]   명 고무, 생고무, 껌
검

□ **gun** [gʌn]   명 대포, 총, 소총 자 총으로 쏘다
건

□ **gunner** [gʌ́nər]   명 포수, 포술 장교, 총 사냥꾼
거너

□ **gunpowder** [gʌ́npàudər]   명 화약
건파우더

□ **gush** [gʌʃ]   타 자 분출하다, 내뿜다 명 분출
거쉬

□ **gust** [gʌst]   명 돌풍, (감정의) 격발, 맛, 미각
거스트

□ **gutter** [gʌ́tər]   명 홈통, 하수도
거터   타 자 도랑을 만들다

□ **guy** [gái]   명 사나이, 놈, 도망, 도주
가이

□ **gym** [dʒím]   명 체육관, 체조장
쥠

□ **gymnasium** [dʒimnéiziəm]   명 체조장, 실내체육장
쥠네이지엄

□ **gymnastic** [dʒimnǽstik]   형 체조의 명 훈련, 단련, 곡예
쥠내스틱

□ **gymnastics** [dʒimnǽstiks]   명 체조, 체육(학과)
쥠내스틱스

□ **Gypsy** [dʒípsi]   명 집시(유랑민족)
쥡시

거실 Living Room

① **television**
[téləvìʒən 텔러비전]

② **carpet**
[káːɾpit 카아피트]

③ **game**
[geim 게임]

④ **sofa**
[sóufə 소우퍼]

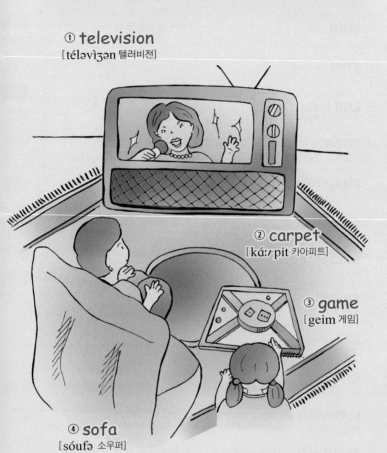

① 텔레비전 ② 카펫 ③ 게임 ④ 소파

234

⑤ **electric light**
[iléktrik lait 일렉트릭 라이트]

⑥ **telephone**
[téləfòun 텔러포운]

⑦ **newspaper**
[njúːzpèipəːr 뉴우즈페이퍼]

⑧ **comic book**
[kámik buk 카믹 북]

⑨ **magazine**
[mægəzíːn 매거지인]

📖 _____

⑤ 전등   ⑥ 전화   ⑦ 신문   ⑧ 만화책   ⑨ 잡지

□ **ha, hah** [háː]
　하아
　　　　　감 하이! 허어! 야아!

□ **habit** [hǽbit]
　해비트
　　　　　명 버릇, 습관, 습성, 성질

□ **habitation** [hæbitéiʃən]
　해비테이션
　　　　　명 거주, 주소, 주택

□ **habitual** [həbítʃuəl]
　허비추얼
　　　　　형 습관적인, 평소의, 체질적인

□ **hack** [hǽk]
　핵
　　　　　타 자 자르다, 난도질
　　　　　명 새긴 자국, 베인 상처

□ **had** [hǽd]
　해드
　　　　　동 have의 과거분사

□ **hag** [hǽg]
　해그
　　　　　명 보기 흉한 노파, 추녀, 늪의
　　　　　단단한 지면

□ **haggard** [hǽgərd]
　해거드
　　　　　형 여윈, 바싹 마른, 야상의

□ **hail** [héil]
　헤일
　　　　　명 싸락눈, 우박 자 타 우박이 오다

□ **hair** [hέər]
　헤어
　　　　　명 털, 머리털, 머리카락

□ **hale** [héil]
　헤일
　　　　　형 건강한, 노익장의

□ **half** [hǽf]
　해프
　　　　　명 절반 형 절반의 부 절반은

□ **halfpenny** [héipəni]
　헤이퍼니
　　　　　명 반페니(동전) 형 하찮은

□ **halfway** [hǽfwèi]
해프웨이

형 중도의, 이중된 부 중도에

□ **hall** [hɔ́ːl]
호올

명 집회장 넓은 방, 홀

□ **halloo** [həlúː]
헐루우

감 어이, 이봐 자 타 여보세요!

□ **hallow** [hǽlou]
핼로우

타 신성하게 하다, 깨끗하다

□ **halt** [hɔ́ːlt]
호올트

명 정지, 휴게 자 타 정지하다

□ **ham** [hǽm]
햄

명 햄, 돼지의 넓적다리

□ **hamlet** [hǽmlit]
햄릿

명 작은 마을, 작은 부락

□ **hammer** [hǽmər]
해머

명 망치 타 자 망치로 두드리다

□ **hammock** [hǽmək]
해먹

명 해먹, 달아맨 그물침대

□ **hamper** [hǽmpər]
햄퍼

타 방해하다, 곤란하게 하다

□ **hand** [hǽnd]
핸드

명 손, 팔, 일꾼 타 넘겨주다

□ **handicap** [hǽndikæp]
핸디캡

명 핸디캡 타 핸디를 붙이다

□ **handkerchief** [hǽŋkərtʃif]
행커취프

명 손수건, 목도리

□ **handle** [hǽndl]
핸들

명 자루, 핸들, 손잡이 타 조종하다

□ **handsome** [hǽnsəm]
핸섬

형 잘 생긴, 활수한, 상당한

□ **handy** [hǽndi]
핸디

형 능숙한, 알맞은, 편리한

237

□ **hang** [hǽŋ]
행
태 자 걸다, 달아매다, 매달리다

□ **hanging** [hǽŋiŋ]
행잉
명 교수(형), 교살 형 축 늘어진

□ **happen** [hǽpən]
해펀
자 일어나다, 생기다

□ **happening** [hǽpniŋ]
해프닝
명 우발 사건, 사건

□ **happiness** [hǽpinis]
해피니스
명 행복, 행운, 만족

□ **happy** [hǽpi]
해피
형 행복한, 행운의, 운좋은

□ **happily** [hǽpili]
해필리
부 행복하게, 다행히

□ **harass** [hərǽs]
허래스
태 지긋지긋하게 괴롭히다

□ **harbo(u)r** [háːrbər]
하아버
형 항구, 피난처 자 태 숨기다

□ **hard** [háːrd]
하아드
형 굳은, 어려운, 단단한

□ **harden** [háːrdn]
하아든
태 자 굳어지다, 단단하게 하다

□ **hardly** [háːrdli]
하아들리
부 거의 ~않다, 간신히, 겨우

□ **hardship** [háːrdʃip]
하아드쉽
명 고난, 고생, 곤궁, 고초

□ **hardware** [háːrdwèər]
하아드웨어
명 철물, 철기류

□ **hardy** [háːrdi]
하아디
형 튼튼한, 저항성의

□ **hare** [héər]
헤어
명 산토끼

238

□ **hark** [háːrk] 　　　　　　　　　자타 듣다, 경청하다
하아크

□ **harm** [háːrm] 　　　　　　　　명 손해, 해악, 해로움 타 해치다
하암

□ **harmful** [háːrmfəl] 　　　　　　형 해로운
하암펄

□ **harmless** [háːrmlis] 　　　　　　형 해 없는, 악의 없는
하암리스

□ **harmonious** [haːrmóuniəs] 　형 가락이 맞는, 조화된
하아모니어스

□ **harmony** [háːrməni] 　　　　　명 조화, 화합, 협화, 해조
하아머니

□ **harness** [háːrnis] 　　　　　　명 마구(馬具) 타 마구를 채우다
하아니스

□ **harp** [háːrp] 　　　　　　　　명 하프 자 하프를 타다
하아프

□ **harrow** [hǽrou] 　　　　　　　명 써레 타자 써레질하다
해로우

□ **harry** [hǽri] 　　　　　　　　타 침략하다, 약탈하다 명 악마
해리

□ **harsh** [háːrʃ] 　　　　　　　　형 거칠은, 귀에 거슬리는, 껄껄한
하아쉬

□ **harshly** [háːrʃli] 　　　　　　부 거칠게, 가혹하게, 엄하게
하아쉴리

□ **hart** [háːrt] 　　　　　　　　명 수사슴
하아트

□ **harvest** [háːrvist] 　　　　　　명 수확, 추수 타자 추수하다
하아비스트

□ **has** [hǽz] 　　　　　　　　　동 have의 3인칭 단수
해즈

□ **haste** [héist] 　　　　　　　　명 급속, 급함 자타 재촉하다
헤이스트

239

□ **hasten** [héisn] 헤이슨	🗈 🗇 서두르게 하다, 재촉하다
□ **hasty** [héisti] 헤이스티	🗟 성급한, 경솔한, 조급한
□ **hastily** [héistili] 헤이스틸리	🗊 급히 서둘러서, 급하게
□ **hat** [hæt] 해트	🗇 (테가 있는) 모자
□ **hatch** [hætʃ] 해취	🗈 🗇 알을 까다 🗇 부화, 해치, 승강구
□ **hatchet** [hǽtʃit] 해취트	🗇 자귀, 손도끼
□ **hate** [héit] 헤이트	🗈 미워하다, 싫어하다 🗇 증오
□ **hateful** [héitfəl] 헤이트펄	🗟 밉살스러운, 괘씸한
□ **hatred** [héitrid] 헤이트리드	🗇 증오, 혐오
□ **haughty** [hɔ́ːti] 호오티	🗟 오만한, 거만한, 불손한
□ **haughtily** [hɔ́ːtili] 호오틸리	🗊 거만하게, 오만하게
□ **haul** [hɔ́ːl] 호올	🗇 🗈 끌어당기다, 잡아 끌다
□ **haunt** [hɔ́ːnt] 호온트	🗈 🗇 자주 가다, 종종 방문하다, (유령)출몰하다
□ **have** [hǽv] 해브	🗈 가지고 있다, 얻다, 받다
□ **havoc** [hǽvək] 해벅	🗇 파괴, 대 황폐
□ **Hawaii** [həwáiiː] 허와이이	🗇 하와이

240

□ **hawk** [hɔ́ːk]
호오크
명 매 자 타 매를 부리다

□ **hawthorn** [hɔ́ːθɔ̀ːrn]
호오쏘온
명 산사나무, 서양 산사나무

□ **hay** [héi]
헤이
명 건초, 마른 풀, 마초

□ **hazard** [hǽzərd]
해저드
명 운수, 위험, 모험

□ **haze** [héiz]
헤이즈
명 아지랑이, 안개 자 아련하다

□ **hazel** [héizəl]
헤이절
명 개암나무 형 담갈색의

□ **he** [híː]
히이
대 그는, 그가, 그 사람, 그 자

□ **head** [héd]
헤드
명 머리, 두뇌, 정상, 지력

□ **headache** [hédèik]
헤데이크
명 두통, 두통거리

□ **headlight** [hédlàit]
헤드라이트
명 전조등, (배의) 장등

□ **headline** [hédlàin]
헤드라인
명 제목, 표제 타 제목을 붙이다

□ **headlong** [hédlɔ́ːŋ]
헤드로옹
부 거꾸로, 곤두박이로
형 몹시 서두르는

□ **headquarters**
[hédkwɔ́ːrtərz] 헤드쿼어터즈
명 본부, 본영, 사령부

□ **heal** [híːl]
히일
타 자 낫게 하다, 고치다, 낫다

□ **health** [hélθ]
헬쓰
명 건강, 건강상태

□ **healthful** [hélθfəl]
헬쓰펄
형 건강에 좋은, 건전한

□ **healthy** [hélθi] 형 건강한, 위생적인, 건전한
헬씨

□ **heap** [híːp] 명 더미, 퇴적, 덩어리
히입

□ **hear** [híər] 타 재 듣다, 들리다, 들을 수 있다
히어

□ **hearer** [híərər] 명 듣는 사람
히어러

□ **hearing** [híəriŋ] 명 청취, 청력, 청각
히어링

□ **hearken** [háːrkən] 재 귀를 기울이다, 경청하다
하아컨

□ **heart** [háːrt] 명 심장, 마음, 가슴, 흉부
하아트

□ **hearth** [háːrθ] 명 난로, 난로가
하아쓰

□ **hearty** [háːrti] 형 진심에서 우러나오는
하아티

□ **heat** [heat] 명 열, 더움 타 재 뜨겁게 하다
히트

□ **heater** [híːt] 명 난방장치, 난로
히이트

□ **heath** [híːθ] 명 [식물] 히스
히이쓰

□ **heathen** [híːðən] 명 이교도, 이방인 형 이교도의
히이던

□ **heather** [héðər] 명 [식물] 헤더 (히스속의 관목)
헤더

□ **heave** [híːv] 타 재 들어올리다, 부풀리다
히이브

□ **heaven** [hévən] 명 하늘, 상공, 하느님
헤번

242

□ **heavenly** [hévənli]
헤번리
형 하늘의, 천국같은, 거룩한

□ **heavy** [hévi]
헤비
형 무거운, 묵직한, 대량의

□ **Hebraic** [hibréiik]
히브레이크
형 히브리 사람의

□ **Hebrew** [híːbruː]
히이브루우
명 히브리 사람, 이스라엘 사람

□ **hectoliter** [héktəliːtər]
헥터리이터
명 100ℓ

□ **hedge** [hédʒ]
헤쥐
명 산울타리 타 간막이하다

□ **heed** [híːd]
히이드
명 조심, 주의 타 자 주의하다

□ **heedless** [híːdlis]
히이들리스
형 조심성 없는, 경솔한

□ **heel** [híːl]
히일
명 뒤꿈치 타 되축을 대다

□ **heifer** [héfər]
헤퍼
명 (아직 새끼 안 낳은) 어린 암소

□ **height** [háit]
하이트
명 높이, 고도, 키, 절정

□ **heighten** [háitn]
하이튼
타 자 높이다, 높아지다, 증가하다

□ **heir** [έər]
에어
명 상속인, 후계자, 계승자

□ **hell** [hel]
헬
명 지옥, 곤경, 저승, 악귀

□ **hello** [helóu]
헬로우
감 여보! 여보세요!

□ **helm** [hélm]
헤음
명 키, 자루 타 키를 잡다

A
B
C
D
E
F
G
H
I
J
K
L
M
N
O
P
Q
R
S
T
U
V
W
X
Y
Z

243

□ **helmet** [hélmit]
헬밋

명 투구, 헬멧, 철모

□ **help** [hélp]
헬프

타 자 돕다, 거들다, 도움이 되다

□ **helper** [hélpər]
헬퍼

명 원조자, 구조자, 조수

□ **helpful** [hélpfəl]
헬프펄

형 도움이 되는, 유용한

□ **helpless** [hélplis]
헬플리스

형 어찌할 도리 없는, 무리한

□ **hemisphere** [hémisfiər]
헤미스피어

명 가두리, (옷, 손수건의) 가장자리

□ **hemlock** [hémlàk]
헴락

명 독(당근에서 뽑은 도약)

□ **hemp** [hémp]
헴프

명 대마, 삼, 교수형의 밧줄

□ **hen** [hén]
헨

명 암탉, 암컷

□ **hence** [héns]
헨스

부 지금부터, 이제부터, 그러므로

□ **henceforth** [hènsfɔ́ːrθ]
헨스포오쓰

부 이후, 차후, 이제부터는

□ **her** [hə́ːr]
허어

대 그 여자의, 그 여자에게

□ **herald** [hérəld]
헤럴드

명 전령관, 사자 타 보도하다

□ **herb** [hə́ːrb]
허어브

명 풀, 약용 식물(작약, 상치 등)

□ **herd** [hə́ːrd]
허어드

명 (소, 말 따위의) 떼, 군중

□ **here** [híər]
히어

부 여기에, 여기로, 이리로

□ **hereafter** [hìəræftər]　　　뿐 앞으로, 이제부터는
히어애프터

□ **hereby** [hìərbái]　　　뿐 이에 의하여, 이 결과
히어바이

□ **hereditary** [hərédətèri]　　　형 세습의, 유전의, 대대의
허레더테리

□ **herein** [híərìn]　　　뿐 여기에, 이 속에
히어린

□ **heresy** [hérəsi]　　　명 이교(異敎), 이단(異端), 이론
헤러시

□ **heretic** [hérətik]　　　명 이교도 형 이교의, 이단의
헤러틱

□ **heretofore** [hìərtəfɔ́:r]　　　뿐 지금까지, 이제까지
히어터포오

□ **heritage** [héritidʒ]　　　명 유산, 상속재산, 유전
헤리티쥐

□ **hermit** [hə́:rmit]　　　명 은자, 수행자, 도사
허어미트

□ **hero** [híərou]　　　명 영웅, (연극, 소설 속의) 주인공
히어로우

□ **heroic** [hiróuik]　　　형 영웅의, 장렬한, 영웅을 다룬
히로우익

□ **heroine** [hérouin]　　　명 여장부, 여걸, 여주인공
헤로우인

□ **heroism** [hérouìzm]　　　명 영웅적 행위, 장렬
헤로우이즘

□ **heron** [hérən]　　　명 왜가리
헤런

□ **herring** [hériŋ]　　　명 청어
헤링

□ **hers** [hə́:rz]　　　대 그 여자의 것
허어즈

□ **herself** [hərsélf]   대 그 여자의 자신, 본래의 그녀
허셀프

□ **he's** [hí:s]   약 he is (he has)의 줄임
히이스

□ **hesitate** [hézətèit]   자 망설이다, 주저하다
헤저테이트

□ **hesitation** [hèzətéiʃən]   명 망설임, 주저, 말 더듬음
헤저테이션

□ **hew** [hjú:]   타 자 (도끼 따위로) 찍다(자르다)
휴우

□ **hey** [héi]   감 헤이! 야아! 어이!
헤이

□ **hickory** [híkəri]   명 호도과의 나무
히커리

□ **hide** [háid]   타 자 숨기다, 감추다, 덮다
하이드

□ **hideous** [hídiəs]   형 끔찍한, 섬뜩한, 소름끼치는
히디어스

□ **high** [hái]   형 높은, 높이 올라간 부 높게
하이

□ **highland** [háilənd]   명 고지, 산지
하일런드

□ **highly** [háili]   부 높이, 세계, 고도로
하일리

□ **highness** [háinis]   명 높음, 높이, 고위
하이니스

□ **highway** [háiwèi]   명 공로, 대로, 큰 길
하이웨이

□ **hike** [háik]   명 도보 여행
하이크

□ **hiking** [háikiŋ]   명 하이킹, 도보 여행
하이킹

□ **hill** [híl]
힐
명 언덕, 작은 산, 두덩, 흙더미

□ **hillside** [hílsàid]
힐사이드
명 산중턱, 산허리

□ **hilltop** [híltàp]
힐탑
명 언덕 꼭대기

□ **him** [hím]
힘
대 그를, 그대에게

□ **himself** [himsélf]
힘셀프
대 그 자신, 자기 스스로

□ **hind** [háind]
하인드
형 뒤의, 후방의, 후부의

□ **hinder** [híndər]
힌더
타 자 방해하다, 방해가 되다

□ **Hindu, Hindoo** [híndu:]
힌두우
명 힌두교도, 인도 사람

□ **hinge** [híndʒ]
힌쥐
명 돌쩌귀, 경첩

□ **hint** [hínt]
힌트
명 암시 타 자 암시하다

□ **hip** [híp]
힙
명 엉덩이, 둔부

□ **hire** [háiər]
하이어
명 임대료, 고용 타 세놓다

□ **his** [híz]
히즈
대 그의, 그의 것

□ **hiss** [hís]
히스
명 쉬이, 쉿
자 타 쉬이 소리를 내다

□ **historian** [histɔ́:riən]
히스토오리언
명 역사가

□ **historic** [histɔ́:rik]
히스토오릭
형 역사상 유명한, 역사에 남은

□ **historical** [histɔ́ːrikəl]
히스토오리컬
형 역사상의, 역사적인

□ **history** [hístəri]
히스터리
명 역사, 사학, 연혁, 경력, 유래

□ **hit** [hít]
히트
타 자 때리다, 적중하다 명 명중

□ **hitch** [hítʃ]
히취
타 자 휙끌어올리다, 와락 움직이다

□ **hither** [híðər]
히더
부 이리로, 여기로 형 이쪽의

□ **hitherto** [híðərtùː]
히더투우
부 지금까지, 여태까지

□ **hive** [háiv]
하이브
명 꿀벌통 타 벌통에 넣다

□ **ho** [hóu]
호우
감 어이! 저런! 허허! 흥!

□ **hoard** [hɔ́ːrd]
호오드
명 저장, 축적 타 자 저장하다

□ **hoarse** [hɔ́ːrs]
호오스
형 목이 쉰, 목쉰 소리의

□ **hobby** [hábi]
하비
명 도락, 장기(長技), 취미

□ **hockey** [háki]
하키
명 하키

□ **hoe** [hóu]
호우
명 호미, 괭이 타 호미로 파다

□ **hog** [hɔ́ːg]
호오그
명 불결한 사람, 식용돼지, 욕심쟁이

□ **hoist** [hɔ́ist]
호이스트
타 올리다, 높이 달다, 끌어올리다

□ **hold** [hóuld]
호울드
타 자 손에 들다, 유지하다

□ **holder** [hóuldər]
호울더
명 소유자, 보유자, (칼의) 자루

□ **hole** [hóul]
호울
명 구멍 타 자 구멍을 뚫다

□ **holiday** [hálədèi]
할러데이
명 휴일, 명절, 국경일

□ **Holland** [hálənd]
할런드
명 네덜란드

□ **hollow** [hálou]
할로우
명 속이 빈 자 타 움푹 들어가다

□ **holly** [háli]
할리
명 서양호랑가시나무

□ **holy** [hóuli]
호울리
형 신성한, 거룩한, 정결한

□ **homage** [hámidʒ]
하미쥐
명 신종(臣從)의 예, 존경

□ **home** [hóum]
호움
명 집, 가정 형 가정의 부 내집으로

□ **homely** [hóumli]
호움리
형 검소한, 가정적인, 소박한

□ **homemade** [hóumméid]
호움메이드
형 손으로 만든, 집에서 만든

□ **homesick** [hóumsìk]
호움식
형 고향을 그리워하는, 향수의

□ **homestead** [hóumstèd]
호움스테드
명 (농가의) 집과 부속지

□ **homeward** [hóumwərd]
호움워드
형 집으로의 부 집을 향하여

□ **homework** [hóumwə́ːrk]
호움워어크
명 집안 일, 숙제, 자습

□ **honest** [ánist]
아니스트
형 정직한, 성실한, 공정한

□ **honestly** [ánistli]
아니스틀리

㉾ 정직하게, 진실로

□ **honesty** [ánisti]
아니스티

㈐ 정직, 성실, 충실, 정절

□ **honey** [hʌ́ni]
허니

㈐ 벌꿀 ㈑ 감미로운, 벌꿀의

□ **honeycomb** [hʌ́nikòum]
허니코움

㈐ 벌집, 벌집 모양

□ **honeymoon** [hʌ́nimùːn]
허니무운

㈐ 신혼 여행 ㉾ 신혼여행을 하다

□ **honeysuckle** [hʌ́nisʌ̀kl]
허니서클

㈐ 인동 덩굴

□ **hono(u)r** [ánər]
아너

㈐ 명예, 영광, 명성

□ **hono(u)rable** [ánərəbl]
아너러블

㈑ 존경할만한, 명예로운

□ **hood** [húd]
허드

㈐ 두건, 후드, 포장

□ **hoof** [húf]
후프

㈐ 말 발굽

□ **hook** [húk]
후크

㈐ 갈고리 ㉾ ㉾ 구부러지다

□ **hoop** [húːp]
후우프

㈐ 굴렁쇠, 테 ㉾ 테를 두르다

□ **hoot** [húːt]
후우트

㉾ ㉾ 야유하다, (올빼미가) 부엉 부엉 울다

□ **hop** [háp]
하브

㉾ 뛰다 ㈐ 한쪽 발로 뛰기

□ **hope** [hóup]
호웁

㈐ 희망, 기대 ㉾ ㉾ 기대하다

□ **hopeful** [hóupfəl]
호웁펄

㈑ 유명한, 희망에 찬

□ **hopeless** [hóuplis]
호웁플리스
혱 가망 없는, 절망의

□ **horde** [hɔ́:rd]
호오드
몡 군중, 큰 무리

□ **horizon** [həráizn]
허라이즌
몡 수평선, 지평선, 시야

□ **horizontal** [hɔ́:rəzántl]
호오러잔틀
혱 지평선의, 수평의, 평면의

□ **horn** [hɔ́:rn]
호온
몡 뿔, 촉수, 더듬이

□ **horrible** [hɔ́:rəbl]
호오러블
혱 무서운, 소름끼치는

□ **horrid** [hɔ́:rid]
호오리드
혱 무서운, 지겨운, 불쾌한

□ **horrify** [hɔ́:rəfài]
호오러파이
타 무섭게 하다, 소름끼치게 하다

□ **horror** [hɔ́:rər]
호오러
몡 공포, 잔혹, 몹시 무서움

□ **horse** [hɔ́:rs]
호오스
몡 말 타 자 말을 타다, 승마하다

□ **horseback** [hɔ́:rsbæk]
호오스백
몡 말의 등

□ **horseman** [hɔ́:rsmən]
호오스먼
몡 말탄 사람, 기수

□ **horsepower** [hɔ́:rspàuər]
호오스파우어
몡 마력

□ **horseshoe** [hɔ́:rsʃù:]
호오스슈우
몡 편자 타 편자를 박다

□ **hose** [hóuz]
호우즈
몡 호오스 타 긴 양말을 신기다

□ **hospitable** [háspitəbl]
하스피터블
혱 후대하는, 대접이 좋은

□ **hospital** [háspitl]
하스피틀
　圏 병원, 수리점 囲 입원시키다

□ **hospitality** [hàspətǽləti]
하스퍼탤러티
　圏 환대, 친절한 대접

□ **host** [hóust]
호우스트
　圏 주인노릇, 집 주인, 진행자

□ **hostage** [hástidʒ]
하스티쥐
　圏 인질, 불모, 저당

□ **hostess** [hóustis]
호우스티스
　圏 여주인, 여성 사회자, 안주인

□ **hostile** [hástl]
하스틀
　圏 적의 있는, 적의, 적대하는

□ **hostility** [hɑstíləti]
하스틸러티
　圏 적의, 저항, 적대행위

□ **hot** [hát]
핫
　圏 뜨거운, 더운, 고열의

□ **hotel** [houtél]
호우텔
　圏 호텔, 여관

□ **hound** [háund]
하운드
　圏 사냥개 囲 사냥개로 사냥하다

□ **hour** [áuər]
아우어
　圏 한 시간, 시각, 시

□ **house** [háus]
하우스
　圏 가옥, 주택, 자택

□ **household** [háushòuld]
하우스호울
　圏 가족, 온 집안 식구 圏 가족의

□ **housekeeper** [háuskìːpər]
하우스키이퍼
　圏 가정부, 주부

□ **housekeeping** [háuskìːpiŋ]
하우스키이
　圏 살림살이, 가정

□ **housewife** [háuswàif]
하우스와이프
　圏 주부

252

□ **housework** [háuswə̀ːrk]
하우스워어크
명 가사, 집안 일

□ **hover** [hʌ́vər]
허버
자 배회하다 명 배회, 주저

□ **how** [háu]
하우
부 어떻게, 어떤 식으로, 얼마나

□ **however** [hauévər]
하우에버
부 아무리 ~일지라도
접 그렇지만

□ **howl** [hául]
하울
자 타 (개 따위가) 짖다, 악쓰다

□ **huddle** [hʌ́dl]
허들
타 뒤죽박죽 주워모으다 자 붐비다

□ **hue** [hjúː]
휴우
명 빛깔, 색채, 색조

□ **hug** [hʌ́g]
허그
타 꼭 껴안다 명 꼭 껴안음

□ **huge** [hjúːdʒ]
휴우쥐
형 거대한, 막대한

□ **hull** [hʌ́l]
헐
명 껍데기, 외피 타 덮개를 벗기다

□ **hum** [hʌ́m]
험
자 (벌, 팽이가) 윙윙하다

□ **human** [hjúːmən]
휴우먼
형 인간의, 인간다운 명 사람

□ **humane** [hjuːméin]
휴우메인
형 자비로운, 인도적인

□ **humanism** [hjúːmənìzm]
휴우머니즘
명 인문주의, 인도주의

□ **humanist** [hjúːmənist]
휴우머니스트
명 인문학자, 인도주의자

□ **humanity** [hjuːmǽnəti]
휴우매너티
명 인간, 인류, 인간성

A
B
C
D
E
F
G
H
I
J
K
L
M
N
O
P
Q
R
S
T
U
V
W
X
Y
Z

□ **humble** [hʌ́mbl]
험블

혱 겸손한, 비천한, 천한
타 천하게 하다

□ **humbly** [hʌ́mbli]
험블리

閂 겸손하여, 비천하게

□ **humiliate** [hju:mílièit]
휴우밀리에이트

타 욕보이다, 창피를 주다

□ **humiliation** [hju:mìliéiʃən]
휴우밀리에이션

몡 창피, 굴욕

□ **humility** [hju:míləti]
휴우밀러티

몡 겸손, 겸허

□ **humo(u)r** [hjú:mər]
휴우머

몡 익살, 해학, 유우머, 기분

□ **humorous** [hjú:mərəs]
휴우머러스

혱 익살맞은, 해학적인

□ **hump** [hʌ́mp]
험프

몡 군살, 둥근 언덕, (등의) 혹

□ **hunch** [hʌ́ntʃ]
헌취

몡 예감, 직감, 군살

□ **hundred** [hʌ́ndrəd]
헌드레드

혱 100의 몡 100

□ **Hungary** [hʌ́ŋgəri]
헝거리

몡 헝가리

□ **hunger** [hʌ́ŋgər]
헝거

몡 굶주림, 공복 자 타 굶주리다

□ **hungry** [hʌ́ŋgri]
헝그리

혱 굶주린, 공복의, 갈망하는

□ **hunks** [hʌ́ŋks]
헝크스

몡 수전노, 구두쇠, 욕심쟁이

□ **hunt** [hʌ́nt]
헌트

타 자 사냥하다, 추적하다 몡 사냥

□ **hunter** [hʌ́ntər]
헌터

몡 사냥꾼, 사냥개, 탐구자

□ **huntsman** [hántsmən]
헌츠먼
명 사냥개 담당자, 사냥꾼

□ **hurl** [há:rl]
허얼
타 내던지다 명 내던짐, 집어던짐

□ **hurrah** [hərá:]
허라아
감 만세! 자 만세하고 외치다

□ **hurricane** [há:rəkèin]
허어러케인
명 폭풍, 폭풍우

□ **hurried** [há:rid]
허어리드
형 매우 급한, 다급한

□ **hurriedly** [há:ridli]
허어리들리
부 매우, 급히

□ **hurry** [há:ri]
허어리
명 서두름, 매우 급함
자 타 서두르다

□ **hurt** [há:rt]
허어트
명 부상, 상처 타 자 상하게 하다

□ **husband** [házbənd]
허즈번드
명 남편 타 절약하다

□ **hush** [háʃ]
허쉬
명 침묵, 고요함
자 타 잠잠하게 하다

□ **husk** [hásk]
허스크
명 껍질, 겉껍질 타 껍질을 벗기다

□ **husky** [háski]
허스키
형 껍질의, 쉰 목소리의

□ **hustle** [hásl]
허슬
자 타 힘차게 밀다, 척척 해내다.

□ **hut** [hát]
헛
명 오두막집, 암시, 막사

□ **hybrid** [háibrid]
하이브리드
명 잡종, 혼성물 형 잡종의

□ **hydrogen** [háidrədʒən]
하이드러젠
명 수소

255

□ **hygiene** [háidʒiːn]
하이쥐인
명 위생학, 건강법

□ **hymn** [hím]
힘
명 찬송가, 성가 태 찬송하다

□ **hyphen** [háifən]
하이펀
명 하이픈 태 하이픈으로 연결하다

□ **hypocrisy** [hipάkrəsi]
히파크러시
명 위선, 협잡

□ **hypocrite** [hípəkrit]
히퍼크리트
명 위선자, 겉으로 착한 체하는
사람

□ **hypothesis** [haipάθəsis]
하이파써시스
명 가설(假說), 가정
재 태 가정하다

□ **hysteria** [histériə]
히스테리어
명 히스테리, 병적 흥분

□ **hysterical** [histérikəl]
히스테리컬
형 히스테리의, 아주 우스꽝스러운

생선가게와 정육점 Fish Shop & Butcher Shop

① octopus
[áktəpəs 악터퍼스]

② cuttlefish
[kʌ́tlfiʃ 커틀피쉬]

③ salmon
[sǽmən 새먼]

④ hairtail
[heə(r)tèil 헤어테일]

⑤ mackerel
[mǽkrəl 매크럴]

① 문어 ② 오징어 ③ 연어 ④ 갈치 ⑤ 고등어

⑥ scale
[skeil 스케일]

⑦ butcher
[bútʃər 부쳐]

⑧ lobster
[lábstər 랍스터]

⑨ egg
[eg 에그]

⑩ meat
[mi:t 미이트]

⑪ crab
[kræb 크랩]

⑫ chicken
[tʃíkin 치킨]

⑬ pork belly
[pɔːrk beli 포오크 벨리]

📖 ─────────────────────────
⑥ 저울   ⑦ 정육점 주인   ⑧ 바닷가재   ⑨ 달걀   ⑩ 고기   ⑪ 게
⑫ 닭고기   ⑬ 삼겹살

□ **I** [ai]
아이
때 나는, 내가

□ **ice** [áis]
아이스
명 얼음, 얼음과자 타 얼리다

□ **iceberg** [áisbəːrg]
아이스버어그
명 빙산, 냉담한 사람

□ **icicle** [áisikl]
아이시클
명 고드름

□ **icy** [áisi]
아이시
형 얼음의, 얼음같은

□ **idea** [aidíːə]
아이디이어
명 생각, 이념, 관념, 상상

□ **ideal** [aidíːəl]
아이디이얼
형 이상적인, 공상적인 명 이상

□ **identical** [aidéntikəl]
아이덴티컬
형 동일한, 같은

□ **identify** [aidéntəfài]
아이덴터파이
타 확인하다, 증명하다, 동일시하다

□ **identity** [aidéntəti]
아이덴터티
명 동일함, 동일성, 신원

□ **idiom** [ídiəm]
이디엄
명 관용어, 숙어, 고유어, 언어

□ **idle** [áidl]
아이들
형 태만한 자 게으름피우다

□ **idleness** [áidlnis]
아이들니스
명 태반, 게으름, 무위

□ **idly** [áidli]
아이들리
㊈ 하는 일 없이, 게으름 피우며

□ **idol** [áidl]
아이들
㊂ 우상, 신상

□ **if** [if]
이프
㊈ 만약 ~이라면, ~일지라도

□ **ignorance** [íɡnərəns]
이그너런스
㊂ 무지, 무학, 모르고 있음

□ **ignorant** [íɡnərənt]
이그너런트
㊅ 무지몽매한, 무식한

□ **ignore** [iɡnɔ́ːr]
이그노오
㊉ 무시하다

□ **ill** [íl]
일
㊅ 건강이 나쁜, 병든

□ **illegal** [ilíːɡəl]
일리이걸
㊅ 불법의, 위법의 비합리적인

□ **illness** [ílnis]
일니스
㊂ 병, 불쾌, 발명

□ **illuminate** [ilúːmənèit]
일루우머네이트
㊉ 비추다, 계몽하다, 조명하다

□ **illumination** [ilùːmənéiʃən]
일루우머네이션
㊂ 조명, 일루미네이션, 계몽

□ **illusion** [ilúːʒən]
일루우전
㊂ 환영, 환상, 착각, 망상

□ **illustrate** [íləstrèit]
일러스트레이트
㊉ (보기를 들어) 설명하다

□ **illustrator** [íləstrèitər]
일러스트레이터
㊂ 삽화가, 설명하는 사람

□ **illustration** [ìləstréiʃən]
일러스트레이션
㊂ 실례, 삽화, 도해, 설명

□ **illustrious** [ilʌ́striəs]
일러스트리어스
㊅ 저명한, 걸출한

260

□ **I'm** [aim]
아임

약 I am의 단축

□ **image** [ímidʒ]
이미쥐

명 모습, 영상 타 그림자를 비추다

□ **imaginary** [imǽdʒənèri]
이매저네리

형 상상의, 상상으로서의

□ **imagination**
[imæ̀dʒənéiʃən] 이매줘네이션

명 상상력, 창작력, 상상

□ **imaginative**
[imǽdʒənətiv] 이매줘너티브

형 상상적인, 상상력이 풍부한

□ **imagine** [imǽdʒin]
이매쥔

타 자 상상하다, 가정하다

□ **imitate** [ímətèit]
이머테이트

타 모방하다, 흉내내다, 따르다

□ **imitation** [ìmətéiʃən]
이머테이션

명 모방, 모조품, 흉내

□ **immediate** [imíːdiət]
이미이디어트

형 직접의, 바로 옆의, 즉시의

□ **immediately** [imíːdiətli]
이미이디어틀리

부 즉시로, 직접, 곧, 바로

□ **immemorial** [ìməmɔ́ːriəl]
이머모오리얼

형 기억에 없는, 태고적의,
아주 오랜

□ **immense** [iméns]
이멘스

형 거대한, 무한한, 막대한

□ **immensely** [imensli]
이멘슬리

부 무한히, 대단히

□ **immigrant** [ímigrənt]
이미그런트

명 (외국에서 오는) 이민, 이주자

□ **immigration** [ìməgréiʃən]
이머그레이션

명 (외국에서 오는) 이주, 이민

□ **imminent** [ímənənt]
이머넌트

형 절박한, 촉박한, 임박한

261

□ **immortal** [imɔ́:rtl]
이모오틀
㉠ 영원한, 불사의, 죽지 않는

□ **immortality** [ìmɔːrtǽləti]
이모오탤러티
㉳ 불멸, 불사

□ **impair** [impéər]
임페어
㉣ ㉽ 해치다, 손상시키다

□ **impart** [impá:rt]
임파아트
㉣ 나누어주다, 곁들이다

□ **impartial** [impá:rʃəl]
임파아셜
㉠ 편견 없는, 공평한

□ **impassive** [impǽsiv]
임패시브
㉳ 무감동의, 감정이 없는

□ **impatience** [impéiʃəns]
임페이션스
㉳ 조바심, 초조, 안타까움

□ **impatient** [impéiʃənt]
임페이션트
㉠ 성급한, 참을 수 없는, 조급한

□ **impatiently** [impéiʃəntli]
임페이션틀리
㉮ 안절부절하며, 조급하게

□ **impel** [impél]
임펠
㉣ 재촉하다, 몰아대다

□ **imperative** [impérətiv]
임페러티브
㉠ 꼭 해야할, 필수적인, 명령적인

□ **imperfect** [impɔ́:rfikt]
임퍼어픽트
㉠ 불완전한, 미완성의, 불비한

□ **imperial** [impíəriəl]
임피어리얼
㉠ 제국의, 황제의 ㉳ 황제,
(종이)임페리얼판(23×31inch)

□ **imperious** [impíəriəs]
임피어리어스
㉠ 건방진, 긴급한, 거만한

□ **imperishable** [impériʃəbl]
임페리셔블
㉠ 불멸의, 영원한, 불사의

□ **impersonal** [impɔ́:rsənl]
임퍼어서늘
㉠ 비개인적인, 비인격적인

□ **impetuous** [impétʃuəs]
임페츄어스
혱 맹렬한, 격렬한, 성급한

□ **implement** [ímpləmənt]
임플러먼트
몡 도구, 용구, 기구

□ **implore** [implɔ́:r]
임플로오
타 간청하다, 애원하다

□ **imply** [implái]
임플라이
타 함축하다, 의미하다, 암시하다

□ **import** [impɔ́:rt]
임포오트
타 수입하다, 내포하다, 뜻하다
몡 수입

□ **importance** [impɔ́:rtəns]
임포오턴스
몡 중요성, 중요한 지위, 오만

□ **important** [impɔ́:rtənt]
임포오턴트
혱 중요한, 유력한, 거만한

□ **impose** [impóuz]
임포우즈
타 재 지우다, 부과하다, 속이다

□ **imposing** [impóuziŋ]
임포우징
혱 당당한, 인상적인

□ **imposition** [ìmpəzíʃən]
임퍼지션
몡 부과, 세금, 부담

□ **impossible** [impásəbl]
임파서블
혱 불가능한, 있을 수 없는

□ **impossibility** [impàsəbíləti]
임파서빌러티
몡 불가능, 불가능한 일

□ **impoverish** [impávəriʃ]
임파버리쉬
타 가난하게 하다, 메마르게 하다.

□ **impress** [imprés]
임프레스
타 인상을 주다

□ **impression** [impréʃən]
임프레션
몡 인상, 느낌, 흔적, 날인, 자국

□ **impressive** [imprésiv]
임프레시브
혱 인상적인, 깊은 인상을 주는

□ **imprison** [imprízn]
임프리즌

	타 투옥하다, 감금하다

□ **imprisonment**
[impríznmənt] 임프리즌먼트

	명 투옥, 감금, 구금

□ **improper** [imprápər]
임프라퍼

	형 부적당한, 버릇없는, 그른

□ **improve** [imprú:v]
임프루우브

	타 자 개량하다, 개선하다

□ **improvement**
[imprú:vmənt] 임프루우브먼트

	명 개선, 진보, 향상

□ **impulse** [ímpʌls]
임펄스

	명 충동, 자극, 충격, 추진력

□ **impure** [impjúər]
임퓨어

	형 때묻은, 불순한, 불결한

□ **in** [in]
인

	전 ~의 속에 부 안으로, 안에

□ **inability** [ìnəbíləti]
이너빌러티

	명 무능, 무력, 무자격

□ **inactive** [inǽktiv]
인액티브

	형 활동적이 아닌, 활발치 않은

□ **inadequate** [inǽdikwət]
인애디쿼트

	형 부적당한, 불충분한, 무력한

□ **inasmuch** [ìnəzmʌ́tʃ]
이너즈머취

	부 ~이기 때문에, ~이므로

□ **inaugurate** [inɔ́:gjurèit]
이노오규레이트

	타 취임시키다, 개시하다

□ **incapable** [inkéipəbl]
인케이퍼블

	형 무능한, ~을 할 능력이 없는

□ **incense** [ínsens]
인센스

	명 향(香) 타 향을 피우다

□ **incentive** [inséntiv]
인센티브

	형 자극적인, 격려하는
	명 격려, 자극, 유인

□ **incessant** [insésnt]
인세슨트
혱 끊임없는, 쉴새 없는

□ **inch** [íntʃ]
인취
몡 인치(1/12피이트, 2.54cm)

□ **incident** [ínsədənt]
인서던트
혱 흔히 있는 몡 일어난 일

□ **inclination** [ìnklənéiʃən]
인클러네이션
몡 경향, 기질, 기울기, 경사도

□ **incline** [inkláin]
인클라인
탄 잔 기울이다, 기울다, 굽히다

□ **include** [inklú:d]
인클루우드
탄 포함하다, 함유하다

□ **income** [ínkʌm]
인컴
몡 소득, 수입, 순수입

□ **incomparable**
[inkámpərəbl] 인캄퍼러블
혱 비교할 수 없는, 비길 바 없는

□ **inconsistent**
[ìnkənsístənt] 인컨시스턴트
혱 모순되는, 조화되지 않은

□ **inconvenience**
[ìnkənví:njəns] 인컨비이년스
몡 불편, 폐 탄 폐를 끼치다

□ **inconvenient**
[ìnkənví:njənt] 인컨비이년트
혱 불편한, 폐가 되는

□ **incorporate** [inkɔ́:rpərèit]
인코오퍼레이트
탄 잔 법인(조직)으로 만들다,
통합시키다.

□ **increase** [inkrí:s]
인크리이스
몡 증가 탄 잔 증가하다, 늘다

□ **increasingly** [inkrí:siŋli]
인크리이싱리
븜 점점, 증가하여, 더욱더

□ **incredible** [inkrédəbl]
인크레더블
혱 거짓말 같은, 믿을 수 없는

□ **incur** [inkɔ́:r]
인커어
탄 ~에 빠지다, 초래하다

□ **indebted** [indétid]
인데티드

형 은혜를 입고 있는, 빚이 있는

□ **indeed** [indíːd]
인디이드

부 참으로, 과연, 실로, 정말로

□ **indefinite** [indéfənit]
인데퍼니트

형 뚜렷하지 않은, 한계 없는

□ **indefinitely** [indéfənitli]
인데퍼니틀리

부 무기한으로, 불명확하게

□ **independence**
[ìndipéndəns] 인디펜던스

명 독립, 독립심

□ **independent**
[ìndipéndənt] 인디펜던트

형 독립의, 자력의

□ **indescribable**
[ìndiskráibəbl] 인디스크라이버블

형 형언할 수 없는, 막연한

□ **index** [índeks]
인덱스

명 색인(索引), 지표
타 색인에 넣다

□ **India** [índiə]
인디어

명 인도

□ **Indian** [índiən]
인디언

형 인도의, 인도 사람의, 인도어

□ **indicate** [índikèit]
인디케이트

타 지적하다, 가르치다, 암시하다

□ **indication** [ìndikéiʃən]
인디케이션

명 지시, 징조, 지시도수

□ **indicative** [indíkətiv]
인디커티브

형 표시하는, [문법] 직설법의

□ **indifferent** [indífərənt]
인디퍼런트

형 무관심한, 냉담한, 대수롭지
않은

□ **indifference** [indífərəns]
인디퍼런스

명 냉담, 무관심, 중립

□ **indignant** [indígnənt]
인디그넌트

형 (부정 따위를) 분개한, 노한

266

□ **indignantly** [indígnəntli] 　분개하여, 분연히
인디그넌틀리

□ **indignation** [ìndignéiʃən] 　의분, 분개, 분노
인디그네이션

□ **indigo** [índigòu] 　청람, 남빛, 쪽(물감)
인디고우

□ **indirect** [ìndərékt] 　간접의, 2차적인, 솔직하지
인더렉트 　않은

□ **indirectly** [ìndəréktli] 　간접적으로
인더렉틀리

□ **indiscreet** [ìndiskríːt] 　분별 없는, 경솔한
인디스크리이트

□ **indispensable** 　절대 필요한, 긴요한
[ìndispénsəbl] 인디스펜서블

□ **individual** [ìndəvídʒuəl] 　단일한, 개개의 　개인
인더비쥬얼

□ **individuality** 　개성, 개체, 개인의 성격
[ìndəvìdʒuǽləti] 인더비쥬앨러티

□ **indoor** [índɔ́ːr] 　옥내의, 실내의, 집안의
인도오

□ **indoors** [indɔ́ːrz] 　옥내에서, 집안에서
인도오즈

□ **induce** [indjúːs] 　설득하여 ~시키다, 권유하다
인듀우스

□ **indulge** [indʌ́ldʒ] 　탐닉하다, 빠지다
인덜쥐

□ **indulgence** [indʌ́ldʒəns] 　탐익, 관대, 특권, 멋대로 함
인덜전스

□ **industrial** [indʌ́striəl] 　산업의, 공업의
인더스트리얼

□ **industrious** [indʌ́striəs] 　부지런한, 근면한
인더스트리어스

267

□ **industry** [índəstri]
인더스트리
몡 근면, 노동, 산업, 공업

□ **inequality** [ìnikwάləti]
이니콸러티
몡 불평등, 불균등

□ **inert** [inə́ːrt]
이너어트
혱 둔한, 활발치 못한

□ **inevitable** [inévətəbl]
인에버터블
혱 피할 수 없는, 필연적인

□ **inexpensive** [ìnikspénsiv]
인익스펜시브
혱 비용이 들지 않는, 값싼

□ **infamous** [ínfəməs]
인퍼머스
혱 수치스러운, 악랄한

□ **infancy** [ínfənsi]
인펀시
몡 유년시대, 초기, 미성년

□ **infant** [ínfənt]
인펀트
몡 유아(7세 미만) 혱 유아의

□ **infantry** [ínfəntri]
인펀트리
몡 보병, 보병대

□ **infect** [infékt]
인펙트
탄 전염시키다, (병독 따위로) 오염하다

□ **infer** [infə́ːr]
인퍼어
탄 잔 추론하다, 결론을 끌어내다

□ **inference** [ínfərəns]
인퍼런스
몡 추론, 추리, 결론, 함축

□ **inferior** [infíəriər]
인피어리어
혱 하위의, 열등한 몡 하급자, 부하

□ **infernal** [infə́ːrnl]
인퍼어늘
혱 지옥의, 지옥 같은

□ **infest** [infést]
인페스트
탄 (해충, 해적 따위가) 들끓다

□ **infinite** [ínfənət]
인퍼너트
혱 무한의, 막대한

□ **infinitely** [ínfənətli]   부 무한히, 한없이
인퍼너틀리

□ **infinitive** [infínətiv]   명 [문법] 부정사 형 부정사의
인피니티브

□ **inflame** [infléim]   타 자 불을 붙이다, 노하게하다
인플레임

□ **inflation** [infléiʃən]   명 인플레이션, (물가)폭등
인플레이션

□ **inflict** [inflíkt]   타 (고통, 형벌을) 당하게 하다
인플릭트

□ **influence** [ínfluəns]   명 영향, 감화력
인플루언스

□ **influential** [ìnfluénʃəl]   형 영향을 미치는, 유력한
인플루엔셜

□ **influenza** [ìnfluénzə]   명 인플루엔자, 유행성 감기
인플루엔저

□ **inform** [infɔ́ːrm]   타 자 밀고하다, …에게 고하다
인포옴

□ **informal** [infɔ́ːrməl]   형 비공식의, 약식의
인포오멀

□ **information** [ìnfərméiʃən]   명 통지, 정보, 밀고
인퍼메이션

□ **ingenious** [indʒíːnjəs]   형 재간 있는, 슬기로운, 영리한
인쥐이너스

□ **ingenuity** [ìndʒənjúːəti]   명 재주, 교묘, 발명의 재간
인줘뉴우어티

□ **ingredient** [ingríːdiənt]   명 (혼합물의) 성분, 재료, 원료
인그리이디언트

□ **inhabit** [inhǽbit]   타 ~에 살다, ~에 거주하다
인해비트

□ **inhabitant** [inhǽbətənt]   명 거주자, 주민
인해버턴트

□ **inherit** [inhérit]
인헤리트
태 자 상속하다, 이어받다

□ **inheritance** [inhérətəns]
인헤러턴스
명 상속, 유산, 유전

□ **initial** [iníʃəl]
이니셜
형 최초의 명 첫글자

□ **initiative** [iníʃiətiv]
이니쉬어티브
형 처음의, 초보의 명 시작, 독창력

□ **injunction** [indʒʌ́ŋkʃən]
인정크션
명 명령, 지령, 권고

□ **injure** [índʒər]
인줘
태 상처를 입히다, 손상하다

□ **injurious** [indʒúəriəs]
인쥬어리어스
형 해로운, 부당한, 모욕적인

□ **injury** [índʒəri]
인줘리
명 손해, 상해, 모욕, 훼손

□ **injustice** [indʒʌ́stis]
인줘스티스
명 부정, 부당, 불법행위

□ **ink** [íŋk]
잉크
명 잉크

□ **inkstand** [íŋkstæ̀nd]
잉크스탠드
명 잉크병, 잉크스탠드

□ **inland** [ínlæ̀nd]
인랜드
형 내륙의, 국내의, 오지의

□ **inlet** [ínlet]
인레트
명 후미, 입구, 포구

□ **inmate** [ínmèit]
인메이트
명 피수용자, 입원 환자, 수감자

□ **inn** [in]
인
명 여관, 여인숙, 선술집

□ **inner** [ínər]
이너
형 내부의, 안의, 속의

□ **inning** [íniŋ]
이닝
명 ~회, 이닝

□ **innocence** [ínəsəns]
이너선스
명 무죄, 결백, 무구, 순결

□ **innocent** [ínəsənt]
이너선트
형 죄없는, 결백한, 순결한

□ **innocently** [ínəsəntli]
이너선틀리
부 순진하게, 죄 없이

□ **innumerable** [injú:mərəbl]
이뉴우머러블
형 무수한, 이루 셀 수 없는

□ **inquire** [inkwáiər]
인콰이어
타 자 묻다, 조사하다

□ **inquiry** [inkwáiəri]
인콰이어리
명 질문, 조회, 문의

□ **inquisitive** [inkwízətiv]
인퀴저티브
형 물어보고 싶어하는

□ **insane** [inséin]
인세인
형 발광한, 미친 듯한, 광기의

□ **insanity** [insǽnəti]
인새너티
명 광기, 정신이상

□ **inscribe** [inskráib]
인스크라이브
타 (종이, 금속 등에) 쓰다, 새기다

□ **inscription** [inskrípʃən]
인스크립션
명 비문, 제명 형 명각의

□ **insect** [ínsekt]
인섹트
명 곤충, 벌레

□ **insensible** [insénsəbl]
인센서블
형 무감각한, 무신경의

□ **inseparable** [insépərəbl]
인세퍼러블
형 분리할 수 없는, 불가분의

□ **insert** [insə́ːrt]
인서어트
타 끼워 넣다, 삽입하다

271

□ **inside** [ìnsáid]
인사이드
명 안쪽, 내부 형 내부의 부 집안에

□ **insight** [ínsàit]
인사이트
명 통찰력

□ **insignificant**
[ìnsignífikənt] 인시그니피컨트
형 하찮은, 무의미한, 천한

□ **insist** [insíst]
인시스트
자 타 강요하다, 주장하다

□ **insolent** [ínsələnt]
인설런트
형 안하무인의, 무례한

□ **inspect** [inspékt]
인스펙트
타 검사하다, 점검하다

□ **inspection** [inspékʃən]
인스펙션
명 검사, 조사, 검열

□ **inspector** [inspéktər]
인스펙터
명 검사관, 장학관, 감독

□ **inspiration** [ìnspəréiʃən]
인스퍼레이션
명 숨쉼, 영감, 고취

□ **inspire** [inspáiər]
인스파이어
타 감격시키다, 영감을 주다

□ **install** [instɔ́:l]
인스토올
타 취임시키다, 자리에 앉히다

□ **installer** [instɔ́:lər]
인스토올러
명 설치자, 임명자

□ **installation** [ìnstəléiʃən]
인스털레이션
명 취임(식), 설비

□ **instal(l)ment** [instɔ́:lmənt]
인스토올먼트
명 분할 불입금, 월부금

□ **instance** [ínstəns]
인스턴스
명 보기, 예, 실례 타 예를 들다

□ **instant** [ínstənt]
인스턴트
형 즉시의, 절박한 명 즉각

□ **instantly** [ínstəntli] 　 　 閉 즉시, 오로지
인스턴틀리

□ **instead** [instéd] 　 　 閉 (～의) 대신에
인스테드

□ **instinct** [ínstiŋkt] 　 　 冏 본능, 직감, 육감
인스팅크트

□ **instinctive** [instíŋktiv] 　 　 혱 본능적인, 천성의
인스팅크티브

□ **instinctively** [instíŋktivli] 　 閉 본능적으로, 자연히
인스팅크티블리

□ **institute** [ínstətjùːt] 　 　 囙 설치하다 冏 협회, 연구소
인스터튜우트

□ **institution** [ìnstətjúːʃən] 　 冏 설립, 제도, 개시, 관례
인스터튜우션

□ **instruct** [instrʌ́kt] 　 　 囙 가르치다, 알리다
인스트럭트

□ **instructive** [instrʌ́ktiv] 　 혱 교육적인, 유익한
인스트럭티브

□ **instructor** [instrʌ́ktər] 　 冏 교사, (대학의) 강사
인스트럭터

□ **instruction** [instrʌ́kʃən] 　 冏 교수, 교육, 훈련, 지시
인스트럭션

□ **instrument** [ínstrəmənt] 　 冏 (학술상의) 기계, 기구
인스트러먼트

□ **insufficient** [ìnsəfíʃənt] 　 혱 불충분한, 부적당한
인서피션트

□ **insult** [insʌ́lt] 　 　 囙 모욕하다 冏 모욕
인설트

□ **insurance** [inʃúərəns] 　 冏 보험, 보험금, 보험계약
인슈어런스

□ **insure** [inʃúər] 　 　 囙 보증하다, 책임맡다
인슈어

□ **insurrection** [ìnsərékʃən] 명 폭동, 반란
인서렉션

□ **intellect** [íntəlèkt] 명 지력, 이지, 지성
인털렉트

□ **intellectual** [ìntəléktʃuəl] 형 지력의, 지력있는 명 지식인
인털렉튜얼

□ **intelligence** [intélədʒəns] 명 지능, 지혜, 총명, 정보
인텔러쥔스

□ **intelligent** [intélədʒənt] 형 이해력있는, 총명한
인텔러쥔트

□ **intend** [inténd] 타 ~할 작정이다, 생각하다
인텐드

□ **intense** [inténs] 형 격렬한, 열심인, 맹렬한
인텐스

□ **intensely** [inténsli] 부 강렬히, 열심히
인텐슬리

□ **intensity** [inténsəti] 명 강렬, 엄함, 긴장, 격렬
인텐서티

□ **intent** [intént] 명 의지, 의향, 목적
인텐트 형 여념이 없는

□ **intently** [inténtli] 부 여념이 없이, 진심으로
인텐틀리

□ **intention** [inténʃən] 명 의지, 목적, 의미, 취지
인텐션

□ **intercept** [ìntərsépt] 타 빼앗다, 가로채다
인터셉트

□ **interchange** [ìntərtʃéindʒ] 타 자 교환하다, 교대하다
인터체인쥐 명 교환, 교체

□ **intercourse** [íntərkɔ́ːrs] 명 교제, 교통, 교환
인터코오스

□ **interest** [íntərəst] 명 흥미, 이익, 관심
인터레스트 타 흥미를 일으키다

274

□ **interested** [íntərəstid] 형 흥미를 가진, 이기적인
인터레스티드

□ **interesting** [íntərəstiŋ] 형 재미있는, 흥미있는
인터레스팅

□ **interfere** [ìntərfíər] 자 충돌하다, 간섭하다
인터피어

□ **interference** [ìntərfíərəns] 명 충돌, 간섭, 방해
인터피어런스

□ **interior** [intíəriər] 형 내부의, 내륙의 명 내부, 실내
인티어리어

□ **interjection** [ìntərdʒékʃən] 명 감탄, [문법] 감탄사
인터젝션

□ **intermediate** [ìntərmíːdiət] 형 중간의 명 중개자, 조정자
인터미이디어트

□ **internal** [intə́ːrnl] 형 내부의, 체내의, 안의
인터어늘

□ **international** [ìntərnǽʃənl] 형 국제간의, 국제적인, 만국의
인터내서늘

□ **interpose** [ìntərpóuz] 자 사이에 끼우다, 말참견하다
인터포우즈

□ **interpret** [intə́ːrprit] 타 자 설명하다, 해석하다,
인터어프리트

□ **interpreter** [intə́ːrpritər] 명 해석자, 통역자, 판단자
인터어프리이터

□ **interpretation** 명 통역, 해석
[intə́ːrprətéiʃən] 인터어프러테이션

□ **interrogate** [intérəgèit] 자 타 질문하다, 심문하다
인터러게이트

□ **interrogation** [intérəgèit] 명 질문, 심문
인터러게이트

□ **interrogative** [ìntərrǽgətiv] 형 의문의 명 [문법] 의문사
인터라거티브

□ **interrupt** [ìntərʌ́pt]
인터럽트
타 자 가로막다, 중단시키다

□ **interruption** [ìntərʌ́pʃən]
인터럽션
명 중단, 방해

□ **interval** [íntərvəl]
인터벌
명 간격, 쉬는 시간, 틈

□ **intervene** [ìntərvíːn]
인터비인
자 사이에 들어가다, 방해하다

□ **intervention** [ìntərvénʃən]
인터벤션
명 간섭, 중개

□ **interview** [íntərvjùː]
인터뷰우
명 회견, 면접 타 회견하다

□ **intimacy** [íntəməsi]
인터머시
명 친밀, 친교, 친절

□ **intimate** [íntəmət]
인터머트
형 친밀한, 상세한

□ **intimately** [íntəmətli]
인터머틀리
부 친밀하게, 상세하게

□ **into** [intə]
인터
전 ~의 안에, ~으로, ~에

□ **intolerable** [intálərəbl]
인탈러러블
형 견딜 수 없는, 참을 수 없는

□ **intonation** [ìntounéiʃən]
인토우네이션
명 어조, 억양

□ **intoxicate** [intáksikèit]
인탁시케이트
타 취하게 하다, 흥분시키다

□ **intransitive** [intrǽnsətiv]
인트랜서티브
형 [문법] 자동의 명 [문법] 자동사

□ **intricate** [íntrikət]
인트리커트
형 뒤섞인, 복잡한, 번잡한

□ **intrigue** [intríːg]
인트리이그
자 타 음모를 꾸미다, 밀통하다

□ **introduce** [ìntrədjúːs] 타 안내하다, 소개하다, 채용하다
인트러듀우스

□ **introduction** [ìntrədʌ́kʃən] 명 도입, 소개, 머리말, 초보
인트러덕션

□ **intrude** [intrúːd] 타 자 처넣다, 간섭하다, 침입하다
인트루으드

□ **intruder** [intrúːdər] 명 침입자, 난입자
인트루우더

□ **intrusion** [intrúːʒən] 명 강요, 침입
인트루우전

□ **intrust** [intrʌ́st] 통 맡기다, 위임하다(=entrust)
인트러스트

□ **invade** [invéid] 타 침입하다, 침범하다, 엄습하다
인베이드

□ **invader** [invéidər] 명 침입자, 침략자
인베이더

□ **invalid** [ínvəlid] 명 병자 형 허약한, 가치 없는
인벌리드

□ **invaluable** [invǽljuəbl] 형 값을 헤아릴 수 없는, 매우
인밸루어블 귀중한

□ **invasion** [invéiʒən] 명 침입, 침략, 침해
인베이전

□ **invent** [invént] 타 발명하다, 창안하다
인벤트

□ **inventor** [invéntər] 명 발명자, 발명가
인벤터

□ **invention** [invénʃən] 명 발명, 발명의 재능, 발명품
인벤션

□ **invert** [invə́ːrt] 타 거꾸로 하다, 뒤집다
인버어트

□ **invest** [invést] 타 자 쓰다, 소비하다, 투자하다
인베스트

277

□ **investment** [invéstmənt]
인베스트먼트
명 투자, 포위, 수여자

□ **investigate** [invéstəgèit]
인베스터게이트
타 자 연구하다, 조사하다

□ **investigator**
[invéstigèitər] 인베스티게이터
명 연구가, 조사자, 수사관

□ **investigation**
[invèstəgéiʃən] 인베스터게이션
명 연구, 조사

□ **invincible** [invínsəbl]
인빈서블
형 정복할 수 없는, 무적의

□ **invisible** [invízəbl]
인비저블
형 눈에 보이지 않는, 모습을
나타내지 않는

□ **invitation** [ìnvətéiʃən]
인버테이션
명 초대, 안내장, 유인, 권유

□ **invite** [inváit]
인바이트
타 초대하다, 간청하다, 끌다

□ **involute** [ínvəlùːt]
인벌루우트
명 뒤얽힌, 복잡한

□ **involuntary** [inváləntèri]
인발런테리
형 무의식적인, 본의 아닌

□ **involve** [inválv]
인발브
타 포함하다, 말아넣다

□ **inward** [ínwərd]
인워드
형 안쪽의 부 안으로, 내부에

□ **Ireland** [áiərlənd]
아이얼런드
명 아일랜드

□ **iris** [áiəris]
아이어리스
명 [인체] 홍채(虹彩), [식물] 붓꽃

□ **Irish** [áiəriʃ]
아이어리쉬
형 아일랜드의
명 아일랜드 사람, 아일랜드어

□ **iron** [áiərn]
아이언
명 다리미, 쇠, 철, 검, 권총

278

□ **irony** [áiərəni] 명 반어(反語), 빈정댐, 풍자
아이어러니

□ **irregular** [irégjulər] 형 불규칙한, 변칙의, 비정상의
이레귤러

□ **irresistible** [ìrizístəbl] 형 저항할 수 없는
이리지스터블

□ **irritate** [írətèit] 타 초조하게 만들다, 화나게 하다
이러테이트

□ **irritation** [ìrətéiʃən] 명 성남, 초조, 화냄, 자극
이러테이션

□ **is** [iz] 동 be의 3인칭 단수 현재형
이즈

□ **island** [áilənd] 명 섬, 섬 비슷한 것
아일런드

□ **isle** [áil] 명 섬, 작은 섬
아일

□ **isolate** [áisəlèit] 타 고립시키다, 분리시키다
아이설레이트

□ **isolation** [àisəléiʃən] 명 고립, 격리, 절연, 분리
아이설레이션

□ **issue** [íʃuː] 명 발행 타 자 발하다, 출판하다
이슈우

□ **it** [it] 대 그것, 그것이, 그것에, 그것을
잇

□ **Italian** [itǽljən] 형 이탈리아의 명 이탈리아 사람
이탤련

□ **italic** [itǽlik] 형 이탤릭체의, 사체(斜體)의
이탤릭

□ **Italy** [ítəli] 명 이탈리아(공화국)
이털리

□ **itch** [ítʃ] 명 가려움, 옴, 욕망 자 가렵다
이취

279

□ **item** [áitəm]
아이텀

몡 조목, 세목, 종목, 항목

□ **its** [íts]
이츠

때 (it의 소유격) 그것의, 저것의

□ **it's** [íts]
이츠

약 it is의 줄임

□ **itself** [itsélf]
잇셀프

때 그 자신, 바로 그것

□ **ivory** [áivəri]
아이버리

몡 상아, 상아제품

□ **ivy** [áivi]
아이비

몡 담쟁이 덩굴

① **announcer**
[ənáunsər 어나운서]

② **news**
[njuːz 뉴우즈]

③ **microphone**
[máikrəfòun 마이크러포운]

④ **channel**
[tʃǽnl 채늘]

⑤ **commercial**
[kəmə́ːrʃəl 커머어셜]

① 아나운서 ② 뉴스 ③ 마이크 ④ 채널 ⑤ 광고 방송

음악감상 Listening to Music

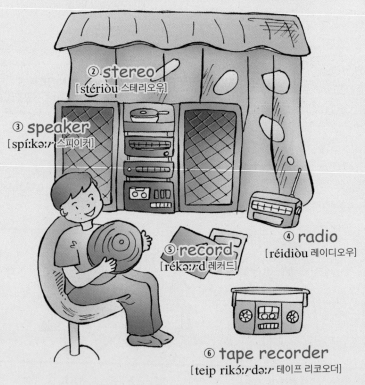

① curtain
[kə́ːr tn 커어튼]

② stereo
[stériòu 스테리오위]

③ speaker
[spíːkəːr 스피이커]

④ radio
[réidiòu 레이디오우]

⑤ record
[rékəːrd 레커드]

⑥ tape recorder
[teip rikə́ːrdəːr 테이프 리코오더]

📖 ─────────────────────────
① 커튼   ② 스테레오   ③ 스피커   ④ 라디오   ⑤ 레코드
⑥ 녹음기

282

- □ **jack** [dʒǽk]
  잭

  명 (나사, 수압, 자동차) 잭, 사나이, 놈

- □ **jacket** [dʒǽkit]
  재킷

  명 짧은 저고리, 자켓

- □ **jail** [dʒéil]
  제일

  명 구치소, 감옥 타 투옥하다

- □ **jam** [dʒǽm]
  잼

  명 단지 타 눌러 으깨다

- □ **janitor** [dʒǽnətər]
  재너터

  명 수위, 문지기

- □ **January** [dʒǽnjuèri]
  재뉴어리

  명 1월(약어 Jan)

- □ **Japan** [dʒəpǽn]
  저팬

  명 일본

- □ **Japanese** [dʒæ̀pəníːz]
  재퍼니이즈

  형 일본의 명 일본 사람

- □ **jar** [dʒáːr]
  자아

  명 단지, 항아리, 충격, 진동

- □ **jaw** [dʒɔ́ː]
  조오

  명 턱, 입 타 자 군소리하다

- □ **jay** [dʒéi]
  제이

  명 어치, 얼간이, 바보

- □ **jazz** [dʒǽz]
  재즈

  명 째즈음악 형 째즈의

- □ **jealous** [dʒéləs]
  젤러스

  형 질투 많은, 샘내는, 선망하는

283

□ **jealousy** [dʒéləsi]
젤러시

명 질투, 샘, 투기

□ **jeer** [dʒíər]
지어

명 조롱, 비웃음 재 타 조롱하다

□ **jelly** [dʒéli]
젤리

명 젤리 재 타 빈들거리다, 젤리 타입으로 만들다

□ **jeopardy** [dʒépərdi]
제퍼디

명 위험

□ **jerk** [dʒə́:rk]
저어크

타 재 홱 당기다 명 홱 당김

□ **Jerusalem** [dʒirúːsələm]
지루우설럼

명 예루살렘, 이스라엘의 수도

□ **jest** [dʒést]
제스트

명 농담, 익살 재 까불다

□ **Jesus** [dʒíːzəs]
지이저스

명 예수, 그리스도

□ **jet** [dʒét]
제트

명 흑옥, 분출 재 타 분출하다

□ **Jew** [dʒúː]
쥬우

명 유태인, 히브리인

□ **Jewish** [dʒúːiʃ]
쥬우이쉬

형 유태인의, 유태인 같은

□ **jewel** [dʒúːəl]
쥬우얼

명 보석, 보옥, 소중한 사람

□ **jewelry** [dʒúːəlri]
쥬유얼리

명 보석류

□ **jingle** [dʒíŋgl]
징글

명 찌르릉, 달랑달랑

□ **job** [dʒáb]
잡

명 삯일, 일, 직업
재 타 삯일을 하다

□ **John** [dʒán]
잔

명 남자 이름, 사도 요한

□ **join** [dʒɔin]
조인
타 자 연결하다, 결합하다

□ **joint** [dʒɔint]
조인트
형 공동의 명 마디, 이음매
타 접합하다

□ **joke** [dʒóuk]
조우크
명 농담, 익살 자 타 농담하다

□ **jolly** [dʒáli]
잘리
형 즐거운, 명랑한 부 굉장한

□ **jolt** [dʒóult]
조울트
자 타 덜컹거리다, 세게 치다
명 급격한 동요, 쇼크

□ **jostle** [dʒásl]
자슬
타 자 밀다, 찌르다 명 충돌

□ **journal** [dʒə́ːrnl]
저어늘
명 일지, 일간 신문, 잡지

□ **journey** [dʒə́ːrni]
저어니
명 여행, 여정 자 여행하다

□ **journeyman** [dʒə́ːrnimən]
저어니먼
명 장인, 기능인

□ **jovial** [dʒóuviəl]
조우비얼
형 명랑한, 즐거운, 쾌활한

□ **joy** [dʒɔ́i]
조이
명 기쁨, 즐거움 자 타 기뻐하다

□ **joyful** [dʒɔ́ifəl]
조이펄
형 기쁜, 즐거운

□ **joyfully** [dʒɔ́ifəli]
조이펄리
부 기꺼이, 즐겁게

□ **joyous** [dʒɔ́iəs]
조이어스
형 즐거운, 기쁜

□ **judge** [dʒʌ́dʒ]
저쥐
명 판사 자 타 판결을 내리다

□ **judgment** [dʒʌ́dʒmənt]
저쥐먼트
명 재판, 판결, 감정, 비난

285

□ **judicial** [dʒuːdíʃəl]　형 재판소의, 공평한, 비판적인
쥬우디셜

□ **judicious** [dʒuːdíʃəs]　형 분별 있는, 현명한
쥬우디셔스

□ **jug** [dʒʌg]　명 (손잡이가 달린) 항아리, 조끼
저그

□ **juice** [dʒúːs]　명 즙, 액, 쥬스, 정수, 본질
쥬우스

□ **juicy** [dʒúːsi]　형 즙이 많은, 수분이 많은, 기운찬
쥬우시

□ **July** [dʒuːlái]　명 7월(약어 Jul)
쥬울라이

□ **jump** [dʒʌmp]　자 타 뛰다, 도약하다 명 도약
점프

□ **jumpy** [dʒʌmpi]　형 신경질의, 변동하는
점피

□ **junction** [dʒʌ́ŋkʃən]　명 접합(점), 연접, 접착
정크션

□ **June** [dʒúːn]　명 6월(약어 Jun)
쥬우운

□ **jungle** [dʒʌ́ŋgl]　명 정글, 밀림(지대)
정글

□ **junior** [dʒúːnjər]　형 손 아래의, 후배의 명 연소자
쥬우녀

□ **jurisdiction** [dʒùərisdíkʃən]　명 사법권, 관할권, 재판권
주어리스딕션

□ **jury** [dʒúəri]　명 배심, 배심원
주어리

□ **just** [dʒʌst]　형 올바른, 공정한 부 꼭, 바르게
저스트

□ **justly** [dʒʌ́stli]　부 바르게, 공평하게, 올바르게
저스틀리

□ **justice** [dʒʌ́stis]
저스티스

명 정의, 공정, 공평, 정당

□ **justify** [dʒʌ́stəfài]
저스터파이

타 정당화하다, 옳다고 하다

□ **justification**
[dʒʌ̀stəfikéiʃən] 저스터피케이션

명 정당화, 지당한 변명

□ **jut** [dʒʌ́t]
저트

명 돌출부, 돌기 자 돌출하다

□ **juvenile** [dʒúːvənl]
쥬우버늘

형 젊은, 연소한, 소년, 소녀

- **kangaroo** [kæ̀ŋgərúː]
  캥거루우
  명 캥거루

- **keel** [kíːl]
  키일
  타 자 (배를) 뒤집어 엎다, 전복하다

- **keen** [kíːn]
  키인
  형 날카로운, 예리한, 강한

- **keenly** [kíːnli]
  키인리
  부 예리하게, 열렬히

- **keep** [kíːp]
  키입
  타 자 간직하다, 유지하다

- **keeper** [kíːpər]
  키이퍼
  명 파수꾼, 간수

- **keeping** [kíːpiŋ]
  키이핑
  명 보육, 보존, 관리, 부양

- **ken** [kén]
  켄
  명 시야, 지식, 시계(視界)

- **kennel** [kénl]
  케늘
  명 개집 타 자 개집에 넣다

- **kernel** [kə́ːrnl]
  커어늘
  명 낟알, 핵심, 골수

- **kerosene** [kérəsìːn]
  케러시인
  명 등불용, 석유, 등유

- **kettle** [kétl]
  케틀
  명 솥, 주전자, 냄비, 탕관

- **key** [kíː]
  키이
  명 열쇠, 해답서 형 중요한 해답서

288

□ **kick** [kík]
킥
타 자 차다, 반항하다 명 차기

□ **kid** [kíd]
키드
명 아이, 어린이, 새끼염소
자 타 놀리다, 장난치다

□ **kidnap** [kídnæp]
키드냅
타 유괴하다, 납치하다

□ **kidney** [kídni]
키드니
명 콩팥, 신장

□ **kill** [kíl]
킬
타 죽이다, 살해하다 명 살생

□ **kilo** [kí:lou]
키일로우
명 킬로, −gram, −meter등의
단축형

□ **kin** [kín]
킨
명 친척, 혈족관계, 동족

□ **kind** [káind]
카인드
형 친절한, 상냥한 명 종류, 종족

□ **kindness** [káindnis]
카인드니스
명 친절, 상냥함, 애정

□ **kindle** [kíndl]
킨들
타 자 점화하다, 불이 붙다

□ **kindly** [káindli]
카인들리
형 친절한, 인정있는 부 친절하게

□ **kindred** [kíndrid]
킨드리드
명 혈족, 혈연 형 같은 혈연의

□ **king** [kíŋ]
킹
명 왕, 국왕

□ **kingly** [kíŋli]
킹리
형 국왕, 위엄있는 부 왕답게

□ **kingdom** [kíŋdəm]
킹덤
명 왕국, 왕정, 왕토

□ **kinsman** [kínzmən]
킨즈먼
명 남자 친척, 동족인 사람

□ **kiss** [kís]
키스
명 키스, 입맞춤 타 자 입맞추다

□ **kitchen** [kítʃin]
키친
명 부엌, 조리장, 취사장

□ **kite** [káit]
카이트
명 소개, 연, 사기꾼, 공어음

□ **kitten** [kítn]
키튼
명 새끼 고양이, 말괄량이

□ **kitty** [kíti]
키티
명 (포우커의) 판돈, 새끼 고양이

□ **knapsack** [nǽpsæk]
냅색
명 배낭, 바랑

□ **knave** [néiv]
네이브
명 악한, 무뢰한, 불량배

□ **knead** [níːd]
니이드
타 반죽하다, 주무르다

□ **knee** [níː]
니이
명 무릎 타 무릎으로 스치다

□ **kneel** [níːl]
니일
자 무릎 꿇다, 굴복하다, 굽히다

□ **knell** [nél]
넬
명 불길한 징조, 흉조

□ **knife** [náif]
나이프
명 칼, 창칼 타 칼로 베다

□ **knight** [náit]
나이트
명 기사, 나이트작

□ **knighthood** [náithùd]
나이트후드
명 기사의 신분, 나이트 작위

□ **knightly** [náitli]
나이틀리
형 기사의, 의협적인

□ **knit** [nít]
니트
타 자 뜨다, 편물을 하다

□ **knob** [náb]
노브

명 혹, 마디, 손잡이, 쥐는 것

□ **knock** [nák]
낙

타 자 치다, 두드리다, 충돌하다

□ **knoll** [nóul]
노울

명 작은 언덕, 둥근언덕

□ **knot** [nát]
나트

명 매듭, 무리, 혹 자 타 맺다

□ **know** [nóu]
노우

타 자 알다, 인정하다, 알고 있다

□ **knowing** [nóuiŋ]
노우잉

형 알고 있는, 사물을 아는
명 앎, 지식

□ **knowledge** [nálidʒ]
날리쥐

명 지식, 이해, 학문, 학식

□ **known** [nóun]
노운

동 know의 과거분사 형 알려진

□ **knuckle** [nʌkl]
너클

명 손가락 관절(마디), 주먹

□ **knurl** [nə́:rl]
너얼

명 마디, 혹, 손잡이

□ **Korea** [kərí:ə]
커리이어

명 한국

□ **Korean** [kərí:ən]
커리이언

형 한국의 명 한국 사람

□ **Kremlin** [krémlin]
크레믈린

형 (모스크바의) 크레믈린 궁전

A
B
C
D
E
F
G
H
I
J
K
L
M
N
O
P
Q
R
S
T
U
V
W
X
Y
Z

- **label** [léibəl]
  레이벌
  명 딱지, 쪽지 타 이름을 붙이다

- **labo(u)r** [léibər]
  레이버
  명 노동, 근로 자 타 일하다

- **laborer** [léibərər]
  레이버러
  명 노동자, 인부

- **laboratory** [lǽbərətɔ́:ri]
  래버러토오리
  형 실험실, 연구실, 제약실

- **laborious** [ləbɔ́:riəs]
  러보오리어스
  형 힘드는, 부지런한

- **lace** [léis]
  레이스
  명 레이스, 끈
  타 자 끈으로 장식하다

- **lack** [lǽk]
  랙
  명 부족, 결핍, 없음
  자 타 결핍하다

- **lad** [lǽd]
  래드
  명 젊은이, 소년, 청년

- **ladder** [lǽdər]
  래더
  명 사닥다리, (출세의) 길

- **lade** [léid]
  레이드
  타 쌓다, 짐을 싣다, 적재하다

- **laden** [léidn]
  레이든
  형 짐을 실은 동 lade의 과거분사

- **lady** [léidi]
  레이디
  명 숙녀, 귀부인, 부인

- **lag** [lǽg]
  랙
  자 처지다 명 늦어짐, 지연

□ **lair** [lέər]
레어
명 야수의 굴

□ **lake** [léik]
레이크
명 호수, 연못

□ **lamb** [lǽm]
램
명 새끼양 타 자 (새끼양을) 낳다

□ **lame** [léim]
레임
형 절름발이의 타 불구로 만들다

□ **lament** [ləmént]
러멘트
자 타 슬퍼하다, 비탄하다 명 비탄

□ **lamentable** [lǽməntəbl]
래먼터블
형 슬픈, 통탄할

□ **lamentation** [læməntéiʃən]
래먼테이션
명 슬픔, 비탄

□ **lamp** [lǽmp]
램프
명 램프, 등불, 남포

□ **lance** [lǽns]
랜스
명 창, 작살 타 창으로 찌르다

□ **land** [lǽnd]
랜드
명 육지, 땅, 지면 타 자 상륙하다

□ **landing** [lǽndiŋ]
랜딩
명 상륙, 착륙, 하차, 하선

□ **landlady** [lǽndlèidi]
랜들레이디
명 여자 지주, 안주인

□ **landlord** [lǽndlɔ́:rd]
랜들로오드
명 지주, 집주인, (여관, 하숙) 주인

□ **landmark** [lǽndmà:rk]
랜드마아크
명 경계표, 육상목표

□ **landscape** [lǽndskèip]
랜드스케이프
명 풍경, 경치

□ **lane** [léin]
레인
명 작은 길, 좁은 길, 골목길

□ **language** [lǽŋgwidʒ]
랭귀쥐
명 언어, 국어, 말씨, 어법

□ **languish** [lǽŋgwiʃ]
랭귀쉬
자 약해지다, 시들다, 번민하다

□ **lantern** [lǽntərn]
랜턴
명 초롱불, 각등(角燈)

□ **lap** [læp]
랩
명 (앉았을 때의) 무릎 타 핥다

□ **lapse** [læps]
랩스
명 착오, 실수
자 타락하다, 벗어나다

□ **lard** [láːrd]
라드
명 돼지기름, 라아드
타 꾸미다, 윤색하다

□ **large** [láːrdʒ]
라아지
형 커다란, 넓은, 다수의

□ **largely** [láːrdʒli]
라아질리
부 크게, 주로, 대량으로

□ **lark** [láːrk]
라아크
명 종달새

□ **larva** [láːrvə]
라아버
명 유생(幼生), 애벌레

□ **lash** [læʃ]
래쉬
명 채찍질, 비난 타 자 빈정대다

□ **lass** [læs]
래스
명 젊은 여자, 연인, 소녀

□ **last** [læst]
래스트
형 최후의 부 최후에 명 최후

□ **lastly** [læstli]
래스틀리
부 최후로, 마침내, 결국

□ **lasting** [læstiŋ]
래스팅
형 영속하는, 오래 견디는

□ **latch** [lætʃ]
래취
명 고리쇠, 걸쇠 타 걸쇠를 걸다

☐ **late** [léit]
레이트
혱 늦은, 더딘 튄 늦게, 뒤늦게

☐ **lately** [léitli]
레이틀리
튄 요즈음, 최근에

☐ **latent** [léitnt]
레이튼트
혱 숨은, 보이지 않는, 잠재적인

☐ **later** [léitər]
레이터
혱 (late의 비교급) 더 늦은, 나중의

☐ **lateral** [lǽtərəl]
래터럴
혱 앞의, 측면에서 몡 옆쪽

☐ **latest** [léitist]
레이티스트
혱 최신의, 최근의

☐ **Latin** [lǽtən]
래턴
혱 라틴어의, 가톨릭교의
몡 라틴어

☐ **latitude** [lǽtətjùːd]
래터튜우드
몡 위도, 지역, 범위

☐ **latter** [lǽtər]
래터
혱 뒤쪽의, 끝의, 후기의

☐ **laugh** [lǽf]
래프
몡 웃음 쟤 탸 웃다, 비웃다

☐ **laughter** [lǽftər]
래프터
몡 웃음, 웃음소리

☐ **launch** [lɔ́ːntʃ]
로온취
탸 쟤 진수하다, 발진하다

☐ **laundry** [lɔ́ːndri]
로온드리
몡 세탁소, 세탁장

☐ **laurel** [lɔ́ːrəl]
로오럴
몡 월계수, 영예, 월계관, 승리

☐ **lava** [láːvə]
라아버
몡 용암, 화산암층

☐ **lavatory** [lǽvətɔ̀ːri]
래버토오리
몡 세면장, 세면대, 화장실

□ **lavender** [lǽvəndər] 　　명 라벤더 형 연보라색의
　래번더

□ **lavish** [lǽviʃ] 　　타 아낌없이 주다 형 아낌없는
　래비쉬

□ **law** [lɔ́ː] 　　명 법률, 국법, 법, 법칙
　로오

□ **lawful** [lɔ́ːfəl] 　　형 합법의, 법정의, 정당한
　로오펄

□ **lawless** [lɔ́ːlis] 　　형 비합법적인, 법을 지키지 않는
　로오리스

□ **lawn** [lɔ́ːn] 　　명 잔디, 잔디밭, 풀밭
　로온

□ **lawyer** [lɔ́ːjər] 　　명 법률가, 변호사
　로오여

□ **lay** [léi] 　　타 자 눕히다, 누이다 명 위치
　레이

□ **layer** [léiər] 　　명 놓는 사람, 쌓는 사람
　레이어

□ **layman** [léimən] 　　명 문외한, (승려가 아닌) 속인
　레이먼

□ **lazy** [léizi] 　　형 게으른, 나태한
　레이지

□ **lazily** [léizili] 　　부 게으르게, 더디게
　레이질리

□ **lead** [líːd] 　　명 지휘, 선도, 납 타 자 인솔하다
　리이드

□ **leader** [líːdər] 　　명 지도자, 선도자, 대장
　리이더

□ **leadership** [líːdərʃip] 　　명 지도력, 지도자의 임무
　리이더십

□ **leading** [líːdiŋ] 　　명 지도, 지표 형 지휘하는
　리이딩

□ **leaf** [líːf]
리이프
뗑 잎(사귀), (책의) 한 장

□ **leaflet** [líːflit]
리이플리트
뗑 작은 잎, 삐라, 광고지

□ **leafy** [líːfi]
리이피
혱 잎이 많은, 잎이 무성한

□ **league** [líːg]
리이그
뗑 동맹, 연맹 짜 탸 동맹하다

□ **leak** [líːk]
리이크
뗑 샘, 누출구 짜 탸 새다

□ **lean** [líːn]
리인
혱 야윈 뗑 살코기, 기울기
짜 탸 기대다, 의지하다

□ **leap** [líːp]
리입
짜 탸 뛰다, 뛰어 넘다 뗑 도약

□ **learn** [ləːrn]
러언
탸 짜 배우다, 익히다, 공부하다

□ **learned** [ləːrnid]
러어니드
혱 학식있는, 학구적인

□ **learning** [ləːrniŋ]
러어닝
뗑 학문, 박식, 지식, 학식

□ **lease** [líːs]
리이스
탸 토지를 임대하다 뗑 차용계약

□ **least** [líːst]
리이스트
뗑 (little 최상급) 최소 혱 최소의

□ **leather** [léðər]
레더
뗑 (무두질한) 가죽
탸 가죽을 씌우다

□ **leave** [líːv]
리이브
탸 짜 떠나다, 남기다 뗑 허락

□ **leaven** [lévən]
레번
뗑 효모, 원동력 탸 발효시키다

□ **lecture** [léktʃər]
렉쳐
뗑 강의, 강연 탸 짜 강의하다

□ **lecturer** [léktʃərər]
레쳐러
명 강사, 강연자, 훈계자

□ **lectureship** [léktʃərʃip]
렉쳐쉽
명 강좌, 강사의 집

□ **ledge** [lédʒ]
레쥐
명 좁은 선반, 암초

□ **lee** [líː]
리이
명 바람이 불어가는 쪽

□ **leech** [líːtʃ]
리이취
명 거머리, 흡혈귀, 고리대금업자

□ **left** [léft]
레프트
형 좌측의 부 왼쪽에 명 왼쪽

□ **leg** [lég]
레그
명 (사람, 동물, 책상 등의) 다리

□ **legal** [líːgəl]
리이걸
형 법률의, 합법적인, 법정의

□ **legend** [lédʒənd]
레전드
명 전설, 신화, 전설문학

□ **legion** [líːdʒən]
리이전
명 (고대 로마의) 군단, 군대

□ **legislate** [lédʒislèit]
레지슬레이트
타 자 법률을 정하다

□ **legislation** [lèdʒisléiʃən]
레쥐슬레이션
명 입법, 법률, 법령

□ **legislative** [lédʒislèitiv]
레지슬레이티브
형 입법의, 법률을 제정하는

□ **legislature** [lédʒislèitʃər]
레지슬레이쳐
명 입법부, 입법기간

□ **legitimate** [lidʒítəmət]
리쥐터머트
형 합법적인, 정당한, 적출의

□ **leisure** [líːʒər]
리이저
명 여가, 틈 형 한가한, 볼일없는

□ **leisurely** [líːʒərli]
지이절리
图 당황하지 않고, 유유히

□ **lemon** [lémən]
레먼
图 레몬(나무열매) 图 레몬빛의

□ **lemonade** [lèmənéid]
레머네이드
图 레몬수, 레모네이드

□ **lend** [lénd]
렌드
囤 困 빌려주다, 대부하다, 더하다

□ **length** [léŋθ]
렝쓰
图 길이, 키, 세로, 기간, 장단

□ **lengthen** [léŋθən]
렝썬
困 囤 길게 하다, 늘이다, 늘어나다

□ **lens** [lénz]
렌즈
图 렌즈, (눈의) 수정체

□ **lent** [lént]
렌트
图 lend의 과거(분사)

□ **leopard** [lépərd]
레퍼드
图 표범, 표범의 털가죽

□ **less** [lés]
레스
图 (little의 비교급) 보다 적은

□ **lessen** [lésn]
레슨
囤 困 적게 하다, 줄이다, 적어지다

□ **lesser** [lésər]
레서
图 (little의 비교급) 보다 작은

□ **lesson** [lésn]
레슨
图 학과, 과업, ~과, 수업

□ **lest** [lést]
레스트
图 ~하지 않도록

□ **let** [lét]
렛
囤 ~시키다, …하게 하다

□ **letter** [létər]
레터
图 편지, 문자, 글자

□ **lettuce** [létis]
레티스
명 상치, 양상치

□ **level** [lévəl]
레벌
명 수평, 수준 형 평평한, 수평의

□ **lever** [lévər]
레버
명 지레 자 타 지레로 움직이다

□ **levin** [lévin]
레빈
명 전광, 번개

□ **levy** [lévi]
레비
타 자 징집[징세]하다 명 징세

□ **liability** [làiəbíləti]
라이어빌러티
명 책임, 부담, 의무
자 책임을 지다

□ **liable** [láiəbl]
라이어블
형 책임 있는, 빠지기 쉬운

□ **liar** [láiər]
라이어
명 거짓말쟁이

□ **liberal** [líbərəl]
리버럴
형 자유주의의, 관대한

□ **liberate** [líbərèit]
리버레이트
타 자유롭게 하다, 해방하다

□ **liberty** [líbərti]
리버티
명 자유, 해방, 방면, 멋대로 함

□ **librarian** [laibréəriən]
라이브레어리언
명 도서관원, 사서(司書)

□ **library** [láibrèri]
라이브레리
명 도서관, 장서, 문고, 서재

□ **license** [láisəns]
라이선스
명 면허, 인가, 허가

□ **lichen** [láikən]
라이컨
명 이끼

□ **lick** [lík]
리크
타 핥다, 때리디, 물결이 스치다

□ **lid** [líd]
리드
명 뚜껑, 눈까풀, 모자

□ **lie** [lái]
라이
명 눕다, 자다
타 자 거짓말하다, 눕다

□ **lieutenant** [lu:ténənt]
루우테넌트
명 육[공]군 중위, 부관, 해군 대위

□ **life** [láif]
라이프
명 목숨, 생명, 생존, 일생, 삶

□ **lifeless** [láiflis]
라이플리스
형 생명 없는, 죽은, 기절한

□ **lifetime** [láiftàim]
라이프타임
명 평생 형 한평생의

□ **lift** [líft]
리프트
타 자 들어올리다 명 들어올림

□ **light** [láit]
라이트
명 빛 형 밝은, 밝기
타 자 불을 붙이다

□ **lighten** [láitn]
라이튼
타 자 가볍게 하다, 밝게 하다,
점화하다

□ **lighthouse** [láithàus]
라이트하우스
명 등대

□ **lightning** [láitniŋ]
라이트닝
명 번개, 번갯불, 전광

□ **like** [láik]
라이크
자 타 좋아하다 형 비슷한 부 아마

□ **likelihood** [láiklihùd]
라이클리후드
명 있음직한 일, 가능성

□ **likely** [láikli]
라이클리
형 있음직한, ~할 듯한 부 아마

□ **likeness** [láiknis]
라이크니스
명 비슷한, 근사, 유사한

□ **likewise** [láikwàiz]
라이크와이즈
부 마찬가지로, 또한, 게다가 또

□ **liking** [láikiŋ]
라이킹
명 좋아함, 기호, 취미, 애호

□ **lilac** [láilək]
라일럭
명 라일락 형 라일락빛의

□ **lily** [líli]
릴리
명 백합, 나리꽃 형 순결한, 흰

□ **limb** [lím]
림
명 팔, 손발, 수족, 날개

□ **lime** [láim]
라임
명 석회, 새 잡는 끈끈이

□ **limestone** [láimstòun]
라임스토운
명 석회석

□ **limit** [límit]
리미트
명 한계, 한도, 경계 타 한정하다

□ **limitation** [lìmətéiʃən]
리머테이션
명 제한, 한도

□ **limited** [límitid]
리미티드
형 유한의, 제한된, 좁은

□ **limp** [límp]
림프
자 절뚝거리다 명 절뚝거림

□ **line** [láin]
라인
명 선, 줄, 끈 자 타 나란히 서다

□ **linen** [línin]
리닌
명 아마포, 삼베, 린네르

□ **liner** [láinər]
라이너
명 정기 항로선, 정기선, 안감을 대는 것

□ **linger** [líŋgər]
링거
자 꾸물거리다, 나중에까지 남다

□ **lining** [láiniŋ]
라이닝
명 안감대기(붙이기)

□ **link** [líŋk]
링크
명 고리, 연쇄
자 타 연결하다, 잇다

302

□ **linoleum** [linóuliəm]
리노울리엄

	몡 (마루바닥에 까는) 리놀륨

□ **lion** [láiən]
라이언

	몡 사자, 용맹스러운 사람

□ **lip** [líp]
립

	몡 입술 혱 입술의, 말뿐인

□ **liquid** [líkwid]
리퀴드

	몡 액체, 유동체 혱 액체의

□ **liquor** [líkər]
리커

	몡 알코올 음료, 주류(酒類)

□ **list** [líst]
리스트

	몡 표, 목록 탄 잔 명부에 올리다

□ **listen** [lísn]
리슨

	잔 경청하다, 듣다

□ **listener** [lísnər]
리스너

	몡 경청자, 듣다

□ **liter** [líːtər]
리이터

	몡 리터(약 1,000cc)

□ **literal** [lítərəl]
리터럴

	혱 문자 그대로의, 정확한, 문자상의

□ **literally** [lítərəli]
리터럴리

	뿐 문자 그대로, 정확하게

□ **literary** [lítərèri]
리터레리

	혱 문학의, 문예의, 학문의

□ **literature** [lítərətʃər]
리터러쳐

	몡 문학, 문예, 문헌, 보고서, 조사

□ **litter** [lítər]
리터

	몡 잡동사니, 난잡

□ **little** [lítl]
리틀

	혱 작은 뿐 조금은 몡 조금

□ **live** [lív]
리브

	잔 탄 살다, 생존하다 혱 살아있는

303

□ **livelihood** [láivlihùd]
라이블리후드
명 생계, 살림, 간신히 지내다

□ **lively** [láivli]
라이블리
형 활기 있는 부 활발하게, 기운찬

□ **liver** [lívər]
리버
명 거주자, 간장(肝臟), 간

□ **livery** [lívəri]
리버리
명 제복, 말(마차) 세놓은 업

□ **living** [líviŋ]
리빙
형 살아있는, 현대의, 생명있는

□ **living room** [líviŋ rúːm]
리빙 루움
명 거실, 거처방

□ **lizard** [lízərd]
리저드
명 도마뱀

□ **lo** [lóu]
로우
감 [고어] 보라! 저런! 자!

□ **load** [lóud]
로우드
명 짐, 하물 타 자 짐을 싣다

□ **loaf** [lóuf]
로우프
명 빵 한덩어리 자 타 놀고 지내다

□ **loan** [lóun]
로운
명 대부(금), 공채 타 자 빌려주다

□ **loath** [lóuθ]
로우쓰
형 싫어하여, 지긋지긋하여, 질색으로

□ **loathe** [lóuð]
로우드
타 자 몹시 싫어하다

□ **lobby** [lábi]
라비
명 로비, 대합실, 넓은 복도

□ **lobster** [lábstər]
랍스터
명 바닷가재, 대하

□ **local** [lóukəl]
로우컬
형 지방의, 공간의

□ **locality** [loukǽləti]
로우캘러티
᠎명 위치, 장소, 소재, 부근

□ **locate** [lóukeit]
로우케이트
타 [장소] 정하다, ~에 차리다

□ **location** [loukéiʃən]
로우케이션
명 위치, 배치, 장소, 소재

□ **lock** [lák]
락
명 자물쇠 타 자 자물쇠를 채우다

□ **locomotive** [lòukəmóutiv]
로우커모우티브
형 기관차의, 운동의 명 기관차

□ **locust** [lóukəst]
로우커스트
명 메뚜기, 매미, 누리

□ **lodge** [ládʒ]
라쥐
명 파수막 자 타 묵다, 숙박케하다

□ **lodging** [ládʒiŋ]
라쥥
명 숙박, 숙소, 하숙, 셋방

□ **loft** [lɔ́:ft]
로오프트
명 다락방, 비둘기장, 더그매

□ **lofty** [lɔ́:fti]
로오프티
형 몹시 높은, 고상한

□ **log** [lɔ́:g]
로오그
명 통나무, 항해, 일지, 바보

□ **logic** [ládʒik]
라직
명 논리학, 논리, 추리력

□ **logical** [ládʒikəl]
라쥐컬
형 논리적인, 필연의

□ **loin** [lɔ́in]
로인
명 허리, 허리살, 요부

□ **loiter** [lɔ́itər]
로이터
자 타 어슬렁어슬렁 걷다

□ **London** [lʌ́ndən]
런던
명 런던(영국의 수도)

□ **lone** [lóun]
로운
형 고독한, 독신의, 짝이 없는

□ **lonely** [lóunli]
로운리
형 고립한, 쓸쓸한, 외로운

□ **loneliness** [lóunlinis]
로운리니스
명 고독, 고립, 외로움

□ **lonesome** [lóunsəm]
로운섬
형 쓸쓸한, 인적이 드문

□ **long** [lɔ́:ŋ]
로옹
형 긴, 오랜 부 길게 자 동경하다

□ **longing** [lɔ́:ŋiŋ]
로오잉
형 열망하는 명 동경, 갈망

□ **longitude** [lándʒətjù:d]
랑저튜우드
명 경도(經度), 경선, 서로

□ **look** [lúk]
룩
자 타 바라보다

□ **lookout** [lúkàut]
루카우트
명 망보기, 전망, 감시, 간수

□ **loom** [lú:m]
루움
명 베틀 자 어렴풋이 보이다

□ **loop** [lú:p]
루웁
명 고리 타 자 고리를 만들다

□ **loose** [lú:s]
루우스
타 놓아주다 자 풀다, 늦추다

□ **loosen** [lú:sn]
루우슨
자 타 놓아주다

□ **loot** [lú:t]
루우트
명 약탈물, 전리품

□ **lord** [lɔ́:rd]
로오드
명 군주, 영주, 지배자, 주인

□ **lordly** [lɔ́:rdli]
로오들리
형 귀족다운 부 숭고하게

□ **lordship** [lɔ́ːrdʃip]
로오드쉽
명 주권, 지배, 각하, 귀족

□ **lorry** [lɔ́ːri]
로오리
명 트럭, 화물자동차

□ **lose** [lúːz]
루우즈
타 자 없애다, 잃다, 손해보다

□ **loss** [lɔ́ːs]
로오스
명 상실, 분실, 손해, 패배

□ **lost** [lɔ́ːst]
로오스트
동 lose의 과거분사 형 잃어버린

□ **lot** [lát]
라트
명 운명, 제비뽑기, 당첨, 추첨

□ **loud** [láud]
라우드
형 음성이 높은, 시끄러운

□ **loudly** [láudli]
라우들리
부 큰소리로

□ **loudspeaker** [láudspìːkər]
라우드스피이커
명 확성기

□ **lounge** [láundʒ]
라운쥐
명 한가히 걷는 걸음, 휴게실

□ **love** [lʌ́v]
러브
명 사랑, 애정 타 자 사모하다

□ **lovely** [lʌ́vli]
러블리
형 귀여운, 사랑스러운

□ **loveliness** [lʌ́vlinəs]
러블리너스
명 귀염성, 아름다움

□ **lover** [lʌ́vər]
러버
명 애인, 연인, 애호자

□ **loving** [lʌ́viŋ]
러빙
형 사랑하는, 친애하는

□ **low** [lóu]
로우
형 낮은, 비천한 부 낮게, 낮은

□ **lower** [lóuər]
로우어
타 자 낮추다, 내려가다 형 더 낮은

□ **lowland** [lóulənd]
로울런드
명 낮은 곳 형 저지대의

□ **lowly** [lóuli]
로울리
형 신분이 낮은, 비천한 부 천하게

□ **loyal** [lɔ́iəl]
로이얼
형 충성스러운, 성실한, 충실한

□ **loyalty** [lɔ́iəlti]
로이얼티
명 충의, 충성, 충실

□ **luck** [lʌk]
럭
명 행운, 운수, 요행

□ **lucky** [lʌ́ki]
러키
형 운이 좋은, 행운의

□ **luckily** [lʌ́kili]
러킬리
부 운 좋게, 다행히도

□ **luggage** [lʌ́gidʒ]
러기쥐
명 수화물, 여행가방

□ **lull** [lʌl]
럴
타 자 진전시키다, 뜸하다

□ **lullaby** [lʌ́ləbài]
럴러바이
명 자장가

□ **lumber** [lʌ́mbər]
럼버
명 재목, 잡동사니

□ **luminous** [lúːmənəs]
루우머너스
형 빛나는, 밝은, 명석한

□ **lump** [lʌmp]
럼프
명 덩어리 타 자 덩어리로 만들다

□ **lunatic** [lúːnətik]
루우너틱
형 미친, 정신이상의 명 정신병자

□ **lunch** [lʌntʃ]
런취
명 점심, 주식 타 자 점심을 먹다

308

□ **luncheon** [lʌ́ntʃən] 　　　　명 오찬, 점심, 경식사
　런천

□ **lung** [lʌ́ŋ] 　　　　명 폐, 허파, 인공폐
　렁

□ **lure** [lúər] 　　　　명 미끼, 유혹 타 자 유혹하다
　루어

□ **lurk** [lə́:rk] 　　　　자 숨다, 잠복하다, 잠행하다
　러어크

□ **lust** [lʌ́st] 　　　　명 욕망 자 열망하다 형 음탕한
　러스트

□ **luster** [lʌ́stər] 　　　　명 광택, 광채 타 윤을 내다
　러스터

□ **lusty** [lʌ́sti] 　　　　형 튼튼한, 원기 왕성한, 강장한
　러스티

□ **lute** [lúːt] 　　　　명 (14-17세기의) 현악기
　루우트

□ **luxuriant** [lʌgʒúəriənt] 　　　　형 무성한, 다산의, 화려한
　럭쥬어리언트

□ **luxurious** [lʌgʒúəriəs] 　　　　형 사치스런, 사치를 좋아하는
　럭쥬어리어스

□ **luxury** [lʌ́kʃəri] 　　　　명 사치, 호화, 맛있는 음식
　럭셔리

□ **lying** [láiiŋ] 　　　　명 드러눕기, 잠자리, 청소
　라이잉

□ **lynx** [líŋks] 　　　　명 삵괭이
　링크스

□ **lyre** [láiər] 　　　　명 수금(고대에 사용된 7현악기)
　라이어

□ **lyric** [lírik] 　　　　명 서정시, 노래 형 서정시의
　리리크

① monkey
[mʌ́ŋki 멍키]

② elephant
[éləfənt 엘러펀트]

③ giant panda
[dʒáiənt pǽndə 자이언트 팬더]

④ deer
[diər 디어]

⑤ snake
[sneik 스네이크]

① 원숭이 ② 코끼리 ③ 자이언트 판다 ④ 사슴 ⑤ 뱀

⑥ **giraffe**
[ʤərǽf 쥐래프]

—⑦ **bear**
[bɛər 베어]

⑧ **horse**
[hɔːrs 호오스]

⑨ **tiger**
[táigər 타이거]

⑩ **lion**
[láiən 라이언]

⑪ **fox**
[faks 팍스]

⑫ **sheep**
[ʃiːp 쉬이프]

📖 ⑥ 기린 ⑦ 곰 ⑧ 말 ⑨ 호랑이 ⑩ 사자 ⑪ 여우 ⑫ 양

□ **ma** [mɑ́ː]
마아

몡 엄마, 마마(=mamma의 생략)

□ **machine** [məʃíːn]
머쉬인

몡 기계류, 비행기, 자동차

□ **machinery** [məʃíːnəri]
머쉬이너리

몡 기계, 기계장치

□ **mad** [mǽd]
매드

혱 미친, 무모한, 실성한

□ **madly** [mǽdli]
매들리

뫤 미쳐서, 미친 듯이, 몹시

□ **madam** [mǽdəm]
매덤

몡 부인, 아씨, 마담

□ **made** [méid]
메이드

됭 make의 과거, 과거분사
혱 만든

□ **magazine** [mǽgəzíːn]
매거지인

몡 (탄약, 식량 등의) 창고, 잡지

□ **magic** [mǽdʒik]
매쥑

혱 마법의 기술의, 기술사 몡 마법

□ **magical** [mǽdʒikəl]
매쥐컬

혱 요술 같은, 마법의

□ **magician** [mədʒíʃən]
머쥐션

몡 마법사, 요술쟁이

□ **magistrate** [mǽdʒəstrèit]
매저스트레이트

몡 치안 판사, 장관

□ **magnet** [mǽgnit]
매그니트

몡 자석, 지남철, 사람을 끄는 것

□ **magnetic** [mægnétik]　　형 자석의, 매력있는
매그네틱

□ **magnificent** [mægnífəsnt]　　형 장엄한, 장려한, 당당한
매그니퍼슨트

□ **magnificence**　　명 장려, 장엄, 웅대
[mægnífəsns] 매그니퍼슨스

□ **magnify** [mǽgnəfài]　　타 확대하다, 과장하다, 증대하다
매그너파이

□ **magnitude** [mǽgnətjùːd]　　명 크기, 위대함, 중요함
매그너튜우드

□ **mahogany** [məhágəni]　　명 마호가니(재목), 적갈색
머하거니

□ **maid** [méid]　　명 소녀, 처녀, 하녀, 아가씨
메이드

□ **maiden** [méidn]　　명 미혼녀, 처녀 형 미혼의
메이든

□ **mail** [méil]　　명 우편낭, 우편 타 우송하다
메일

□ **maim** [méim]　　타 불구자로 만들다, 망쳐놓다
메임

□ **main** [méin]　　형 주요한
메인

□ **mainly** [méinli]　　부 주로, 오로지, 대부분
메인리

□ **mainland** [méinlænd]　　명 본토, 대륙
메인랜드

□ **maintain** [meintéin]　　타 유지하다, 계속하다, 보존하다
메인테인

□ **maintenance** [méintənəns]　　명 유지, 보존, 지속, 부양
메인터넌스

□ **majestic(al)** [mədʒéstik(əl)]　　형 위엄 있는, 당당한
머제스틱(컬)

A
B
C
D
E
F
G
H
I
J
K
L
M
N
O
P
Q
R
S
T
U
V
W
X
Y
Z

313

□ **majesty** [mǽdʒəsti] 　　형 주요한 명 육군 소령
매저스티

□ **major** [méidʒər] 　　형 주요한 명 육군 소령
메이저

□ **majority** [mədʒɔ́:rəti] 　　명 대다수, 대부분, (특표의) 차
머조오러티

□ **make** [méik] 　　타 자 만들다, 나아지다 명 제작
메이크

□ **maker** [méikər] 　　명 제조업자, 만드는 사람
메이커

□ **make-up** [méikʌ̀p] 　　명 구성, 배우의 얼굴분장, 마무리
메이컵

□ **malady** [mǽlədi] 　　명 병, 병폐, 질병
맬러디

□ **malaria** [məléəriə] 　　명 말라리아, 학질, 독기
멀레어리어

□ **male** [méil] 　　명 남성, 수컷 형 남성의, 수컷의
메일

□ **malice** [mǽlis] 　　명 악의, 해칠 마음, 원한, 적의
맬리스

□ **malicious** [məlíʃəs] 　　형 악의 있는, 속 검은, 심술궂은
멀리셔스

□ **mama** [má:mə] 　　명 엄마
마아머

□ **mammal** [mǽməl] 　　명 포유 동물, 포유류
매멀

□ **man** [mǽn] 　　명 사람, 남자, 사내
맨

□ **manage** [mǽnidʒ] 　　타 자 관리하다, 움직이다, 다루다
매니쥐

□ **management** [mǽnidʒmənt] 명 취급, 관리, 경영
매니쥐먼트

□ **manager** [mǽnidʒər]
매니저
명 지배인, 경영자, 관리인

□ **mandate** [mǽndeit]
맨데이트
명 명령, 지령, 위탁
형 통치의 위임

□ **mandolin** [mǽndəlin]
맨덜린
명 만돌린

□ **mane** [méin]
메인
명 갈기, 머리털

□ **maneuver** [mənú:vər]
머뉴우버
명 (군대)기동, 책략 자 연습하다

□ **manger** [méindʒər]
메인저
명 여물통, 구유, 물막이간

□ **mangle** [mǽŋgəl]
맹걸
타 토막토막 자르다, 난도질하다

□ **manhood** [mǽnhùd]
맨후드
명 성년, 장년, 사나이다움

□ **manifest** [mǽnəfèst]
매너페스트
형 명백한 타 명시하다, 나타내다

□ **manifestation**
[mæ̀nəfistéiʃən] 매너피스테이션
명 표명, 발표, 명시

□ **manifold** [mǽnəfòuld]
매너포울드
형 다방면의, 다수의

□ **mankind** [mæ̀nkáind]
맨카인드
명 인류, 인간, 사람

□ **manly** [mǽnli]
맨리
형 사내다운, 대담한, 씩씩한

□ **manner** [mǽnər]
매너
명 방법, 모양, 태도, 예절, 풍습

□ **manor** [mǽnər]
매너
명 (봉건시대 귀족들의) 영지(領地)

□ **mansion** [mǽnʃən]
맨션
명 대저택, 큰 집, 아파트

□ **mantle** [mǽntl]
맨틀
명 망토, (소매 없는) 외투 타 덮다

□ **manual** [mǽnjuəl]
매뉴얼
형 손의, 손으로 만든
명 편람, 편람

□ **manufactory**
[mæ̀njufǽktəri] 매뉴팩터리
명 공장, 제작소, 제조소

□ **manufacture**
[mæ̀njufǽktʃər] 매뉴팩처
타 제조하다 명 제작, 제조

□ **manufacturer**
[mæ̀njufǽktʃərər] 매뉴팩쳐러
명 제조업자, 생산자

□ **manure** [mənjúər]
머뉴어
명 비료, 거름 타 비료를 주다

□ **manuscript**
[mǽnjuskrìpt] 매뉴스크립트
형 필사한, 수서 명 원고

□ **many** [méni]
메니
형 많은, 다수의 명 다수

□ **map** [mǽp]
맵
명 지도 타 지도를 만들다

□ **maple** [méipl]
메이플
명 단풍나무, 단풍단

□ **mar** [máːr]
마아
타 손상시키다, 흠내다, 망쳐 놓다

□ **marble** [máːrbl]
마아블
명 대리석 타 대리석무늬를 넣다

□ **March** [máːrtʃ]
마아취
명 3월(약어 Mar)

□ **march** [máːrtʃ]
마아취
명 행군, 행치 자 타 행진하다

□ **mare** [méər]
메어
명 암말(당나귀·노새 따위)

□ **margin** [máːrdʒin]
마아진
명 가장자리 타 끝동을 달다

316

□ **marginal** [máːrdʒinl] 형 언저리의, 가의, 한계에 가까운
마아지늘

□ **marine** [məríːn] 형 바다의, 해양의 명 선박, 함대
머어린

□ **mariner** [mǽrənər] 명 수부, 선원, 해원
매러너

□ **maritime** [mǽrətàim] 형 바다의, 해변의, 바다에 사는
매러타임

□ **mark** [máːrk] 명 기호, 목표 타 표적을 하다
마아크

□ **market** [máːrkit] 명 장, 시장 타 자 시장에 내놓다
마아킷

□ **marquis** [máːrkwis] 명 후작
마아퀴스

□ **marriage** [mǽridʒ] 명 결혼, 결혼식, 부부생활
매리쥐

□ **married** [mǽrid] 형 기혼의, 결혼한, 부부의
매리드

□ **marrow** [mǽrou] 명 골수, 정수, 뼈골
매로우

□ **marry** [mǽri] 타 자 ~와 결혼하다, 결혼하다
매리

□ **Mars** [máːrz] 명 화성, 로마, 군사, 용사
마아즈

□ **marsh** [máːrʃ] 명 늪, 습지, 소택(沼澤)
마아쉬

□ **marshal** [máːrʃəl] 명 육군 원수, 의전관, 경찰서장
마아셜

□ **mart** [máːrt] 명 시장(市場)
마아트

□ **martial** [máːrʃəl] 명 전쟁의, 군인다운, 호전적인
마아셜

□ **martyr** [máːrtər]
마아터
圏 순교자, 희생자

□ **marvel** [máːrvəl]
마아벌
圏 놀라운 困 경탄하다

□ **marvel(l)ous** [máːrvələs]
마아벌러스
圏 놀라운, 기묘한, 괴이쩍은

□ **marvel(l)ously**
[máːrvələsli] 마아벌러슬리
圏 놀랍게도, 이상하게도

□ **masculine** [mǽskjulin]
매스컬린
圏 남자의, 남자다운, 남성의

□ **mash** [mǽʃ]
매쉬
圏 엿기름 물 固 으깨어 뭉게다

□ **mask** [mǽsk]
매스크
圏 가면, 복면 固 困 가면을 쓰다

□ **mason** [méisn]
메이슨
圏 석수, 벽돌공 固 돌을 쌓다

□ **masquerade** [mæskəréid]
매스커레이드
圏 가장 무도회 困 가장하다

□ **mass** [mǽs]
매스
圏 미사, 덩어리, 대중
固 困 집중하다

□ **massacre** [mǽsəkər]
매서커
圏 대학살 固 학살하다

□ **massive** [mǽsiv]
매시브
圏 부피가 큰, 육중한

□ **mast** [mǽst]
매스트
圏 돛대, 마스트, 기둥

□ **master** [mǽstər]
매스터
圏 주인, 장 固 정통하다

□ **masterpiece** [mǽstərpìːs]
매스터피이스
圏 걸작

□ **mastery** [mǽstəri]
매스터리
圏 지배권, 정통, 숙달, 우위

318

□ **mat** [mǽt]
매트
閔 멍석 囤 멍석을 깔다

□ **match** [mǽtʃ]
매취
閔 성냥, 시합, 경기
囤 ~에 필적하다

□ **mate** [méit]
메이트
閔 동료, 한패 囤 囨 짝지우다

□ **material** [mətíəriəl]
머티어리얼
閔 물질적인, 유형의 閔 재료

□ **maternal** [mətə́ːrnl]
머터어늘
閔 어머니의, 어머니다운

□ **mathematical**
[mæ̀θəmǽtikəl] 매써매티컬
閔 수학의, 수리적인

□ **mathematics**
[mæ̀θəmǽtiks] 매써매틱스
閔 수학

□ **matron** [méitrən]
메이트런
閔 기혼 부인, 간호부장, 가정부

□ **matter** [mǽtər]
매터
閔 물질, 재료, 물체 囨 중요하다

□ **mattress** [mǽtris]
매트리스
閔 침대의 요, 침상, 매트리스

□ **mature** [mətjúər]
머츄어
閔 다 익은, 성숙한 囤 囨 성숙하다

□ **maturity** [mətʃúərəti]
머츄어러티
閔 성숙, 완성, 만기

□ **maxim** [mǽksim]
맥심
閔 격언, 금언, 처세훈

□ **maximum** [mǽksəməm]
맥서멈
閔 최대한도, 최고, 극대 閔 최대의

□ **May** [méi]
메이
閔 5월

□ **may** [méi]
메이
閔 ~일지도 모른다, ~해도 좋다

□ **maybe** [méibi] 　　　　　　　閈 아마, 어쩌면
　메이비

□ **mayonnaise** [méiənèiz] 　　閺 마요네즈
　메이어네이즈

□ **mayor** [méiər] 　　　　　　　閺 시장(市長), 읍장, 동장
　메이어

□ **maze** [méiz] 　　　　　　　　閺 미로, 미궁 囲 얼떨떨하게 하다
　메이즈

□ **me** [mí:] 　　　　　　　　　　閍 I의 목적격, 나를, 나에게
　미이

□ **mead** [mí:d] 　　　　　　　　閺 꿀술, 목초지(=meadow)
　미이드

□ **meadow** [médou] 　　　　　閺 목초지, 풀밭, 초원
　메도우

□ **meager(gre)** [mí:gər] 　　　閿 야윈, 빈약한, 불충분한
　미이거

□ **meal** [mí:l] 　　　　　　　　　閺 식사, 거친 가루
　미일

□ **mean** [mí:n] 　　　　　　　　閿 평범한, 중간의 囲 囸 의미하다
　미인

□ **meaning** [mí:niŋ] 　　　　　閺 의미, 뜻, 취지
　미이닝

□ **means** [mí:nz] 　　　　　　　閺 방법, 수단 (pl)부, 재산
　미인즈

□ **meantime** [mí:ntàim] 　　　閺 그 동안에 閺 중간 시간
　미인타임

□ **meanwhile** [mi:nwaɪl] 　　閈 ~하는 동안에, 한편으로
　미인와일

□ **measles** [mí:zlz] 　　　　　閺 홍역, 마진, 풍진
　미이즐즈

□ **measure** [méʒər] 　　　　　閺 측정, 양, 척도
　메져 　　　　　　　　　　　　　　囲 囸 측정하다, 판단하다

320

□ **measurement** [méʒərmənt] 명 측정, 용량, 측정, 크기
메져먼트

□ **meat** [míːt] 명 고기, 식육
미이트

□ **mechanic** [məkǽnik] 명 수리공, 기계공, 기능공, 정비사
머캐닉

□ **mechanical** [məkǽnikəl] 형 기계의, 기계에 의한, 무감정한
머캐니컬

□ **mechanically** [məkǽnikəli] 부 기계적으로
머캐니컬리

□ **mechanism** [mékənìzm] 명 기계장치, 기구, 조립, 기교
메커니즘

□ **medal** [médl] 명 메달, 상패, 기장, 훈장
메들

□ **meddle** [médl] 자 만지작, 간섭하다
메들

□ **medical** [médikəl] 형 의학의, 의료의, 내과적인
메디컬

□ **medicine** [médəsin] 명 의술, 의학, 약 타 투약하다
메더신

□ **medieval** [mìːdíːvəl] 형 중세의, 중세풍의
미이디이벌

□ **meditate** [médətèit] 자 타 숙고하다, 계획하다, 꾀하다
메더테이트

□ **meditation** [mèdətéiʃən] 명 숙고, 명상, 묵상
메더테이션

□ **mediterranean** 형 지중해의 명 지중해
[mèdətəréiniən] 메더터레이니언

□ **medium** [míːdiəm] 명 매개(물), 중간 형 중간의
미이디엄

□ **meek** [míːk] 형 유순한, 온순한, 겸손한
미이크

321

□ **meekly** [mí:kli]
미이클리
튀 얌전하게, 온순하게

□ **meet** [mí:t]
미이트
타 자 만나다, 마주치다, 조우하다

□ **meeting** [mí:tiŋ]
미이팅
명 모임, 만남, 집회, 회전(會戰)

□ **megaphone** [mégəfòun]
메거포운
명 메가폰 타 확성기로 알리다

□ **melancholy** [mélənkàli]
멜렁칼리
명 우울, 우울증 형 울적한

□ **mellow** [mélou]
멜로우
형 (과일이) 익어서 연한, 감미로운

□ **melody** [mélədi]
멜러디
명 가락, 곡조, 멜로디, 선율

□ **melon** [mélən]
멜런
명 멜론, 참외류

□ **melt** [mélt]
멜트
명 용해물, 융해
자 타 녹다, 용해하다

□ **member** [mémbər]
멤버
명 (단체의) 일원, 구성원, 단원

□ **membrane** [mémbrein]
멤브레인
명 얇은 막, 양피지

□ **memo** [mémou]
메모우
명 메모 자 타 메모하다

□ **memoir** [mémwɑ:r]
멤와아
명 회상록, 언행록, 실록, 전기

□ **memorable** [mémərəbl]
메머러블
형 잊지 못할, 유명한, 잊을 수 없는

□ **memorandum**
[mèmərǽndəm] 메머랜덤
명 각서, 비망록, 정판

□ **memorial** [məmɔ́:riəl]
메모오리얼
형 기념하는, 추도의 명 기념일

□ **memorize** [méməràiz]　　田 암기하다, 기록하다
메머라이즈

□ **memory** [méməri]　　冏 기억, 추억, 기억력, 기념
메머리

□ **men** [mén]　　冏 man의 복수
멘

□ **menace** [ménis]　　冏 협박, 위협 田 으르다
메니스

□ **mend** [ménd]　　田 凾 고치다, 고쳐지다, 수선하다
멘드

□ **mental** [méntl]　　囪 마음의, 정신의, 심적인
멘틀

□ **mention** [ménʃən]　　田 언급하다, 말하다 冏 기대
멘션

□ **menu** [ménjuː]　　冏 식단표, 메뉴, 식품요리
메뉴우

□ **mercenary** [mə́ːrsənèri]　　囪 돈을 위한, 고용된
머어선네리

□ **merchandise** [mə́ːrtʃəndàiz]　　冏 상품
머어천타이즈

□ **merchant** [mə́ːrtʃənt]　　冏 상인, 도매 상인 囪 상인의
머어선트

□ **merciful** [mə́ːrsifəl]　　囪 자비로운, 인자한
머어시펄

□ **merciless** [mə́ːrsilis]　　囪 무자비한, 용서 없는
머어실리스

□ **mercury** [mə́ːrkjuri]　　冏 수은, 온도계, 청우계
머어큐리

□ **mercy** [mə́ːrsi]　　冏 자비, 연민, 행운, 고마운 일
머어시

□ **mere** [míər]　　囪 단순한, 단지 ~에 불과한
미어

□ **merely** [míərli] 　　　　　　　　 ㈜ 단지, 전혀, 오직, 그저
　미얼리

□ **merge** [məːrdʒ] 　　　　　　　　 ㈐㈑ 합병하다, 몰입하다
　머어쥐

□ **meridian** [mərídiən] 　　　　　　 ㈅ 자오선, 경선 ㈕ 정오의
　머리디언

□ **merit** [mérit] 　　　　　　　　　 ㈅ 장점, 공적, 공로
　메리트

□ **merrily** [mérəli] 　　　　　　　　 ㈜ 흥겹게, 명랑하게, 유쾌하게
　메럴리

□ **merriment** [mérimənt] 　　　　　 ㈅ 흥겹게 떠들기, 흥거워함
　메리먼트

□ **merry** [méri] 　　　　　　　　　 ㈕ 명랑한, 흥겨운, 쾌활한
　메리

□ **mesh** [méʃ] 　　　　　　　　　　 ㈅ 그물눈, 올가미, 망사
　메쉬

□ **mess** [més] 　　　　　　　　　　 ㈅ 난잡 ㈐㈑ 망치다, 더럽히다
　메스

□ **message** [mésidʒ] 　　　　　　　 ㈅ 전언, 전갈, 소식 ㈐ 통신하다
　메시쥐

□ **messenger** [mésəndʒər] 　　　　 ㈅ 배달부, 사자(使者), 칙사
　메선저

□ **messy** [mési] 　　　　　　　　　 ㈅ 어질러진, 더러운
　메시

□ **metal** [métl] 　　　　　　　　　 ㈅ 금속, 금속원소
　메틀 　　　　　　　　　　　　　　 ㈐ 금속을 입히다

□ **metallic** [mətǽlik] 　　　　　　 ㈕ 금속의, 금속성(질)의, 엄한
　머탤릭

□ **meteor** [míːtiər] 　　　　　　　　 ㈅ 유성, 운성
　미이티어

□ **meter** [míːtər] 　　　　　　　　 ㈅ 계량기, 미터(m) 량
　미이터

324

□ **methinks** [miθíŋks]
미씽크스
재 (고어)~라고 생각되다

□ **method** [méθəd]
메써드
명 방법, 방식, 순서, 계획

□ **Methodist** [méθədist]
메서디스트
명 감리교도, 형식 존중가

□ **metropolis** [mitrápəlis]
미트라펄리스
명 수도, 중심지, 주요 도시

□ **metropolitan** [mètrəpálitən]
메트러팔리턴
형 수도의, 도시의 명 수도의 시민

□ **mew** [mjú:]
뮤우
명 갈매기
재 (고양이, 갈매기가) 울다

□ **Mexico** [méksikòu]
멕시코우
명 멕시코

□ **Mexican** [méksikən]
멕시컨
명 멕시코 사람 형 멕시코의

□ **mice** [máis]
마이스
명 mouse의 복수, 생쥐

□ **microphone** [máikrəfòun]
마이크러포운
명 확성기, 마이크러폰

□ **microscope** [máikrəskòup]
마이크러스포우프
명 현미경, 현미경자리

□ **mid** [míd]
미드
형 중앙의, 중간의, 가운데

□ **midday** [míddèi]
미드데이
명 정오, 한낮 형 정오의

□ **middle** [mídl]
미들
명 중앙, 중간 형 한가운데의

□ **middle-aged** [mídl-éidʒd]
미들-에이쥐드
형 중년의

□ **midnight** [mídnàit]
미드나이트
명 자정, 암흑, 한밤중 형 한밤중의

325

□ **midst** [mídst]
미드스트
명 한창, 한가운데 부 한복판에

□ **midsummer** [mídsʌ́mər]
미드서머
명 한여름 형 한여름의

□ **midway** [mídwéi]
미드웨이
명 중도 형 중도의 부 중도에

□ **might** [máit]
마이트
명 힘(세력, 권력 등)
조 may의 과거

□ **mighty** [máiti]
마이티
형 위대한, 강대한 부 강대하게

□ **migrate** [máigreit]
마이그레이트
자 이주하다, 이동하다

□ **migration** [maigréiʃən]
마이그레이션
명 이주, 이동

□ **mild** [máild]
마일드
형 유순한, 온화한, 상냥한

□ **mildly** [máildli]
마일들리
부 온화하게, 달콤하게

□ **mile** [máil]
마일
명 마일(1609km)

□ **military** [mílitèri]
밀리테리
형 군의, 군용의, 육군의

□ **militia** [milíʃə]
밀리셔
명 의용군, 민병, 시민군

□ **milk** [mílk]
밀크
명 젖, 우유 타 젖을 짜다

□ **milky** [mílki]
밀키
형 젖의, 젖 같은, 젖 빛깔의

□ **mill** [míl]
밀
명 물방앗간, 제분소, 분쇄기

□ **miller** [mílər]
밀러
명 물방앗간 주인, 제분업자

□ **milli** [mílə]
밀러
图 1/1000 (의 뜻)

□ **million** [míljən]
밀련
图 백만, 무수 图 백만 달러의

□ **million(n)aire** [mɪljənéə]
밀려네어
图 백만장자

□ **millstone** [mílstòun]
밀스토운
图 맷돌, 분쇄기, 연자매

□ **mimic** [mímik]
미미크
图 흉내내는 图 흉내내다

□ **mimicry** [mímikri]
미미크리
图 흉내, 모조품, 모방

□ **mind** [máind]
마인드
图 마음, 정신 图 图 염려하다

□ **mine** [máin]
마인
图 나의 것 图 광산 图 채굴하다

□ **miner** [máinər]
마이너
图 광부, 갱부, 광산업

□ **mineral** [mínərəl]
미너럴
图 광물, 광석 图 광물의, 무기의

□ **mingle** [míŋgl]
밍글
图 图 섞다, 혼합하다, 한데 모이다

□ **miniature** [míniətʃər]
미니어쳐
图 축도, 미세화법 图 축도의

□ **minimum** [mínəməm]
미너멈
图 최소량, 최소한도 图 최저의

□ **mining** [máiniŋ]
마이닝
图 채광, 광업, 탐광

□ **minister** [mínəstər]
미너스터
图 장관, 성직자 图 图 봉사하다

□ **ministry** [mínəstri]
미너스트리
图 부(部), 성(省), 장관직, 대신

□ **mink** [míŋk]
밍크

명 밍크, 담비의 무리

□ **minor** [máinər]
마이너

형 작은 쪽의, 소수의, 중요치 않은

□ **minority** [minɔ́:rəti]
미노오러티

명 미성년, 소수, 소수당

□ **minstrel** [mínstrəl]
민스트럴

명 (중세의) 음유시인, 가수

□ **mint** [mínt]
민트

명 조폐국, 거액, 박하(薄荷)

□ **minus** [máinəs]
마이너스

전 ~을 빼어 형 음수의 명 음수

□ **minute** [mínit]
미니트

명 (시간의) 분 형 즉석의

□ **miracle** [mírəkl]
미러클

명 기적, 놀라움, 경이

□ **miraculous** [mirǽkjuləs]
미래큘러스

형 기적적인, 불가사의한

□ **mirage** [mirá:ʒ]
미라아쥐

명 신기루, 망상, 공중누각

□ **mire** [máiər]
마이어

명 진흙 타 자 진창에 몰아넣다

□ **mirror** [mírər]
미러

명 거울 타 비추다, 반사하다

□ **mirth** [mə́:rθ]
머어쓰

명 환락, 유쾌, 명랑

□ **miscellaneous**
[mìsəléiniəs] 미설레이니어스

형 잡다한, 여러 가지의

□ **mischief** [místʃif]
미스취프

명 화, 손해, 해, 장난

□ **mischievous** [místʃivəs]
미스취버스

형 유해한, 해로운, 장난치는

□ **miser** [máizər]
마이저
몡 구두쇠, 수전노, 노랑이

□ **miserable** [mízərəbl]
미저러블
혱 비참한, 불쌍한, 가련한

□ **miserably** [mízərəbli]
미저러블리
뿐 불쌍하게, 비참하게

□ **misery** [mízəri]
미저리
몡 불행, 비참, 정신적 고통

□ **misfortune** [misfɔ́ːrtʃən]
미스포오쳔
몡 불운, 불행, 재난

□ **misgiving** [misgíviŋ]
미스기빙
몡 불안, 의심, 염려

□ **mishap** [míshæp]
미스햅
몡 재난, 불행한 사고, 불운

□ **mislead** [mislíːd]
미스리이드
타 오도하다, 나쁜일로 꾀다, 오해시키다

□ **Miss** [mis]
미스
몡 ~양(미혼여자에 대한 경칭)

□ **miss** [mis]
미스
타 자 놓치다, 잃다 몡 실책, 실패

□ **missile** [mísəl]
미설
몡 미사일, 비행무기, 로켓탄

□ **mission** [míʃən]
미션
몡 사절단, 사명, 직무

□ **missionary** [míʃənèri]
미셔네리
혱 전도의 몡 선교사, 전도사

□ **Mississippi** [mìsəsípi]
미서시피
몡 미국 중남부의 주

□ **mist** [míst]
미스트
몡 안개 자 타 안개가 끼다

□ **mistake** [mistéik]
미스테이크
타 자 틀리다, 오해하다 몡 잘못

A
B
C
D
E
F
G
H
I
J
K
L
M
N
O
P
Q
R
S
T
U
V
W
X
Y
Z

□ **mistaken** [mistéikən]
미스테이컨
동 mistake의 과거분사 형 틀린

□ **Mister** [místər]
미스터
명 군(君), 님, 귀하(약어 Mr)

□ **mistress** [místris]
미스트리스
명 주부, 여주인, 여류명인

□ **mistrust** [mistrʌ́st]
미스트러스트
타 신용하지 않다 명 불신, 의혹

□ **misty** [místi]
미스티
형 어렴풋한, 안개 낀

□ **misunderstand**
[mìsʌndərstǽnd] 미스언더스탠드
타 오해하다 명 오해, 불화

□ **misuse** [misjúːs]
미스유우스
타 오용하다, 학대하다 명 혹사

□ **mitt** [mít]
미트
명 벙어리장갑, (야구의) 미트

□ **mix** [míks]
믹스
타 자 섞다, 혼합하다, 첨가하다

□ **mixture** [míkstʃər]
믹스쳐
명 혼합, 결합, 혼합물

□ **moan** [móun]
모운
자 타 신음하다 명 신음소리

□ **moat** [móut]
모우트
명 호, 해자 타 호를 파서 두르다

□ **mob** [máb]
마브
명 폭도, 군중 타 자 몰려들다

□ **mock** [mák]
마크
타 자 조소하다 명 조소 형 모조의

□ **mockery** [mákəri]
마커리
명 조롱, 우롱, 비웃음

□ **mode** [móud]
모우드
명 양식, 식, 방법, 방식

□ **model** [mádl] 　　　　　　　　명 모형 형 모범적인 타 본받다
　마들

□ **moderate** [mádərət] 　　　　　형 알맞은, 절도있는, 중간 정도의
　마더러트

□ **moderately** [mádərətli] 　　　부 적당하게, 알맞게, 보통
　마더러틀리

□ **moderation** [màdəréiʃən] 　　명 적당, 알맞음, 절제
　마더레이션

□ **modern** [mádərn] 　　　　　　형 현대의, 근대적인
　마던

□ **modest** [mádist] 　　　　　　형 조심하는, 겸손한, 수줍은
　마디스트

□ **modesty** [mádəsti] 　　　　　명 조심스러움, 겸손, 정숙
　마더스티

□ **modify** [mádəfài] 　　　　　　타 가감하다, 수정하다, 변경하다
　마더파이

□ **modification** 　　　　　　　　명 가감, 수정, 수식
　[màdəfikéiʃən] 마더피케이션

□ **moist** [mɔ́ist] 　　　　　　　　형 습기 있는, 축축한, 눅눅한
　모이스트

□ **moisten** [mɔ́isn] 　　　　　　타 적시다, 축축해지다
　모이슨

□ **moisture** [mɔ́istʃər] 　　　　명 습기, 수분, 물기
　모이스쳐

□ **molasses** [məlǽsiz] 　　　　명 당밀
　멀래시즈

□ **mold** [móuld] 　　　　　　　　명 (~만드는) 틀, 형(型), 거푸집
　모울드

□ **mole** [móul] 　　　　　　　　　명 주근깨, 두더지, 사마귀
　모울

□ **molest** [məlést] 　　　　　　타 자 괴롭히다, 방해하다, 간섭하다
　멀레스트

□ **molten** [móultən]
모울턴
동 melt의 과거분사 형 주조된

□ **moment** [móumənt]
모우먼트
명 순간, 때, 찰나, 기회

□ **momentary** [móuməntèri]
모우먼테리
형 순간의, 찰라의, 덧없는

□ **monarch** [mánərk]
마너크
명 군주, 거물

□ **monarchy** [mánərki]
마너키′
명 군주정치, 군주국

□ **monastery** [mánəstèri]
마너스테리
명 수도원(주로 남자의)

□ **Monday** [mʌ́ndei]
먼데이
명 월요일(약어 Mon)

□ **money** [mʌ́ni]
머니
명 돈, 금전, 재산, 화폐

□ **monk** [mʌ́ŋk]
멍크
명 중, 수도사 형 중 냄새 나는

□ **monkey** [mʌ́ŋki]
멍키
명 원숭이, 장난꾸러기

□ **monopoly** [mənápəli]
머나펄리
명 독점, 전매, 전매품

□ **monotonous** [mənátənəs]
머나터너스
형 단조로운, 지루한

□ **monster** [mánstər]
만스터
명 괴물, 도깨비, 요괴 형 거대한

□ **monstrous** [mánstrəs]
만스트러스
형 괴물같은, 기괴한, 기형의

□ **month** [mʌ́nθ]
먼쓰
명 월, 달, 1개월

□ **monthly** [mʌ́nθli]
먼쓸리
형 매달의 명 월간 잡지 부 매달

□ **monument** [mánjumənt]　몡 기념비, 묘비, 기념물
마뉴먼트

□ **monumental** [mànjuméntl]　혬 기념되는, 불멸의, 거대한
마뉴멘틀

□ **mood** [múːd]　몡 마음의 상태, 기분, 감정
무우드

□ **moon** [múːn]　몡 (하늘의) 달, 위성, 달빛
무운

□ **moonlight** [múːnlàit]　몡 달빛 혬 달빛의, 달밭의
무운라이트

□ **moor** [múər]　몡 황무지, 황야 탄 정박시키다
무어

□ **moose** [múːs]　몡 큰 사슴, 매춘부
무우스

□ **mop** [máp]　몡 (긴자루가 달린) 걸레
맙

□ **moral** [mɔ́ːrəl]　혬 도덕의, 윤리적인 몡 교훈
모오럴

□ **morality** [mərǽləti]　몡 도덕, 도의
머랠러티

□ **more** [mɔ́ːr]　혬 (many, much의 비교급) 더 많은
모오

□ **moreover** [mɔ́ːróuvər]　훈 더욱이, 게다가 또, 그 위에
모오로우버

□ **morn** [mɔ́ːrn]　몡 아침, 새벽, 여명
모온

□ **morning** [mɔ́ːrniŋ]　몡 아침, 오전, 초기, 여명
모오닝

□ **morrow** [márou]　몡 아침, 이튿날, (사건의) 직후
마로우

□ **morsel** [mɔ́ːrsəl]　몡 한 입, 한 조각, 소량
모오설

□ **mortal** [mɔ́:rtl]
모오틀
형 죽어야 할, 치명적인, 죽음의

□ **mortality** [mɔ:rtǽləti]
모오탤러티
명 죽어야 할 운명, 사망률

□ **mortar** [mɔ́:rtər]
모오터
명 모르타르, 회반죽, 절구, 구포

□ **mortgage** [mɔ́:rgidʒ]
모오기쥐
명 저당, 양도 타 저당잡히다

□ **mortify** [mɔ́:rtəfài]
모오터파이
타 굴욕을 느끼게 하다, 억제하다

□ **mosquito** [məskí:tou]
머스키이토우
명 모기

□ **moss** [mɔ́:s]
모오스
명 이끼 타 이끼로 덮다

□ **mossy** [mɔ́:si]
모오시
형 이끼 낀, 캐캐묵은

□ **most** [mòust]
모우스트
형 (many, much의 최상급) 가장 많은

□ **mostly** [móustli]
모우스틀리
부 대개, 보통, 대부분

□ **moth** [mɔ́:θ]
모오쓰
명 나방, 좀벌레

□ **mother** [mʌ́ðər]
머더
명 어머니

□ **motion** [móuʃən]
모우션
명 활동, 운동 자 타 몸짓을 하다

□ **motive** [móutiv]
모우티브
명 동기, 목적
타 ~에게 동기를 주다

□ **motor** [móutər]
모오터
명 원동력, 발동기, 모우터

□ **motorcar** [móutərkà:r]
모우터카아
명 자동차

□ **motorist** [móutərist]
모우터리스트
명 자동차 조종사, 여행자

□ **motto** [mátou]
마토우
명 표어, 처세훈, 금언, 주의

□ **mound** [máund]
마운드
명 흙무더기, 작은 언덕, 둑

□ **mount** [máunt]
마운트
명 산, 언덕
자 타 오르다, 설치하다

□ **mountain** [máuntən]
마운턴
명 산, 산맥, 산악, 산적

□ **mountaineer** [màuntəníər]
마운터니어
명 등산가 자 등산하다

□ **mountainous** [máuntənəs]
마운터너스
형 산이 많은, 산악지방

□ **mourn** [mɔ́ːrn]
모온
자 타 한탄하다, 슬퍼하다

□ **mournful** [mɔ́ːrnfəl]
모온펄
형 슬픔에 잠긴, 음산한, 쓸쓸한

□ **mouse** [máus]
마우스
명 생쥐, 겁쟁이, 귀여운 아이

□ **mouth** [máuθ]
마우쓰
명 입, 출입구, 강어귀

□ **mouthful** [máuθfùl]
마우쓰풀
명 입 가득, 한 입

□ **movable** [múːvəbl]
무우버블
형 움직일 수 있는, 이동하는

□ **move** [múːv]
무우브
타 자 움직이다 명 운동, 이동

□ **movement** [múːvmənt]
무우먼트
명 운동, 동작, 활동, 움직임

□ **movie** [múːvi]
무우비
명 영화(관), 영화팬

□ **mow** [móu]
모우
태 쓰러뜨리다, 베다 명 건초더미

□ **Mr.** [místər]
미스터
명 (남자에 경칭) 귀하, 님, 씨

□ **Mrs.** [mísiz]
미시즈
명 (부인에 존칭) 님, 여사, ~부인

□ **Mt.** [máunt]
마운트
약 Mountain의 줄임 명 언덕, 산

□ **much** [mʌ́tʃ]
머취
형 다량의, 많은 명 다량 부 매우

□ **muck** [mʌ́k]
머크
명 퇴비, 오물, 거름

□ **mud** [mʌ́d]
머드
명 진흙, 진창, 옥설

□ **muddy** [mʌ́di]
머디
형 진흙의, 탁한 태 흐리게 하다

□ **muff** [mʌ́f]
머프
명 머프(여자용 토시), 실수

□ **muffin** [mʌ́fin]
머핀
명 살짝 구운 빵

□ **muffle** [mʌ́fl]
머플
태 덮어싸다, 감싸다

□ **muffler** [mʌ́flər]
머플러
명 목도리, 두꺼운 장갑, 소음장치

□ **mug** [mʌ́g]
머그
명 원형통 컵

□ **mulberry** [mʌ́lbèri]
멀베리
명 뽕나무, 오디, 짙은 자주색

□ **mule** [mjúːl]
뮤울
명 노새, 고집쟁이, 바보

□ **multiplication**
[mʌ̀ltəplikéiʃən] 멀터플리케이션
명 승법, 곱셈, 배가(倍加)

□ **multiply** [mʌ́ltəplài]
멀터플라이
타 자 늘리다, 증가하다, 번식하다

□ **multitude** [mʌ́ltətjùːd]
멀터튜우드
명 다수, 군중

□ **mumble** [mʌ́mbl]
멈블
자 타 중얼거리다, 우물우물 씹다

□ **mummy** [mʌ́mi]
머미
명 미이라, 말라빠진 사람

□ **municipal** [mjunísəpəl]
뮤니서펄
형 지방자치단체의, 시(市)의

□ **murder** [mə́ːrdər]
머어더
명 살인, 교살 타 살해하다

□ **murderer** [mə́ːrdərər]
머어더러
명 살인자

□ **murderous** [mə́ːrdərəs]
머어더러스
형 살인의, 흉악한, 살인적인

□ **murmur** [mə́ːrmər]
머어머
자 타 속삭이다. 중얼거리다
명 중얼거림

□ **muscle** [mʌ́sl]
머슬
명 근육, 완력 자 완력을 휘두르다

□ **muscular** [mʌ́skjulər]
머스큘러
형 근육의, 근육이 늠름한, 힘센

□ **muse** [mjúːz]
뮤우즈
자 명상하다 명 묵상

□ **museum** [mjuːzíːəm]
뮤우지이엄
명 박물관, 미술관, 진열소

□ **mushroom** [mʌ́ʃruːm]
머쉬루움
명 버섯 자 버섯을 따다

□ **music** [mjúːzik]
뮤우직
명 음악, 악곡, 연주하다

□ **musical** [mjúːzikəl]
뮤우지컬
형 음악의 음악적인, 가락이 멋진

□ **musician** [mju:zíʃən]
뮤우지션
명 음악가, 작곡가, 악사

□ **musket** [mΛskit]
머스킷
명 (구식) 소총

□ **muss** [mΛs]
머스
명 엉망, 뒤죽박죽, 법석

□ **must** [mΛst]
머스트
조 ~하지 않으면 안 된다

□ **mustard** [mΛstərd]
머스터드
명 겨자, 자극물

□ **muster** [mΛstər]
머스터
형 소집, 점호 타 소집하다

□ **mute** [mjú:t]
뮤우트
형 벙어리의, 무언의 명 벙어리

□ **mutiny** [mjú:təni]
뮤우터니
명 반란, 폭동, 반항 타 반항하다

□ **mutter** [mΛtər]
머터
자 타 중얼거리다 명 속삭임

□ **mutton** [mΛtn]
머튼
명 양고기

□ **mutual** [mjú:tʃuəl]
뮤우츄얼
형 서로의, 공통의(=common)

□ **muzzle** [mΛzl]
머즐
명 (동물의) 주둥아리, 코, 총구

□ **my** [mái]
마이
대 나의 감 아이고! 저런!

□ **myriad** [míriəd]
미리어드
명 1만, 무수 형 만의, 무수한

□ **myrtle** [mə́:rtl]
머어틀
명 은매화

□ **myself** [maisélf]
마이셀프
대 나 자신, (평상시의) 나

338

□ **mysterious** [mistíəriəs]
미스티어리어스
혱 신비한, 불가사의한, 원인불명의

□ **mystery** [místəri]
미스터리
몡 신비, 불가사의, 비밀, 비법

□ **mystic** [místik]
미스틱
혱 비법의, 신비한 몡 신비가

□ **myth** [míθ]
미쓰
몡 신화, 꾸민 이야기

건물 Building

① **station**
[stéiʃən 스테이션]

② **bank**
[bæŋk 뱅크]

③ **hotel**
[houtél 호우텔]

④ **movie theater**
[múːvi θí(ː)ətəːr 무우비 씨어터]

⑤ **restaurant**
[réstərənt 레스터런트]

① 역　② 은행　③ 호텔　④ 극장　⑤ 음식점　⑥ 음식점

340

⑥ **school**
[sku:l 스쿠울]

⑦ **library**
[láibrèri 라이브레리]

⑧ **park**
[pɑːrk 파아크]

⑨ **swing**
[swiŋ 스윙]

⑩ **slide**
[slaid 슬라이드]

⑪ **fountain**
[fáuntən 파운턴]

📖

⑥ 학교 ⑦ 도서관 ⑧ 공원 ⑨ 그네 ⑩ 미끄럼틀 ⑪ 분수

□ **nail** [néil]
네일
명 손톱, 발톱, 못 타 손톱을 깎다

□ **naked** [néikid]
네이키드
형 벌거벗은, 드러난, 노출된

□ **name** [néim]
네임
명 이름, 명칭, 명성 타 이름짓다

□ **nameless** [néimlis]
네임리스
형 이름 없는, 불명의, 무명의

□ **namely** [néimli]
메임리
부 즉, 말하자면, 환언하면

□ **nap** [nǽp]
냅
명 깜박 졺, 겉잠 자 깜박 졸다

□ **napkin** [nǽpkin]
냅킨
명 손수건, 냅킨, 기저귀, 생리대

□ **narcotic** [nɑːrkátik]
나아카틱
형 마취성의, 마약의 명 마취제

□ **narration** [næréiʃən]
내레이션
명 서술, 이야기, 담화, [문법] 화법

□ **narrative** [nǽrətiv]
내러티브
명 이야기 형 이야기의

□ **narrow** [nǽrou]
내로우
형 좁은, 옹색한 타 자 좁히다

□ **narrowly** [nǽrouli]
내로울리
부 좁게, 정밀하게, 가까스로

□ **nasty** [nǽsti]
내스티
형 불쾌한, 불결한, 싫은

□ **nation** [néiʃən] 　　　　　몡 국민, 국가, 민족
　네이션

□ **national** [nǽʃənl] 　　　　형 국민의, 국가의 몡 동포, 교포
　내셔늘

□ **nationality** [næ̀ʃənǽləti] 　몡 국민성, 국적, 국민, 국가
　내셔낼러티

□ **native** [néitiv] 　　　　　　형 타고난, 출생의 몡 토착민
　네이티브

□ **natural** [nǽtʃərəl] 　　　　형 자연의, 자연계의, 미개의
　내처럴

□ **naturally** [nǽtʃərəli] 　　부 자연히, 있는 그대로, 본래
　내처럴리

□ **nature** [néitʃər] 　　　　　몡 자연, 천성, 성질, 종류
　네이쳐

□ **naught** [nɔ́ːt] 　　　　　　몡 무, 영, 제로, 존재치 않은
　노오트

□ **naughty** [nɔ́ːti] 　　　　　형 장난스러운, 버릇없는, 막된
　노오티

□ **naval** [néivəl] 　　　　　　형 해군의, 군함의, 해군력
　네이벌

□ **navigation** [næ̀vəgéiʃən] 　몡 항해, 항공, 항해술
　내버게이션

□ **navigator** [nǽvəgèitər] 　몡 항해자, 해양 탐험대
　내버게이터

□ **navy** [néivi] 　　　　　　　몡 해군, 해군 장병
　네이비

□ **nay** [néi] 　　　　　　　　부 아니, 오히려 몡 거절
　네이

□ **near** [níər] 　　　　　　　부 가까이 형 가까운 전 ~근처에
　니어

□ **nearly** [níərli] 　　　　　　부 거의, 겨우, 밀접하게, 친하게
　니얼리

□ **nearby** [níərbài]
니어바이
형 가까운 부 가까이로, 근처에

□ **neat** [níːt]
니이트
형 산뜻한, 단정한, 모양 좋은

□ **neatly** [níːtli]
니이틀리
부 산뜻하게, 조촐하게

□ **nebula** [nébjulə]
네뷸러
명 성운

□ **necessarily** [nèsəsérəli]
네서세럴리
부 필연적으로, 불가피, 반드시

□ **necessary** [nésəsèri]
네서세리
형 필요한, 필연적인 명 필수품

□ **necessitate** [nəsésətèit]
너세서테이트
타 필요로 하다, 부득이 ~하게 하다

□ **necessity** [nəsésəti]
너세서티
명 필요, 필연, 필요물

□ **neck** [nék]
네크
명 목, 목덜미 타 자 목을 껴안다

□ **necklace** [néklis]
네클리스
명 목걸이, 교수형의 밧줄

□ **necktie** [néktài]
넥타이
명 넥타이

□ **need** [níːd]
니이드
명 소용 타 필요로 하다 자 궁하다

□ **needful** [níːdfəl]
니이드펄
형 필요한, 요긴한

□ **needless** [níːdlis]
니이들리스
형 불필요한, 필요 없는

□ **needle** [níːdl]
니이들
명 바늘, 뜨게바늘, 주사바늘

□ **needs** [níːdz]
니이즈
부 어떻게든지, 반드시, 꼭

□ **needy** [níːdi]
니이디
형 가난한, 어려운

□ **negative** [négətiv]
네거티브
형 부정의 명 부정 타 거부하다

□ **neglect** [niglékt]
니글렉트
타 소홀히 하다 명 태반, 소홀

□ **negligent** [néglidʒənt]
네글리전트
형 태반의, 부주의한

□ **negligence** [néglidʒəns]
네글리전스
명 태반, 소홀, 부주의

□ **negotiate** [nigóuʃièit]
니고우쉬에이트
타 협상하다, 협정하다

□ **Negro** [níːgrou]
니이그로우
명 흑인 형 흑인의, 검은

□ **neigh** [néi]
네이
명 (말의) 울음소리 자 (말이) 울다

□ **neighbor** [néibər]
네이버
명 이웃사람 형 이웃의, 옆의

□ **neighborhood**
[néibərhùd] 네이버후드
명 근처, 지방, 이웃, 부근

□ **neither** [níːðər]
니이더
부 ~도 아니고 ~도 아니다

□ **nephew** [néfjuː]
네퓨우
명 조카, 생질

□ **nerve** [náːrv]
너어브
명 신경, 냉정, 용기, 담력

□ **nervous** [náːrvəs]
너어버스
형 신경의, 신경질적인, 소심한

□ **nest** [nést]
네스트
명 보금자리 자 둥지를 만들다

□ **nestle** [nésl]
네슬
자 타 깃들이다, 편하게 자리잡다

345

□ **net** [nét]
네트
명 그물, 네트 타 그물로 잡다

□ **nettle** [nétl]
네틀
명 쐐기풀 타 초조하게 하다

□ **network** [nétwə́:rk]
네트워어크
명 방송망, 망상조직

□ **neuter** [njú:tər]
뉴우터
형 중성의, 무성의 명 [문법] 중성

□ **neutral** [njú:trəl]
뉴우트럴
형 중립의, 중용의 명 중립자

□ **never** [névər]
네버
부 결코 ~하지 않다

□ **nevertheless** [nèvərðəlés]
네버덜레스
부 접 그럼에도 불구하고, 그렇지만

□ **new** [njú:]
뉴우
형 새로운, 신발명의 부 새로이

□ **newly** [njú:li]
뉴울리
부 최근, 새로이, 다시

□ **newcomer** [njú:kʌmər]
뉴우커머
명 신참자, 새로운 사람

□ **new-fashioned**
[njú:-fǽʃənd] 뉴우-패션드
형 신유행의, 신식의, 신형의

□ **new-model** [njú:-mádl]
뉴우-마들
명 다시 (새로) 만들다

□ **news** [njú:z]
뉴우즈
명 뉴스, 보도, 기사

□ **newspaper** [njú:zpèipər]
뉴우즈페이퍼
명 신문(지)

□ **Newton** [njú:tn]
뉴우튼
명 영국의 물리학자, 수학자

□ **New York** [njú:jɔ́:rk]
뉴유 요오크
명 뉴욕시(주)

- □ **next** [nékst]
  넥스트
  웹 다음의 위 다음에
  전 ~의 다음에

- □ **nibble** [níbl]
  니블
  타 자 조금씩 갉아먹다, 물어뜯다

- □ **nice** [náis]
  나이스
  웹 좋은, 쾌적한, 훌륭한, 멋진

- □ **nicely** [náisli]
  나이슬리
  위 훌륭하게, 정밀하게, 제대로

- □ **nick** [ník]
  니크
  명 새김눈 타 새김눈을 내다

- □ **nickel** [níkəl]
  니컬
  명 니켈 타 니켈 도금하다

- □ **nickname** [níknèim]
  닉네임
  명 별명, 애칭 타 별명을 붙이다

- □ **niece** [ní:s]
  니이스
  명 조카딸, 질녀

- □ **nigh** [nái]
  나이
  위 가까이 웹 가까운

- □ **night** [náit]
  나이트
  명 야간, 밤, 어둠, 저녁, 야음

- □ **nightfall** [náitfɔ́:l]
  나이트포올
  명 해질녁, 저녁

- □ **nightingale** [náitiŋgèil]
  나이팅게일
  나이팅게일

- □ **nightly** [náitli]
  나이틀리
  웹 밤의, 밤마다의 위 밤마다

- □ **nightmare** [náitmὲər]
  나이트메어
  명 악몽, 몽마, 가위눌림

- □ **nimble** [nímbl]
  님블
  웹 재빠른, 영리한, 현명한

- □ **nine** [náin]
  나인
  명 9, 아홉 웹 아홉의, 9의

□ **nineteen** [nàintíːn]
나인티인
명 19, 열아홉 형 19의

□ **ninety** [náinti]
나인티
명 90 형 90의, 90개

□ **ninetieth** [náintiiθ]
나인티이쓰
명 제 90 형 제 90의

□ **ninth** [náinθ]
나인쓰
명 제 9 형 제 9의

□ **nip** [níp]
닙
타 자 집다, 물다, 꼬집다, 따다

□ **nitrogen** [náitrədʒən]
나이트러전
명 질소

□ **no** [nóu]
노우
형 없는, 전혀 명 부정, 거절

□ **No.** [nʌ́mbər]
넘버
약 제 ~번(number의 줄임)

□ **Nobel** [noubél]
노우벨
명 Alfred B. Nobel 노벨(스웨덴의 화학자)

□ **nobility** [noubíləti]
노우빌러티
명 숭고함, 고귀한 태생, 귀족(계급)

□ **noble** [nóubl]
노우블
형 고귀한, 고상한, 훌륭한, 귀중한

□ **nobleman** [nóublmən]
노우블먼
명 귀족

□ **nobody** [nóubàdi]
노우바디
대 아무도 ~않다
명 이름없는 사람

□ **nod** [nád]
나드
자 타 끄덕이다, 명령하다

□ **noise** [nɔ́iz]
노이즈
명 소음, 소리, 시끄러운 소리

□ **noisy** [nɔ́izi]
노이지
형 시끄러운, 와글거리는

348

□ **nominate** [nάmənèit]
나머네이트
타 지명하다, 추천하다

□ **nomination** [nàmənéiʃən]
나머네이션
명 지명, 임명, 추천

□ **nominative** [nάmənətiv]
나머너티브
명 주격, 주어 형 주격의

□ **none** [nʌn]
넌
대 아무도 ～아니다
부 조금도 ～않다

□ **nonsense** [nάnsens]
난센스
명 넌센스, 허튼말, 무의미

□ **nook** [núk]
누크
명 구석, 외딴 곳, 모퉁이

□ **noon** [núːn]
누운
명 정오, 한낮 형 정오의

□ **noonday** [núːndèi]
누운데이
명 정오, 한낮(=noon)

□ **noontime** [núːntàim]
누운타임
명 한낮, 정오(=noon day)

□ **nor** [nɔ́ːr]
노오
접 ～도 또한 ～않다(아니다)

□ **normal** [nɔ́ːrməl]
노오멀
형 보통의, 정상의, 통상의

□ **north** [nɔ́ːrθ]
노오쓰
명 북, 북방 형 북쪽의 부 북부에

□ **northeast** [nɔ́ːrθíːst]
노오씨이스트
명 북동(지방)

□ **northeastern** [nɔ́ːrθíːstərn]
노오씨이스턴
형 북동의, 북동으로의

□ **northern** [nɔ́ːrðərn]
노오던
형 북동에 사는, 북에 있는

□ **northward** [nɔ́ːrθwərd]
노오쓰워드
형 북쪽을 향한 부 북방으로

□ **northwest** [nɔ́ːɾθwést]
노오쓰웨스트
　　　　　명 북서(지방) 형 북서향의

□ **northwestern**
[nɔ́ːɾθwéstəɾn] 노오쓰웨스턴
　　　　　형 북서의, 북서로의

□ **Norway** [nɔ́ːrwei]
노오웨이
　　　　　명 노르웨이

□ **Norwegian** [nɔːrwíːdʒən]
노오위이전
　　　　　형 노르웨이의 명 노르웨이 사람

□ **nose** [nóuz]
노우즈
　　　　　명 코, 후각 타 자 냄새를 맡다

□ **nostril** [nástrəl]
나스트럴
　　　　　명 콧구멍

□ **not** [nát]
나트
　　　　　부 ～이 아니다, ～않다

□ **notable** [nóutəbl]
노우터블
　　　　　형 주목할 만한, 두드러진 명 명사

□ **notably** [nóutəbli]
노우터블리
　　　　　부 현저히, 특히, 명백히

□ **notch** [nátʃ]
나취
　　　　　명 (V자형의) 새김눈 타 금을 내다

□ **note** [nóut]
노우트
　　　　　명 각서, 기호, 메모 타 적어두다

□ **notebook** [nóutbùk]
노우트북
　　　　　명 노트, 공책

□ **nothing** [nʌ́θiŋ]
너씽
　　　　　명 아무 일도 ～않다, 무, 영

□ **notice** [nóutis]
노우티스
　　　　　명 통고, 주목, 통지 타 알게 되다

□ **noticeable** [nóutisəbl]
노우티서블
　　　　　형 눈에 띄는, 주목할 만한

□ **notify** [nóutəfài]
노우터파이
　　　　　타 통지하다, 신고하다

□ **notion** [nóuʃən] 명 생각, 개념, 신념, 의견
노우션

□ **notorious** [noutɔ́:riəs] 형 평판이 나쁜, 악명 높은
노우토오리어스

□ **nought** [nɔ́:t] 명 영, 제로, 무, 파멸, 실패
노오트

□ **noun** [náun] 명 [문법] 명사
나운

□ **nourish** [nɔ́:riʃ] 타 영양분을 주다, 기르다
너어리쉬

□ **nourishment** [nɔ́:riʃmənt] 명 영양물, 음식물
너어리쉬먼트

□ **novel** [návəl] 형 신기한, 기발한 명 소설
나벌

□ **novelist** [návəlist] 명 소설가
나벌리스트

□ **novelty** [návəlti] 명 신기한 사물, 새로움, 신제품
나벌티

□ **November** [nouvémbər] 명 11월(약어 Nov)
노우벰버

□ **novice** [návis] 명 초심자, 풋내기, 신참자
나비스

□ **now** [náu] 부 지금, 곧 접 ~이고 보면
나우 명 현재

□ **nowadays** [náuədèiz] 명 지금 부 현재에는, 지금은
나우어데이즈

□ **nowhere** [nóuhwèər] 부 아무데에도 ~없다(않다)
노우웨어

□ **nuclear** [njú:kliər] 형 핵의, 세포의, 원자력의
뉴우클리어

□ **nuisance** [njú:sns] 명 방해물, 귀찮은 일, 폐
뉴우슨스

□ **numb** [nʌm]
넘
형 마비된, 둔한 타 마비시키다

□ **number** [nʌ́mbər]
넘버
명 수, 총수, 번호 타 세다

□ **numeral** [njúːmərəl]
뉴우머럴
명 숫자 형 수의, 수를 나타내는

□ **numerous** [njúːmərəs]
뉴우머러스
형 많은 수의, 다수의

□ **nun** [nʌn]
넌
명 수녀, 여승, (집비둘기의) 일종

□ **nuptial** [nʌ́pʃəl]
넙셜
형 결혼의, 혼례의 명 결혼(식)

□ **nurse** [nə́ːrs]
너어스
명 유모, 간호원 타 자 젖을 먹이다

□ **nursery** [nə́ːrsəri]
너어서리
명 육아실, 탁아소, 양성소

□ **nurture** [nə́ːrtʃər]
너어쳐
타 양육하다, 교육하다 명 양육

□ **nut** [nʌt]
너트
명 견과(호두, 밤 따위), 너트

□ **nutrition** [njuːtríʃən]
뉴우트리션
명 영양 섭취 작용, 영양물, 음식

□ **nylon** [náilɑn]
나일란
명 나일론

□ **nymph** [nímf]
님프
명 요정, 님프, 애벌레

① **tailor**
[téilə:r 테일러]

② **barber**
[bá:rbər 바아버]

③ **driver**
[dráivər 드라이버]

④ **postman**
[póustmən 포우스트먼]

⑤ **fireman**
[fáiər mən 파이어먼]

⑥ **carpenter**
[ká:r pəntər 카아펀터]

① 재단사 ② 이발사 ③ 운전사 ④ 우체부 ⑤ 소방관 ⑥ 목수

⑦ **waitress**
[wéitris 웨이트리스]

⑧ **cook**
[kuk 쿡]

⑨ **waiter**
[wéitər 웨이터]

⑩ **policeman**
[pəlí:smən 펄리이스먼]

⑪ **hairdresser**
[héərdrèsər 헤어드레서]

⑫ **doctor**
[dáktər 닥터]

⑬ **nurse**
[nə:rs 너어스]

⑦ 여종업원 ⑧ 요리사 ⑨ 남종업원 ⑩ 경찰 ⑪ 미용사 ⑫ 의사
⑬ 간호사

□ **o** [óu]
오우

감 오! 저런! 아이!

□ **oak** [óuk]
오우크

명 떡갈나무, 오크제품

□ **oaken** [óukən]
오우컨

형 떡갈나무제의, 오오크로 만든

□ **oar** [ɔ́:r]
오오

명 (보트) 노 타재 노를 젓다

□ **oasis** [ouéisis]
오우에이시스

명 오아시스, 사막 안의 녹지

□ **oat** [óut]
오우트

명 귀리

□ **oath** [óuθ]
오우쓰

명 맹세, 선서, 서약, 분노

□ **oatmeal** [óutmì:l]
오우트미일

명 오트밀(죽)

□ **obedience** [oubí:diəns]
오우비이디언스

명 복종, 순종, 공손

□ **obedient** [oubí:diənt]
오우비이디언트

형 순종하는, 유순한, 고분고분한

□ **obey** [oubéi]
오우베이

타재 복종하다, 순종하다, 따르다

□ **object** [ábdʒikt]
아브직트

명 물체, 사물, 물건

□ **objection** [əbdʒékʃən]
어브젝션

명 반대, 이의, 혐오, 난점

□ **objective** [əbdʒéktiv]   휑 물질적인, 객관적인 몡 목표
어브젝티브

□ **obligation** [àbləgéiʃən]   몡 계약, 증권, 책임, 채무
아블러게이션

□ **oblige** [əbláidʒ]   태 강요하다, 억지로 시키다
어블라이쥐

□ **oblivion** [əblíviən]   몡 망각, 잊기 쉬움, 잊혀짐
어블리비언

□ **obscure** [əbskjúər]   휑 애매한, 모호한, 불명료한
업스큐어

□ **obscurity** [əbskjúərəti]   몡 어두컴컴함, 불명료, 난해한 곳
업스큐어러티

□ **observance** [əbzə́:rvəns]   몡 준수, 의식, 습관. 규율, 관례
업저어번스

□ **observation** [àbzərvéiʃən]   몡 관찰, 주목, 감시, 관측
압저베이션

□ **observatory** [əbzə́:rvətɔ́:ri]   몡 천문대, 관측소, 전망대
업저어버토오리

□ **observe** [əbzə́:rv]   태 자 주시하다, 지키다
업저어브

□ **observer** [əbzə́:rvər]   몡 관찰자, 입회인, 준수자
업저어버

□ **obstacle** [ábstəkl]   몡 장애(물), 고장, 방해물
압스터클

□ **obstinate** [ábstənət]   휑 완고한, 억지센, 끈질긴
압스터너트

□ **obstruct** [əbstrʌ́kt]   태 자 방해하다, 가로막다
업스트럭트

□ **obstruction** [əbstrʌ́kʃən]   몡 의사의 방해, 장애(물)
업스트럭션

□ **obtain** [əbtéin]   태 자 획득하다, 손에 넣다, 얻다
업테인

□ **obvious** [ábviəs]
압비어스
휑 명백한, 빤한, 명확한

□ **obviously** [ábviəsli]
압비어슬리
匣 명백하게, 분명히

□ **occasion** [əkéiʒən]
어케이전
圐 경우, 기회 퇸 일으키다

□ **occasional** [əkéiʒənl]
어케이저늘
匣 이따금, 때때로의

□ **occasionally** [əkéiʒənli]
어케이저늘리
匣 이따금, 때때로, 가끔

□ **occupant** [ákjupənt]
아큐펀트
圐 (토지, 가옥의) 점유자

□ **occupation** [àkjupéiʃən]
아큐페이션
圐 점유, 점령, 거주, 업무, 직업

□ **occupy** [ákjupài]
아큐파이
퇸 점령하다, 차지하다, 점유하다

□ **occur** [əkə́:r]
어커어
퐈 일어나다, 마음에 떠오르다

□ **occurrence** [əkə́:rəns]
어커어런스
圐 발생, 사건, 생긴 일

□ **ocean** [óuʃən]
오우션
圐 대양, ~양, 끝없이 넓음, 많음

□ **o'clock** [əklák]
어클락
圐 시(時)

□ **October** [aktóubər]
악토우버
圐 10월(약어 Oct)

□ **odd** [ád]
아드
휑 나머지의, 홀수의, 여분의

□ **oddly** [ádli]
아들리
匣 기묘하게, 짝이 맞지 않게

□ **odds** [ádz]
아드즈
圐 가능성, 확률, 핸디캡

357

□ **ode** [óud]
오우드
　　명 고상한 서정시, 송시(頌詩)

□ **odious** [óudiəs]
오우디어스
　　형 밉살스러운, 싫은, 징그러운

□ **odo(u)r** [óudər]
오우더
　　명 냄새, 향기, 기미, 암내, 백취

□ **of** [ʌv]
어브
　　전 ～의, ～에 속하는, ～부터

□ **off** [ɔ́:f]
오오프
　　부 떨어져서 전 ～에서 떨어져

□ **offence** [əféns]
어펜스
　　명 죄, 위반, 범죄, 반칙

□ **offend** [əfénd]
어펜드
　　타 자 감정을 해치다, 성나게 하다

□ **offender** [əféndər]
어펜더
　　명 범죄자

□ **offense** [əféns]
어펜스
　　명 (offence) 죄, 불법, 위반

□ **offensive** [əfénsiv]
어펜시브
　　형 불쾌한, 싫은 명 공격, 공세

□ **offer** [ɔ́:fər]
오오퍼
　　타 자 제공하다 명 신청

□ **offering** [ɔ́:fəriŋ]
오오퍼링
　　명 신청, 헌납, 제공

□ **office** [ɔ́:fis]
오오피스
　　명 직무, 사무소, 직책, 관청

□ **officer** [ɔ́:fisər]
오오피서
　　명 장교, 사관, 공무원, 역원

□ **official** [əfíʃəl]
어피셜
　　형 직무상의, 공적인 명 공무원

□ **officially** [əfíʃəli]
어피셜리
　　부 공식적으로, 직무상으로

□ **offset** [ɔ́:fsèt]
오오프세트

圆 계정, 차감, 옵셋판, 벌충

□ **offspring** [ɔ́:fsprìŋ]
오오프스프링

圆 자식, 자손, 결과, 소산

□ **oft** [ɔ́:ft]
오오프트

튀 (=often) 종종, 자주

□ **often** [ɔ́:fən]
오오펀

튀 종종, 자주, 가끔

□ **oh** [óu]
오우

갭 오! 아이고! 앗!

□ **oil** [ɔ́il]
오일

圆 기름, 광유, 석유, 글리브유

□ **oily** [ɔ́ili]
오일리

匓 기름의, 기름바른, 기름칠한

□ **ointment** [ɔ́intmənt]
오인트먼트

圆 연고, 고약

□ **OK** [əukeɪ]
어우케이

匓 좋아 圆 승인 匤 승인하다

□ **old** [óuld]
오울드

匓 나이 많은, 오랜 圆 늙은 노인

□ **old-fashioned**
[óuld-fǽʃənd] 오울드-패션드

匓 유행에 뒤떨어진, 구식의

□ **oldtime** [óuldtáim]
오울드타임

匓 옛날의, 옛날부터의

□ **olive** [áliv]
알리브

圆 올리브나무 匓 올리브색의

□ **Olympic** [əlímpik]
얼림픽

匓 올림픽의 圆 국제올림픽대회

□ **omega** [oumí:gə]
오우미이거

圆 끝, 마지막, 최후

□ **omen** [óumən]
오우먼

圆 전조, 예언 匤 匨 전조가 되다

□ **ominous** [ámənəs]
아머너스
형 불길한, 험악한, 나쁜 징조

□ **omission** [oumíʃən]
오우미션
명 생략, 탈락, 태만, 누락

□ **omit** [oumít]
오우미트
타 생략하다, 빠뜨리다

□ **omnibus** [ámnibʌs]
암니버스
명 승합 마차, 버스, 합승자동차

□ **on** [án]
안
전 ~위에, ~에 부 위에, 향하여

□ **once** [wʌ́ns]
원스
부 한 번, 일회, 한 차례, 일단

□ **one** [wʌ́n]
원
형 하나의, 한 개의 명 하나

□ **oneself** [wʌnsélf]
원셀프
대 스스로, 자신이, 자기 자신을

□ **onion** [ʌ́njən]
어년
명 양파 타 양파로 맛을 내다

□ **only** [óunli]
오운리
형 유일한 부 오직 접 다만

□ **onset** [ánsèt]
안세트
명 습격, 공격, 진격, 시작

□ **onward** [ánwərd]
안워드
형 전진의, 전방으로의 부 전방에

□ **onwards** [ánwərdz]
안워드즈
부 앞으로, 나아가, 전방으로

□ **ooze** [úːz]
우우즈
자 타 스며나오다, 비밀이 새다

□ **opal** [óupəl]
오우펄
명 단백석, 오팔, 젖빛유리

□ **open** [óupən]
오우펀
형 열린 타 자 열다 명 빈터

□ **openly** [óupənli]
오우펀리
튀 솔직히, 공공연히

□ **opening** [óupəniŋ]
오우퍼닝
명 개방, 개시, 구멍 형 개시의

□ **opera** [ápərə]
아퍼러
명 가극, 오페라, 가극장

□ **operate** [ápərèit]
아퍼레이트
자 타 (기계 등이) 움직이다

□ **operation** [àpəréiʃən]
아퍼레이션
명 일, 작용, 행동, 가동, 작동

□ **operator** [ápərèitər]
아퍼레이터
명 (기계의) 운전자, 교환수

□ **opinion** [əpínjən]
어피년
명 의견, 소신, 지론, 견해

□ **opium** [óupiəm]
오우피엄
명 아편, 아편굴

□ **opponent** [əpóunənt]
어포우넌트
명 적, 상대 형 대립하는, 반대하는

□ **opportunity** [àpərtjú:nəti]
아퍼튜우너티
명 기회, 호기

□ **oppose** [əpóuz]
어포우즈
타 반대하다, 적대하다, 방해하다

□ **opposite** [ápəzit]
아퍼지트
형 마주보는 명 반대자

□ **opposition** [àpəzíʃən]
아퍼지션
명 반대, 저항, 방해, 야당

□ **oppress** [əprés]
어프레스
타 압박하다, 억압하다

□ **oppression** [əpréʃən]
어프레션
명 압박, 압제, 우울, 억압

□ **optimism** [áptəmìzm]
앞터미즘
명 낙천주의, 낙관

□ **or** [ɔ́:r]
오오
接 또는, 즉, 그렇지 않으면

□ **oracle** [ɔ́:rəkl]
오오러클
名 신탁, 명언, 현인

□ **oral** [ɔ́:rəl]
오오럴
形 구두의, 구술의, 입의

□ **orange** [ɔ́:rindʒ]
오오린쥐
名 오렌지, 귤 形 오렌지의

□ **oration** [ɔ:réiʃən]
오오레이션
名 (형식을 갖춘) 연설

□ **orator** [ɔ́:rətər]
오오러터
名 연설가, 강연자

□ **orb** [ɔ́:rb]
오오브
名 구(球), 구체, 천체, 안구

□ **orbit** [ɔ́:rbit]
오오비트
名 궤도, 안와(眼窩), 활동 범위

□ **orchard** [ɔ́:rtʃərd]
오오쳐드
名 과수원

□ **orchestra** [ɔ́:rkəstrə]
오오커스트러
名 오케스트라, 관현악단

□ **ordain** [ɔ:rdéin]
오오데인
他 정하다, 규정하다, 운명지우다

□ **ordeal** [ɔ:rdí:l]
오오디일
名 모진 시련, 고된 체험

□ **order** [ɔ́:rdər]
오오더
名 정돈, 명령, 지령 他 정돈하다

□ **orderly** [ɔ́:rdərli]
오오덜리
形 정돈된, 규율있는 名 전령병

□ **ordinal** [ɔ́:rdənl]
오오더늘
形 순서의 名 서수(序數)

□ **ordinance** [ɔ́:rdənəns]
오오더넌스
名 법령, (종교) 의식

□ **ordinary** [ɔ́ːrdənèri]　형 보통의, 평범한 명 정식(定食)
오오더네리

□ **ordinarily** [ɔ́ːrdənéərəli]　부 보통, 보통으로
오오더네어럴리

□ **ore** [ɔ́ːr]　명 광석, 원광(原鑛), 철광석
오오

□ **organ** [ɔ́ːrgən]　명 기관(器官), 기관지, 오르간
오오건

□ **organic** [ɔːrgǽnik]　형 기관의, 유기체의, 조직적인
오오개닉

□ **organism** [ɔ́ːrgənìzm]　명 유기체, 생물, 유기적 조직체
오오거니즘

□ **organization** [ɔ̀ːrgənizéiʃən]　명 조직, 구성, 편성, 단체
오오거니제이션

□ **organize** [ɔ́ːrgənàiz]　타 조직하다, 편성하다
오오거나이즈

□ **orient** [ɔ́ːriənt]　명 동양 타 자 동쪽으로 향하다
오오리언트

□ **Oriental** [ɔ́ːriéntl]　형 동양의, 동쪽의 명 동양사람
오오리엔틀

□ **origin** [ɔ́ːrədʒin]　명 기원, 발달, 원천, 태생, 혈통
오오러쥔

□ **original** [ərídʒənl]　형 원시인, 최초의 명 원물, 원작
어리저늘

□ **originally** [ərídʒənəli]　부 본래, 최초의, 고유의
어리저널리

□ **originality** [ərìdʒənǽləti]　명 독창력, 신기(新奇), 참신
어리저낼러티

□ **originate** [ərídʒənèit]　타 자 시작하다, 일으키다, 생기다
어리저네이트

□ **ornament** [ɔ́ːrnəmənt]　명 장식(품) 타 꾸미다
오오너먼트

A
B
C
D
E
F
G
H
I
J
K
L
M
N
O
P
Q
R
S
T
U
V
W
X
Y
Z

363

□ **orphan** [ɔ́ːrfən]
오오펀
- 명 고아 형 고아의

□ **orphanage** [ɔ́ːrfənidʒ]
오오퍼니쥐
- 명 고아원, 고아

□ **orthodox** [ɔ́ːrθədὰks]
오오써닥스
- 형 정교(正敎)의, 정통파의, 인습적인

□ **ostrich** [ɔ́ːstritʃ]
오오스트리취
- 명 타조, 도피자

□ **other** [ʌ́ðər]
어더
- 형 다른 대 딴 것 부 그렇지 않고

□ **otherwise** [ʌ́ðərwàiz]
어더와이즈
- 부 딴 방법으로, 만약 그렇지 않으면

□ **otter** [átər]
아터
- 명 수달(피)

□ **ought** [ɔ́ːt]
오오트
- 조 ~해야만 한다, ~함이 당연하다

□ **ounce** [áuns]
아운스
- 명 온스(보통 284그램)

□ **our** [áuər]
아우어
- 대 우리의, 우리들의, 언제나

□ **oust** [áust]
아우스트
- 명 내쫓다, 뺏다, 탈취하다

□ **ours** [áuərz]
아우어즈
- 대 우리의 것, 우리들의 것

□ **ourselves** [ɑːrsélvz]
아아셀브즈
- 대 우리 자신, 우리들이, 우리에게

□ **out** [áut]
아웃
- 부 밖으로, 밖에 형 밖의

□ **outbreak** [áutbrèik]
아웃브레이크
- 명 발발, 폭동

□ **outburst** [áutbɔ́ːrst]
아웃버어스트
- 명 폭발, 파열, 격발

□ **outcome** [áutkʌm] 명 결과, 성과, 과정
아웃컴

□ **outcry** [áutkrài] 명 외침, 떠들썩함, 경매
아웃크라이

□ **outdoor** [áutdɔ́ːr] 형 문 밖의, 야외의, 옥외의
아웃도오

□ **outdoors** [àutdɔ́ːrz] 부 문 밖에서, 야외에서
아웃도오즈

□ **outer** [áutər] 형 바깥의, 외면의, 바깥 쪽의
아웃터

□ **outfit** [áutfit] 명 장만, 채비
아웃피트 타 준비하다, 몸차림을 하다

□ **outlaw** [áutlɔ́ː] 명 추방자
아웃로오 타 법률의 보호를 빼앗다

□ **outlet** [áutlèt] 명 출구, 배출구, 관로
아우트렛

□ **outline** [áutlàin] 명 윤곽, 외형 타 윤곽을 그리다
아웃라인

□ **outlook** [áutlùk] 명 전망, 예측, 관망, 감시
아웃룩

□ **output** [áutpùt] 명 생산고, 산출, 생산
아웃풋

□ **outrage** [áutrèidʒ] 명 폭행, 침범 타 폭행하다
아웃레이쥐

□ **outrageous** [autréidʒəs] 형 난폭한, 포악한, 괘씸한
아웃레이져스

□ **outside** [áutsáid] 명 바깥쪽, 외부, 외관, 겉모양
아웃사이드

□ **outskirt** [áutskɔ́ːrt] 명 교외, 주변, 도시의 변두리
아웃스커어트

□ **outstanding** [àutstǽndiŋ] 형 눈에 띄는, 돌출한, 중요한
아웃스탠딩

□ **outstretched** [àutstrétʃt]
아웃스트레취트
형 펼친, 뻗친

□ **outward** [áutwərd]
아웃워드
형 밖으로 향한, 표면의, 외부로의

□ **oval** [óuvəl]
오우벌
형 달걀 모양의 명 계란형, 타원형

□ **ovary** [óuvəri]
오우버리
명 난소, 자방

□ **oven** [ʌ́vən]
어번
명 화덕, 솥, 가마, 오븐

□ **over** [óuvər]
오우버
전 ～의 위에 부 위에, 덮이어

□ **overall** [óuvərɔ́:l]
오우버로올
명 (의사, 여자아이의) 일옷,
작업복

□ **overboard** [óuvərbɔ́:rd]
오우버보오드
부 배 밖으로, 물속으로

□ **overcoat** [óuvərkòut]
오우버코우트
명 외투

□ **overcome** [òuvərkʌ́m]
오우버컴
타 이겨내다, 극복하다, 압도하다

□ **overdue** [òuvərdjú:]
오우버듀우
형 기간이 지난, 늦은, 연착한

□ **overeat** [òuvərí:t]
오우버리이트
타 자 과식하다, 과식하여 탈나다

□ **overflow** [òuvərflóu]
오우버플로우
타 자 (강 등이) 범람하다 명 범람

□ **overhang** [òuvərhǽŋ]
오우버행
타 ～의 위에 걸치다 자 덮치다

□ **overhead** [óuvərhèd]
오우버헤드
부 위로, 상공에 형 머리위에

□ **overhear** [òuvərhíər]
오우버히어
타 도청하다, 엿듣다, 귓결에 듣다

- **overland** [óuvərlǽnd]
  오우버랜드
  用 육로로, 육상으로

- **overlook** [òuvərlúk]
  오우버루크
  配 내려다보다, 바라보다,
  빠뜨리고 못보다

- **overnight** [óuvərnàit]
  오우버나이트
  用 밤새도록, 하룻밤

- **overpower** [òuvərpáuər]
  오우버파우어
  配 지우다, 압도하다

- **overseas** [óuvərsíːz]
  오우버시이즈
  用 해외로, 외국으로 形 해외의

- **oversleep** [òuvərslíːp]
  오우버슬리입
  自 配 너무 자다, 오래 잡다

- **overtake** [òuvərtéik]
  오우버테이크
  配 뒤쫓아 닿다, 따라 잡다

- **overthrow** [òuvərθróu]
  오우버쓰로우
  配 뒤집어 엎다 名 타도, 전복

- **overturn** [òuvərtə́ːrn]
  오우버터언
  配 自 뒤덮다, 타도하다 名 파멸

- **overwhelm** [òuvərhwélm]
  오우버휄름
  配 압도하다, 질리게 하다

- **overwhelming**
  [òuvərhwélmiŋ] 오우버휄밍
  形 압도적인, 저항할 수 없는

- **overwork** [òuvərwə́ːrk]
  오우버워어크
  配 自 너무 공들이다, 과로하다
  名 과로

- **owe** [óu]
  오우
  配 自 은혜를 입고 있다, 빚이 있다

- **owing** [óuiŋ]
  오윙
  形 빚지고 있는, 미불로 되어 있는

- **owl** [ául]
  아울
  名 올빼미, 부엉이

- **own** [óun]
  오운
  形 자기 자신의 配 自 소유하다

□ **owner** [óunər] 명 임자, 소유자, 집주인
오우너

□ **ownership** [óunərʃip] 명 소유권
오우너쉽

□ **ox** [áks] 명 황소
악스

□ **oxen** [áksən] 명 ox의 복수
악선

□ **Oxford** [áksfərd] 명 영국 남부도시, 옥스퍼드 대학
악스퍼드

□ **oxygen** [áksidʒən] 명 산소, 금속원소
악시전

□ **oyster** [óistər] 명 굴, 입이 무거운 사람
오이스터

□ **ozone** [óuzoun] 명 신선한 공기, 기분을 돋구어
오우조운 주는 힘

날씨 **Weather**

① **sun**
[sʌn 선]

② **cloud**
[klaud 클라우드]

③ **snow**
[snou 스노우]

④ **wind**
[wind 윈드]

📖 ────────────────────
① 태양 ② 구름 ③ 눈 ④ 바람

⑤ **rainbow**
[réinbòu 레인보우]

⑥ **thunder**
[θʌ́ndəːr 썬더]

⑦ **rain**
[réin 레인]

⑨ **umbrella**
[ʌmbrélə 엄브렐러]

⑧ **rain boots**
[réin bùːts 레인 부우츠]

⑩ **rain coat**
[réin kòut 레인 코우트]

📖 _____

⑤ 무지개　⑥ 천둥　⑦ 비　⑧ 장화　⑨ 우산　⑩ 비옷

370

□ **pacific** [pəsífik]
퍼시픽
형 평화의, 온화한, 화해적인

□ **pack** [pǽk]
팩
명 꾸러미, 다발, 보따리 타 싸다

□ **package** [pǽkidʒ]
패키쥐
명 짐 꾸러미 타 포장하다

□ **packet** [pǽkit]
패키트
명 소포, 꾸러미, 한다발

□ **pad** [pǽd]
패드
명 덧대는 것 타 속을 넣다

□ **paddle** [pǽdl]
패들
명 노 타 자 노로 젓다, 물장난하다

□ **pagan** [péigən]
페이건
명 이교도, 불신자 형 이교도의

□ **page** [péidʒ]
페이쥐
명 페이지, 기록, 문서, 책

□ **pageant** [pǽdʒənt]
패전트
명 야외극, 행렬, 장관(壯觀), 허식

□ **pail** [péil]
페일
명 들통, 양동이

□ **pain** [péin]
페인
명 아픔, 고통 타 자 고통을 주다

□ **painful** [péinfəl]
페인펄
형 아픈, 괴로운, 불쌍한

□ **painfully** [péinfəli]
페인펄리
부 고통스럽게, 애써서, 아프게

371

□ **paint** [péint]
페인트
　명 페인트, 도료, 그림물감
　타 그리다

□ **painter** [péintər]
페인터
　명 화가, 뺑끼장이, 칠장이

□ **painting** [péintiŋ]
페인팅
　명 그림, 화법, 그림그리기, 뺑끼칠

□ **pair** [péər]
페어
　명 한 쌍, 한 짝 타 자 한 쌍이 되다

□ **pajamas** [pədʒɑ́:məz]
퍼자아머즈
　명 파자마, 잠옷

□ **pal** [pǽl]
팰
　명 동무, 친구, 짝패

□ **palace** [pǽlis]
팰리스
　명 궁전, 큰 저택, 궁궐

□ **pale** [péil]
페일
　형 창백한, 엷은 타 자 창백해지다

□ **palm** [pɑ́:m]
파암
　명 손바닥, 집게 뺨 타 속이다

□ **pamphlet** [pǽmflət]
팸플럿
　명 팜플렛, 소책자, 소논문

□ **pan** [pǽn]
팬
　명 납작한 남비, 접시, 후라이팬

□ **pancake** [pǽnkèik]
팬케이크
　명 팬케이크(빵 종류)

□ **pane** [péin]
페인
　명 (한 장의) 창유리

□ **panel** [pǽnl]
패늘
　명 판벽 널, 화판, 머름

□ **pang** [pǽŋ]
팽
　명 심한 고통, 번민, 격통

□ **panic** [pǽnik]
패닉
　명 겁먹음, 당황, 공황 형 공황적인

□ **panorama** [pæˈnərǽmə] 명 파노라마, 잇달아 변하는 광경
패너래머

□ **pansy** [pǽnzi] 명 팬지(의 꽃), 여자 같은 사내
팬지

□ **pant** [pǽnt] 명 헐떡임 자 타 헐떡이다
팬트

□ **panther** [pǽnθər] 명 표범, 아메리카 표범, 퓨마
팬써

□ **pantry** [pǽntri] 명 저장실, 식기실, 찬방
팬트리

□ **pants** [pǽnts] 명 바지, 속바지, 팬티
팬츠

□ **papa** [pάːpə] 명 아빠
파아퍼

□ **papal** [péipəl] 형 로마 교황의, 가톨릭 교회의
페이펄

□ **paper** [péipər] 명 종이, 벽지, 신문지 형 종이의
페이퍼

□ **pappy** [pǽpi] 형 빵죽 같은, 질컥질컥한
패피

□ **par** [pάːr] 명 동등, 동수준, 동위
파

□ **parachute** [pǽrəʃùːt] 명 낙하산, 풍산종자
패러슈우트

□ **parade** [pəréid] 명 행렬, 시위행진 타 자 열병하다
퍼레이드

□ **paradise** [pǽrədàis] 명 천국, 극락, 낙원
패러다이스

□ **paragraph** [pǽrəgrӕf] 명 (문장의) 마디, 절
패러그래프

□ **parallel** [pǽrəlèl] 형 평행의 명 평행선 타 유사하다
패럴렐

A
B
C
D
E
F
G
H
I
J
K
L
M
N
O
P
Q
R
S
T
U
V
W
X
Y
Z

373

□ **paralyze** [pǽrəlàiz] 　타 마비시키다, 무능력하게 하다
패럴라이즈

□ **paramount** [pǽrəmàunt] 　형 최고의, 지상의, 주요한
패러마운트

□ **paraphrase** [pǽrəfrèiz] 　타 자 알기 쉽게 바꾸어 말하다
패러프레이즈

□ **parasite** [pǽrəsàit] 　명 기생충, 기식자, 식객, 기생물
패러사이트

□ **parasol** [pǽrəsɔ́:l] 　명 양산, 파라솔
패러소올

□ **parcel** [pá:rsəl] 　명 소포, 꾸러미 타 구분하다
파아설

□ **parch** [pá:rtʃ] 　타 볶다, 굽다, 바싹 말리다
파아취

□ **parchment** [pá:rtʃmənt] 　명 양피지, 양피지의 문서
파아취먼트

□ **pardon** [pá:rdn] 　명 용서, 면죄 타 용서하다
파아든

□ **pare** [pέər] 　타 껍질을 벗기다, 잘라내다
페어

□ **parent** [pέərənt] 　명 어버이, 수호신, 양친, 보호자
페어런트

□ **parenthesis** [pərénθəsis] 　명 삽입구, 둥근 괄호, 막간극
퍼렌써시스

□ **Paris** [pǽris] 　파리(프랑스의 수도)
패리스

□ **parish** [pǽriʃ] 　명 본당, 교구의 주민
패리쉬

□ **Parisian** [pərízən] 　형 파리의, 파리식의 명 파리사람
퍼리전

□ **park** [pá:rk] 　명 공원, 유원지, 주차장
파아크

□ **parliament** [páːrləmənt] ⑲ 의회, 국회, 영국의회
파알러먼트

□ **parliamentary** ⑳ 의회의, 의회의 법규
[pàːrləméntəri] 파알러멘터리

□ **parlo(u)r** [páːrlər] ⑲ 객실, 거실, 응접실
파알러

□ **parrot** [pærət] ⑲ 앵무새
패러트

□ **parsley** [páːrsli] ⑲ 양미나리, 파아슬리
파아슬리

□ **parson** [páːrsn] ⑲ 교구 목사, 목사
파아슨

□ **part** [páːrt] ⑲ 부분 ⑪ ⑫ 나누다 ⑳ 일부의
파아트

□ **partly** [páːrtli] ⑭ 일부분, 얼마간
파아틀리

□ **partake** [paːrtéik] ⑫ ⑪ 참가하다, 참여하다
파아테이크

□ **partial** [páːrʃəl] ⑳ 부분적인, 불공평한, 편파적인
파아셜

□ **partially** [páːrʃəli] ⑭ 불완전하게, 일부분에
파아셜리

□ **participate** [paːrtísəpèit] ⑫ ⑪ 관여하다, 참가하다
파아티서페이트

□ **participation** ⑲ 관계, 참가, 협동
[paːrtìsəpéiʃən] 파아티서페이션

□ **parting** [páːrtiŋ] ⑲ 이별, 고별, 변세 ⑳ 고별의
파아팅

□ **partisan** [páːrtizən] ⑲ 도당, 유격병, 당원 ⑳ 도당의
파아티전

□ **partition** [paːrtíʃən] ⑲ 분할, 분배 ⑪ 분할하다
파아티션

375

□ **partner** [pá:rtnər]
파아트너
명 짝패, 조합원, 사원 동무

□ **partnership** [pá:rtnərʃip]
파아트너쉽
명 공동, 협력, 조합, 상사

□ **party** [pá:rti]
파아티
명 당(파), 일행, 회, 모임, 파티

□ **pass** [pǽs]
패스
자 타 지나가다, 합격하다, 통과하다
명 합격

□ **passage** [pǽsidʒ]
패시쥐
명 통행, 통과, 통로, 이주, 이사

□ **passenger** [pǽsəndʒər]
패선저
명 여객, 승객, (특히) 선객

□ **passion** [pǽʃən]
패션
명 정열, 격정, 열정, 정욕, 열심

□ **passionate** [pǽʃənət]
패셔너트
형 열렬한, 열의에 찬, 감정적인

□ **passive** [pǽsiv]
패시브
형 수동의 명 [문법] 수동태

□ **passport** [pǽspɔ́:rt]
패스포오트
명 여권, 패스포트, 허가증

□ **past** [pǽst]
패스트
형 지나간 명 과거 부 지나쳐서

□ **paste** [péist]
페이스트
명 풀 타 풀로 붙이다

□ **pastime** [pǽstàim]
패스타임
명 오락, 위안, 기분전환

□ **pastor** [pǽstər]
패스터
명 목사, 승려, 정신적 지도자

□ **pastoral** [pǽstərəl]
패스터럴
형 목가적인, 전원의, 목사의

□ **pastry** [péistri]
페이스트리
명 반죽으로 만든 과자

376

□ **pasture** [pǽstʃər]
패스쳐
뗑 목장, 목초 타 재 방목하다

□ **pat** [pǽt]
팻
타 재 가볍게 두드리다 혱 꼭 맞는

□ **patch** [pǽtʃ]
패취
뗑 헝겊, 천조각 타 헝겊을 덧대다

□ **patent** [pǽtnt]
패튼트
뗑 특허 혱 전매의 재 특허를 얻다

□ **paternal** [pətə́ːrnl]
퍼터어늘
혱 아버지의, 아버지다운

□ **path** [pǽθ]
패쓰
뗑 작은 길, 보도, 통로, 방침

□ **pathetic** [pəθétik]
퍼쎄틱
혱 가련한, 애처로운, 감동시키는

□ **pathway** [pǽθwèi]
패쓰웨이
뗑 작은 길

□ **patience** [péiʃəns]
페이션스
뗑 인내, 참을성, 견딤

□ **patient** [péiʃənt]
페이션트
혱 인내력이 강한 뗑 환자

□ **patiently** [péiʃəntli]
페이션틀리
뿐 참을성 있게

□ **patrician** [pətríʃən]
퍼트리션
뗑 귀족 혱 귀족의, 귀족적인

□ **patriot** [péitriət]
페이트리엇
뗑 애국자

□ **patriotism** [péitriətìzm]
페이트리어티즘
뗑 애국심

□ **patriotic** [pèitriátik]
페이트리아틱
혱 애국의, 애국심이 강한

□ **patron** [péitrən]
페이트런
뗑 후원자, 지지자, 보호자

□ **patronage** [péitrənidʒ]
페이트러니쥐
ꂮ 후원, 장려

□ **patter** [pǽtər]
패터
ꀖ ꀚ 또닥또닥 소리를 내다

□ **pattern** [pǽtərn]
패턴
ꂮ 모범, 본보기 ꀖ ꀚ 모방하다

□ **pause** [pɔ́:z]
포오즈
ꂮ 중지, 중단, 멈춤 ꀚ 중단되다

□ **pave** [péiv]
페이브
ꀖ 포장하다, 준비하다, 닦다

□ **pavement** [péivmənt]
페이브먼트
ꂮ 인도, 포장, 포석

□ **pavilion** [pəvíljən]
퍼빌련
ꂮ 큰 천막, 정자
ꀖ 큰 천막을 치다

□ **paw** [pɔ́:]
포오
ꂮ (개, 고양이 따위의) 발

□ **pawn** [pɔ́:n]
포온
ꂮ 저당물, 전당 ꀖ 전당잡히다

□ **pay** [péi]
페이
ꀖ ꀚ 갚다, 지불하다 ꂮ 지불

□ **payment** [péimənt]
페이먼트
ꂮ 지불, 납부, 불입, 보수

□ **pea** [pí:]
피이
ꂮ 완두 ꀞ 완두콩만한

□ **peace** [pí:s]
피이스
ꂮ 평화, 치안, 태평 ꀗ 조용히!

□ **peaceable** [pí:səbl]
피이서블
ꀞ 평화로운, 평온한

□ **peaceful** [pí:sfəl]
피이스펄
ꀞ 평화적인, 태평한

□ **peach** [pí:tʃ]
피이취
ꂮ 복숭아 ꀞ 복숭아빛의

□ **peacock** [píːkàk] 　　　　　명 (수컷의) 공작
　피이칵

□ **peak** [píːk] 　　　　　명 봉우리, 뾰족한 끝, 첨단
　피이크

□ **peal** [píːl] 　　　　　명 (포성, 천둥, 종 따위의) 울림
　피일

□ **peanut** [píːnʌt] 　　　　　명 땅콩, 낙화생, 하찮은 것
　피이넛

□ **pear** [pέər] 　　　　　명 배, 배나무
　페어

□ **pearl** [pə́ːrl] 　　　　　명 진주 타 자 진주로 꾸미다
　퍼얼

□ **peasant** [péznt] 　　　　　명 소농부, 시골뜨기
　페즌트

□ **pebble** [pébl] 　　　　　명 (둥근) 조약돌, 자갈, 수정
　페블

□ **peck** [pék] 　　　　　타 자 부리로 쪼다, 쪼아먹다
　펙

□ **peculiar** [pikjúːljər] 　　　　　형 독특한, 고유한, 독자의
　피큐울려

□ **peculiarly** [pikjúːljərli] 　　　　　부 특히, 묘하게, 괴이하게
　피큐우렬리

□ **peculiarity** [pikjùːliǽrəti] 　　　　　명 특수, 특질, 괴상함, 특색
　피큐울리애러티

□ **pedestal** [pédəstl] 　　　　　명 (동상, 기둥 따위의) 대좌,
　페더스틀　　　　　　　　　　　　　주춧대

□ **pedestrian** [pədéstriən] 　　　　　형 도보의, 저속한 명 보행자
　퍼데스트리언

□ **peel** [píːl] 　　　　　명 (과실의) 껍질
　피일　　　　　　　　　　　　　타 자 껍질을 벗기다

□ **peep** [píːp] 　　　　　명 엿봄
　피입　　　　　　　　　　　　　자 엿보다, 슬쩍 들여다 보다

□ **peer** [píər]
피어
자 응시하다 명 귀족, 동배, 동료

□ **peg** [pég]
펙
명 나무못, 말뚝 타 나무못을 박다

□ **pelt** [pélt]
펠트
타 자 던지다, 공격하다 명 내던짐

□ **pen** [pén]
펜
명 펜, 필적, 만년필, 축사

□ **penalty** [pénəlti]
페널티
명 형벌, 벌금

□ **penance** [pénəns]
페넌스
명 참회, 고행, 회개, 속죄

□ **pence** [péns]
펜스
명 penny의 복수

□ **pencil** [pénsəl]
펜설
명 연필 타 연필로 쓰다

□ **pending** [péndiŋ]
펜딩
형 미결정의 전 ~동안, ~중

□ **pendulum** [péndʒuləm]
펜듈럼
명 (시계 따위의) 추, 흔들리는 물건

□ **penetrate** [pénətrèit]
페너트레이트
타 자 뚫고 들어가다, 관통하다

□ **penguin** [péŋgwin]
펭귄
명 펭귄새, 활주 연습기

□ **penholder** [pénhòuldər]
펜호울더
명 펜대

□ **penicillin** [pènəsílin]
페너실린
명 페니실린

□ **peninsula** [pənínsjulə]
퍼닌슐러
명 반도

□ **penny** [péni]
페니
명 페니(영국의 청동화폐)

□ **pension** [pénʃən]
펜션

   명 연금, 부조금 타 연금을 주다

□ **pensive** [pénsiv]
펜시브

   형 생각에 잠긴, 시름에 잠긴, 구슬픈

□ **people** [píːpl]
피이플

   명 국민, 사람들
   타 ~에 사람을 살게 하다

□ **pepper** [pépər]
페퍼

   명 후추 타 후추가루를 치다

□ **per** [pər]
퍼

   전 ~으로, ~에 대해

□ **perceive** [pərsíːv]
퍼시이브

   타 알아채다, 지각하다, 감지하다

□ **percent** [pərsént]
퍼센트

   명 퍼센트, 100에 대하여 얼마

□ **percentage** [pərséntidʒ]
퍼센티쥐

   명 100분율, 비율, 부분, 수수료

□ **perceptible** [pərséptəbl]
퍼셉터블

   형 눈에 띄는, 상당한

□ **perception** [pərsépʃən]
퍼셉션

   명 지각, 이해력, 기각대상

□ **perch** [pə́ːrtʃ]
퍼어취

   명 횃대 자 타 횃대에 앉다, 두다

□ **perchance** [pərtʃǽns]
퍼챈스

   부 아마, 우연히

□ **perfect** [pə́ːrfikt]
퍼어픽트

   형 완전한, 이상적인 타 완성하다

□ **perfection** [pərfékʃən]
퍼펙션

   명 완전, 완성, 극치, 이상

□ **perfectly** [pə́ːrfiktli]
퍼어픽틀리

   부 완전히, 전혀

□ **perform** [pərfɔ́ːrm]
퍼포옴

   타 자 다하다, 수행하다, 실행하다

□ **performance** [pərfɔ́ːrməns] 퍼포오먼스	몡 수행, 실행, 작업, 공적, 연기
□ **perfume** [pə́ːrfju:m] 퍼어퓨움	몡 향료, 향수 탄 향수를 뿌리다
□ **perhaps** [pərhǽps] 퍼햅스	閁 아마, 혹시, 어쩌면
□ **peril** [pérəl] 페럴	몡 위험, 모험 탄 위태롭게 하다
□ **perilous** [pérələs] 페럴러스	혱 위험한, 위태한, 모험적인
□ **period** [píəriəd] 피어리어드	몡 기간, 시대, 잠시동안
□ **periodical** [pìəriádikəl] 피어리아디컬	혱 정기 간행의 몡 정기 간행물
□ **perish** [périʃ] 페리쉬	재 탄 죽다, 멸망하다, 없어지다
□ **permanent** [pə́ːrmənənt] 퍼어머넌트	혱 영구한, 불변의, 영속하는
□ **permission** [pərmíʃən] 퍼미션	몡 허가, 면허, 인가
□ **permit** [pərmít] 퍼미트	탄 재 허락하다, 허가하다
□ **perpendicular** [pə́ːrpəndíkjulər] 퍼어펀디큘러	혱 수직의, 직각을 이루는
□ **perpetual** [pərpétʃuəl] 퍼페츄얼	혱 영구적인, 끊임없는, 부단한
□ **perplex** [pərpléks] 퍼플렉스	탄 곤란케 하다, 난처하게 하다
□ **perplexity** [pərpléksəti] 퍼플렉서티	몡 당황, 혼란, 난처함, 난국
□ **persecute** [pə́ːrsikjùːt] 퍼어시큐우트	탄 박해하다, 괴롭히다, 학대하다

□ **persecution** [pə́:rsikjú:ʃən] 몡 (종교적) 박해, 괴롭힘
퍼어시큐우션

□ **persevere** [pə̀:rsəvíər] 짜 참아내다, 굴치 않고 계속하다
퍼어서비어

□ **perseverance** [pə̀:rsəvíərəns] 몡 인내, 고집
퍼어서비어런스

□ **persimmon** [pərsímən] 몡 감, 감나무, 감빛
퍼시먼

□ **persist** [pərsíst] 짜 고집하다, 주장하다, 집착하다
퍼시스트

□ **persistent** [pərsístənt] 혱 고집하는, 불굴의, 지속하는
퍼시스턴트

□ **person** [pə́:rsn] 몡 사람, 신체, 머석, 인간
퍼어슨

□ **personage** [pə́:rsənidʒ] 몡 명사, 귀인, 사람, 인물
퍼어서니쥐

□ **personal** [pə́:rsənl] 혱 개인의, 사적인, 일신상의
퍼어서늘

□ **personality** [pə̀:rsənǽləti] 몡 개성, 인격, 인물
퍼어서낼러티

□ **personnel** [pə̀:rsənél] 몡 인원, 직원
퍼어서넬

□ **perspective** [pərspéktiv] 몡 원근화법, 원경, 전망
퍼스펙티브

□ **persuade** [pərswéid] 타 설득하다, 납득시키다
퍼스웨이드

□ **persuasion** [pərswéiʒən] 몡 설득, 확신, 신념, 신조
퍼스웨이전

□ **pertain** [pərtéin] 짜 속하다, 관계하다, 부속하다
퍼테인

□ **pervade** [pərvéid] 타 전면에 퍼지다, 침투하다
퍼베이드

383

□ **pessimism** [pésəmìzm] 　 명 비관주의, 염세관, 비관론
페서미즘

□ **pessimist** [pesɪmɪst] 　 명 비관론자, 염세가
페시미스트

□ **pest** [pést] 　 명 유해물, 해충, 악성
페스트

□ **pestilence** [péstələns] 　 명 악성유행병, 페스트(흑사병)
페스털런스

□ **pet** [pét] 　 명 애완동물 형 귀여워하는
페트

□ **petal** [pétl] 　 명 꽃잎, 음순
페틀

□ **petition** [pitíʃən] 　 명 탄원, 청원(서) 타 자 청원하다
피티션

□ **petroleum** [pətróuliəm] 　 명 석유, 원유, 중유
퍼트로울리엄

□ **petticoat** [pétikòut] 　 명 (여자의) 속치마
페티코우트

□ **petty** [péti] 　 형 사소한, 하찮은, 옹졸한
페티

□ **pew** [pjú:] 　 명 교회의 좌석, 걸상, 의자
퓨우

□ **phantom** [fǽntəm] 　 명 환각, 유령, 착각 형 유령의
팬텀

□ **phase** [féiz] 　 명 단계, 형세, 국면, 양상
페이즈

□ **pheasant** [féznt] 　 명 꿩
페즌트

□ **phenomenon** [finámənàn] 　 명 현상, 진기한 사물, 사건
피나머난

□ **Philippine** [fíləpìːn] 　 형 필리핀(사람)의
필러피인

□ **philosopher** [filásəfər]　　명 철학자, 철인, 물리학자
필라서퍼

□ **philosophic** [filəsáfik]　　형 철학의, 철학에 통달한
필러사픽

□ **philosophy** [filásəfi]　　명 철학, 철리, 원리, 비결
필라서피

□ **phone** [fóun]　　명 전화(기) 자 타 전화를 걸다
포운

□ **phonograph** [fóunəgræf]　　명 축음기
포우너그래프

□ **phosphoric** [fɑsfɔ́:rik]　　형 인(燐)의, 인을 (함유하는)
파스포오릭

□ **photo** [fóutou]　　명 사진 타 자 사진을 찍다
포우토우

□ **photograph** [fóutəgræf]　　명 사진 타 자 촬영하다
포우터그래프

□ **phrase** [fréiz]　　명 말(씨), 표현 타 말로 표현하다
프레이즈

□ **physical** [fízikəl]　　형 물질의, 물질적인, 육체의,
피지컬　　신체의

□ **physically** [fízikəli]　　부 물질적으로, 경제적으로,
피지컬리　　물리(학)적으로

□ **physician** [fizíʃən]　　명 냇과의사
피지션

□ **physics** [fíziks]　　명 물리학, 물리적 현상
피직스

□ **pianist** [piǽnist]　　명 피아니스트, 피아노 연주자
피애니스트

□ **piano** [piǽnou]　　명 피아노
피애노우

□ **pick** [pík]　　타 자 뜯다, 따다 명 선택
픽

□ **pickle** [píkl]
피클
명 절임 국물, 오이지 타 절이다

□ **picnic** [píknik]
피크닉
명 소풍, 피크닉 자 소풍가다

□ **picture** [píktʃər]
픽쳐
명 그림, 회화, 사진 타 그리다

□ **picturesque** [pìktʃərésk]
픽쳐레스크
형 그림 같은, 아름다운, 생생한

□ **pie** [pái]
파이
명 파이, 크림 샌드위치

□ **piece** [píːs]
피이스
명 한 조각, 단편 타 잇다, 깁다

□ **pier** [píər]
피어
명 부두, 선창, 방파제, 교각

□ **pierce** [píərs]
피어스
타 자 꿰뚫다, 관통하다, 간파하다

□ **piety** [páiəti]
파이어티
명 경건, 신앙심, 공손

□ **pig** [píg]
피그
명 돼지, 새끼돼지, 돼지고기

□ **pigeon** [pídʒən]
피전
명 비둘기, 풋내기

□ **pike** [páik]
파이크
명 창, 가시, 바늘

□ **pile** [páil]
파일
명 퇴적 타 자 쌓아올리다, 더미

□ **pilgrim** [pílgrim]
필그림
명 순례자, 길손

□ **pilgrimage** [pílgrəmidʒ]
필그러미쥐
명 순례 여행 자 순례하다

□ **pill** [píl]
필
명 알약, 환약, 싫은 것

386

□ **pillar** [pílər]
필러
명 기둥, 기념주

□ **pillow** [pílou]
필로우
명 배개, 방석 타 배게로 하다

□ **pilot** [páilət]
파일러트
명 도선사, 키잡이, 조종사
타 안내하다

□ **pin** [pín]
핀
명 핀, 못바늘 타 핀을 꽂다

□ **pinch** [píntʃ]
핀취
타 자 꼬집다, 사이에 끼다
명 꼬집음

□ **pine** [páin]
파인
명 소나무 자 사모하다

□ **pineapple** [páinæpl]
파인애플
명 파인애플(과일 이름)

□ **pingpong** [píŋpàŋ]
핑팡
명 탁구, 핑퐁

□ **pinion** [pínjən]
피년
명 날개털, 칼깃

□ **pink** [píŋk]
핑크
명 핑그색, 분홍빛 형 분홍색의

□ **pint** [páint]
파인트
명 파인트(액체량의 단위)

□ **pioneer** [pàiəníər]
파이어니어
명 개척자, 선구자 타 자 개척하다

□ **pious** [páiəs]
파이어스
형 경건한, 신앙심이 깊은

□ **pipe** [páip]
파이프
명 관, 파이프 타 자 피리를 불다

□ **piper** [páipər]
파이퍼
명 피리부는 사람, 배관공

□ **pique** [píːk]
피이크
명 성남, 화, 불평 타 성나게 하다

A
B
C
D
E
F
G
H
I
J
K
L
M
N
O
P
Q
R
S
T
U
V
W
X
Y
Z

□ **pirate** [páiərət]
파이어러트
명 해적, 도작자, 침해자
타 자 약탈하다

□ **pistil** [pístl]
피스틀
명 암술

□ **pistol** [pístl]
피스틀
명 권총, 피스톨 자 권총으로 쏘다

□ **piston** [pístən]
피스턴
명 피스톤

□ **pit** [pít]
피트
명 구덩이, 함정 타 구멍을 내다

□ **pitch** [pítʃ]
피취
명 피티, 투구 타 자 던지다

□ **pitcher** [pítʃər]
피쳐
명 물주전자, (야구) 투수

□ **pitiful** [pítifəl]
피티펄
형 인정 많은, 불쌍한, 가엾은

□ **pitiless** [pítilis]
피틸리스
형 무정한, 무자비한, 냉혹한

□ **pity** [píti]
피티
명 연민, 동정 타 자 가엾게 여기다

□ **placard** [plǽkɑːrd]
플래카아드
명 벽보, 삐라, 포스터, 간판

□ **place** [pléis]
플레이스
명 장소, 곳, 위치 타 두다, 놓다

□ **placid** [plǽsid]
플래시드
형 평온한, 침착한, 고요한

□ **plague** [pléig]
플레이그
명 역병, 전염병, 흑사병

□ **plaid** [plǽd]
플래드
명 격자무늬, 바둑판 무늬

□ **plain** [pléin]
플레인
형 평평한, 쉬운, 명백한, 소박한

□ **plainly** [pléinli]
플레인리

㈜ 명백하게, 솔직히

□ **plaintive** [pléintiv]
플레인티브

㈀ 슬픈, 애달픈

□ **plan** [plǽn]
플랜

㈁ 계획, 설계 ㈘ ㈜ 계획하다

□ **plane** [pléin]
플레인

㈁ 평면, 수평면, 비행기 ㈀ 평평한

□ **planet** [plǽnit]
플래니트

㈁ 유성, 혹성, 운성

□ **plank** [plǽŋk]
플랭크

㈁ 두꺼운 판자, 널 ㈘ 판자를 깔다

□ **plant** [plǽnt]
플랜트

㈁ 식물, 풀, 공장 ㈘ (초목을) 심다

□ **plantation** [plæntéiʃən]
플랜테이션

㈁ 대농원, 재배장, 조림지

□ **planter** [plǽntər]
플랜터

㈁ 재배자, 농장주인, 농원

□ **plaster** [plǽstər]
플라스터

㈁ 석회반죽, 석고, 고약

□ **plastic** [plǽstik]
플래스틱

㈀ 유연한, 조형의 ㈁ 플라스틱

□ **plate** [pléit]
플레이트

㈁ 판금, 판유리 ㈘ 도금하다

□ **plateau** [plætóu]
플래토우

㈁ 고원, 대지, 큰 접시, 쟁반

□ **platform** [plǽtfɔːrm]
플래트포옴

㈁ 단, 교단, 연단, 플랫폼

□ **platinum** [plǽtənəm]
플래터넘

㈁ 백금, 백금색, 플래트나색

□ **platter** [plǽtər]
플래터

㈁ 큰 접시, 레코드

□ **play** [pléi]
플레이
⊞ ⓩ 놀다, 장난치다 ⓜ 놀이

□ **playedout** [pléidaut]
플레이다우트
⊞ 지친, 기진한

□ **player** [pléiər]
플레이어
ⓜ 경기자, 선수, 배우, 연주자

□ **playful** [pléifəl]
플레이펄
⊞ 놀기 좋아하는, 익살스러운

□ **playground** [pléigràund]
플레이그라운드
ⓜ 운동장, 놀이터

□ **playmate** [pléimèit]
플레이메이트
ⓜ 놀이 친구, 놀이 동무

□ **plaything** [pléiθìŋ]
플레이씽
ⓜ 장난감, 노리개

□ **plea** [plíː]
플리이
ⓜ 탄원, 청원, 변명, 답변

□ **plead** [plíːd]
플리이드
⊞ ⓩ 변호하다, 탄원하다

□ **pleasant** [plézənt]
플레전트
⊞ 기분 좋은, 유쾌한, 즐거운

□ **pleasantly** [plézəntli]
플레전틀리
⊞ 유쾌하게, 즐겁게

□ **please** [plíːz]
플리이즈
⊞ ⓩ 기쁘게 하다, 좋아하다

□ **pleased** [plíːzd]
플리이즈드
⊞ 만족스러운, 좋아하는

□ **pleasing** [plíːziŋ]
플리이징
⊞ 유쾌한, 만족한, 기분 좋은

□ **pleasure** [pléʒər]
플레저
ⓜ 즐거움, 쾌락, 유쾌, 오락

□ **plebeian** [plibíːən]
플리비이언
ⓜ 평민 ⊞ 평민의, 서민의

□ **pledge** [plédʒ]
플레쥐
명 서약, 맹세 타 보증하다

□ **plentiful** [pléntifəl]
플렌티펄
형 많은, 풍부한

□ **plenty** [plénti]
플렌티
명 가득, 많음 형 충분한 부 충분히

□ **plight** [pláit]
플라이트
명 궁지, 곤경 타 약혼하다

□ **plod** [plád]
플라드
자 타 터덕거리다, 꾸준히 일하다

□ **plot** [plát]
플라트
명 음모 타 자 음모를 꾸미다

□ **plough, plow** [pláu]
플라우
명 쟁기, 경작 타 쟁기질하다

□ **plowman** [pláumən]
플라우먼
명 농부, 촌놈

□ **pluck** [plʌk]
플럭
타 자 (꽃, 과실, 깃털 등을) 뜯다, 뽑다

□ **plug** [plʌg]
플러그
명 마개, 소화전 타 마개를 하다

□ **plumage** [plú:midʒ]
플루우미쥐
명 깃털, 우모, 예복

□ **plume** [plú:m]
플루움
명 (큰)깃털 타 깃털로 장식하다

□ **plump** [plʌmp]
플럼프
형 통통하게 살찐 자 쿵 떨어지다

□ **plunder** [plʌ́ndər]
플런더
타 자 약탈하다, 빼앗다 명 약탈

□ **plunge** [plʌ́ndʒ]
플런쥐
타 자 처박다, 찌르다 명 돌진

□ **plural** [plúərəl]
플루어럴
형 복수의 명 [문법] 복수(형)

A
B
C
D
E
F
G
H
I
J
K
L
M
N
O
P
Q
R
S
T
U
V
W
X
Y
Z

391

□ **plus** [plʌ́s] 　　　　　　　　전 ~을 더한 형 더하기의
플러스

□ **ply** [plái] 　　　　　　　　타 자 ~에 열성을 내다, 열성을
플라이 　　　　　　　　　　　 내다

□ **pm** [piem] 　　　　　　　　약 (라틴말 promethium의 준말)
피엠 　　　　　　　　　　　　 오후(am은 오전)

□ **pneumonia** [njumóunjə] 　명 폐렴
뉴모우녀

□ **pocket** [pákit] 　　　　　　명 호주머니, 지갑 타 포켓에 넣다
파킷

□ **pocketbook** [pákitbùk] 　　명 지갑, 수첩, 핸드백
파킷북

□ **pocketmoney** [pákitmʌ́ni] 　명 용돈
파킷머니

□ **poem** [póuəm] 　　　　　　명 시, 운문, 시적인 문장,
포우엄 　　　　　　　　　　　 훌륭한 것

□ **poet** [póuit] 　　　　　　　명 시인
포우이트

□ **poetic(al)** [pouétik(al)] 　　형 시인의, 시인 같은
포우에티크

□ **poetry** [póuitri] 　　　　　　명 시가, 시정, 운문
포우이트리

□ **point** [póint] 　　　　　　　명 뾰족한 끝, 첨단 타 자 지시하다
포인트

□ **pointed** [póintid] 　　　　　형 뾰족한, 날카로운, 예리한
포인티드

□ **poise** [póiz] 　　　　　　　타 자 균형이 잡히다 명 균형
포이즈

□ **poison** [póizn] 　　　　　　명 독(약), 해독 타 독살하다
포이즌

□ **poisonous** [póizənəs] 　　형 유해한, 독 있는, 해로운
포이저너스

□ **poke** [póuk]
포우크
타 자 찌르다, 쑥 내밀다 명 찌름

□ **poker** [póukər]
포우커
명 부지깽이, 포오커(트럼프놀이)

□ **Poland** [póulənd]
포울런드
명 폴란드(공화국)

□ **polar** [póulər]
포울러
형 극의, 극지의, 남극의

□ **pole** [póul]
포울
명 막대기, 장대, 극, 자극

□ **police** [pəlíːs]
펄리이스
명 경찰, 경찰관 타 경찰을 두다

□ **policeman** [pəlíːsmən]
펄리이스먼
명 경찰, 순경

□ **policy** [páləsi]
팔러시
명 정책, 방침, 수단

□ **polish** [páliʃ]
팔리쉬
타 자 닦다, 광나게 하다 명 닦기

□ **polite** [pəláit]
펄라이트
형 공손한, 예절바른, 은근한

□ **politely** [pəláitli]
펄라이틀리
부 공손히, 품위있게, 우아하게

□ **politeness** [pəláitnis]
펄라이트니스
명 정중, 우아, 예절

□ **politic** [pálətik]
팔러틱
형 분별있는, 현명한

□ **politics** [pálətìks]
팔러틱스
명 정치(학), 정략, 정책, 정견

□ **political** [pəlítikəl]
펄리티컬
형 정치상의, 국가의, 행정에 관한

□ **politician** [pàlətíʃən]
팔러티션
명 정치가, 정객, 행정관

□ **poll** [póul]
포울
᠎명 투표, 투표수 ᠎타 투표하다

□ **pollen** [pálən]
팔런
᠎명 꽃가루

□ **pollute** [pəlú:t]
펄루우트
᠎타 더럽히다, 오염시키다, 모독하다

□ **pollution** [pəlú:ʃən]
펄루우션
᠎명 오염, 더럽히기

□ **polo** [póulou]
포울로우
᠎명 폴로(말 타고 하는 공치기 놀이)

□ **pomp** [pámp]
팜프
᠎명 장관, 화려, 허식, 허세

□ **pond** [pánd]
판드
᠎명 못, 연못, 늪, 샘물

□ **ponder** [pándər]
판더
᠎타 ᠎자 숙고하다, 곰곰이 생각하다

□ **ponderous** [pándərəs]
판더러스
᠎형 대단히 무거운, 묵직한, 육중한

□ **pony** [póuni]
포우니
᠎명 조랑말, 작은 말

□ **pool** [pú:l]
푸울
᠎명 푸울, 웅덩이, 작은 못, 공동계산

□ **poor** [púər]
푸어
᠎형 가난한, 부족한, 초라한

□ **poorly** [púərli]
푸얼리
᠎형 건강이 좋지 못한
᠎부 부족하게, 가난하게

□ **pop** [páp]
팝
᠎자 뻥 울리다, 탕 쏘다

□ **Pope** [póup]
포웁
᠎명 로마 교황, 교구 성직자

□ **popular** [pápjulər]
파퓰러
᠎명 포플라, 사시나무

□ **poppy** [pápi]
파피
명 양귀비, 진홍색

□ **populace** [pápjuləs]
파퓰러스
명 서민, 인민, 민중, 대중

□ **popular** [pápjulər]
파퓰러
형 인민의, 민간의, 대중적인

□ **popularity** [pàpjulǽrəti]
파퓰래러티
명 인기, 인망, 통속, 대중

□ **population** [pàpjuléiʃən]
파퓰레이션
명 인구, 주민

□ **populous** [pápjuləs]
파퓰러스
형 인구가 많은, 인구 조밀한

□ **porcelain** [pɔ́:rsəlin]
포오설린
명 자기(제품), 사기 그릇

□ **porch** [pɔ́:rtʃ]
포오취
명 현관, 베란다, 포치

□ **porcupine** [pɔ́:rkjupàin]
포오큐파인
명 고슴도치, 호조, 소마기

□ **pore** [pɔ́:r]
포오
자 몰두하다 명 털구멍, 작은 구멍

□ **pork** [pɔ́:rk]
포오크
명 돼지고기

□ **port** [pɔ́:rt]
포오트
명 항구, 무역항, 피난소

□ **portable** [pɔ́:rtəbl]
포오터블
형 들어 옮길 수 있는 명 휴대용

□ **portal** [pɔ́:rtl]
포오틀
명 문, 입구, 현관

□ **porter** [pɔ́:rtər]
포오터
명 운반인, 짐꾼, 잡역부, 관리인

□ **portion** [pɔ́:rʃən]
포오션
명 부분, 몫, 한 사람분
타 분배하다

395

□ **portrait** [pɔ́ːrtrit]
포오트리트
　명 초상화, 사진, 유사물

□ **Portugal** [pɔ́ːrtʃugəl]
포오츄걸
　명 포르투칼

□ **Portuguese** [pɔ́ːrtʃəgíːz]
포쳐기이즈
　명 포르투칼 사람 형 포르투칼의

□ **pose** [póuz]
포우즈
　명 자세, 포즈 타 자 자세를 취하다

□ **position** [pəzíʃən]
퍼지션
　명 위치, 장소, 신분, 태도, 견해

□ **positive** [pázətiv]
파저티브
　형 확실한, 명확한, 적극적인

□ **possess** [pəzés]
퍼제스
　타 소유하다, 지배하다, 가지고 있다

□ **possession** [pəzéʃən]
퍼제션
　명 소유, 점유, 입수, 사로잡힘

□ **possessive** [pəzésiv]
퍼제시브
　형 소유의, 소유욕이 강한

□ **possibility** [pàsəbíləti]
파서빌러티
　명 가능성, 가능한 일, 가망

□ **possible** [pásəbl]
파서블
　형 가능한, 있을 수 있는, 웬만한

□ **possibly** [pásəbli]
파서블리
　부 어쩌면, 아마, 혹은

□ **post** [póust]
포우스트
　명 파발꾼, 지위, 우편 타 우송하다

□ **postage** [póustidʒ]
포우스티쥐
　명 우편 요금

□ **postal** [póustl]
포우스틀
　형 우편의, 우체국의

□ **postcard** [póustkàːrd]
포우스트카아드
　명 우편엽서, 관제엽서

□ **poster** [póustər] 명 포스터, 벽보
포우스터

□ **posterity** [pɑstérəti] 명 자손, 후세
파스터러티

□ **postman** [póustmən] 명 우체부, 우편물 집배인
포우스트먼

□ **post-office** [póust-ɔ́:fis] 명 우체국
포우스트 오오피스

□ **postpone** [poustpóun] 타 연기하다
포우스트포운

□ **postscript** [póustskrìpt] 명 (편지의) 추신, 추백
포우스트스크립트

□ **posture** [pástʃər] 명 자세, 상태 재 타 자세를 취하다
파스쳐

□ **pot** [pát] 명 단지, 항아리, 화분, 독, 병
팥

□ **potato** [pətéitou] 명 감자, 고구마, 추한 얼굴
퍼테이토우

□ **potent** [póutnt] 형 힘센, 강력한, 세력있는
포우튼트

□ **potential** [pəténʃəl] 형 가능한, 잠재적인 명 가능성
퍼텐셜

□ **potter** [pátər] 명 도공, 도예가, 옹기장이
파터

□ **pottery** [pátəri] 명 도기 제품, 도기 제조, 오지그릇
파터리

□ **pouch** [páutʃ] 명 작은 주머니, 돈지갑
파우취 타 주머니에 넣다

□ **poultry** [póultri] 명 가금(닭, 칠면조, 오리 따위)
포울트리

□ **pounce** [páuns] 재 타 갑자기 덮치다, 움켜쥐다
파운스

A
B
C
D
E
F
G
H
I
J
K
L
M
N
O
P
Q
R
S
T
U
V
W
X
Y
Z

□ **pound** [páund]   몡 파운드(무게단위=4536그램)
파운드

□ **pour** [pɔ́ːr]   타 자 쏟다, 붓다, 따르다, 유출하다
포오

□ **pout** [páut]   타 자 입을 빼물다, 입을 삐쭉
파우트   내밀다

□ **poverty** [pávərti]   몡 가난, 빈곤, 결핍, 궁핍
파버티

□ **powder** [páudər]   몡 가루, 분말 타 자 가루로 하다
파우더

□ **power** [páuər]   몡 힘, 능력, 체력, 생활력
파우어

□ **powerful** [páuərfəl]   혱 강력한, 유력한, 우세한
파우어펄

□ **powerless** [páuərlis]   혱 무력한, 무능한, 권력이 없는
파우얼리스

□ **practicable** [prǽktikəbl]   혱 실행할 수 있는, 실용에 맞는
프랙티커블

□ **practical** [prǽktikəl]   혱 실지의, 실제적인, 실제상의
프랙티컬

□ **practically** [prǽktikəli]   튀 실제로, 사실상, 거의
프랙티컬리

□ **practice** [prǽktis]   몡 실시, 실행 타 자 연습하다
프랙티스

□ **practise** [prǽktis]   타 자 연습하다, 실시하다
프랙티스

□ **prairie** [préəri]   몡 (북아메리카의) 대초원
프레어리

□ **praise** [préiz]   몡 칭찬, 찬미, 찬양 타 칭찬하다
프레이즈

□ **prank** [prǽŋk]   몡 농담, 못된 장난 타 자 장식하다
프랭크

□ **pray** [préi]
프레이

자 타 빌다, 기원하다, 간원하다

□ **prayer** [préər]
프레어

명 빌기, 간원, 기도식

□ **preach** [príːtʃ]
프리이취

자 타 설교하다, 전도하다

□ **preacher** [príːtʃər]
프리이쳐

명 설교자, 목사, 전도사

□ **precarious** [prikéəriəs]
프리케어리어스

형 불안정한, 위험한, 믿을 수 없는

□ **precaution** [prikɔ́ːʃən]
프리코오션

명 조심, 경계, 예방책

□ **precede** [prisíːd]
프리시이드

타 자 앞서다, 선행하다, 선도하다

□ **precedent** [présədənt]
프레서던트

명 선례, 전례, 관례

□ **preceding** [prisíːdiŋ]
프리시이딩

형 선행하는, 앞의

□ **precept** [príːsept]
프리이셉트

명 교훈, 격언, 명령서

□ **precinct** [príːsiŋkt]
프리이싱크트

명 경내, 구내, 관할구

□ **precious** [préʃəs]
프레셔스

형 귀중한, 비싼, 소중한,
사랑스러운

□ **precipice** [présəpis]
프레서피스

명 절벽, 벼랑, 위기

□ **precipitate** [prisípətèit]
프리시퍼테이트

타 자 거꾸로 떨어뜨리다

□ **precise** [prisáis]
프리사이스

형 정확한, 세심한, 엄밀한

□ **precision** [prisíʒən]
프리시전

명 정확, 정밀 형 정밀한

□ **predecessor** [prédəsèsər]
프레더세서
명 전임자, 선배, 선조

□ **predicate** [prédikət]
프레디커트
명 [문법] 술어, 술부

□ **predict** [pridíkt]
프리딕트
타 자 예언(예보)하다

□ **prediction** [pridíkʃən]
프리딕션
명 예언, 예보

□ **preface** [préfis]
프레피스
명 머리말 타 머리말을 쓰다

□ **prefecture** [príːfektʃər]
프리이펙쳐
명 도(道), 부(府), 현(縣)

□ **prefer** [prifɔ́ːr]
프리퍼어
타 (~을) 더 좋아하다, 택하다

□ **preference** [préfərəns]
프레퍼런스
명 선택, 편애, 우선권, 특혜

□ **pregnant** [prégnənt]
프레그넌트
형 임신한, 풍부한

□ **prejudice** [prédʒudis]
프레쥬디스
명 편견 타 편견을 갖게 하다

□ **preliminary** [prilímənèri]
프릴리머네리
형 예비적인, 준비의 명 예비행위

□ **premature** [prìːmətjúər]
프리이머츄어
형 올된, 조숙한

□ **premier** [primjíər]
프리미어
명 수상 형 최고참의

□ **premise** [prémis]
프레미스
명 (논리)전제, (대지가 딸린) 집, 구내, 토지

□ **premium** [príːmiəm]
프리이미엄
명 보수, 상금, 사례, 할증금

□ **preparation** [prèpəréiʃən]
프레퍼레이션
명 준비, 예습, 조제, 각오

□ **preparatory** [pripǽrətɔ́ːri] 형 준비의, 예비의
프리패러토오리

□ **prepare** [pripéər] 타 자 준비하다, 채비하다
프리페어

□ **preposition** [prèpəzíʃən] 명 [문법] 전치사
프레퍼지션

□ **prerogative** [prirágətiv] 명 특권, 대권
프리라거티브

□ **prescribe** [priskráib] 타 자 명하다, 처방하다, 명령하다
프리스크라이브

□ **prescription** [priskrípʃən] 명 명령, 규정, 처방
프리스크립션

□ **presence** [prézns] 명 있음, 존재, 출석, 면전, 현재
프레즌스

□ **present** [préznt] 형 있는, 출석한 명 현재, 지금
프레즌트

□ **present** [préznt] 타 선사하다, 제출하다, 바치다
프레즌트

□ **presently** [prézntli] 부 곧, 이내, 목하, 즉시
프레즌틀리

□ **presentation** 명 증정, 선물, 소개, 제출, 표현
[prìːzentéiʃən] 프리이젠테이션

□ **preservation** 명 보존, 저장, 보호, 보관, 예방
[prèzərvéiʃən] 프레저베이션

□ **preserve** [prizə́ːrv] 타 보존하다, 유지하다
프리저어브

□ **preside** [prizáid] 자 사회하다, 의장 노릇하다
프리자이드

□ **presidency** [prézədənsi] 명 대통령(총재, 장관, 의장)의 직
프레저던시

□ **president** [prézədənt] 명 대통령, 총재, 장관, 회장
프레저던트

□ **presidential** [prèzədénʃəl] 	형 대통령(총재, 장관)의
프레저덴셜

□ **press** [prés] 	타 자 누르다, 밀어붙이다 명 압박
프레스

□ **pressure** [préʃər] 	명 압력, 전압, 압박, 강제
프레셔

□ **prestige** [prestíːʒ] 	명 위신, 명성, 위강
프레스티이쥐

□ **presumably** [prizúːməbli] 	부 아마, 그럴듯하게
프리쥬우머블리

□ **presume** [prizúːm] 	타 상상하다, 추정하다
프리주움

□ **pretend** [priténd] 	타 자 ~인 체하다, 꾸미다
프리텐드

□ **pretense** [priténs] 	명 구실, 핑계, 겉치레, 가면
프리텐스

□ **pretty** [príti] 	형 예쁜 부 꽤 명 귀여운 것
프리티

□ **prevail** [privéil] 	자 이기다, 우세하다, 극복하다
프리베일

□ **prevailing** [privéiliŋ] 	형 널리 보급된, 유행인, 우세한
프리베일링

□ **prevalent** [prévələnt] 	형 유행하는, 널리 퍼진
프레벌런트

□ **prevent** [privént] 	타 방해하다, 막다
프리벤트

□ **prevention** [privénʃən] 	명 방지, 예방, 방해
프리벤션

□ **previous** [príːviəs] 	형 앞서의, 이전의, 조급한
프리이비어스

□ **previously** [príːviəsli] 	부 이전에, 미리, 조급하게
프리이비어슬리

□ **prey** [préi]
프레이

명 먹이, 희생 타 잡아먹다

□ **price** [práis]
프라이스

명 대가, 가격 타 값을 매기다

□ **priceless** [práislis]
프라이슬리스

형 대단히 귀중한, 아주 별난

□ **prick** [prík]
프릭

명 찌름 타 자 꼭꼭 지르다

□ **pride** [práid]
프라이드

명 자만, 자랑, 자존심 타 자랑하다

□ **priest** [príːst]
프리이스트

명 승려, 성직자, 사제

□ **primary** [práimeri]
프라이메리

형 첫째의, 본래의, 초보의

□ **primarily** [praimérəli]
프라이메럴리

부 첫째로, 주로, 근본적으로

□ **prime** [práim]
프라임

형 첫째의, 근본적인, 가장 중요한

□ **primitive** [prímətiv]
프리머티브

형 태고의, 원시의, 미개한

□ **primrose** [prímròuz]
프림로우즈

명 앵초, 앵초새

□ **prince** [príns]
프린스

명 왕자, 공작, 황자, 제후

□ **princely** [prínsli]
프린슬리

형 왕자의, 왕후(왕자) 같은

□ **princess** [prínsis]
프린시스

명 공주, 왕녀, 왕자비, 공작 부인

□ **principal** [prínsəpəl]
프린서펄

형 주된, 가장 중요한 명 장(長)

□ **principally** [prínsəpəli]
프린서펄리

부 주로, 대체로

403

A
B
C
D
E
F
G
H
I
J
K
L
M
N
O
P
Q
R
S
T
U
V
W
X
Y
Z

□ **principle** [prínsəpl]
프린서플

명 원리, 원칙, 주의, 법칙

□ **print** [prínt]
프린트

타 출판하다, 인쇄하다 명 인쇄(물)

□ **printer** [príntər]
프린터

명 인쇄공, 인쇄업자, 출판사

□ **prior** [práiər]
프라이어

형 보다 전의, 앞서의, 보다 중요한

□ **priority** [praió:rəti]
프라이오오러티

명 우선권, 선취권

□ **prism** [prízm]
프리즘

명 프리즘, 사경룡, 각주

□ **prison** [prízn]
프리즌

명 형무소, 감옥, 감금소, 옥

□ **prisoner** [prízənər]
프리저너

명 죄수, 형사피고, 포로

□ **privacy** [práivəsi]
프라이버시

명 은둔, 사적자유, 사생활, 비밀

□ **private** [práivət]
프라이버트

형 사사로운, 개인의, 사유의

□ **privilege** [prívəlidʒ]
프리벌리쥐

명 특권 타 특권을 주다

□ **privileged** [prívəlidʒd]
프리벌리쥐드

형 특권이 있는, 특별허가된

□ **prize** [práiz]
프라이즈

명 상품, 노획물 형 상품으로 받은

□ **probability** [prùbəbíləti]
프라버빌러티

명 가망, 있음직함, 사실같음

□ **probable** [prábəbl]
프라버블

형 있음직한, 개연적인

□ **probably** [prábəbli]
프라버블리

부 아마, 십중팔구는, 대개는

404

□ **problem** [prábləm]   명 문제, 난문, 의문 형 문제의
프라블럼

□ **procedure** [prəsíːdʒər]   명 절차, 조치, 수속, 행동
프러시이저

□ **proceed** [prəsíːd]   자 나아가다, 계속하다, 가다
프러시이드

□ **proceeding** [prəsíːdiŋ]   명 조처, 소송 절차, 의사록, 회보
프러시이딩

□ **process** [práses]   명 진행, 경과 타 가공하다
프라세스

□ **procession** [prəséʃən]   명 행렬, 행진, 전진
프러세션

□ **proclaim** [proukléim]   타 선언하다, 공포하다, 포고하다
프로우클레임

□ **proclamation**   명 선언, 공포
[pràkləméiʃən] 프라클러메이션

□ **procure** [proukjúər]   타 얻다, 가져오다, 획득하다
프로우큐어

□ **prodigal** [prádigəl]   형 낭비하는, 방탕한 명 낭비자
프라디걸

□ **prodigious** [prədídʒəs]   형 거대한, 놀랄만한, 막대한
프러디저스

□ **produce** [prədjúːs]   타 생산하다, 산출하다, 낳다
프러듀우스

□ **producer** [prədjúːsər]   명 생산자, 연출자, 제작자
프러듀우서

□ **product** [prádʌkt]   명 생산품, 제작물, 산물
프라덕트

□ **production** [prədʌkʃən]   명 생산, 제작, 저작, 작품
프러덕션

□ **productive** [prədʌktiv]   형 생산적인, 다산의, 비옥한
프러덕티브

□ **profane** [prouféin]
프로우페인
형 모독적인 타 더럽히다

□ **profess** [prəfés]
프러페스
타 자 공헌하다, 명언하다

□ **profession** [prəféʃən]
프러페션
형 (지적인) 직업, 공언, 선언

□ **professional** [prəféʃənl]
프러페셔늘
형 전문의, 직업적인 명 전문가

□ **professor** [prəfésər]
프러페서
명 (대학의) 교수

□ **proffer** [práfər]
프라퍼
타 제공하다, 제의하다 명 제출

□ **proficiency** [prəfíʃənsi]
프러피션시
명 숙달, 능숙, 연달

□ **proficient** [prəfíʃənt]
프러피션트
형 숙련된, 숙달된 명 능수, 명인

□ **profile** [próufail]
프로우파일
명 옆얼굴, 측면, 윤곽

□ **profit** [práfit]
프라피트
명 (장사의) 이윤
타 자 이익을 얻다

□ **profitable** [práfitəbl]
프라피터블
형 유익한, 이익이 있는, 유리한

□ **profiteer** [pràfitíər]
프라피티어
자 폭리를 취하다 명 폭리상인

□ **profound** [prəfáund]
프러파운드
형 깊은, 심원한, 밑바닥

□ **profoundly** [prəfáundli]
프러파운들리
부 깊이, 절실히

□ **program(me)** [próugræm]
프로우그램
명 프로그램, 예정, 계획(표)

□ **progress** [prágrəs]
프라그레스
명 전진, 진행, 진보, 개량

□ **progressive** [prəgrésiv]
프러그레시브
톙 전진하는, 진보적인, 진행성의

□ **prohibit** [prouhíbit]
프로우히비트
타 금지하다, 방해하다, 막다

□ **prohibition** [pròuhəbíʃən]
프로우허비션
뎽 금지, 금지령

□ **project** [prádʒekt]
프라젝트
자 타 계획하다, 설계하다 뎽 계획

□ **projection** [prədʒékʃən]
프러젝션
뎽 돌출(부), 사출, 발사, 계획

□ **prolog(ue)** [próulɔːg]
프로울로오그
뎽 예비연습, 머리말, 서언

□ **prolong** [prəlɔ́ːŋ]
프럴로옹
타 늘이다, 연장하다

□ **promenade** [prὰmənéid]
프라머네이드
뎽 산책, 행렬 자 타 산책하다

□ **prominent** [prámənənt]
프라머넌트
톙 돌출한, 현저한, 눈에 띄는

□ **promise** [prámis]
프라미스
뎽 약속, 계약 타 자 약속하다

□ **promising** [prámisiŋ]
프라미싱
톙 유망한, 장래가 촉망되는

□ **promote** [prəmóut]
프러모우트
타 진급시키다, 장려하다

□ **promotion** [prəmóuʃən]
프러모우션
뎽 승진, 진급, 촉진, 발기, 주장

□ **prompt** [prámpt]
프람프트
톙 신속한, 즉시의 타 촉진하다

□ **promptly** [prɔmptli]
프람프틀리
부 즉시에, 신속하게

□ **prone** [próun]
프로운
톙 수그린, ～하기 쉬운, 납작해진

□ **pronoun** [próunàun] 　　　　명 [문법] 대명사
　프로우나운

□ **pronounce** [prənáuns] 　　　타 자 발음하다, 선언하다
　프러나운스

□ **pronounced** [prənáunst] 　　형 뚜렷한, 명백한, 확고한
　프러나운스트

□ **pronunciation** 　　　　　명 발음, 발음법
　[prənànsiéiʃən] 프러나운시에이션

□ **proof** [prú:f] 　　　　　　명 증명, 증거 형 ～에 견디는
　프루우프

□ **prop** [práp] 　　　　　　타 버티다, 받치다
　프랍　　　　　　　　　　　명 버팀목, 후원자

□ **propaganda** [pràpəgǽndə] 명 선전, 선전활동
　프라퍼갠더

□ **propagate** [prápəgèit] 　　타 자 선전하다, 보급하다
　프라퍼게이트

□ **proper** [prápər] 　　　　　형 적당한, 옳은, 타당한
　프라퍼

□ **properly** [prápərli] 　　　부 적당하게, 예의바르게
　프라펄리

□ **property** [prápərti] 　　　명 재산,소유물, 소유권, 성질
　프라퍼티

□ **prophecy** [práfəsi] 　　　명 예언, 예언서
　프라퍼시

□ **prophesy** [práfəsài] 　　　타 자 예언하다, 예측하다
　프라퍼사이

□ **prophet** [práfit] 　　　　　명 예언자, 대변자, 예고자
　프라피트

□ **prophetic(al)** [prəfétik(əl)] 형 예언의, 예언적인
　프러페틱(프러페티컬)

□ **proportion** [prəpɔ́:rʃən] 　명 비율, 조화 타 균형 잡히게 하다
　프러포오션

408

□ **proposal** [prəpóuzəl] 　명 신청, 제안, 청혼, 제의
프러포우절

□ **propose** [prəpóuz] 　타 자 신청하다, 제안하다
프러포우즈

□ **proposition** [pràpəzíʃən] 　명 제의, 제안, 서술, 주장
프라퍼지션

□ **proprietor** [prəpráiətər] 　명 소유자, 경영자
프러프라이어터

□ **propriety** [prəpráiəti] 　명 적당, 타당, 예의, 교양
프러프라이어티

□ **prose** [próuz] 　명 산문, 평범 형 단조로운, 평범한
프로우즈

□ **prosecute** [prásikjùːt] 　타 수행하다 자 기소하다
프라시큐우트

□ **prosecution** [pràsikjúːʃən] 　명 수행, 속행, 기소, 경영
프라시큐우션

□ **prospector** [práspektər] 　명 탐광자, 실행자, 수행자
프라스펙터

□ **prospect** [práspekt] 　명 조망, 경치, 전망, 기대, 예상
프라스펙트

□ **prospective** [prəspéktiv] 　형 예기된, 가망있는, 장래의
프러스펙티브

□ **prosper** [práspər] 　타 자 번영하다, 성공시키다,
프라스퍼 　　잘 자라다

□ **prosperity** [prɑspérəti] 　명 번영, 성공, 행운
프라스페러티

□ **prosperous** [práspərəs] 　형 번영하는, 순조로운, 행운의
프라스퍼러스

□ **prostrate** [prástreit] 　형 엎드린 타 뒤엎게 하다
프라스트레이트

□ **protect** [prətékt] 　타 지키다, 수호하다, 보호하다
프러텍트

A
B
C
D
E
F
G
H
I
J
K
L
M
N
O
P
Q
R
S
T
U
V
W
X
Y
Z

409

□ **protection** [prətékʃən] 명 보호, 방어
프러텍션

□ **protective** [prətéktiv] 형 보호하는, 보호무역의
프러텍티브

□ **protector** [prətéktər] 형 보호자, 방어자
프러텍터

□ **protein** [próuti:n] 명 단백질 형 단백질의
프로우티인

□ **protest** [prətést] 타 자 단언하다, 항의하다
프러테스트

□ **protestant** [prátəstənt] 명 신교도 형 신교도의
프라테스턴트

□ **protoplasm** [próutəplæzm] 명 원형질
프로우터플래즘

□ **proud** [práud] 형 자랑스러운, 거만한, 교만한
프라우드

□ **proudly** [práudli] 부 자랑삼아, 자랑스럽게
프라우들리　　　　　　　형 거만한

□ **prove** [prú:v] 타 입증하다 자 ~이라 판명되다
프루우브

□ **proverb** [právə:rb] 명 속담, 경언, 금언
프라버어브

□ **provide** [prəváid] 타 자 준비하다, 대비하다
프러바이드

□ **provided** [prəváidid] 접 ~할 조건으로(=providing),
프러바이디드　　　　　　만약

□ **providence** [právədəns] 명 섭리, 신의 뜻, 신조
프라버던스

□ **province** [právins] 명 주(州), 성(省), 지역, 지방, 시골
프라빈스

□ **provincial** [prəvínʃəl] 형 주의, 영토의 명 지방민
프러빈셜

410

□ **provision** [prəvíʒən] 명 준비, 설비 타 식량을 공급하다
프러비전

□ **provocation** [pràvəkéiʃən] 명 성나게 함, 자극, 성남, 도발
프라버케이션

□ **provoke** [prəvóuk] 타 성나게 하다, 유발시키다
프러보우크

□ **prowess** [práuis] 명 용기, 용감한 행위, 무용(武勇)
프라우이스

□ **prowl** [prául] 타 자 (먹이를 찾아) 헤매다 맞다
프라울

□ **prudence** [prú:dns] 명 사려, 분별, 신중, 검소
프루우든스

□ **prudent** [prú:dnt] 형 조심성있게, 신중한, 세심한
프루우든트

□ **prune** [prú:n] 명 말린 자두 타 (나무를) 잘라내다
프루운

□ **Prussia** [prʌ́ʃə] 명 프러시아
프러셔

□ **pry** [prái] 자 들여다보다, 꼬치꼬치 캐다
프라이

□ **psalm** [sá:m] 명 찬송가, 성가, 성시
사암

□ **psychologica** 형 심리학의, 심리적인
[sàikəládʒikəl] 사이컬라쥐컬

□ **psychology** [saikálədʒi] 명 심리학, 심리상태, 선거학
사이칼러쥐

□ **public** [pʌ́blik] 형 공공의, 공무의 명 국민, 공중
퍼블릭

□ **publicly** [pʌ́blikli] 부 공공연히, 여론으로
퍼블리클리

□ **publication** [pʌ̀bləkéiʃən] 명 발표, 공표, 출판(물), 간행
퍼블러케이션

□ **publicity** [pʌblísəti]
퍼블리서티
명 널리 알려짐, 주지, 선전

□ **publish** [pʌ́bliʃ]
퍼블리쉬
타 발표하다, 출판하다, 공포하다

□ **publisher** [pʌ́bliʃər]
퍼블리셔
명 출판업자, 발행자, 신문경영자

□ **pudding** [púdiŋ]
푸딩
명 푸딩(과자 이름)

□ **puff** [pʌf]
퍼프
명 훅 불기 타 자 훅 불다

□ **pull** [púl]
풀
타 자 당기다, 끌다, 잡아끌다
명 당김

□ **pulp** [pʌ́lp]
펄프
명 과육, 펄프(제지원료)

□ **pulpit** [púlpìt]
풀피트
명 설교단, 설교, 설교자들

□ **pulse** [pʌ́ls]
펄스
명 맥박, 고동 자 맥이 뛰다

□ **pump** [pʌ́mp]
펌프
명 펌프 타 자 펌프로 퍼내다

□ **pumpkin** [pʌ́mpkin]
펌프킨
명 호박, 호박줄기

□ **punch** [pʌ́ntʃ]
펀취
타 주먹으로 때리다, 구멍을 뚫다

□ **punctual** [pʌ́ŋktʃuəl]
펑크튜얼
형 시간을 엄수하는, 어김없는

□ **punctuation** [pʌ̀ŋktʃuéiʃən]
펑크츄에이션
명 구둣법, 구두점

□ **punish** [pʌ́niʃ]
퍼니쉬
타 벌하다, 응징하다, 해치우다

□ **punishment** [pʌ́niʃmənt]
퍼니쉬먼트
명 처벌, 징계, 응징, 형벌, 벌

□ **pupil** [pjúːpəl]
퓨우펄

명 학생, 제자

□ **puppet** [pʌ́pit]
퍼피트

명 작은 인형, 꼭두각시, 앞잡이

□ **puppy** [pʌ́pi]
퍼피

명 강아지, 건방진 애송이

□ **purchase** [pə́ːrtʃəs]
퍼어쳐스

타 사다, 노력하여 얻다 명 구입

□ **purchaser** [pə́ːrtʃəsər]
퍼어쳐서

명 사는 사람, 구매자

□ **pure** [pjúər]
퓨어

형 순수한, 순결한, 맑은

□ **purely** [pjúərli]
퓨얼리

부 순수하게, 깨끗하게, 결백하게

□ **purge** [pə́ːrdʒ]
퍼어쥐

타 깨끗이 하다, 씻다
명 정화, 숙청

□ **purify** [pjúərəfài]
퓨어러파이

타 순화하다, 정화하다

□ **Puritan** [pjúərətn]
퓨어러튼

명 청교도 형 청교도의[같은]

□ **purity** [pjúərəti]
퓨어러티

명 청결, 결백, 순수, 깨끗함

□ **purple** [pə́ːrpl]
퍼어플

명 자주빛 형 자주빛의

□ **purport** [pə́ːrpɔːrt]
퍼어포오트

명 의미, 취지 타 꾀하다

□ **purpose** [pə́ːrpəs]
퍼어퍼스

명 목적, 의도 타 자 계획하다

□ **purr** [pə́ːr]
퍼어

자 타 (고양이가) 그르릉거리다

□ **purse** [pə́ːrs]
퍼어스

명 돈주머니, 돈지갑, 핸드백

413

□ **pursue** [pərsúː]　　　　　　　태 자 추적하다, 쫓다
　퍼슈우

□ **pursuit** [pərsúːt]　　　　　　명 추적, 추격, 추구, 종사,
　퍼수우트　　　　　　　　　　　태 추구하다

□ **push** [púʃ]　　　　　　　　　태 자 밀다, 밀고 나아가다 명 밀기
　푸쉬

□ **puss** [pús]　　　　　　　　　명 (애칭) 고양이, 소녀
　푸스

□ **pussy** [púsi]　　　　　　　　명 고양이, 소녀, 성교
　푸시

□ **put** [put]　　　　　　　　　　태 놓다, 두다, 설치하다, 넣다
　푸트

□ **puzzle** [pʌ́zl]　　　　　　　　명 난문제, 퀴즈 태 자 당황시키다
　퍼즐

□ **pyramid** [pírəmìd]　　　　　명 피라밋, 금자탑, 각뿔
　피러미드

동작을 나타내는 단어 Verb

① walk
[wɔːk 워어크]

② run
[rʌn 런]

③ jump
[dʒʌ́mp 점프]

④ stop
[stáp 스탑]

⑤ cook
[kuk 쿡]

⑥ eat
[iːt 이잍]

① 걷다　② 뛰다　③ 뛰어오르다　④ 멈추다　⑤ 요리하다　⑥ 먹다

415

⑦ **ride**
[raid 라이드]

⑧ **drink**
[driŋk 드링크]

⑨ **push**
[puʃ 푸쉬]

⑩ **pull**
[pul 풀]

⑪ **open**
[óupən 오우펀]

⑫ **shut**
[ʃʌt 셜]

---

⑦ 타다　⑧ 마시다　⑨ 밀다　⑩ 당기다　⑪ 열다　⑫ 닫다

□ **quack** [kwǽk]
쾍

자 꽥꽥 울다 명 돌팔이 의사

□ **quadruped** [kwádrupèd]
콰드루페드

명 네발 짐승(포유류 동물)

□ **quail** [kwéil]
퀘일

명 메추라기, 처녀

□ **quaint** [kwéint]
퀘인트

형 기묘한, 기이한, 색다른

□ **quake** [kwéik]
퀘이크

자 흔들리다, 덜덜 떨다 명 진동

□ **Quaker** [kwéikər]
퀘이커

명 퀘이커 교도

□ **qualification**
[kwùləfikéiʃən] 콸러피케이션

명 자격, 권한, 조건, 완화

□ **qualify** [kwáləfài]
콸러파이

타 자 자격을 주다, 자격을 얻다

□ **quality** [kwáləti]
콸러티

명 질, 성질, 특성, 품질

□ **quantity** [kwántəti]
콴터티

명 양(量), 수량, 분량, 액

□ **quarrel** [kwɔ́:rəl]
쿼어럴

명 싸움, 말다툼 자 말다툼하다

□ **quarrelsome** [kwɔ́:rəlsəm]
쿼어럴섬

형 싸움 좋아하는, 시비조의

□ **quarry** [kwɔ́:ri]
쿼어리

명 채석장 자 채석장에서 떠내다

□ **quart** [kwɔ́:rt]
쿼어트
명 쿼트(액량의 단위 1/4갈론)

□ **quarter** [kwɔ́:rtər]
쿼어터
명 4분의 1, 15분 타 4(등)분하다

□ **quarterly** [kwɔ́:rtərli]
쿼어털리
형 한해 네 번의 부 연 4회로

□ **queen** [kwí:n]
퀴인
명 왕후, 여왕 자 타 여왕으로 삼다

□ **queer** [kwíər]
퀴어
형 기묘한, 수상한, 이상한

□ **quench** [kwéntʃ]
퀜취
타 억제하다, (불을) 끄다

□ **query** [kwíəri]
퀴어리
명 질문, 의문 타 자 질문하다

□ **quest** [kwést]
퀘스트
명 탐색, 원정(물) 타 탐색하다

□ **question** [kwéstʃən]
퀘스쳔
명 질문, 질의 타 묻다, 질문하다

□ **questionable**
[kwéstʃənəbl] 퀘스쳐너블
형 의심스러운, 수상한

□ **question-mark**
[kwéstʃənmáːrk] 퀘스쳔마아크
명 물음표, 의문부호(=?)

□ **quick** [kwík]
퀵
형 빠른, 신속한 부 빨리, 급히

□ **quickly** [kwíkli]
퀴클리
부 서둘러서, 빨리 급히

□ **quicken** [kwíkən]
퀴컨
타 자 빠르게 하다, 소생시키다

□ **quicksilver** [kwíksìlvər]
퀵실버
명 수은, 변덕스런 기질

□ **quiet** [kwáiət]
콰이어트
형 조용한, 고요한 명 조용, 침착

418

□ **quietly** [kwáiətli]
콰이어틀리

뷔 조용하게, 살며시, 은밀히

□ **quill** [kwíl]
퀼

뎽 큰 깃, 깃촉, 날개짓

□ **quilt** [kwílt]
퀼트

뎽 누비 이불 톄 누비질하다

□ **quit** [kwít]
퀴트

톄 떠나다, 놓아주다 뎽 용서받은

□ **quite** [kwáit]
콰이트

뷔 아주, 전연, 완전히, 확실히

□ **quiver** [kwívər]
퀴버

쟈 톄 떨다, 떨게 하다 뎽 화살통

□ **quotation** [kwoutéiʃən]
쿼우테이션

뎽 인용구[문], 시세, 시가

□ **quote** [kwóut]
쿼우트

톄 쟈 인용하다, 부르다, 어림치다

□ **rabbit** [rǽbit]
레빝
명 (집)토끼

□ **race** [réis]
레이스
명 경주, 경마, 경쟁
자 타 경주하다

□ **racial** [réiʃəl]
레이셜
형 인종상의

□ **racket** [rǽkit]
래키트
명 (정구 따위의) 라켓, 큰소리,
소음

□ **radar** [réidɑːr]
레이다아
명 전파 탐지기, 레이다

□ **radiance** [réidiəns]
레이디언스
명 빛남, 광휘

□ **radiant** [réidiənt]
레이디언트
형 빛나는, 밝은

□ **radiate** [réidièit]
레이디에이트
자 타 (빛, 열 따위를) 방사하다

□ **radiator** [réidièitər]
레이디에이터
명 스팀, 난방장치, 방열기

□ **radical** [rǽdikəl]
래디컬
형 기본의, 근본적인, 철저한

□ **radio** [réidiòu]
레이디오우
명 라디오, 무전기
타 자 무선통신하다

□ **radium** [réidiəm]
레이디엄
명 라디움

□ **radius** [réidiəs]
레이디어스
명 반지름, 반경, 범위, 사출화

□ **raft** [ræft] 　　　　　　　　閚 뗏목, 다량 囲 困 뗏목으로 짜다
래프트

□ **rafter** [ræftər] 　　　　　　閚 서까래 囲 서까래를 대다
래프터

□ **rag** [ræg] 　　　　　　　　　閚 넝마, 누더기 閶 지스러기의
랙

□ **rage** [réidʒ] 　　　　　　　閚 격노, 분격 困 격노하다
레이쥐

□ **ragged** [rǽgid] 　　　　　　閶 남루한, 초라한, 찢어진
래기드

□ **raid** [réid] 　　　　　　　　閚 습격, 급습 囲 困 습격하다
레이드

□ **rail** [réil] 　　　　　　　　閚 가로장(대), 난간, 레일, 철도
레일

□ **railing** [réiliŋ] 　　　　　　閚 철책, 난간, 욕설, 폭언
레일링

□ **railroad** [réilròud] 　　　　閚 철도 囲 철도를 놓다
레일로우드

□ **railway** [réilwèi] 　　　　　閚 철도, 시가 궤도
레일웨이

□ **raiment** [réimənt] 　　　　閚 의류
레이먼트

□ **rain** [réin] 　　　　　　　　閚 비, 강우 困 囲 비가 오다
레인

□ **rainbow** [réinbòu] 　　　　閚 무지개
레인보우

□ **raindrop** [réindràp] 　　　閚 빗방울
레인드랍

□ **rainfall** [réinfɔ̀:l] 　　　　閚 강우, 강수량
레인포올

□ **rainy** [réini] 　　　　　　　閶 비의, 우천의, 비에 젖은
레이니

A
B
C
D
E
F
G
H
I
J
K
L
M
N
O
P
Q
R
S
T
U
V
W
X
Y
Z

□ **raise** [réiz]
레이즈
㊉ 일으키다, 세우다, 올리다

□ **raisin** [réizn]
레이즌
㊀ 건포도, 흑인, 노인

□ **rake** [réik]
레이크
㊀ 갈퀴, 쇠스랑, 써레, 고무래

□ **rally** [ræli]
랠리
㊉ ㊊ 다시 모으다 ㊀ 재집합

□ **ram** [ræm]
램
㊀ 숫양, 양수기, 말뚝박는 메

□ **ramble** [ræmbl]
램블
㊀ 산책, 소요 ㊊ 거닐다

□ **random** [rǽndəm]
램덤
㊀ 엉터리 ㊅ 닥치는대로의

□ **range** [réindʒ]
레인쥐
㊀ 줄 ㊉ ㊊ 배열하다, 늘어서다

□ **rank** [rǽŋk]
랭크
㊀ 행렬, 대열, 계급
㊊ ㊉ 나란히 서다

□ **ransom** [rǽnsəm]
랜섬
㊀ 몸값, 배상금 ㊉ 배상하다

□ **rap** [rǽp]
랩
㊀ 툭툭 침 ㊉ ㊊ 똑똑 두드리다

□ **rapid** [rǽpid]
래피드
㊅ 신속한, 빠른, 고감도의

□ **rapidity** [rəpídəti]
러피더티
㊀ 신속, 속도, 민첩

□ **rapidly** [rǽpidli]
래피들리
㊌ 신속하게, 빠르게, 곧

□ **rapt** [rǽpt]
랩트
㊅ 넋을 잃은, 골똘한, 황홀한

□ **rapture** [rǽptʃər]
랩쳐
㊀ 큰 기쁨, 황홀, 열중

□ **rare** [rέər]
레어
혱 드문, 희박한, 진귀한, 설익은

□ **rarely** [rέərli]
레얼리
倂 드물게, 좀처럼, ~않다

□ **rascal** [rǽskəl]
래스컬
몡 악당, 불량배, 악당, 깡패

□ **rash** [rǽʃ]
래쉬
혱 성급한, 분별없는 몡 발진(發疹)

□ **rat** [rǽt]
래트
몡 쥐 쟈 쥐를 잡다

□ **rate** [réit]
레이트
몡 비율, 율 탸 쟈 견적하다

□ **rather** [rǽðər]
래더
倂 오히려, 얼마간, 다소, 약간

□ **ratify** [rǽtəfài]
래터파이
탸 비준하다, 확인하다

□ **ratio** [réiʃou]
레이쇼우
몡 비율, 비례, 비

□ **ration** [rǽʃən]
래션
몡 정액, 할당량 탸 급식하다

□ **rational** [rǽʃənl]
래셔늘
혱 이성적인, 합리적인

□ **rattle** [rǽtl]
래틀
쟈 탸 왈각달각 소리나다
몡 왈각달각

□ **ravage** [rǽvidʒ]
래비쥐
몡 파괴, 황폐 탸 쟈 파괴하다

□ **rave** [réiv]
레이브
쟈 탸 헛소리를 하다

□ **raven** [réivən]
레이번
몡 갈가마귀 혱 새까만

□ **ravish** [rǽviʃ]
래비쉬
탸 빼앗아가다, 강탈하다

A
B
C
D
E
F
G
H
I
J
K
L
M
N
O
P
Q
R
S
T
U
V
W
X
Y
Z

423

□ **raw** [rɔ́ː] 　　　　　　　　형 설익은 명 생것
로오

□ **ray** [réi] 　　　　　　　　명 광선, 빛 타 자 방사하다
레이

□ **razor** [réizər] 　　　　　명 전기면도기, 면도칼
레이저

□ **reach** [ríːtʃ] 　　　　　타 자 (손을) 뻗치다, 닿다 명 뻗침
리이취

□ **react** [riǽkt] 　　　　　자 반작용하다, 재연하다
리액트

□ **reaction** [riǽkʃən] 　　명 반응, 반동, 반작용, 역회전
리액션

□ **reactionary** [riǽkʃənèri] 　형 반동의, 보수적인
리액서네리 　　　　　　　　명 반동주의자

□ **read** [ríːd] 　　　　　타 자 읽다, 독서하다, 낭독하다
리이드

□ **reader** [ríːdər] 　　　　명 독본, 독자, 독서가, 리더
리이더

□ **reading** [ríːdiŋ] 　　　명 읽기, 낭독, 독서
리이딩

□ **ready** [rédi] 　　　　　형 준비된, 즉석에서의
레디 　　　　　　　　　　타 준비하다

□ **readily** [rédəli] 　　　부 쾌히, 곧, 즉시, 쉽사리
레덜리

□ **readiness** [rédinis] 　　명 준비됨, 신속
레디니스

□ **ready-made** [rédiméid] 　형 만들어 놓은, 기성품의
레디메이드

□ **real** [ríːəl] 　　　　　　형 실재하는, 현실의, 진짜의
리이얼

□ **really** [ríːəli] 　　　　부 실제로, 정말로, 참으로
리이얼리

□ **reality** [riǽləti] 　　　　　명 현실, 실재, 현실성, 진실
리앨러티

□ **realize** [ríːəlàiz] 　　　　　타 실현하다, 깨닫다, 실감하다
리이얼라이즈

□ **realization** [rìːəlizéiʃən] 　명 실현, 현실화, 인식, 터득
리이얼리제이션

□ **realm** [rélm] 　　　　　　　명 영토, 왕국, 범위, 영역
렐름

□ **reap** [ríːp] 　　　　　　　　타 베다, 베어들이다, 획득하다
리입

□ **reaper** [ríːpər] 　　　　　　명 베는 사람, 수확기
리이퍼

□ **reappear** [rìːəpíər] 　　　　자 재등장하다, 재발하다
리이어피어

□ **rear** [ríər] 　　　　　　　　타 기르다 명 배후 형 배후의
리어

□ **reason** [ríːzn] 　　　　　　명 이유, 변명 타 추론하다
리이즌

□ **reasoning** [ríːzəniŋ] 　　　명 추론, 추리, 논법, 추리력
리이저닝

□ **reasonable** [ríːzənəbl] 　　형 합리적인, 분별 있는, 정당한
리이저너블

□ **reasonably** [ríːzənəbli] 　　부 알맞게, 정당하게, 꽤
리이저너블리

□ **reassure** [rìːəʃúər] 　　　　타 안심시키다, 다시 보증하다
리이어슈어

□ **rebel** [rébəl] 　　　　　　　명 반역자, 모반자, 반란군
레벌

□ **rebellion** [ribéljən] 　　　　명 모반, 반란
리벨련

□ **rebellious** [ribéljəs] 　　　　형 반역하는, 반항적인, 완고한
리벨려스

A
B
C
D
E
F
G
H
I
J
K
L
M
N
O
P
Q
R
S
T
U
V
W
X
Y
Z

□ **rebuff** [ribʌf]
리버프
❿ 거절, 격퇴 ㉭ 거절하다

□ **rebuild** [rìːbíld]
리이빌드
㉭ 재건하다, 다시 세우다

□ **rebuke** [ribjúːk]
리뷰우크
❿ 비난, 징계 ㉭ 저지하다

□ **recall** [rikɔ́ːl]
리코올
㉭ 다시 불러들이다, 소환하다

□ **recede** [risíːd]
리시이드
㉘ 물러나다, 퇴각하다

□ **receipt** [risíːt]
리시이트
❿ 수령, 영수증 ㉭ 영수증을 떼다

□ **receive** [risíːv]
리시이브
㉭ 받다, 수령하다, 환영하다

□ **receiver** [risíːvər]
리시이버
❿ 수취인, 수령인

□ **recent** [ríːsnt]
리이슨트
❷ 최근의, 새로운, 근래의

□ **recently** [ríːsntli]
리이슨틀리
❻ 요사이, 최근에, 근자에

□ **receptacle** [riséptəkl]
리셉터클
❿ 용기(容器), 저장소

□ **reception** [risépʃən]
리셉션
❿ 환영, 응접

□ **recess** [risés]
리세스
❿ 쉬는 시간, 휴가시간, 휴회

□ **reciprocal** [risíprəkəl]
리시프러컬
❷ 상호적인, 호혜적인, 답례의

□ **recitation** [rèsətéiʃən]
레서테이션
❷ 낭송, 음송, 암송, 수업

□ **recite** [risáit]
리사이트
㉭ ㉘ 외다, 말하다, 낭독하다

426

□ **reckless** [réklis] 형 무모한, 무작정한
레클리스

□ **reckon** [rékən] 타 자 세다, 계산하다, 생각하다
레컨

□ **reclaim** [rikléim] 타 교정하다, 개선하다 명 교화
리클레임

□ **recline** [rikláin] 자 타 기대다, 의지하다, 눕히다
리클라인

□ **recognition** [rèkəgníʃən] 명 인식, 승인, 허가, 인정
레커그니션

□ **recognize** [rékəgnàiz] 타 인정하다, 승인하다
레커그나이즈

□ **recoil** [rikɔ́il] 명 되튀기, 반동 자 뒤로 물러나다
리코일

□ **recollect** [rèkəlékt] 타 자 회상하다, 생각해내다
레컬렉트

□ **recollection** [rèkəlékʃən] 명 회상, 기억, 기억력, 상기
레컬렉션

□ **recommend** [rèkəménd] 타 추천하다, 권고하다, 천거하다
레커멘드

□ **recommendation** 명 추천(장), 권고
[rèkəmendéiʃən] 레커멘데이션

□ **recompense** [rékəmpèns] 명 보답, 보수 타 갚다, 배상하다
레컴펜스

□ **reconcile** [rékənsàil] 타 화해하다, 조화시키다 명 일치
레컨사일

□ **reconstruct** [rì:kənstrʌ́kt] 타 재건하다, 개조하다
리이컨스트럭트

□ **reconstruction** 명 재건, 부흥, 개축
[rì:kənstrʌ́kʃən] 리이컨스트럭션

□ **record** [rikɔ́:rd] 타 기록하다, 녹음하다
리코오드

A
B
C
D
E
F
G
H
I
J
K
L
M
N
O
P
Q
R
S
T
U
V
W
X
Y
Z

427

□ **record** [rikɔ́:rd]
리코오드

⟨명⟩ 기록, 경력, 등록, 이력

□ **recount** [rikáunt]
리카운트

⟨타⟩ 자세하게 이야기하다

□ **recover** [rikʌ́vər]
리커버

⟨타⟩⟨자⟩ 회복하다, 되찾다

□ **recovery** [rikʌ́vəri]
리커버리

⟨명⟩ 회복, 완쾌, 되찾음, 복구

□ **recreate** [rékrièit]
레크리에이트

⟨타⟩⟨자⟩ 휴양시키다, 보양하다

□ **recreation** [rèkriéiʃən]
레크리에이션

⟨명⟩ 오락, 기분전환, 레크리에이션

□ **recruit** [rikrú:t]
리크루우트

⟨타⟩ 신병을 모집하다, 고용하다

□ **rectangle** [réktæŋgl]
렉탱글

⟨명⟩ 직사각형, 장방형

□ **rectangular**
[rektǽŋgjulər] 렉탱귤러

⟨형⟩ 구형의, 직사각형의, 직각의

□ **recur** [rikɔ́:r]
리커어

⟨자⟩ 회상하다, 재발하다

□ **red** [réd]
레드

⟨형⟩ 붉은, 피에 물든 ⟨명⟩ 빨강

□ **redbreast** [rédbrèst]
레드브레스트

⟨명⟩ 방울새(미국의 도요새의 일종)

□ **redden** [rédn]
레든

⟨타⟩⟨자⟩ 붉게 하다, 붉어지다

□ **reddish** [rédiʃ]
레디쉬

⟨형⟩ 불그스름한, 갈색을 띤

□ **redeem** [ridí:m]
리디임

⟨타⟩ 되사다, 회복하다, 되찾다

□ **redress** [ridrés]
리드레스

⟨타⟩ 보상하다, 제거하다, 구제하다

□ **reduce** [ridjúːs] 리듀우스 — 団 축소하다, 줄이다, 요약하다

□ **reduction** [ridʌkʃən] 리덕션 — 명 변형, 감소, 축소, 저하

□ **reed** [ríːd] 리이드 — 명 갈대, 갈대밭, 갈대피리

□ **reef** [ríːf] 리이프 — 명 암초, 광맥, 모래톱

□ **reel** [ríːl] 리일 — 명 물레, 얼레 団 얼레에 감다

□ **reestablish** [rìːistǽbliʃ] 리이스태블리쉬 — 団 복직[복위]하다, 부흥하다

□ **refer** [rifɔ́ːr] 리퍼어 — 재 団 조화케하다, 위탁하다

□ **reference** [réfərəns] 레퍼런스 — 명 참조, 참고, 참고자료, 언급

□ **refine** [riːfáin] 리이파인 — 団 재 세련하다, 정련하다

□ **reflect** [riflékt] 리플렉트 — 団 재 반사하다, 되튀기다, 비치다

□ **reflection** [riflékʃən] 리플렉션 — 명 반사(열, 광), 반영, 반성

□ **reform** [riːfɔ́ːrm] 리이포옴 — 団 재 개혁하다, 수정하다 명 개량

□ **reformation** [rèfərméiʃən] 레퍼메이션 — 명 개정, 개혁, 혁신

□ **refrain** [rifréin] 리프레인 — 재 그만두다 명 (노래의) 후렴

□ **refresh** [rifréʃ] 리프레쉬 — 団 재 맑게 하다, 새롭게 하다

□ **refreshment** [rifréʃmənt] 리프레쉬먼트 — 명 원기회복, 휴양

429

□ **refrigerator** [rifrídʒərèitər] 명 냉장고, 냉동기, 증기 응결기
리프리저레이터

□ **refuge** [réfju:dʒ] 명 피난(처), 은신처, 보호물
레퓨우쥐

□ **refugee** [rèfjudʒí:] 명 피난자, 망명자
레퓨쥐이

□ **refusal** [rifjú:zəl] 명 거절, 사퇴, 거부
리퓨우절

□ **refuse** [rifjú:z] 타 자 거절하다, 거부하다 명 폐물
리퓨우즈

□ **refute** [rifjú:t] 타 논박하다, 잘못을 지적하다
리퓨우트

□ **regain** [rigéin] 타 되찾다, 회복하다, 복귀하다
리게인

□ **regal** [rí:gəl] 형 국왕의, 국왕다운, 제왕의
리이걸

□ **regard** [rigá:rd] 타 자 ~로 여기다, 평가하다
리가아드 명 관계, 존경

□ **regarding** [rigá:rdiŋ] 전 ~에 관하여는, ~점에서는
리가아딩

□ **regardless** [rigá:rdlis] 형 무관심한 부 ~에 관계없이
리가아들리스

□ **regenerate** [ridʒénərèit] 타 재생시키다, 재건하다
리제너레이트

□ **regent** [rí:dʒənt] 명 섭정 형 섭정의
리이전트

□ **regime** [rəʒí:m] 명 제도정체, 정부, 섭생
레지임

□ **regiment** [rédʒəmənt] 명 (군의) 연대, 다수, 통치
레저먼트

□ **region** [rí:dʒən] 명 지방, 지역, 범위, 층
리이전

□ **register** [rédʒistər] 명 기록, 등록기 자 등록하다
레지스터

□ **registration** [rèdʒistréiʃən] 명 등기, 등록, 표시
레지스트레이션

□ **regret** [rigrét] 명 유감, 후회, 애도 타 후회하다
리그레트

□ **regular** [régjulər] 형 규칙적인, 조직적인 명 정규병
레귤러

□ **regularly** [régjulərli] 부 규칙바르게, 균형있게
레귤러리

□ **regularity** [règjulǽrəti] 명 규칙적임, 질서, 균형
레귤래러티

□ **regulate** [régjulèit] 타 조절하다, 규정하다
레귤레이트

□ **regulation** [règjuléiʃən] 명 규칙, 규정 형 규칙의, 규정된
레귤레이션

□ **rehearsal** [rihə́ːrsəl] 명 (연극음악의) 연습, 시연
리허어설

□ **rehearse** [rihə́ːrs] 타 자 열거하다, 연습하다
리허어스

□ **reign** [réin] 명 통치, 지배 자 지배하다
레인

□ **rein** [réin] 명 고삐, 구속, 대단히
레인

□ **reinforce** [rìːinfɔ́ːrs] 타 보강하다, 강화하다
리이인포오스

□ **reiterate** [riːítərèit] 타 되풀이하다, 반복하다
리이터레이트

□ **reject** [ridʒékt] 타 물리치다, 거절하다
리젝트

□ **rejoice** [ridʒɔ́is] 자 타 기뻐하다, 좋아하다
리조이스

431

□ **relate** [riléit]
릴레이트
태 자 관련시키다, 관계가 있다

□ **relation** [riléiʃən]
릴레이션
명 관계, 관련, 친척

□ **relationship** [riléiʃənʃip]
릴레이션쉽
명 관계, 친척 관계

□ **relative** [rélətiv]
렐러티브
형 비교상의, 상대적인

□ **relay** [ríːlei]
리일레이
명 교대자 태 바꿔놓다

□ **release** [rilíːs]
릴리이스
명 해방, 석방 태 풀어놓다

□ **relent** [rilént]
릴렌트
자 누그러지다, 상냥해지다

□ **reliable** [riláiəbl]
릴라이어블
형 신뢰할 수 있는, 확실한

□ **reliance** [riláiəns]
릴라이언스
명 신뢰, 신용, 신임

□ **relic** [rélik]
렐릭
명 유물, 유품, 유적

□ **relief** [rilíːf]
릴리이프
명 경감, 구출, 구제

□ **relieve** [rilíːv]
릴리이브
태 구제하다, 제거하다, 경감하다

□ **religion** [rilídʒən]
릴리전
명 종교, 신앙, 종파

□ **religious** [rilídʒəs]
릴리저스
형 종교적인, 경건한

□ **relinquish** [rilíŋkwiʃ]
릴링퀴쉬
태 포기하다, 단념하다

□ **relish** [réliʃ]
렐리쉬
명 풍미, 향기 태 자 맛보다

□ **reluctant** [rilʌ́ktənt]
릴럭턴트
형 마지못해 하는, 싫은

□ **reluctance** [rilʌ́ktəns]
릴럭턴스
명 본의 아님, 꺼림, 싫음

□ **rely** [rilái]
릴라이
자 의지하다, 신뢰하다, 믿다

□ **remain** [riméin]
리메인
자 남다, 살아남다, 머무르다

□ **remainder** [riméindər]
리메인더
명 나머지, 잉여, 잔류자

□ **remains** [riméinz]
리메인즈
명 잔고, 유골, 유적

□ **remark** [rimáːrk]
리마아크
명 주의, 관찰 타 자 주목하다

□ **remarkable** [rimáːrkəbl]
리마아커블
형 현저한, 비범한

□ **remarkably** [rimáːrkəbli]
리마아커블리
부 현저하게, 눈에 띄게

□ **remedy** [rémədi]
레머디
명 의약, 치료 타 치료하다

□ **remember** [rimémbər]
리멤버
타 자 생각해내다, 기억하다

□ **remembrance**
[rimémbrəns] 리멤브런스
명 기억, 회상, 추상

□ **remind** [rimáind]
리마인드
타 생각나게 하다, 깨닫게 하다

□ **remit** [rimít]
리미트
타 자 경감하다, 송금하다,
용서하다

□ **remnant** [rémnənt]
렘넌트
명 나머지, 찌꺼기, 우수리

□ **remonstrance**
[rimánstrəns] 리만스트런스
명 충고, 간언, 항의

□ **remorse** [rimɔ́:rs]
리모오스
명 후회, 뉘우침, 양심, 연민

□ **remote** [rimóut]
리모우트
형 먼, 아득한, 먼곳의

□ **removal** [rimú:vəl]
리무우벌
명 이동, 제거, 살해, 해임

□ **remove** [rimú:v]
리무우브
타 자 옮기다, 이동하다, 이사하다

□ **removed** [rimú:vd]
리무우브드
형 떨어진, 먼, 관계가 먼

□ **renaissance** [rènəsá:ns]
레너사안스
명 재생, 부흥, (R-) 문예부흥

□ **rend** [rénd]
렌드
타 자 찢다, 쪼개다, 부수다

□ **render** [réndər]
렌더
타 돌려주다, 제출하다, 갚다

□ **renew** [rinjú:]
리뉴우
타 갱신하다, 새롭게 하다

□ **renounce** [rináuns]
리나운스
타 자 포기하다, 양도하다, 버리다

□ **renown** [rináun]
리나운
명 명성, 유명

□ **rent** [rént]
렌트
명 소작료, 방세 타 자 세놓다

□ **reorganize** [rì:ɔ́:rgənàiz]
리이오오거나이즈
타 재편성하다, 개조하다

□ **repair** [ripéər]
리페어
명 수선, 회복 타 수리하다

□ **reparation** [rèpəréiʃən]
레퍼레이션
명 배상, 보상, 수리

□ **repast** [ripǽst]
리패스트
명 식사, 음식 타 식사하다

□ **repay** [ri:péi]
피이페이
国 困 (돈을) 갚다, 보답하다

□ **repeal** [ripíːl]
리피일
國 폐지, 철폐 国 폐지하다

□ **repeat** [ripíːt]
리피이트
國 반복, 되풀이 国 되풀이하다

□ **repeating** [ripíːtiŋ]
리피이팅
國 반복하는, 연발하는

□ **repel** [ripél]
리펠
国 격퇴하다, 물리치다, 반박하다

□ **repent** [ripént]
리펜트
困 国 후회하다, 분해하다

□ **repentance** [ripéntəns]
피렌턴스
國 후회, 뉘우침, 참회

□ **repetition** [rèpətíʃən]
레퍼티션
國 반복, 재론, 되풀이, 암송

□ **replace** [ripléis]
리플레이스
国 제자리에 놓다, 바꾸다, 교대하다

□ **replenish** [ripléniʃ]
리플레니쉬
国 보충하다, 채우다

□ **reply** [riplái]
리플라이
國 대답, 응답 困 国 대답하다

□ **report** [ripɔ́ːrt]
리포오트
國 보고, 공표 困 国 공표하다

□ **reporter** [ripɔ́ːrtər]
리포오터
國 통신원, 보고자, 기록원

□ **repose** [ripóuz]
리포우즈
国 困 휴식하다 國 휴식, 휴양

□ **represent** [rèprizént]
레프리젠트
国 묘사하다, 표현하다, 그리다

□ **representation**
[rèprizentéiʃən] 레프리젠테이션
國 표현, 묘사, 대표, 연출

□ **reproach** [ripróutʃ]
리프로우취
명 비난, 불명예 타 비난하다

□ **reproduce** [rì:prədjú:s]
리이프러듀우스
타 재생하다, 복사하다, 번식하다

□ **reproduction**
[rì:prədʌ́kʃən] 리이프러덕션
명 재생, 재생산

□ **reproof** [riprú:f]
리프루우프
명 비난, 책망, 질책

□ **reprove** [riprú:v]
리프루우브
타 비난하다, 꾸짖다

□ **reptile** [réptil]
렙틸
명 파충동물, 비열한 인간
형 파충류의

□ **republic** [ripʌ́blik]
리퍼블릭
명 공화국, 공화정체, 공화당

□ **republican** [ripʌ́blikən]
리퍼블리컨
형 공화국의, 공화주의의

□ **repulse** [ripʌ́ls]
리펄스
명 격퇴, 거절 자 격퇴하다

□ **reputation** [rèpjutéiʃən]
레퓨테이션
명 평판, 명성, 신용, 신망

□ **repute** [ripjú:t]
리퓨우트
명 평판, 명성 타 ~라 생각하다

□ **request** [rikwést]
리퀘스트
타 바라다, 요구하다 명 소원, 요구

□ **require** [rikwáiər]
리콰이어
타 요구하다, 규정하다

□ **requisite** [rékwəzit]
레쿼지트
형 필요한 명 필수품, 필요조건

□ **requite** [rikwáit]
리콰이트
타 갚다, 보복하다

□ **rescue** [réskju:]
레스큐우
명 구조, 구출 타 구해내다

436

□ **research** [risə́ːrtʃ]
리서어취
図 연구, 조사 재 연구하다

□ **reseat** [rìːsíːt]
리이시이트
타 복위시키다, 복직시키다

□ **resemblance** [rizémbləns]
리젬블런스
図 유사, 닮음, 비슷함, 초상화

□ **resemble** [rizémbl]
리젬블
타 ~을 닮다, ~과 공통점이 있다

□ **resent** [rizént]
리젠트
타 ~에 분개하다, 원망하다

□ **resentment** [rizéntmənt]
리젠트먼트
図 분개, 원한, 노함

□ **reservation** [rèzərvéiʃən]
레저베이션
図 보류, 예약, 제한, 삼감

□ **reserve** [rizə́ːrv]
리저어브
타 비축하다, 보존하다, 확보해 두다

□ **reservoir** [rézərvwàːr]
레저브와아
図 저장소, 저수지, 급수소

□ **reside** [rizáid]
리자이드
재 살다, 존재하다, 주재하다

□ **residence** [rézədəns]
레저던스
図 거주, 주재, 주택, 주소

□ **resident** [rézədənt]
레저던트
형 거주하는, 숙식하는 図 거주자

□ **resign** [rizáin]
리자인
타 재 단념하다, 그만두다

□ **resignation** [rèzignéiʃən]
레지그네이션
図 사직, 체념, 사임, 사표

□ **resist** [rizíst]
리지스트
타 저항하다, 방해하다, 참다

□ **resistance** [rizístəns]
리지스턴스
図 저항, 반항, 반대, 저학력

□ **resolute** [rézəlùːt]
레절루우트
형 결심이 굳은, 단호한

□ **resolutely** [rézəlùːtli]
레절루우틀리
부 굳은 결심으로, 단호하게

□ **resolution** [rèzəlúːʃən]
레절루우션
명 결심, 과단, 결의, 분해

□ **resolve** [rizálv]
리잘브
타 자 용해하다, 분해하다 명 결심

□ **resolved** [rizálvd]
리잘브드
형 결의한, 단호한, 결심한

□ **resort** [rizɔ́ːrt]
리조오트
자 자주 다님 명 번화가, 유흥지

□ **resound** [rizáund]
리자운드
자 타 울리다, 떨치다

□ **resource** [ríːsɔːrs]
리이소오스
명 자원, 물자, 수단, 자력, 방침

□ **respect** [rispékt]
리스펙트
명 존경, 존중 타 존경하다

□ **respectful** [rispéktfəl]
리스펙트펄
형 정중한, 공손한, 예의바른

□ **respectfully** [rispéktfəli]
리스펙트펄리
부 정중하게, 공손히, 삼가서

□ **respecting** [rispéktiŋ]
리스펙팅
전 ~에 관하여

□ **respectable** [rispéktəbl]
리스펙터블
형 존경할 만한, 훌륭한

□ **respective** [rispéktiv]
리스펙티브
형 각자의, 각각의, 각기의

□ **respectively** [rispéktivli]
리스펙티블리
부 각각, 각자, 각기

□ **respiration** [rèspəréiʃən]
레스퍼레이션
명 호흡, 한번 숨쉼

438

□ **respite** [réspit] 圈 일시적 중지, 유예, 연기
래스피트

□ **resplendent** [rispléndənt] 圈 찬란한, 눈부신, 빛나는
리스플렌던트

□ **respond** [rispánd] 困 대답하다, 응하다, 응답하다
리스판드

□ **response** [rispáns] 圈 응답, 반응, 대답
리스판스

□ **responsibility** 圈 책임, 책무, 부담, 무거운 짐
[rispànsəbíləti] 리스판서빌러티

□ **responsible** [rispánsəbl] 圈 책임있는, 책임을 져야 할
리스판서블

□ **rest** [rést] 圈 휴식, 휴양, 안정 困 旺 쉬다
레스트

□ **restaurant** [réstərənt] 圈 식당, 음식점, 레스토랑
레스터런트

□ **restless** [réstlis] 圈 침착하지 않은, 들떠 있는
레스틀리스

□ **restoration** [rèstəréiʃən] 圈 회복, 복구, 복고, 복위
레스터레이션

□ **restore** [ristɔ́:r] 旺 본래대로 하다, 회복하다
리스토오

□ **restrain** [ristréin] 旺 억제하다, 방지하다, 금지하다
리스트레인

□ **restraint** [ristréint] 圈 억제, 구속, 속박, 감금, 제한
리스트레인트

□ **restrict** [ristríkt] 旺 제한하다, 한정하다, 금지하다
리스트릭트

□ **restriction** [ristríkʃən] 圈 제한, 한정, 속박, 구속
리스트릭션

□ **result** [rizʌ́lt] 圈 결과, 성과
리절트 困 …의 결과로 생기다

□ **resume** [rizúːm]
리쥬움
㉤ 되찾다, 점유하다

□ **retail** [ríːteil]
리이테일
㉤ 소매 ㉠ 소매의 ㉨ 소매로

□ **retain** [ritéin]
리테인
㉤ 유지하다, 보류하다, 고용하다

□ **retard** [ritάːrd]
리타아드
㉤ ㉨ 늦게 하다, 늦추다 ㉤ 지연

□ **retire** [ritáiər]
리타이어
㉨ ㉤ 물러나다, 퇴직하다

□ **retirement** [ritáiərmənt]
리타이어먼트
㉤ 퇴직, 은퇴, 은둔, 외진 곳

□ **retort** [ritɔ́ːrt]
리토오트
㉤ 반박 ㉤ ㉨ 말대꾸하다

□ **retreat** [ritríːt]
리트리이트
㉤ 퇴각, 은퇴 ㉨ ㉤ 물러나다

□ **return** [ritə́ːrn]
리터언
㉨ ㉤ 돌아가다, 돌려주다 ㉤ 복귀

□ **reveal** [rivíːl]
리비일
㉤ 누설하다, 나타내다, 알리다

□ **revel** [révəl]
레벌
㉤ 술잔치 ㉨ 주연을 베풀다

□ **revelation** [rèvəléiʃən]
레벌레이션
㉤ 폭로, 누설, 발각

□ **revenge** [rivéndʒ]
리벤쥐
㉤ 복수, 원한 ㉨ ㉤ 보복하다

□ **revenue** [révənjùː]
레버뉴우
㉤ (국가의) 세입, 수입

□ **revere** [rivíər]
리비어
㉤ 존경하다, 숭배하다

□ **reverence** [révərəns]
레버런스
㉤ 존경, 숭배, 경의

□ **reverend** [révərənd]
레버런드
형 존경할만한, 귀하신

□ **reverse** [rivə́ːrs]
리버어스
타 자 거꾸로 하다 명 반대, 역

□ **revert** [rivə́ːrt]
리버어트
자 본래 상태로 돌아가다 명 복귀

□ **review** [rivjúː]
리뷰우
명 재조사, 복습 타 자 검열하다

□ **revise** [riváiz]
리바이즈
타 교정하다, 개정하다 명 개정

□ **revision** [rivíʒən]
리비전
명 개정, 교정, 교열, 수정

□ **revival** [riváivəl]
리바이벌
명 부활, 부흥, 신앙부흥

□ **revive** [riváiv]
리바이브
자 타 부활하다, 회복시키다

□ **revolt** [rivóult]
리보울트
명 반란 자 타 반란을 일으키다

□ **revolution** [rèvəlúːʃən]
래볼루우션
명 혁명, 변혁, 회전, 순환

□ **revolutionary**
[rèvəlúːʃənèri] 레벌루우셔네리
형 혁명적인, 회전의

□ **revolve** [riválv]
리발브
자 타 회전하다, 운행하다

□ **revolver** [riválvər]
리발버
명 연발 권총, 회전로

□ **reward** [riwɔ́ːrd]
리워어드
명 보수, 사례금 타 보답하다

□ **rhetoric** [rétərik]
레터릭
명 수사학, 웅변술, 미사여구

□ **rheumatism** [rúːmətìzm]
루우머티즘
명 류머티즘

□ **rhyme** [ráim] 　　　　　명 (시의) 운시 자 타 시를 짓다
라임

□ **rhythm** [ríðm] 　　　　명 율동, 리듬, 운율, 격조
리듬

□ **rib** [ríb] 　　　　　　　명 갈빗대, 갈비, 늑골, 늑재
리브

□ **ribbon** [ríbən] 　　　　명 끈, 띠, 리본 자 리본을 달다
리번

□ **rice** [ráis] 　　　　　　명 쌀, 벼, 밥
라이스

□ **rich** [rítʃ] 　　　　　　형 부유한, 부자의, 풍부한, 화려한
리취

□ **riches** [rítʃiz] 　　　　명 부(富), 재산, 풍부
리취즈

□ **richly** [rítʃli] 　　　　부 부유하게, 찬란하게
리츨리

□ **rid** [ríd] 　　　　　　　타 제거하다, 치우다, 해방하다
리드

□ **riddle** [rídl] 　　　　　명 수수께끼
리들 　　　　　　　　　　자 타 수수께끼를 내다

□ **ride** [ráid] 　　　　　　자 타 타다, 타고 가다
라이드

□ **rider** [ráidər] 　　　　명 타는 사람, 기수, 추서, 첨서
라이더

□ **ridge** [rídʒ] 　　　　　명 산마루 타 자 이랑을 만들다
리쥐

□ **ridicule** [rídikjùːl] 　　명 비웃음, 조롱 타 비웃다
리디큐울

□ **ridiculous** [ridíkjuləs] 　형 우스꽝스러운, 바보 같은
리디큘러스

□ **rifle** [ráifl] 　　　　　　명 소총, 라이플총 타 강탈하다
라이플

442

□ **rig** [ríg]
리그

명 의장, 범장 타 의장하다

□ **right** [ráit]
라이트

형 옳은 명 정당

□ **rightly** [ráitli]
라이틀리

부 바르게, 공정하게, 정당하게

□ **righteous** [ráitʃəs]
라이쳐스

형 바른, 공정한, 당연한, 고결한

□ **righteousness** [ráitʃəsnis]
라이쳐스니스

명 정의, 공정, 정당

□ **rightful** [ráitfəl]
라이트펄

형 올바른, 당연한, 정당한

□ **righthand** [ráithænd]
라이트핸드

형 오른쪽의, 우측의, 심복의

□ **rill** [ríl]
릴

명 시내, 실개천

□ **rim** [rím]
림

명 가장자리 타 테두리를 붙이다

□ **rind** [ráind]
라인드

명 (과일의) 껍질, 외견, 외면

□ **ring** [ríŋ]
링

자 타 울리다 명 바퀴, 고리, 반지

□ **rinse** [ríns]
린스

타 물에 헹구다 명 헹굼, 가심

□ **riot** [ráiət]
라이어트

명 폭동, 소동
자 타 폭동을 일으키다

□ **rip** [ríp]
립

타 자 찢다, 터지다 명 터짐

□ **ripe** [ráip]
라이프

명 익은, 원숙한, 여문

□ **ripen** [ráipən]
라이펀

자 타 익다, 익히다, 원숙하다

□ **rise** [ráiz]
라이즈
재 일어서다, 오르다 명 상승, 기상

□ **rising** [ráiziŋ]
라이징
형 올라가는, 오르막의, 증대하는

□ **risk** [rísk]
리스크
명 위험, 모험 타 위태롭게 하다

□ **rite** [ráit]
라이트
명 의식, 관습, 전례, 의례

□ **rival** [ráivəl
라이벌
명 경쟁상대, 적수 타 재 경쟁하다

□ **rivalry** [ráivəlri]
라이벌리
명 경쟁, 대항, 맞겨룸

□ **river** [rívər]
리버
명 강, 내

□ **rivet** [rívit]
리비트
명 대갈못, 리벳
타 재 대갈못을 박다

□ **rivulet** [rívjulit]
리뷸리트
명 시내, 실개천

□ **road** [róud]
로우드
명 길, 도로, 가도, 공도

□ **roadside** [róudsàid]
로우드사이드
명 길가 형 길가의

□ **roadster** [róudstər]
로우드스터
명 탈 것(말, 수레, 자동차 따위)

□ **roadway** [róudwèi]
로우드웨이
명 차도, 도로

□ **roam** [róum]
로움
재 타 돌아다니다 명 배회

□ **roar** [rɔ́ːr]
로오
타 재 포효하다, 외치다 명 포효

□ **roast** [róust]
로우스트
타 재 굽다, 익히다
명 불고기, 굽기

444

□ **rob** [ráb]
랍
타 자 강탈하다, 빼앗다

□ **robber** [rábər]
라버
명 도둑, 강도

□ **robbery** [rábəri]
라버리
명 강탈, 약탈

□ **robe** [róub]
로웁
명 길고 품이 큰 겉옷 타 자 입히다

□ **robin** [rábin]
라빈
명 울새, 개똥지빠귀의 일종

□ **robot** [róubət]
로우버트
명 로봇, 인조인간

□ **rock** [rák]
락
명 바위, 암석, 돌 타 자 흔들다

□ **rocket** [rákit]
라키트
명 로켓, 봉화, 벼락출세

□ **rocky** [ráki]
라키
형 바위의, 냉혹한, 튼튼한

□ **rod** [rád]
라드
명 긴 막대, 장대, 회초리

□ **rogue** [róug]
로우그
명 악한, 악당, 불량배, 장난꾼

□ **role** [róul]
로울
명 구실, 역할, 임무

□ **roll** [róul]
로울
타 자 굴리다, 회전하다 명 회전

□ **roll-call** [róul-kɔ́:l]
로울-코올
명 점호, 출석조사 타 출석부르다

□ **roller** [róulər]
로울러
명 땅 고르는 기계, 로울러

□ **Roman** [róumən]
로우먼
형 로마의 명 로마 사람

□ **romance** [roumǽns]
로우맨스
명 로맨스, 전기 소설, 꿈 이야기

□ **romantic** [roumǽntik]
로우맨틱
형 전기소설적인, 공상적인

□ **Rome** [róum]
로움
명 로마, 고대 로마시, 로마제국

□ **roof** [rú:f]
루우프
명 지붕 타 지붕을 해 덮다

□ **room** [rú:m]
루움
명 방, 셋방 타 자 방을 주다

□ **roost** [rú:st]
루우스트
명 보금자리 자 타 홰에 앉다

□ **rooster** [rú:stər]
루우스터
명 수탉

□ **root** [rú:t]
루우트
명 뿌리, 밑둥 자 타 뿌리 박다

□ **rope** [róup]
로우프
명 밧줄, 새끼 타 자 줄로 묶다

□ **rose** [róuz]
로우즈
명 장미(영국의 국화) 형 장미빛의

□ **rosebud** [róuzbʌd]
로우즈버드
명 장미 봉오리, 아름다운 소녀

□ **rosy** [róuzi]
로우지
형 장미빛의, 불그스름한, 홍안의

□ **rot** [rát]
라트
자 타 썩다, 썩히다 명 부패, 부식

□ **rotate** [róuteit]
로우테이트
자 타 회전하다, 순환하다

□ **rotation** [routéiʃən]
로우테이션
명 회전, 교대, 자전

□ **rotten** [rátn]
라튼
형 부패한, 약한, 더러운, 썩은

□ **rouge** [rúːʒ]
루우쥐
명 연지, 입술 연지
자 타 연지를 바르다

□ **rough** [rʌf]
러프
형 거칠은 부 거칠게 명 험함, 거침

□ **roughly** [rʌfli]
러플리
부 거칠게, 대강, 대충

□ **round** [ráund]
라운드
형 둥근 부 돌아서 전 ~의 주위에

□ **rouse** [ráuz]
라우즈
타 자 일으키다, 깨우다

□ **rout** [ráut]
라우트
명 패배 타 패주시키다

□ **route** [rúːt]
루우트
명 길, 도로, 항로 자 발송하다

□ **routine** [ruːtíːn]
루우티인
명 상례적인 일 형 일상의

□ **rove** [róuv]
로우브
자 타 헤매다, 배회하다 명 방황

□ **rover** [róuvər]
로우버
명 배회자, 유랑자, 해적선

□ **row** [róu]
로우
명 열, 줄 타 자 (배를) 젓다

□ **royal** [rɔ́iəl]
로이얼
형 왕국의, 여왕의, 당당한

□ **royalty** [rɔ́iəlti]
로이얼티
명 왕위, 왕권, 장엄, 특허권

□ **rub** [rʌb]
러브
타 자 문지르다, 비비다 명 마찰

□ **rubber** [rʌbər]
러버
명 고무 타 고무를 입히다

□ **rubbish** [rʌbiʃ]
러비쉬
명 쓰레기, 폐물, 잡동사니

447

□ **ruby** [rúːbi]
루우비
명 홍옥, 루비 형 진홍색의, 흉악한

□ **rudder** [rʌ́dər]
러더
명 (배, 비행기의) 키, 방향타

□ **ruddy** [rʌ́di]
러디
형 붉은, 혈색이 좋은, 건강한

□ **rude** [rúːd]
루우드
형 무례한, 거칠은, 버릇없는

□ **rudely** [rúːdli]
루우들리
부 거칠게, 버릇없이

□ **rue** [rúː]
루우
타 슬퍼하다, 한탄하다

□ **ruffian** [rʌ́fiən]
러피언
명 흉한, 악한 형 악당의, 흉악한

□ **ruffle** [rʌ́fl]
러플
타 자 물결을 일으키다, 뒤흔들다

□ **rug** [rʌ́g]
러그
명 담요, 무릎덮개, 양탄자

□ **rugged** [rʌ́gid]
러기드
형 울퉁불퉁한, 험악한, 모난

□ **ruin** [rúːin]
루우인
명 파멸, 파산 타 자 몰락시키다

□ **rule** [rúːl]
루울
명 규정, 규칙
타 자 규정(지배)하다

□ **ruler** [rúːlər]
루울러
명 통치자, 지배자, 주권자

□ **ruling** [rúːliŋ]
루울링
형 통치하는, 지배하는 명 지배

□ **rum** [rʌ́m]
럼
명 럼술(당밀 따위로 만듦), 괴상한

□ **rumble** [rʌ́mbl]
럼블
명 우르르 소리
자 우렁우렁 울리다

448

□ **rumor** [rúːmər]
루우머
명 소문, 세평, 풍문 타 소문내다

□ **rump** [rʌmp]
럼프
명 엉덩이, 궁둥이, 둔부

□ **run** [rʌn]
런
자 타 달리다, 뛰다 명 달림, 뛰기

□ **runaway** [rʌ́nəwèi]
러너웨이
명 도망(자) 형 도망한

□ **runner** [rʌ́nər]
러너
명 달리는 사람, 경주자, 도망자

□ **running** [rʌ́niŋ]
러닝
명 달리기, 경주 형 달리는

□ **rural** [rúərəl]
루어럴
형 시골의, 전원의, 지방의

□ **rush** [rʌʃ]
러쉬
자 타 돌진하다 명 맥진 형 지급의

□ **Russia** [rʌ́ʃə]
러셔
명 러시아, 소련

□ **Russian** [rʌ́ʃən]
러션
형 러시아의 명 러시아 사람[말]

□ **rust** [rʌst]
러스트
명 녹(슨 빛), 녹병 자 타 녹슬다

□ **rustic** [rʌ́stik]
러스틱
형 시골풍의, 조야한 명 시골 사람

□ **rustle** [rʌ́sl]
러슬
명 바스락 바스락 소리
자 와삭서리다

□ **rusty** [rʌ́sti]
러스티
형 녹슨, 녹이 난, 녹록의,
퇴색한 빛

□ **ruthless** [rúːθlis]
루우쓸리스
형 무정한, 잔인한, 인정머리없는

□ **rye** [rái]
라이
명 호밀, 쌀보리

① tall
[tɔ:l 토올]

② short
[ʃɔ:rt 쇼오트]

③ high
[hai 하이]

④ low
[lou 로우]

⑤ long
[lɔ́:ŋ 로옹]

⑥ short
[ʃɔ:rt 쇼오트]

① 키카 큰 ② 키가 작은 ③ 높은 ④ 낮은 ⑤ 긴 ⑥ 짧은

⑦ big
[big 빅]

⑧ small
[smɔ́ːl 스모울]

⑨ heavy
[hévi 헤비]

⑩ light
[lait 라이트]

⑪ young
[jʌŋ 영]

⑫ old
[ould 오울드]

---

⑦ 큰 ⑧ 작은 ⑨ 무거운 ⑩ 가벼운 ⑪ 젊은 ⑫ 늙은

□ **Sabbath** [sǽbəθ]
새버쓰

명 안식일, 안식, 평화

□ **sable** [séibl]
세이블

명 검은 담비, 흑색, 상복

□ **sabotage** [sǽbətɑ̀ːʒ]
새버타아쥐

명 태업, 방해, 파괴

□ **sack** [sǽk]
색

명 큰 자루, 부대 타 자루에 넣다

□ **sacred** [séikrid]
세이크리드

형 신성한, 신을 모신

□ **sacrifice** [sǽkrəfàis]
새크러파이스

명 제물, 희생 타 자 희생하다

□ **sad** [sǽd]
새드

형 슬픈, 슬퍼하는, 어이없는

□ **sadly** [sǽdli]
새들리

부 슬프게, 애처롭게, 구슬프게

□ **sadness** [sǽdnis]
새드니스

명 슬픔, 비애, 슬픈 모양

□ **saddle** [sǽdl]
새들

명 안장 타 자 안장을 얹다

□ **safe** [séif]
세이프

형 안전한, 무사한 명 금고

□ **safely** [séifli]
세이플리

부 안전하게, 무사히

□ **safeguard** [séifgàːrd]
세이프가아드

명 보호, 호위 타 보호하다

□ **safety** [séifti] 　　　　명 안전, 무사, 무난, 무해
세이프티

□ **sag** [sǽg] 　　　　자 (밧줄이) 축 처지다, 휘다
새그 　　　　명 늘어짐

□ **sage** [séidʒ] 　　　　형 현명한, 슬기로운 명 성인, 현인
세이쥐

□ **sail** [séil] 　　　　명 돛, 돛배 타 자 범주(항해)하다
세일

□ **sailboat** [séilbòut] 　　　　명 돛단배, 범선, 요트
세일보우트

□ **sailor** [séilər] 　　　　명 선원, 수부, 해원
세일러

□ **saint** [séint] 　　　　명 성인, 성자, 성(聖), 성도
세인트

□ **sake** [séik] 　　　　명 위함, 목적, 원인, 이익
세이크

□ **salad** [sǽləd] 　　　　명 샐러드, 생채소 요리
샐러드

□ **salary** [sǽləri] 　　　　명 봉급, 급료 타 봉급을 주다
샐러리

□ **sale** [séil] 　　　　명 판매, 팔기, 매상고, 특매
세일

□ **salesman** [séilzmən] 　　　　명 점원, 외교원, 판매원
세일즈먼

□ **sally** [sǽli] 　　　　명 출격, 돌격, 여행 자 출격하다
샐리

□ **salmon** [sǽmən] 　　　　명 연어 형 연어 살빛의
새먼

□ **salon** [səlán] 　　　　명 싸롱, 객실, 응접실, 상류사회
설란

□ **saloon** [səlúːn] 　　　　명 큰 방, 큰 홀, 객실, 술집, 빠아
설루운

A B C D E F G H I J K L M N O P Q R **S** T U V W X Y Z

453

□ **salt** [sɔ́:lt]
소올트
명 소금, 식염 형 소금에 절인

□ **salutation** [sæljutéiʃən]
샐류테이션
명 인사(의 말)

□ **salute** [səlú:t]
설루우트
명 인사, 경례, 갈채
자 타 인사하다

□ **salvation** [sælvéiʃən]
샐베이션
명 구조, 구제, 구조차(법)

□ **same** [séim]
세임
형 같은, 동일한 부 마찬가지로

□ **sample** [sǽmpl]
샘플
명 견본, 표본 타 샘플을 뽑다

□ **sanction** [sǽŋkʃən]
생크션
명 인가, 재가 타 인가하다

□ **sanctuary** [sǽŋktʃuèri]
생크츄어리
명 신성한 장소, 성역, 성당, 교회

□ **sand** [sǽnd]
샌드
명 모래, 모래알 타 모래를 뿌리다

□ **sandal** [sǽndl]
샌들
명 샌들, 집신 모양의 신발

□ **sandstone** [sǽndstòun]
샌드스토운
명 사암(砂巖)

□ **sandwich** [sǽndwitʃ]
샌드위취
명 샌드위치 타 사이에 끼다

□ **sandy** [sǽndi]
샌디
형 모래빛의, 모래땅의

□ **sane** [séin]
세인
형 제정신의, 분별있는

□ **San Francisco**
[sǽnfransiscou] 샌 프란시스코우
명 샌프란시스코(항구도시)

□ **sanitary** [sǽnətèri]
새너테리
형 위생상의, 청결한, 보건상의

□ **sanitation** [sænətéiʃən] 명 위생시설, 공중위생, 위생
세너테이션

□ **Santa Claus** [sǽntə-klɔ́:z] 명 샌터클로오즈
샌터-클로오즈

□ **sap** [sǽp] 명 수액, 원기 타 수액을 짜내다
샙

□ **sapling** [sǽpliŋ] 명 어린 나무, 묘목, 젊은이
새플링

□ **sapphire** [sǽfaiər] 명 청옥, 사파이어, 사파이어빛
새파이어

□ **sardine** [sɑːrdíːn] 명 정어리
사아디인

□ **sash** [sǽʃ] 명 장식띠, 허리띠, 띠
새쉬

□ **Satan** [séitn] 명 사탄, 마왕, 악마
세이튼

□ **satellite** [sǽtəlàit] 명 위성, 위성국, 인공위성
새털라이트

□ **satin** [sǽtn] 명 새틴, 수자, 공단, 견수자
새튼

□ **satire** [sǽtaiər] 명 풍자(문학), 풍자서[문], 비꼼
새타이어

□ **satisfaction** 명 만족, 이행, 변제, 배상
[sæ̀tisfǽkʃən] 새티스팩션

□ **satisfactoril** 부 더할 나위 없게, 충분하게
[sæ̀tisfǽktərəli] 새티스팩터럴리

□ **satisfactory** 형 더할 나위 없는, 만족한
[sæ̀tisfǽktəri] 새티스팩터리

□ **satisfy** [sǽtisfài] 타 만족시키다, 채우다, 갚다
새티스파이

□ **Saturday** [sǽtərdei] 명 토요일(약어 Sat)
세터데이

□ **Saturn** [sǽtərn]
새턴
　　명 농사의 신, 토성, 납, 새턴

□ **sauce** [sɔ́ːs]
소오스
　　명 소스, 양념 타 소스를 치다

□ **saucepan** [sɔ́ːspæn]
소오스팬
　　명 손잡이 달린 속 깊은 남비

□ **saucer** [sɔ́ːsər]
소오서
　　명 받침 접시, 화분 받침

□ **saucy** [sɔ́ːsi]
소오시
　　형 건방진, 뻔뻔한, 재치 있는

□ **sausage** [sɔ́ːsidʒ]
소오시쥐
　　명 소시지, 순대

□ **savage** [sǽvidʒ]
새비쥐
　　형 야만적인, 미개한 명 야만인

□ **savagely** [sǽvidʒli]
새비쥘리
　　부 야만적으로, 잔인하게

□ **save** [séiv]
세이브
　　타 자 건지다, 저축하다, 구하다

□ **saving** [séiviŋ]
세이빙
　　형 절약하는 명 구조, 절약
　　접 ～외에

□ **savior** [séiviər]
세이비어
　　명 구조자, 구세주, 구주

□ **saw** [sɔ́ː]
소오
　　명 톱, 격언 타 자 톱으로 자르다

□ **Saxon** [sǽksn]
색슨
　　명 색슨족 형 색슨 말의

□ **say** [séi]
세이
　　타 자 말하다, 외다 명 말함

□ **saying** [séiiŋ]
세이잉
　　명 격언, 속담, 말, 진술

□ **scabby** [skǽbi]
스캐비
　　형 비열한, 경멸스러운, 선명치
　　못한

456

□ **scald** [skɔ́:ld]
스코올드
타 (끓는 물에) 데게 하다, (야채를) 데치다 명 화상

□ **scale** [skéil]
스케일
명 눈금, 저울눈, 비율, (뱀)비늘 타 자 재다

□ **scalp** [skǽlp]
스캘프
명 머릿가죽, 전리품 타 혹평하다

□ **scamper** [skǽmpər]
스캠퍼
명 급히 달림 자 여행하다

□ **scan** [skǽn]
스캔
타 (시의) 운율을 살피다

□ **scandal** [skǽndl]
스캔들
명 추문, 의혹, 치욕, 반감, 중상

□ **scant** [skǽnt]
스캔트
형 부족한, 불충분한 타 결핍하다

□ **scanty** [skǽnti]
스캔티
형 부족한, 모자라는, 불충분한

□ **scar** [skά:r]
스카아
명 상처, 흉터 타 자 상처를 남기다

□ **scarce** [skéərs]
스케어스
형 모자라는, 부족한, 희귀한

□ **scarcely** [skéərsli]
스케어슬리
부 겨우, 거의 ~않다, 간신히

□ **scarcity** [skéərsəti]
스케어서티
명 결핍, 부족

□ **scare** [skéər]
스케어
타 자 위협하다 명 을러댐, 공포

□ **scarecrow** [skéərkròu]
스케어크로우
명 허수아비, 엄포, 헛위세

□ **scarf** [skά:rf]
스카아프
명 스카프, 목도리, 어깨걸이

□ **scarlet** [skά:rlit]
스카아리트
명 진홍색, 주홍 형 진홍색의

A
B
C
D
E
F
G
H
I
J
K
L
M
N
O
P
Q
R
S
T
U
V
W
X
Y
Z

□ **scatter** [skǽtər]
스캐터
  타 흩뿌리다, 쫓아버리다

□ **scene** [síːn]
시인
  명 (사건 따위의) 장면, 풍경, 세트

□ **scenery** [síːnəri]
시이너리
  명 무대 배경, 경치, 풍경, 장치

□ **scenic** [síːnik]
시이닉
  형 무대의, 극의, 배경의, 풍경의

□ **scent** [sént]
센트
  타 냄새맡다 명 향기, 냄새, 향내

□ **scepter** [séptər]
셉터
  명 왕홀, 왕권 타 왕권을 주다

□ **schedule** [skédʒul]
스케쥴
  명 일람표, 스케줄
  타 스케줄을 짜다

□ **scheme** [skíːm]
스키임
  명 설계, 계획 타 자 계획하다

□ **scholar** [skálər]
스칼러
  명 학자, 장학생, 고전학자

□ **scholarship** [skálərʃip]
스칼러쉽
  명 학식, 장학금

□ **school** [skúːl]
스쿠울
  명 학교, 연구소 타 교육하다

□ **schoolboy** [skúːlbɔ́i]
스쿠울보이
  명 남학생

□ **schoolgirl** [skúːlgə́ːrl]
스쿠울거얼
  명 여학생

□ **schoolhouse** [skúːlhàus]
스쿠울하우스
  명 교사(校舍)

□ **schoolmaster**
[skúːlmæ̀stər] 스쿠울매스터
  명 교장, (남자)교사

□ **schoolroom** [skúːlrùːm]
스쿠울루움
  명 교실

□ **schooner** [skú:nər]
스쿠우너
명 스쿠우너(쌍돛의 종범식 돛배)

□ **science** [sáiəns]
사이언스
명 학문, 기량, 자연과학, 과학, 기술

□ **scientific** [sàiəntífik]
사이언티픽
형 과학의, 과학적인, 학술상의

□ **scientist** [sáiəntist]
사이언티스트
명 과학자, 자연과학자

□ **scissors** [sízərz]
시저즈
명 가위

□ **scoff** [skɔ́:f]
스코오프
자 타 비웃다, 조롱하다 명 비웃음

□ **scold** [skóuld]
스코울드
타 자 꾸짖다 명 쨍쨍거리는 여자

□ **scoop** [skú:p]
스쿠웁
명 작은 삽, 부삽 타 푸다, 뜨다

□ **scope** [skóup]
스코웁
명 범위, 영역, 시야, 배출구

□ **scorch** [skɔ́:rtʃ]
스코오취
타 자 그슬리다 명 그슬림

□ **score** [skɔ́:r]
스코오
명 칼자국, 긁힌 자국 타 자 새기다

□ **scorn** [skɔ́:rn]
스코온
명 경멸, 웃음거리 타 자 경멸하다

□ **scornful** [skɔ́:rnfəl]
스코온펄
형 경멸적인, 건방진, 비웃는

□ **scornfully** [skɔ́:rnfəli]
스코온펄리
부 경멸하여, 깔보고

□ **Scot** [skát]
스카트
명 스코틀랜드 사람

□ **Scotch** [skátʃ]
스카취
형 스코틀랜드의(=Scottish)

459

□ **Scotland** [skátlənd]
스카틀런드
︎명 스코틀랜드

□ **scoundrel** [skáundrəl]
스카운드럴
︎명 악당, 깡패, 무뢰한

□ **scour** [skáuər]
스카우어
︎타 ︎자 문질러 닦다, 윤내다

□ **scourge** [skɔ́:rdʒ]
스커어쥐
︎명 하늘의 응징, 천벌 ︎타 매질하다

□ **scout** [skáut]
스카우트
︎명 정찰기(병) ︎타 ︎자 정찰하다

□ **scowl** [skául]
스카울
︎명 찌푸린 얼굴 ︎자 오만상을 하다

□ **scramble** [skrǽmbl]
스크램블
︎자 ︎타 기다, 기어오르다, 다투다

□ **scrap** [skrǽp]
스크랩
︎명 조각, 오려낸 것 ︎타 폐기하다

□ **scrapbook** [skrǽpbùk]
스크랩북
︎명 오려붙이는 책, 스크랩북

□ **scrape** [skréip]
스크레이프
︎타 ︎자 할퀴다, 긁다 ︎명 문지름

□ **scratch** [skrǽtʃ]
스크래취
︎타 ︎자 할퀴다, 긋다 ︎명 할큄

□ **scream** [skrí:m]
스크리임
︎자 ︎타 악 소리치다 ︎명 으악 소리

□ **screech** [skrí:tʃ]
스크리이취
︎명 날카로운 소리
︎타 ︎자 끽 소리내다

□ **screen** [skrí:n]
스크리인
︎명 병풍, 망, 간막이 ︎타 가리다

□ **screw** [skrú:]
스크루우
︎명 나사, 추진기 ︎타 비틀어 죄다

□ **script** [skrípt]
스크립트
︎명 손으로 쓴 글 ︎타 각색하다

□ **scripture** [skríptʃər]
스크립쳐
圀 경전, 성전, 성서

□ **scroll** [skróul]
스크로울
圀 족자, 두루마리, 목록

□ **scrub** [skrʌb]
스크럽
因困 비벼빨다, 문질러 씻다

□ **scruple** [skrú:pl]
스크루우플
圀 양심의 가책, 의심, 망설임
困困 사양하다

□ **sculptor** [skʌlptər]
스컬프터
圀 조각가

□ **sculpture** [skʌlptʃər]
스컬프쳐
圀 조각 困 조각하다

□ **scurry** [skə́:ri]
스커어리
困困 당황하여 질주하다
圀 급한 걸음

□ **scuttle** [skʌtl]
스커틀
圀 석탄그릇
困困 허둥지둥 달리다

□ **scythe** [sáið]
사이드
圀 자루가 긴 큰 낫
困 낫으로 베다

□ **sea** [síː]
시이
圀 바다, 큰 물결, 대해, 대양

□ **seacoast** [síːkòust]
시이코우스트
圀 해안(지), 해변

□ **seal** [síːl]
시일
圀 바다표범, 강치 困 날인하다

□ **seam** [síːm]
시임
圀 솔기, 이은 곳 困困 꿰매다

□ **seaman** [síːmən]
시이먼
圀 뱃사람, 선원, 항해자

□ **seaport** [síːpɔ́ːrt]
시이포오트
圀 항구, 항구도시

□ **search** [sə́ːrtʃ]
서어취
困困 탐색하다, 뒤지다 圀 수색

461

□ **searchlight** [sə́:rtʃlàit] 명 탐조등, 탐해등, 조공등
서어취라이트

□ **seashore** [síːʃɔ́ːr] 명 해안, 해변
시이쇼오

□ **seasick** [síːsìk] 형 뱃멀미하는
시이시크

□ **seaside** [síːsàid] 명 바닷가 형 해변의
시이사이드

□ **season** [síːzn] 명 계절, 철 타 자 익히다
시이즌

□ **seat** [síːt] 명 걸상, 자리, 좌석 타 앉게 하다
시이트

□ **seaweed** [síːwìːd] 명 해초, 바닷말
시이위이드

□ **seclude** [siklúːd] 타 격리하다, 분리하다
시클루우드

□ **second** [sékənd] 형 제2의 명 두번째, 초, 순간
세컨드

□ **secondary** [sékəndèri] 형 제2위의, 2류의 명 둘째 사람
세컨데리

□ **secondhand** [sékəndhǽnd] 형 간접의, 중고의, 두 번째의
세컨드핸드

□ **secondly** [sékəndli] 부 둘째로, 다음에, 두 번째
세컨들리

□ **secrecy** [síːkrəsi] 명 비밀성, 비밀엄수
시이크러시

□ **secret** [síːkrit] 형 비밀의, 숨은, 은밀한 명 비밀
시이크리트

□ **secretly** [síːkritli] 부 비밀로, 은밀히
시이크리틀리

□ **secretary** [sékrətèri] 명 비서(관), 서기(관), 장관
세크러테리

□ **sect** [sékt]
시트
셕트

圏 종파, 분파, 당파

□ **section** [sékʃən]
섹션

圏 부분, 절, 구역 閏 구분하다

□ **secular** [sékjulər]
세큘러

圏 세속의, 현세의, 비종교적인

□ **secure** [sikjúər]
시큐어

圏 안전한, 보증한
閏 函 안전히 하다

□ **securely** [sikjúərli]
시큐얼리

閏 안전하게, 확실히

□ **security** [sikjúərəti]
시큐어러티

圏 안전, 안심, 무사

□ **see** [síː]
시이

閏 函 보다, 만나다, 알다

□ **seed** [síːd]
시이드

圏 씨, 열매 函 閏 씨를 뿌리다

□ **seedling** [síːdliŋ]
시이들링

圏 묘목, 모나무, 모종

□ **seeing** [síːiŋ]
시잉

젼 쥅 ~이므로, ~인 사실을
생각하면

□ **seek** [síːk]
시익

閏 函 찾다, 구하다, 추구하다

□ **seem** [síːm]
시임

函 보이다, ~같이 생각되다

□ **seesaw** [síːsɔ́ː]
시이소오

圏 시이소, 동요, 시소판

□ **seethe** [síːð]
시이드

函 뒤끓다, 끓어오르다

□ **segment** [ségmənt]
세그먼트

圏 단편, 조각 閏 函 분열하다

□ **seize** [síːz]
시이즈

閏 函 잡다, 압류하다, 포착하다

□ **seldom** [séldəm]
셀덤
뿐 드물게, 좀처럼 ~하지 않는

□ **select** [silékt]
실렉트
타 선택하다, 뽑다 형 뽑아낸

□ **selection** [silékʃən]
실렉션
명 서택, 선발, 선정

□ **self** [sélf]
셀프
명 자신, 자기, 저 형 단일의

□ **selfish** [sélfiʃ]
셀피쉬
형 이기적인, 자기 본위의

□ **sell** [sél]
셀
타 자 팔다, 팔리다 명 판매

□ **seller** [sélər]
셀러
명 파는 사람, 판매인

□ **semblance** [sémbləns]
셈블런스
명 유사, 외관, 겉보기

□ **senate** [sénət]
세너트
명 (고대 로마의) 원로원, 상원

□ **senator** [sénətər]
세너터
명 원로원 의원, 상원의원

□ **send** [sénd]
센드
타 자 보내다, 발송하다

□ **senior** [síːnjər]
시이녀
형 나이 많은, 연상의 명 선배

□ **sensation** [senséiʃən]
센세이션
명 감각, 느낌, 지각

□ **sensational** [senséiʃənl]
센세이셔늘
형 지각의, 감동적인

□ **sense** [séns]
센스
명 감각(기관), 관능, 육감, 분별

□ **senseless** [sénslis]
센슬리스
형 무감각한, 어리석은

□ **sensibility** [sènsəbíləti] 　명 감도, 감각력, 민감
센서빌러티

□ **sensible** [sénsəbl] 　형 느낄 정도의, 분별있는, 깨닫고
센서블

□ **sensitive** [sénsətiv] 　형 민감한, 예민한
센서티브

□ **sentence** [séntəns] 　명 문장, 판정, 판결 타 선언하다
센턴스

□ **sentiment** [séntəmənt] 　명 감정, 감격, 감상, 느낌
센터먼트

□ **sentimental** [sèntəméntl] 　형 정적인, 다감한, 감상적인
센터멘틀

□ **sentinel** [séntənl] 　명 보초, 파수병 타 망보다
센터늘

□ **sentry** [séntri] 　명 보초, 파수병, 초병
센트리

□ **separate** [sépərèit] 　타 자 가르다, 떼다 명 나눠진 물건
세퍼레이트

□ **separately** [sépərətli] 　부 따로따로, 하나하나
세퍼러틀리

□ **separation** [sèpəréiʃən] 　명 분리, 이탈, 분열, 별거
세퍼레이션

□ **September** [septémbər] 　명 9월(약어 Sept)
셉템버

□ **sequence** [síːkwəns] 　명 연속, 연쇄, 차례, 순서
시이퀀스

□ **serenade** [sèrənéid] 　명 소야곡, 세레나드
세러네이드

□ **serene** [səríːn] 　형 맑게 갠, 고요한, 잔잔한
서리인

□ **serge** [sɔ́ːrdʒ] 　명 사아지(옷감의 일종)
서어쥐

465

□ **sergeant** [sáːrdʒənt]
사아전트
　　명 하사, 중사, 병장, 경사

□ **series** [síəriːz]
시어리이즈
　　명 연속, 계열, 총서, 일련

□ **serious** [síəriəs]
시어리어스
　　형 엄숙한, 진지한, 중대한

□ **sermon** [sə́ːrmən]
서어먼
　　명 설교, 훈계, 잔소리

□ **serpent** [sə́ːrpənt]
서어펀트
　　명 뱀, 음흉한 사람

□ **servant** [sə́ːrvənt]
서어번트
　　명 사용인, 고용인, 공무원

□ **serve** [sə́ːrv]
서어브
　　타 자 ~을 섬기다 명 서어브

□ **service** [sə́ːrvis]
서어비스
　　명 봉사, 근무, 공무, 서비스

□ **session** [séʃən]
세션
　　명 개회, 학기, 수업시간, 학년

□ **set** [sét]
세트
　　타 자 놓다, 두다 명 한벌
　　형 고정된

□ **setting** [sétiŋ]
세팅
　　명 둠, 놓음, 장치, 고정시킴

□ **settle** [sétl]
세틀
　　타 자 정착하다, 고정시키다

□ **settlement** [sétlmənt]
세틀먼트
　　명 낙착, 이민, 거류지, 고정, 결정

□ **seven** [sévən]
세번
　　명 7, 일곱 형 7의, 일곱의

□ **seventeen** [sèvəntíːn]
세번티인
　　명 17 형 17의

□ **seventeenth** [sévəntìːnθ]
세번티인쓰
　　명 제17, 17분의 1 형 제17의

□ **seventh** [sévənθ] 세번쓰	몡 제7, 일곱째 휑 제7의	
□ **seventy** [sévənti] 세번티	몡 70 휑 70의	
□ **seventieth** [sévəntiiθ] 세번티이쓰	몡 제70, 70분의 1 휑 제70의	
□ **sever** [sévər] 세버	탕 분리(절단)하다 짜 끊다	
□ **several** [sévərəl] 세버럴	휑 몇몇의, 몇 개의, 각각의	
□ **severe** [səvíər] 서비어	휑 호된, 모진, 용서없는, 엄한	
□ **severely** [səvíərli] 서비얼리	믬 격렬하게, 엄격히, 모질게	
□ **severity** [səvérəti] 서베러티	몡 격렬, 엄격, 엄함, 가혹	
□ **sew** [sóu] 소우	탕 짜 꿰매다, 박다, 바느질하다	
□ **sewing** [sóuiŋ] 소윙	몡 재봉, 바느질, 바느질감	
□ **sex** [séks] 섹스	몡 성(性), 성별, 성욕, 성교	
□ **shabby** [ʃǽbi] 쉐비	휑 초라한, 입어 낡은, 째째한	
□ **shade** [ʃéid] 쉐이드	몡 그늘, 응달 탕 그늘지게 하다	
□ **shadow** [ʃǽdou] 쉐도우	몡 그림자, 영상 탕 가리다	
□ **shadowy** [ʃǽdoui] 쉐도위	휑 그림자 있는, 그림자 같은, 공허한	
□ **shady** [ʃéidi] 쉐이디	휑 그늘이 있는, 응달의, 수상한	

□ **shaft** [ʃǽft]
쉐프트
　　囲 손잡이, 창자루, 깃대, 축

□ **shaggy** [ʃǽgi]
쉐기
　　휑 털 많은, 털이 더부룩한 囲 눈썹

□ **shake** [ʃéik]
쉐이크
　　囮 짜 떨다, 흔들다 囲 진동, 떨림

□ **shale** [ʃéil]
쉐일
　　囲 혈암(頁巖), 이판암

□ **shall** [ʃǽl]
쉘
　　죄 ~시키다, ~일 것이다

□ **shallow** [ʃǽlou]
쉘로우
　　휑 얕은, 천박한 囮 짜 얕게 하다

□ **sham** [ʃǽm]
쉠
　　휑 가짜, 속임 휑 가짜의, 협작의

□ **shame** [ʃéim]
쉐임
　　囲 수치심 囮 부끄럽게 하다

□ **shameful** [ʃéimfəl]
쉐임펄
　　휑 부끄러운, 창피한, 면목 없는

□ **shameless** [ʃéimlis]
쉐임리스
　　휑 파렴치한, 뻔뻔스러운, 음란한

□ **shape** [ʃéip]
쉐이프
　　囲 모양, 외형, 형태
　　囮 짜 모양짓다

□ **shapeless** [ʃéiplis]
쉐이플리스
　　휑 무형의, 엉성한, 볼품 없는

□ **share** [ʃéər]
쉐어
　　囲 몫, 할당, 부담 囮 분배하다

□ **shark** [ʃáːrk]
샤아크
　　囲 상어, 사기꾼 囮 짜 사기하다

□ **sharp** [ʃáːrp]
샤아프
　　휑 날카로운, 뾰족한
　　閉 날카롭게, 갑자기

□ **sharpen** [ʃáːrpən]
샤아펀
　　囮 짜 날카롭게 하다, 갈다

□ **shatter** [ʃǽtər]
쉐터
타 자 부수다, 박살내다 명 파편

□ **shave** [ʃéiv]
쉐이브
타 자 깎다, 수염을 깎다 명 면도

□ **shawl** [ʃɔ́ːl]
쇼올
명 쇼올(부인이 어깨에 걸치는 것)

□ **she** [ʃíː]
쉬이
대 그 여자(는, 가) 명 여자, 암컷

□ **sheep** [ʃíːp]
쉬이프
명 (벼, 화살, 책 따위) 묶음, 다발

□ **shear** [ʃíər]
쉬어
타 자 (가위로) 잘라내다, 베다, 깎다

□ **sheet** [ʃíːt]
쉬이트
명 시이트, 홑이불, 얇은 판, 박판

□ **shelf** [ʃélf]
쉘프
명 선반, 시렁, 모래톱, 턱진 장소

□ **shell** [ʃél]
쉘
명 껍데기 타 자 껍질을 벗기다

□ **shellfish** [ʃélfiʃ]
쉘피쉬
명 조개, 갑각동물(새우, 게)

□ **shelter** [ʃéltər]
쉘터
명 은신처, 피난처 타 자 보호하다

□ **shepherd** [ʃépərd]
쉐퍼드
명 양치는 사람 타 (양을) 지키다

□ **sheriff** [ʃérif]
쉐리프
명 (영국) 주(州)장관, 보안관

□ **shield** [ʃíːld]
쉬일드
명 방패,보호물 타 옹호하다

□ **shift** [ʃíft]
쉬프트
타 자 바꾸다, 바뀌다 명 변경

□ **shilling** [ʃíliŋ]
쉴링
명 실링(영국의 은화), 상당

A
B
C
D
E
F
G
H
I
J
K
L
M
N
O
P
Q
R
S
T
U
V
W
X
Y
Z

469

□ **shimmer** [ʃímər] 쉬머	자 타 가물가물 비치다 명 희미한 빛
□ **shin** [ʃín] 쉰	명 앞정강이 타 자 기어오르다
□ **shine** [ʃáin] 샤인	자 타 빛나다, 비추다, 반짝이다
□ **shingle** [ʃíŋgl] 슁글	명 지붕널 타 지붕널로 잇다
□ **shiny** [ʃáini] 샤이니	형 빛나는, 번쩍이는, 윤이 나는
□ **ship** [ʃíp] 쉽	명 배, 함(艦) 타 자 배에 싣다(타다)
□ **shipment** [ʃípmənt] 쉽먼트	명 선적, 배에 실음, 출하
□ **shipping** [ʃípiŋ] 쉬핑	명 선박, 해운, 선적, 적하
□ **shipwreck** [ʃíprèk] 쉽렉	명 파선, 난파 자 타 파선하다
□ **shirt** [ʃə́ːrt] 셔어트	명 와이셔츠, 셔츠
□ **shiver** [ʃívər] 쉬버	명 떨림, 전율 자 타 떨다, 진동시키다
□ **shoal** [ʃóul] 쇼울	명 얕은 곳, 여울목 자 얕아지다
□ **shock** [ʃák] 샥	명 진격, 충격 타 자 충격을 주다
□ **shoe** [ʃúː] 슈우	명 신, 구두, 단화, 편자
□ **shoemaker** [ʃúːmèikər] 슈우메이커	명 구두 만드는 사람, 제화공
□ **shoot** [ʃúːt] 슈우트	타 자 발사하다, 쏘다 명 사격

□ **shop** [ʃáp] 명 가게, 공장 자 물건을 사다
샵

□ **shopkeeper** [ʃápkìːpər] 명 가게 주인, 소매상인
샵키이퍼

□ **shopping** [ʃápiŋ] 명 물건 사기, 쇼핑, 장보기
샤핑

□ **shore** [ʃɔ́ːr] 명 (강, 호수의) 언덕, 해안, 물가
쇼오

□ **short** [ʃɔ́ːrt] 형 짧은, 간결한 부 짧게
쇼오트

□ **shortage** [ʃɔ́ːrtidʒ] 명 결핍, 부족
쇼오티쥐

□ **shorten** [ʃɔ́ːrtn] 타 자 짧게 하다, 짧아지다
쇼오튼

□ **shorthand** [ʃɔ́ːrthænd] 명 속기 형 속기의
쇼오트핸드

□ **shortsighted** [ʃɔ́ːrtsáitid] 형 근시의, 선견지명이 없는
쇼오토사이티드

□ **shot** [ʃát] 명 포성, 발포 타 장탄하다
샷

□ **should** [ʃúd] 조 shall의 과거, ~할(일) 것이다
슈드

□ **shoulder** [ʃóuldər] 명 어깨 타 자 어깨에 메다
쇼울더

□ **shout** [ʃáut] 자 타 외치다, 고함치다
샤우트

□ **shove** [ʃʌ́v] 타 자 밀다, 떠밀다 명 찌름
셔브

□ **shovel** [ʃʌ́vəl] 명 삽, 부삽 타 삽으로 푸다
셔벌

□ **show** [ʃóu] 타 자 보이다, 알리다, 지적하다
쇼우

□ **shower** [ʃáuər]
샤우어
명 소나기 타 자 소나기로 적시다

□ **shred** [ʃréd]
쉬레드
명 조각 타 자 조각조각으로 하다

□ **shrewd** [ʃrúːd]
쉬루우드
형 재빠른, 빈틈 없는, 예민한

□ **shriek** [ʃríːk]
쉬리이크
명 비명 자 비명을 지르다

□ **shrill** [ʃríl]
쉬릴
형 날카로운 명 날카로운 소리

□ **shrine** [ʃráin]
쉬라인
명 사당, 성당 타 사당에 모시다

□ **shrink** [ʃríŋk]
쉬링크
자 줄어들다, 오그라들다 명 수축

□ **shrivel** [ʃrívəl]
쉬리벌
자 타 주름지게 하다, 오그라들다

□ **shroud** [ʃráud]
쉬라우드
명 수의, 덮개 수의를 입히다

□ **shrub** [ʃrʌ́b]
쉬럽
명 관목(=bush)

□ **shrug** [ʃrʌ́g]
쉬러그
타 자 (어깨를) 으쓱하다

□ **shudder** [ʃʌ́dər]
셔더
명 몸서리 자 떨다, 오싹하다

□ **shuffle** [ʃʌ́fl]
셔플
타 자 (발을) 질질 끌다
명 끄는 걸음

□ **shun** [ʃʌ́n]
션
타 피하다, 싫어하다, 비키다

□ **shut** [ʃʌ́t]
셭
타 자 닫(히)다 명 닫음 형 닫은

□ **shutter** [ʃʌ́tər]
셔터
명 덧문, 겉문 타 덧문을 달다

□ **shy** [ʃái] 형 수줍어하는 자 뒷걸음질치다
샤이

□ **sick** [sík] 형 병의, 병난, 환자의
식

□ **sicken** [síkən] 타 자 병나게 하다, 구역질나게
시컨 하다

□ **sickle** [síkl] 명 (작은) 낫
시클

□ **sickly** [síkli] 형 병약한, 허약한 부 병적으로
시클리

□ **sickness** [síknis] 명 병, 역겨움, 구역질
시크니스

□ **side** [sáid] 명 곁, 측 형 변두리의 자 편들다
사이드

□ **sidewalk** [sáidwɔ́:k] 명 보도, 인도
사이드워어크

□ **siege** [sí:dʒ] 명 포위, 공격, 공성(空城), 공약
시이쥐

□ **sieve** [sív] 명 체 타 체질하다, 거르다
시브

□ **sift** [síft] 타 자 체질하다, 체를 빠져 내리다
시프트

□ **sigh** [sái] 명 탄식, 한숨
사이 자 한숨쉬다, 동경하다

□ **sight** [sáit] 명 시력, 시각, 견해 타 보다
사이트

□ **sign** [sáin] 명 부호, 표시, 기호
사인 타 자 표시하다

□ **signal** [sígnəl] 명 신호 형 신호의, 뛰어난
시그널

□ **signature** [sígnətʃər] 명 서명(하기), 쪽지표지
시그너쳐

□ **significance** [signífikəns] 명 의미, 중대성
시그니피컨스

□ **signify** [sígnəfài] 타 자 표시하다, 의미하다, 뜻하다
시그너파이

□ **silence** [sáiləns] 명 침묵 타 침묵시키다 감 쉬!
사일런스

□ **silent** [sáilənt] 형 조용한, 묵묵한
사일런트

□ **silently** [sáiləntli] 부 무언으로, 잠자코, 조용히
사일런틀리

□ **silk** [sílk] 명 비단, 견사, 명주, 견직물, 생사
실크

□ **silken** [sílkən] 형 비단의, 비단 같은, 명주의
실컨

□ **silkworm** [sílkwə́:rm] 명 누에
실크워엄

□ **sill** [síl] 명 문지방, 창문턱, 하인방
실

□ **silly** [síli] 형 분별없는, 바보 같은 명 바보
실리

□ **silver** [sílvər] 명 은 형 은색의 타 은을 입히다
실버

□ **silvery** [sílvəri] 형 은과 같은, 은빛의
실버리

□ **similar** [símələr] 형 유사한, 비슷한
시멀러

□ **simple** [símpl] 형 수월한, 간단한 명 단일체
심플

□ **simplicity** [simplísəti] 명 단순, 간단, 평이, 간소, 검소
심플리서티

□ **simplify** [símpləfài] 타 단일하게 하다, 간단하게 하다
심플러파이

474

□ **simply** [símpli]
심플리
图 단순히, 소박하게, 순전히

□ **simultaneous**
[sàiməltéiniəs] 사이멀테이니어스
图 동시의, ~와 동시에 일어나는

□ **sin** [sín]
신
명 (도덕상의) 죄 타 재 죄를 짓다

□ **since** [síns]
신스
图 그 후 전 ~이래 접 ~이므로

□ **sincere** [sinsíər]
신시어
图 성실한, 진실한, 거짓 없는

□ **sincerity** [sinsérəti]
시세러티
명 성실, 성의, 정직

□ **sinew** [sínju:]
시뉴우
명 건(腱), 근육, 힘, 원기

□ **sing** [síŋ]
싱
재 타 노래하다, 울다, 지저귀다

□ **single** [síŋgl]
싱글
图 단일의 명 한 개 타 선발하다

□ **singular** [síŋgjulər]
싱귤러
图 독자의, 단수의 명 [문법] 단수

□ **sinister** [sínəstər]
시너스터
图 불길한, 재난의, 부정직한

□ **sink** [síŋk]
싱크
재 타 가라앉다 명 (부엌의) 수채

□ **sip** [síp]
십
명 한모금 타 재 홀짝홀짝 마시다

□ **sir** [sə́:r]
서어
명 님, 선생님, 나리, 각위, 귀중

□ **sire** [sáiər]
사이어
명 종마, (시)아버지, 조상

□ **siren** [sáiərən]
사이어런
명 사이렌

□ **syrup** [sírəp]
시럽
명 시럽, 당밀

□ **sister** [sístər]
시스터
명 자매, 언니, 누이, 누이동생

□ **sit** [sít]
시트
자 타 앉아 있다, 착석시키다, 앉다

□ **site** [sáit]
사이트
명 위치, 장소, 무지

□ **sittingroom** [sítiŋrú:m]
시팅루움
명 거실, 객실, 사랑방

□ **situated** [sítʃuèitid]
시츄에이티드
형 ~에 있는, 위치한

□ **situation** [sìtʃuéiʃən]
시츄에이션
명 위치, 장소, 처지, 소재, 환경

□ **six** [síks]
식스
명 6, 여섯 형 여섯의, 6의

□ **sixpence** [síkspəns]
식스펀스
명 6펜스(은화)

□ **sixteen** [sìkstí:n]
식스티인
명 16, 열여섯 형 16의

□ **sixth** [síksθ]
식스쓰
명 여섯째, 제6 형 여섯째의

□ **sixtieth** [síkstiiθ]
식스티이쓰
명 제60 형 제60의

□ **sixty** [síksti]
식스티
명 60 형 600의

□ **size** [sáiz]
사이즈
명 크기 타 ~의 크기를 재다

□ **skate** [skéit]
스케이트
명 스케이트 자 스케이트를 지치다

□ **skeleton** [skélətn]
스켈러튼
명 해골, 골격, 골자 형 해골의

476

□ **skeptic** [sképtik]
스켑틱
　　명 회의가, 회의론자

□ **sketch** [skétʃ]
스케취
　　명 스케치, 밑그림 타 자 사생하다

□ **ski** [skíː]
스키이
　　명 스키이 자 스키이를 타다

□ **skill** [skíl]
스킬
　　명 숙련, 교묘, 솜씨, 노련

□ **skim** [skím]
스킴
　　타 (찌꺼기 따위를) 걷어내다

□ **skin** [skín]
스킨
　　명 가죽, 피혁, 피부
　　타 가죽을 벗기다

□ **skip** [skip]
스킵
　　자 타 뛰다, 줄넘기하다 명 도약

□ **skirmish** [skə́ːrmiʃ]
스커어미쉬
　　명 전초전 자 작은 충돌을 하다

□ **skirt** [skə́ːrt]
스커어트
　　명 스커트 타 자락을 달다

□ **skull** [skʌ́l]
스컬
　　명 두개골, 머리, 두뇌

□ **sky** [skái]
스카이
　　명 하늘, 천국, 날씨, 기후, 풍토

□ **skyscraper** [skáiskrèipər]
스카이스크레이퍼
　　명 마천루, 고층 건물

□ **slab** [slǽb]
슬랩
　　명 석판, 평판, 평석

□ **slack** [slǽk]
슬랙
　　형 느슨한 명 느스러짐, 불경기

□ **slam** [slǽm]
슬램
　　명 쾅 하는 소리 타 자 쾅 닫다

□ **slander** [slǽndər]
슬랜더
　　명 중상, 욕설
　　타 ~의 명예를 훼손하다

477

□ **slang** [slǽŋ]
슬랭
    명 속어, 전문어 자 속어를 쓰다

□ **slant** [slǽnt]
슬랜트
    명 경사, 비탈 자 타 경사지다

□ **slap** [slǽp]
슬랩
    명 손바닥으로 침 부 철썩 하고

□ **slash** [slǽʃ]
슬래쉬
    명 벰, 벤 상처 타 깊숙이 베다

□ **slate** [sléit]
슬레이트
    명 슬레이트, 점판암

□ **slaughter** [slɔ́:tər]
슬로오터
    명 도살, 학살 타 학살하다

□ **slave** [sléiv]
슬레이브
    명 노예 자 노예처럼 일하다

□ **slavery** [sléivəri]
슬레이버리
    명 노예의 신분, 노예상태, 고역

□ **slay** [sléi]
슬레이
    타 살해하다, 죽이다, 근절하다

□ **sled** [sléd]
슬레드
    명 썰매 자 타 썰매로 가다

□ **sledge** [slédʒ]
슬레쥐
    명 썰매 자 타 썰매로 타다

□ **sleek** [slí:k]
슬리이크
    형 보드랍고 매끈한, 윤기있는

□ **sleep** [slí:p]
슬리잎
    자 타 자다, 묵다 명 수면, 영면

□ **sleeping** [slí:piŋ]
슬리이핑
    명 잠, 수면 형 자는, 수면용의

□ **sleepy** [slí:pi]
슬리이피
    형 졸린, 졸음이 오는 듯한

□ **sleet** [slí:t]
슬리이트
    형 진눈깨비
    자 타 진눈깨비가 내리다

□ **sleeve** [slíːv]
슬리이브

명 소매 타 소매를 달다

□ **sleigh** [sléi]
슬레이

명 (대형) 썰매 자 타 썰매로 가다

□ **slender** [sléndər]
슬렌더

형 가느다란, 홀쭉한, 가냘픈

□ **slice** [sláis]
슬라이스

명 한 조각, 한 점 타 자 나누다

□ **slide** [sláid]
슬라이드

자 타 미끄러지다 명 활주

□ **slight** [sláit]
슬라이트

형 근소한 명 경멸 자 타 얕보다

□ **slim** [slím]
슬림

형 (체격이) 가냘픈, (가망이) 아주 적은 타 가늘게하다

□ **sling** [slíŋ]
슬링

명 새총, 투석기 타 자 던지다

□ **slip** [slíp]
슬맆

자 미끄러지다 명 미끄러짐

□ **slipper** [slípər]
슬리퍼

명 실내용 신, 슬리퍼, 실내화

□ **slippery** [slípəri]
슬리퍼리

형 미끄러운, 믿을 수 없는

□ **slit** [slít]
슬리트

명 긴 구멍, 틈 타 베어 가르다

□ **slogan** [slóugən]
슬로우건

명 함성, 표어, 슬로우건

□ **slope** [slóup]
슬로웊

명 경사, 비탈 자 타 비탈지다

□ **slow** [slóu]
슬로우

형 더딘 부 느리게
타 자 더디게 하다

□ **slug** [slʌ́g]
슬러그

명 민달팽이 자 게으름 피우다, 꾸물거리다

□ **slumber** [slʌ́mbər]
슬럼버
圐 잠, 선잠
囨 囤 잠자다, 활동을 쉬다

□ **slump** [slʌ́mp]
슬럼프
圐 폭락, 떨어짐 囨 폭락하다

□ **sly** [slái]
슬라이
阄 교활한, 음흉한, 은밀한

□ **smack** [smǽk]
스맥
圐 맛, 풍미 囤 囨 맛이 있다

□ **small** [smɔ́ːl]
스모올
阄 작은 囲 작게, 잘게 圐 소량

□ **smart** [smáːrt]
스마아트
阄 날렵한, 똑똑한 圐 격통

□ **smash** [smǽʃ]
스매쉬
圐 분쇄, 파탄 囤 囨 박살내다

□ **smear** [smíər]
스미어
囤 囨 바르다, 더럽히다 圐 얼룩

□ **smell** [smél]
스멜
囤 囨 냄새맡다 圐 후각, 냄새

□ **smile** [smáil]
스마일
圐 미소, 방긋거림 囨 미소하다

□ **smite** [smáit]
스마이트
囤 囨 죽이다, 부딪치다, 강타하다

□ **smith** [smíθ]
스미쓰
圐 대장장이, 금속 세공장

□ **smog** [smɔ́ːg]
스모오그
圐 스모그, 연기

□ **smoke** [smóuk]
스모우크
圐 연기, 흡연 囨 囤 담배를 피우다,
연기를 내다

□ **smoking** [smóukiŋ]
스모우킹
圐 흡연, 그을림, 발연

□ **smooth** [smúːð]
스무우드
阄 미끄러운 囤 囨 반반하게 하다,
평탄하게 하다

□ **smoother** [smúːðər]
스무우더
명 부드럽게 하는 사람, 장치

□ **smuggle** [smʌ́gl]
스머글
타 자 밀수[입출]하다, 밀항하다

□ **snail** [snéil]
스네일
명 달팽이, 굼벵이

□ **snake** [snéik]
스네이크
명 뱀, 음흉한 사람, 교활한 사람

□ **snap** [snǽp]
스냅
타 자 덥석 물다 명 덥석 물음

□ **snare** [snέər]
스네어
명 덫, 함정 타 덫에 걸리게 하다

□ **snarl** [snάːrl]
스나알
자 타 으르렁거리다, 고함치다

□ **snatch** [snǽtʃ]
스내취
타 와락 붙잡다 자 잡으려고 하다

□ **sneak** [sníːk]
스니이크
자 몰래 달아나다, 살금살금 들어 오다,나가다 명 몰래함

□ **sneer** [sníər]
스니어
명 비웃음, 조소 자 타 비웃다

□ **sneeze** [sníːz]
스니이즈
명 재채기 자 재채기하다

□ **sniff** [sníf]
스니프
타 자 코로 들이쉬다, 킁킁 냄새 맡다

□ **snore** [snɔ́ːr]
스노오
명 코골기 자 타 코를 골다

□ **snort** [snɔ́ːrt]
스노오트
자 타 (말이) 콧김을 뿜다

□ **snow** [snóu]
스노우
명 눈, 적설 자 타 눈이 내리다

□ **snuff** [snʌ́f]
스너프
타 자 냄새 맡다, 코로 들이쉬다 명 냄새, 낌새

□ **snug** [snʌ́g]
스너그
형 아늑한, 편안한, 아담한

□ **so** [sóu]
소우
부 그렇게, 그대로, 그러하여
감 설마, 그래

□ **soak** [sóuk]
소우크
타 자 담그다, 적시다, 잠기다

□ **soap** [sóup]
소우프
명 비누 타 자 비누를 칠하다

□ **soar** [sɔ́:r]
소오어
자 높이 치솟다, 날아오르다

□ **sob** [sáb]
사브
자 타 흐느끼다, 흐느껴 울다

□ **sober** [sóubər]
소우버
형 취하지 않은
타 자 술이 깨다, 술을 깨게 하다

□ **so-called** [sou-kɔ́:ld]
소우-코오올드
형 이른바, 소위

□ **soccer** [sákər]
사커
명 사커, 축구

□ **social** [sóuʃəl]
소우셜
형 사회의, 사회적인, 친목적인

□ **socialism** [sóuʃəlìzm]
소우셜리즘
명 사회주의, 국가사회주의

□ **society** [səsáiəti]
서사이어티
명 사회, 사교계, 사교, 교제

□ **sock** [sák]
사크
명 짧은 양말, 속스, 치다, 강타

□ **socket** [sákit]
사키트
명 소케트 타 소케트에 끼우다

□ **sod** [sád]
사드
명 잔디, 뗏장 타 잔디로 덮다

□ **soda** [sóudə]
소우더
명 소다, 소다수

□ **sofa** [sóufə]
소우퍼
명 소파, 긴 안락의자

□ **soft** [sɔ́:ft]
소오프트
형 부드러운, 유연한 부 부드럽게

□ **soften** [sɔ́:fən]
소오펀
타 자 부드럽게 하다, 연하게 하다

□ **soil** [sɔ́il]
소일
명 흙, 땅, 토지 타 자 더럽히다

□ **sojourn** [sóudʒəːrn]
소우저언
명 체재, 머무름 자 체류하다

□ **soldier** [sóuldʒər]
소울저
명 군인, 하사관
자 군대에 복무하다

□ **sole** [sóul]
소울
형 유일한, 독점적인, 하나의

□ **solemn** [sáləm]
살럼
형 진지한, 엄숙한, 근엄한

□ **solemnity** [səlémnəti]
설렘너티
명 엄숙, 장엄, 점잔 뺌

□ **solicit** [səlísit]
설리시트
타 자 간청하다, 권유하다

□ **solid** [sálid]
살리드
형 고체의, 단단한, 견고한

□ **solitary** [sálətèri]
살러테리
형 혼자의, 단독의 명 독신자

□ **solitude** [sálətjùːd]
살러튜우드
명 고독, 외로움, 홀로 삶, 장소

□ **solo** [sóulou]
소울로우
명 독주(곡), 독창(곡), 독무대

□ **solution** [səlúːʃən]
설루우션
명 해결, 해명, 용해, 분해

□ **solve** [sálv]
살브
타 해결하다, 설명하다, 풀다

□ **somber** [sámbər]
삼버
형 어둠침침한, 음침한, 우울한

□ **some** [səm]
섬
형 어느, 어떤 대 어떤 사람들

□ **somebody** [sámbàdi]
섬바디
대 어떤 사람 명 누군가

□ **somehow** [sámhàu]
섬하우
부 어떻게든지하여, 어떻든지

□ **someone** [sámwàn]
섬원
대 어떤 사람, 누군가(=somebody)

□ **something** [sámθiŋ]
섬씽
대 무엇인가, 얼마간, 다소
명 무언가

□ **sometime** [sámtàim]
섬타임
부 언젠가, 조만간, 후에

□ **sometimes** [sámtàimz]
섬타임즈
부 때때로, 이따금

□ **somewhat** [sámhwàt]
섬홧
부 얼마간, 다소 명 얼마쯤

□ **somewhere** [sámhwèər]
섬훼어
부 어딘가에, 어디론가, 어느 땐가

□ **son** [sán]
선
명 아들, 자손, 자식

□ **song** [sɔ́:ŋ]
소옹
명 노래, 창가, 작곡, 성악

□ **sonnet** [sɔ́nit]
소니트
명 소네트(14행으로 된 시)

□ **soon** [sú:n]
수운
부 이윽고, 이내, 곧, 빨리

□ **soot** [sút]
수트
명 그을음, 검정
타 그을음투성이로 하다

□ **soothe** [sú:ð]
수우드
타 위로하다, 진정시키다, 달래다

☐ **sordid** [sɔ́ːrdid] 소오디드	혤 더러운, 야비한, 탐욕	
☐ **sore** [sɔ́ːr] 소오	혤 아픈, 슬픈, 쓰라린 몡 상처	
☐ **sorrow** [sɔ́ːrou] 소오로우	몡 슬픔, 비탄, 비애 쟈 슬퍼하다	
☐ **sorry** [sɔ́ːri] 소오리	혤 유감스러운, 미안한, 가엾은	
☐ **sort** [sɔ́ːrt] 소오트	몡 종류, 분류, 성질 타 분류하다	
☐ **soul** [sóul] 소울	몡 영혼, 정신, 혼, 넋, 기백	
☐ **sound** [sáund] 사운드	몡 소리 쟈 타 소리가 나다	
☐ **soup** [súːp] 수우프	몡 수으프, 고깃국	
☐ **sour** [sáuər] 사우어	혤 시큼한 뷔 찌무룩하게 몡 신 것	
☐ **source** [sɔ́ːrs] 소오스	몡 수원, 원천, 원인, 근원	
☐ **south** [sáuθ] 사우쓰	몡 남쪽 혤 남향의 뷔 남으로	
☐ **southeast** [sàuθíːst] 사우씨이스트	몡 남동지방 혤 남동의 뷔 남동에	
☐ **southern** [sʌ́ðərn] 서던	혤 남쪽의, 남쪽에 있는 몡 남향	
☐ **southwest** [sàuθwést] 사우쓰웨스트	몡 남서지방 혤 남서의 뷔 남서로	
☐ **sovereign** [sávərən] 사버런	몡 군주, 원수 혤 주권이 있는	
☐ **Soviet** [sóuvièt] 소우비에트	몡 소련, (소련의) 평의회	

A
B
C
D
E
F
G
H
I
J
K
L
M
N
O
P
Q
R
S
T
U
V
W
X
Y
Z

□ **sow** [sóu]
스우
㉤ ㉾ 씨를 뿌리다
㊊ (다 큰) 암퇘지

□ **space** [spéis]
스레이스
㊊ 공간, 우주 ㉤ ㉾ 간격을 두다

□ **spacious** [spéiʃəs]
스레이셔스
㊀ 넓은, 널찍한, 광활한

□ **spade** [spéid]
스페이드
㊊ 가래, 삽, 끌 ㉤ 가래로 파다

□ **Spain** [spéin]
스페인
㊊ 스페인

□ **span** [spǽn]
스팬
㊊ 한뼘 ㉤ 뼘으로 재다

□ **Spaniard** [spǽnjərd]
스패너드
㊊ 스페인 사람

□ **Spanish** [spǽniʃ]
스패니쉬
㊊ 스페인말 ㊀ 스페인의

□ **spank** [spǽŋk]
스팽크
㊊ 철썩 때림 ㉤ 냅다 갈기다

□ **spare** [spéər]
스페어
㉤ ㉾ 시키지 않다, 용서하다
㊀ 여분의 ㊊ 예비품

□ **spark** [spáːrk]
스파아크
㊊ 불꽃, 불똥 ㉾ ㉤ 불꽃을 튀기다

□ **sparkle** [spáːrkl]
스파아클
㊊ 불티, 섬광 ㉤ ㉾ 번쩍이다

□ **sparrow** [spǽrou]
스패로우
㊊ 참새

□ **speak** [spíːk]
스피이크
㉾ ㉤ 말하다, 지껄이다

□ **spear** [spíər]
스피어
㊊ 창 ㉤ ㉾ 창으로 찌르다

□ **special** [spéʃəl]
스페셜
㊀ 특별한, 특수한 ㊊ 독특한 사람

□ **specialize** [spéʃəlàiz] 스페셜라이즈	囲 쨘 전공하다, 전문으로 다루다	
□ **specially** [spéʃəli] 스페셜리	囲 특히, 임시로	
□ **species** [spíːʃiːz] 스피이쉬이즈	圀 (생물의) 종, 종류	
□ **specific** [spisífik] 스피시픽	혱 특수한, 독특한, 특효가 있는	
□ **specify** [spésəfài] 스페서파이	囲 구체적으로 쓰다, 명세서에 적다	
□ **specimen** [spésəmən] 스페서먼	圀 견본, 표본, 실례	
□ **specious** [spíːʃəs] 스피이셔스	혱 허울(외양) 좋은, 그럴듯한	
□ **speck** [spék] 스펙	圀 (작은) 점, 반점 囲 반점을 붙이다	
□ **speckle** [spékl] 스페클	圀 작은 반점 囲 반점을 붙이다	
□ **spectacle** [spéktəkl] 스펙터클	圀 미관, 장관, 구경거리	
□ **spectacular** [spektǽkjulər] 스펙태큘러	혱 구경거리의, 눈부신, 장관인	
□ **spectator** [spékteitər] 스펙테이터	圀 구경꾼, 목격자, 방관자	
□ **specter** [spéktər] 스펙터	圀 유령, 환영	
□ **spectrum** [spéktrəm] 스펙트럼	圀 스펙트럼, 분광, 범위	
□ **speculate** [spékjulèit] 스페큘레이트	쨘 사색하다 囲 ~의 투기를 하다	
□ **speculative** [spékjulèitiv] 스페큘레이티브	혱 사색적인, 명상적인, 투기적인	

487

□ **speech** [spíːtʃ]
스피이취

뗑 말, 언어, 표현력

□ **speed** [spíːd]
스피이드

뗑 속도, 속력 瓃 타 급히 가다

□ **speedy** [spíːdi]
스피이디

톙 민속한, 재빠른, 급속한

□ **spell** [spél]
스펠

타 瓃 철자하다 뗑 주문, 마력

□ **spelling** [spéliŋ]
스펠링

뗑 철자(법)

□ **spend** [spénd]
스펜드

타 瓃 소비하다, 낭비하다, 쓰다

□ **sphere** [sfíər]
스피어

뗑 구, 구체, 구면, 구형

□ **sphinx** [sfíŋks]
스핑크스

뗑 스핑크스

□ **spice** [spáis]
스파이스

뗑 조미료, 양념 타 양념을 치다

□ **spider** [spáidər]
스파이더

뗑 거미, 삼발이

□ **spike** [spáik]
스파이크

뗑 큰 못, 스파이크, 이삭

□ **spill** [spíl]
스필

타 瓃 엎지르다, 흘리다, 뿌리다

□ **spile** [spáil]
스파일

뗑 나무마개, 꼭지, 주둥이

□ **spin** [spín]
스핀

타 瓃 (실을) 잣다, 방적하다

□ **spinach** [spínitʃ]
스피니취

뗑 시금치, 군더더기

□ **spindle** [spíndl]
스핀들

뗑 방추, 가락, 굴대

488

□ **spine** [spáin]
스파인
⟨명⟩ 등뼈, 척추, 가시

□ **spinning** [spíniŋ]
스피닝
⟨명⟩ 방적 ⟨형⟩ 방적의

□ **spiral** [spáiərəl]
스파이어럴
⟨형⟩ 나선형의 ⟨명⟩ 나선, 소용돌이

□ **spire** [spáiər]
스파이어
⟨명⟩ 뾰족탑, 원추형 ⟨자⟩ ⟨타⟩ 쑥 내밀다

□ **spirit** [spírit]
스피리트
⟨명⟩ 정신, 영혼, 마음 ⟨타⟩ 북돋다

□ **spiritual** [spíritʃuəl]
스피리츄얼
⟨형⟩ 정신적인, 영적인, 고상한

□ **spit** [spít]
스피트
⟨타⟩ ⟨자⟩ 침을 뱉다, 발화시키다
⟨명⟩ 침

□ **spite** [spáit]
스파이트
⟨명⟩ 악의, 심술 ⟨타⟩ 괴롭히다

□ **splash** [splǽʃ]
스플래쉬
⟨타⟩ ⟨자⟩ (흙탕물을) 튀기다
⟨명⟩ 튀김, 첨벙

□ **splendid** [spléndid]
스플렌디드
⟨형⟩ 장한, 빛나는, 훌륭한

□ **splendor** [spléndər]
스플렌더
⟨명⟩ 광휘, 광채, 화려, 빛남

□ **splinter** [splíntər]
스플린터
⟨명⟩ 가시, 파편 ⟨타⟩ ⟨자⟩ 쪼개다

□ **split** [splít]
스플리트
⟨타⟩ ⟨자⟩ 분열시키다, 쪼개다
⟨형⟩ 쪼개진

□ **spoil** [spɔ́il]
스포일
⟨타⟩ ⟨자⟩ 망쳐놓다 ⟨명⟩ 약탈, 노획품

□ **spokesman** [spóuksmən]
스포우크먼
⟨명⟩ 대변인, 스포우크스맨, 대표자

□ **sponge** [spʌ́ndʒ]
스펀쥐
⟨명⟩ 해면, 스폰지
⟨타⟩ ⟨자⟩ 해면으로 닦다

A
B
C
D
E
F
G
H
I
J
K
L
M
N
O
P
Q
R
S
T
U
V
W
X
Y
Z

□ **sponsor** [spánsər] 　명 보증인, 광고주, 후원자
　스판서 　타 후원하다

□ **spontaneous** [spɑntéiniəs] 　형 자발적인, 자생하는, 임의의
　스판테이니어스

□ **spool** [spú:l] 　명 실패 타 실패에 감다
　스푸울

□ **spoon** [spú:n] 　명 숟가락 타 자 숟가락으로 뜨다
　스푸운

□ **spoon** [spɔ́:rt] 　명 오락, 스포츠, 운동경기
　스포오트

□ **sportsman** [spɔ́:rtsmən] 　명 운동가, 스포츠맨
　스포오츠먼

□ **spot** [spát] 　명 점, 반점, 오점 타 오점을 찍다
　스파트

□ **spouse** [spáuz] 　명 배우자, 부부
　스파우즈

□ **spout** [spáut] 　타 자 내뿜다 명 (주전자의) 주둥이
　스파우트

□ **sprawl** [sprɔ́:l] 　자 타 손발을 쭉 뻗다
　스프로올

□ **spray** [spréi] 　명 물보라 타 물보라를 일으키다
　스프레이

□ **spread** [spréd] 　타 자 펴다, 늘이다 명 퍼짐, 폭
　스프레드

□ **sprig** [spríg] 　명 어린 가지, 잔가지
　스프리그

□ **spring** [spríŋ] 　명 봄, 원천, 도약 자 타 싹트다
　스프링

□ **springtime** [spríŋtàim] 　명 봄, 춘계
　스프링타임

□ **sprinkle** [spríŋkl] 　타 자 (물, 재 따위를) 끼얹다, 흩다
　스프링클

□ **sprout** [spráut]
스프라우트
閔 새싹, 발육 迴 晅 싹이 트다

□ **spruce** [sprúːs]
스프루우스
閔 전나무, 가문비 나무

□ **spur** [spə́ːr]
스퍼어
閔 박차, 격려 晅 迴 격려하다

□ **spurn** [spə́ːrn]
스퍼언
晅 迴 내쫓다 閔 거절, 일축

□ **spy** [spái]
스파이
閔 스파이, 간첩 晅 迴 탐정하다

□ **squad** [skwád]
스콰드
閔 (군의) 반, 분대

□ **squadron** [skwádrən]
스콰드런
閔 비행대(중)대, 소함대

□ **square** [skwéər]
스퀘어
閔 정사각형 閔 네모의, 사각의

□ **squash** [skwáʃ]
스콰쉬
晅 迴 으깨다, 이끄러지다

□ **squat** [skwát]
스콰트
迴 웅크리다, 쭈그리다

□ **squeak** [skwíːk]
스퀴이크
迴 晅 (쥐 따위가) 찍찍 울다

□ **squeal** [skwíːl]
스퀴일
迴 晅 비명을 지르다 閔 비명, 울다

□ **squeeze** [skwíːz]
스퀴이즈
晅 迴 굳게 쥐다, 압착되다
閔 꼭 집

□ **squire** [skwáiər]
스콰이어
閔 대지주, 시골 유지

□ **squirrel** [skwə́ːrəl]
스퀴어럴
閔 다람쥐, 다람쥐 가죽

□ **stab** [stǽb]
스탭
晅 迴 찌르다, 해치다 閔 찌름

491

□ **stability** [stəbíləti]
스터빌러티
명 안정, 영구불변, 착실

□ **stable** [stéibl]
스테이블
명 가축우리 타 자 마굿간에 넣다
형 안정된

□ **stack** [stǽk]
스택
명 (건초, 밀집 따위의) 더미, 퇴적

□ **stadium** [stéidiəm]
스테이디엄
명 경기장, 경주장

□ **staff** [stǽf]
스태프
명 직원, 참모

□ **stag** [stǽg]
스태그
명 숫사슴 형 남자만의, 여성을 뺀

□ **stage** [stéidʒ]
스테이쥐
명 무대, 극장 타 자 상영하다

□ **stagger** [stǽgər]
스태거
자 타 비틀거리다 명 망설임

□ **stain** [stéin]
스테인
자 타 더러워지다 명 얼룩, 흠

□ **stair** [stέər]
스테어
명 계단, 사다리의 한 단

□ **staircase** [stέərkèis]
스테어케이스
명 계단, 층계

□ **stairway** [stέərwèi]
스테어웨이
명 계단

□ **stake** [stéik]
스테이크
명 말뚝, 화형주 타 말뚝에 매다

□ **stale** [stéil]
스테일
형 신선하지 않은, 김빠진, 상한

□ **stalk** [stɔ́:k]
스토오크
명 줄기, 대, 활보 타 활보하다

□ **stall** [stɔ́:l]
스토올
명 축사, 마굿간
타 자 마굿간에 넣다

492

□ **stammer** [stǽmər]
스탬머
자 타 말을 더듬다, 더듬거리다

□ **stamp** [stǽmp]
스탬프
명 도장, 타인기, 소인, 스탬프

□ **stampede** [stæmpíːd]
스탬피이드
명 놀라서 우루루 도망침, 대패주

□ **stanch** [stǽntʃ]
스탠취
타 (상처를) 지혈하다 형 견고한

□ **stand** [stǽnd]
스탠드
자 타 서다, 세우다, 참다, 견디다

□ **startle** [stáːrtl]
스타아틀
타 자 깜짝 놀라게 하다, 깜짝 놀라다

□ **starvation** [stɑːrvéiʃən]
스타아베이션
명 굶주림, 아사

□ **starve** [stáːrv]
스타아브
자 타 굶주리다, 굶겨 죽이다

□ **standard** [stǽndərd]
스탠더드
명 표준, 규격, 규범 형 표준의

□ **standing** [stǽndiŋ]
스탠딩
형 서있는, 선채로의, 입목의

□ **standpoint** [stǽndpɔ́int]
스탠드포인트
명 입장, 견지, 관점

□ **stanza** [stǽnzə]
스탠저
명 (시의) 절, 연

□ **staple** [stéipl]
스테이플
명 주요식품, 주성분 형 주요한

□ **star** [stáːr]
스타아
명 별, 항성, 유성, 훈장

□ **starch** [stáːrtʃ]
스타아취
명 전분, 녹말, 풀

□ **stare** [stéər]
스테어
자 타 응시하다 명 응시

□ **stark** [stáːrk]
스타아크
형 황량한, 적나라한, 순전한
부 순전히

□ **starry** [stáːri]
스타아리
형 별의, 별빛의, 별이 많은

□ **start** [stáːrt]
스타아트
자 타 시작하다 명 출발, 개시

□ **state** [stéit]
스테이트
명 상태, 신분, 사정, 형편, 주

□ **stately** [stéitli]
스테이틀리
형 위엄있는, 장엄한

□ **statement** [stéitmənt]
스테이트먼트
명 진술, 성명(서), 공술

□ **statesman** [stéitsmən]
스테이츠먼
명 정치가, 경세가

□ **station** [stéiʃən]
스테이션
명 위치, 장소, 정거장, 역

□ **stationary** [stéiʃənèri]
스테이셔네리
형 정지한, 고정된, 변하지 않는

□ **stationer** [stéiʃənər]
스테이셔너
명 문방구상

□ **stationery** [stéiʃənèri]
스테이셔네리
명 문방구, 문구, 편지지

□ **statistics** [stətístiks]
스터티스틱스
명 통계학, 통계(표)

□ **statue** [stǽtʃuː]
스태츄우
명 상, 조상, 입상

□ **stature** [stǽtʃər]
스태쳐
명 신장, 성장, 키

□ **status** [stéitəs]
스테이터스
명 상태, 지위, 신분

□ **statute** [stǽtʃuːt]
스태츄우트
명 법령, 규칙, 법규, 성문법

494

□ **stay** [stéi]
스테이

자 타 머무르다, 버티다 명 체류

□ **stead** [stéd]
스테드

명 대신, 장소, 이익, 도움

□ **steadfast** [stédfæst]
스테드패스트

형 고정된, 불변의, 확고한

□ **steady** [stédi]
스테디

형 고정된 타 자 확고하게 하다

□ **steak** [stéik]
스테이크

명 불고기

□ **steal** [stíːl]
스티일

타 자 훔치다, 절취하다

□ **steam** [stíːm]
스티임

명 증기, 스팀 타 자 김을 올리다

□ **steamboat** [stíːmbòut]
스티임보우트

명 기선

□ **steamengine**
[stíːméndʒin] 스티임엔쥔

명 증기기관(차)

□ **steamer** [stíːmər]
스티이머

명 기선, 증기기관, 찜통, 시루

□ **steed** [stíːd]
스티이드

명 (승용)말

□ **steel** [stíːl]
스티일

명 강철, 부시 형 강철로 만든

□ **steep** [stíːp]
스티이프

형 가파른 타 담그다 명 담금

□ **steeple** [stíːpl]
스티이플

명 (교회의) 뾰족탑

□ **steer** [stíər]
스티어

타 자 키를 잡다, 조종하다, 향하다

□ **stem** [stém]
스템

명 줄기 타 자 줄기를 떼다, 막다

495

□ **stenographer** [stənágrəfər] 몡 속기사
스터나그러퍼

□ **step** [stép] 몡 걸음, 일보 타 자 걷다, 나아가다
스텝

□ **sterling** [stə́ːrliŋ] 몡 영국화폐(파운드) 혱 파운드의
스터얼링

□ **stern** [stə́ːrn] 혱 엄격한, 준엄한 몡 고물
스터언

□ **stew** [stjúː] 타 자 약한 불로 끓이다 몡 스튜우
스튜우

□ **steward** [stjúːərd] 몡 집사, 청지기, 급사
스튜우어드

□ **stewardess** [stjúːərdis] 몡 여승무원, 스튜어디스
스튜우어디스

□ **stick** [stík] 몡 막대기 타 자 찌르다, 매질하다
스틱

□ **sticky** [stíki] 혱 끈적끈적하는, 점착성의
스티키

□ **stiff** [stíf] 혱 뻣뻣한, 굳은, 경직한
스티프

□ **stiffen** [stífən] 타 자 뻣뻣하게 하다, 강화하다
스티펀

□ **stifle** [stáifl] 타 자 질식시키다, 억누르다
스타이플

□ **stigma** [stígmə] 몡 오명, 낙인, 치욕
스티그머

□ **still** [stíl] 혱 정지한 타 자 조용하게 하다
스틸 튀 아직

□ **stimulate** [stímjulèit] 타 자 자극이 되다, 자극하다
스티뮬레이트

□ **stimulus** [stímjuləs] 몡 흥분제, 자극(물)
스티뮬러스

□ **sting** [stíŋ]
스팅
타 자 쏘다, 찌르다 명 쏨, 찌름

□ **stir** [stɔ́:r]
스터어
타 자 움직이다, 휘젓다 명 활동

□ **stitch** [stítʃ]
스티취
명 한코, 한 바늘 타 자 꿰매다

□ **stock** [sták]
스탁
명 줄기, 나무밑둥, 그르터기

□ **stocking** [stákiŋ]
스타킹
명 스타킹, 긴 양말

□ **stomach** [stʌ́mək]
스터먹
명 위, 복부, 식욕 타 먹다, 참다

□ **stone** [stóun]
스토운
명 돌맹이 형 돌의
타 돌을 던지다, 쌓다

□ **stony** [stóuni]
스토우니
형 돌 같은, 돌이 많은, 무정한

□ **stool** [stú:l]
스투울
명 (등이 없는) 걸상, 발판, 원등걸

□ **stoop** [stú:p]
스투웁
자 타 몸을 굽히다 명 구부림

□ **stop** [stáp]
스탑
타 자 멈추다, 세우다 명 멈춤

□ **storage** [stɔ́:ridʒ]
스토오리쥐
명 보관, 저장, 창고

□ **store** [stɔ́:r]
스토오
명 저축, 저장 타 저축하다

□ **storehouse** [stɔ́:rhàus]
스토오하우스
명 창고

□ **stork** [stɔ́:rk]
스토오크
명 황새

□ **storm** [stɔ́:rm]
스토옴
명 폭풍우 자 타 모진 바람이 불다

□ **stormy** [stɔ́ːrmi]
스토오미
혱 폭풍우의, 날씨가 험악한

□ **story** [stɔ́ːri]
스토오리
몡 설화, 이야기, 전설, 동화

□ **stout** [stáut]
스타우트
혱 살찐, 튼튼한 몡 뚱뚱함

□ **stove** [stóuv]
스토우브
몡 난로, 풍로

□ **strafe** [stréif]
스트레이프
탄 맹포(폭)격하다

□ **straight** [stréit]
스트레이트
혱 똑바른 뷔 똑바로 몡 일직선

□ **straighten** [stréitn]
스트레이튼
쟈 탄 정리하다, 정돈하다

□ **straightway** [stréitwèi]
스트레이트웨이
뷔 곧, 즉시

□ **strain** [stréin]
스트레인
탄 쟈 팽팽하게 하다 몡 긴장, 꽉 죔

□ **strait** [stréit]
스트레이트
혱 좁은, 엄중한 몡 해협, 궁핍

□ **strand** [strǽnd]
스트랜드
몡 (시어)물가 탄 쟈 좌초시키다

□ **strange** [stréindʒ]
스트레인쥐
혱 묘한, 이상한 뷔 묘하게

□ **stranger** [stréindʒər]
스트레인저
몡 낯선 사람, 외국인, 타인

□ **strap** [strǽp]
스트랩
몡 가죽끈 탄 가죽끈으로 매다

□ **stratagem** [strǽtədʒəm]
스트래터점
몡 전략, 계략

□ **straw** [strɔ́ː]
스트로오
몡 짚, 밀짚, 밀짚모자

□ **stray** [stréi]
스트레이
자 방황하다, 길을 잃다 형 길 잃은

□ **streak** [strí:k]
스트리이크
명 줄무늬, 줄, 선 타 자 줄을 긋다

□ **stream** [strí:m]
스트리임
명 개울, 시내 자 타 흐르다

□ **street** [strí:t]
스트리이트
명 거리, 차도, ~가(街), ~로(路)

□ **strength** [stréŋkθ]
스트렝크쓰
명 힘, 세기, 체력, 정신력

□ **strengthen** [stréŋkθən]
스트렝크썬
타 자 강하게 하다, 강해지다

□ **strenuous** [strénjuəs]
스트레뉴어스
형 분투적인, 열렬한

□ **stress** [strés]
스트레스
명 모진 시련, 압박, 강제
타 강조하다

□ **stretch** [strétʃ]
스트레취
타 자 뻗치다, 펴다, 늘이다

□ **strew** [strú:]
스트루우
타 흩뿌리다, 흩뿌려 뒤덮다

□ **strict** [stríkt]
스트릭트
형 엄격한, 정확한, 절대적인

□ **stride** [stráid]
스트라이드
자 타 큰 걸음으로 걷다 명 활보

□ **strife** [stráif]
스트라이프
명 다툼, 싸움, 투쟁

□ **strike** [stráik]
스트라이크
타 자 두드리다, 때리다
명 타격, 파업

□ **string** [stríŋ]
스트링
명 실, 끈, 줄 타 자 실에 꿰다

□ **strip** [stríp]
스트립
타 자 벗기다 명 작은 조각

□ **stripe** [stráip]
스트라이프
> 몡 줄무늬 탄 줄무늬로 꾸미다

□ **strive** [stráiv]
스트라이브
> 재 애쓰다, 노력하다, 겨루다

□ **stroke** [stróuk]
스트로우크
> 몡 침, 타격, 일격 탄 쓰다듬다

□ **stroll** [stróul]
스트로울
> 재 탄 산책하다, 방랑하다

□ **strong** [strɔ́:ŋ]
스트로옹
> 혱 강대한, 튼튼한, 강한, 견고한

□ **stronghold** [strɔ́:ŋhòuld]
스트로옹호울드
> 몡 요새, 본거지

□ **structure** [strʌ́ktʃər]
스트럭쳐
> 몡 구조, 조직, 조립, 구성

□ **struggle** [strʌ́gl]
스트러글
> 재 버둥거리다 몡 노력, 고투

□ **strut** [strʌ́t]
스트러트
> 재 점잔빼며 걷다, 버팀목을 대다

□ **stub** [stʌ́b]
스터브
> 몡 그루터기, 토막 탄 뽑다, 파내다

□ **stubborn** [stʌ́bərn]
스터번
> 혱 완고한, 말 안 듣는, 완강한

□ **student** [stjú:dnt]
스튜우든트
> 몡 학생, 연구가, 대학생

□ **studied** [stʌ́did]
스터디드
> 혱 연구결과의, 일부러 꾸민

□ **studio** [stjú:diòu]
스튜우디오우
> 몡 (화가, 사진사의) 일터, 스튜디오

□ **study** [stʌ́di]
스터디
> 몡 공부, 학문 탄 재 연구하다

□ **stuff** [stʌ́f]
스터프
> 몡 원료, 물자 탄 재 채워 넣다

500

□ **stumble** [stʌ́mbl]
스텀블
자 타 비틀거리다, 넘어지다

□ **stump** [stʌ́mp]
스텀프
명 그루터기, (부러진 이의) 뿌리

□ **stun** [stʌ́n]
스턴
타 (때려서) 기절시키다

□ **stunt** [stʌ́nt]
스턴트
타 발육을 방해하다 명 저해

□ **stutter** [stʌ́tər]
스터터
자 말을 더듬다, 떠듬거리다

□ **stupendous** [stʲuːpéndəs]
스튜우펜더스
형 엄청난, 거대한, 굉장한

□ **stupid** [stʲúːpid]
스튜우피드
형 어리석은, 우둔한, 바보같은

□ **sturdy** [stə́ːrdi]
스터어디
형 억센, 건전한, 굳센

□ **style** [stáil]
스타일
명 형, 문체, 모양, 필체

□ **subdue** [səbdʲúː]
섭듀우
타 정복하다, 복종하다, 억제하다

□ **subject** [sʌ́bdʒikt]
서브쥑트
형 지배를 받는 부 ~을 조건으로

□ **subjunctive** [səbdʒʌ́ŋktiv]
서브정크티브
형 가정법의

□ **sublime** [səbláim]
서블라임
형 고상한 타 자 고상하게 하다

□ **submarine** [sʌ̀bməríːn]
서브머리인
명 잠수함 형 해저의

□ **submerge** [səbmə́ːrdʒ]
서브머어쥐
자 타 물속에 가라앉히다, 잠수하다

□ **submission** [səbmíʃən]
서브미션
명 복종, 순종, 겸손, 유순

501

□ **submit** [səbmít] 　　　　　타 자 복종시키다, 제출하다
서브미트

□ **subordinate** [səbɔ́ːrdənət] 　형 하위의, 종족의 명 부하
서보오더너트

□ **subscribe** [səbskráib] 　　　타 자 기부하다, 승낙하다
서브스크라이브

□ **subscription** [səbskrípʃən] 　명 기부(금), 출자(금), 서명
서브스크립션

□ **subsequent** [sʌ́bsikwənt] 　　형 뒤의, 다음의, 후의
서브시쿼트

□ **subside** [səbsáid] 　　　　　자 가라앉다, 침전하다
서브사이드

□ **subsist** [səbsíst] 　　　　　자 타 생존하다, 부양하다,
서브시스트 　　　　　　　　　　존속하다

□ **substance** [sʌ́bstəns] 　　　명 물질, 물체, 본질, 요지
서브스턴스

□ **substantial** [səbstǽnʃəl] 　형 실재의, 참다운, 상당한
서브스탠셜

□ **substitute** [sʌ́bstətʃùːt] 　명 대리인, 대용품 타 자 대용하다
섭스터튜우트

□ **subtle** [sʌ́tl] 　　　　　　　형 포착하기 어려운, 미묘한
서틀

□ **subtract** [səbtrǽkt] 　　　　타 빼다, 감하다, 공제하다
서브트랙트

□ **suburb** [sʌ́bəːrb] 　　　　　명 교외, 변두리
서버어브

□ **subway** [sʌ́bwèi] 　　　　　명 지하도, 지하철도
서브웨이

□ **succeed** [səksíːd] 　　　　　타 자 성공하다, 출세하다
석시이드

□ **success** [səksés] 　　　　　명 성공, 행운, 결과, 성취, 히트
석세스

□ **successful** [səksésfəl]
석세스펄
형 성공한, 행운의, 성대한

□ **succession** [səkséʃən]
석세션
명 연속, 계승, 상속, 계열

□ **successive** [səksésiv]
석세시브
형 연속적인, 잇따른, 연면한

□ **such** [sətʃ]
서취
형 이러한, 그러한 대 이와 같은

□ **suck** [sʌk]
석
타 자 빨다, 흡수하다, 빨아먹다

□ **sudden** [sʌdn]
서든
형 갑작스러운, 별안간의 명 돌연

□ **suddenly** [sʌdnli]
서든리
부 갑자기, 별안간, 불시에

□ **sue** [súː]
수우
타 자 고소하다, 소송을 제기하다

□ **suffer** [sʌfər]
서퍼
타 자 입다, 경험하다, 당하다

□ **sufferer** [sʌfərər]
서퍼러
명 수난자, 피해자, 이재민

□ **suffering** [sʌfəriŋ]
서퍼링
명 고통, 재해, 수난, 괴로움

□ **suffice** [səfáis]
서파이스
자 타 충분하다, 만족시키다

□ **sufficient** [səfíʃənt]
서피션트
형 충분한, 넉넉한, 족한

□ **suffix** [sʌfiks]
서픽스
명 추가물, [문법] 접미사
타 첨부하다

□ **suffocate** [sʌfəkèit]
서퍼케이트
타 자 숨을 막다, 질식하다

□ **suffrage** [sʌfridʒ]
서프리쥐
명 투표, 선거권, 투표권

□ **sugar** [ʃúgər]
슈거
명 설탕 타 자 설탕으로 달게 하다

□ **suggest** [sədʒést]
서제스트
타 암시하다, 제안하다, 비추다

□ **suggestion** [sədʒéstʃən]
서줴스쳔
명 암시, 연상, 제안, 유발

□ **suicide** [súːəsàid]
슈우어사이드
명 자살, 자멸, 자살자

□ **suit** [súːt]
슈우트
명 소송, 고소
타 자 ~에 알맞다, 적응시키다

□ **suitable** [súːtəbl]
슈우터블
형 적당한, 어울리는, 상냥한

□ **suitcase** [súːtkèis]
슈우트케이스
명 소형 여행가방, 슈우트케이스

□ **suite** [swíːt]
스위이트
명 수행원, 일행, 한 벌 갖춤

□ **sulfur** [sʌ́lfər]
설퍼
명 유황 형 유황색의

□ **sulfuric** [sʌlfjúərik]
설퓨어릭
형 황의, 황을 함유하는

□ **sullen** [sʌ́lən]
설런
형 음침한, 부르퉁한, 무뚝뚝한

□ **sultan** [sʌ́ltən]
설턴
명 회교국 군주, 터어키 황제

□ **sultry** [sʌ́ltri]
설트리
형 무더운, 정열적인, 찌는 듯한

□ **sum** [sʌ́m]
썸
명 합계 타 자 합계하다, 요약하다

□ **summary** [sʌ́məri]
서머리
형 개략의, 간결한 명 적요, 요약

□ **summer** [sʌ́mər]
서머
명 여름 형 여름의 타 피서하다

□ **summit** [sʌ́mit]
서미트
명 정상, 절정, 꼭대기, 극점

□ **summon** [sʌ́mən]
서먼
타 호출하다, 소환하다, 요구하다

□ **sumptuous** [sʌ́mptʃuəs]
섬프츄어스
형 값진, 사치스런

□ **sun** [sʌ́n]
선
명 태양, 햇빛 타 자 햇볕에 쬐다

□ **sunbeam** [sʌ́nbìːm]
선비임
명 햇빛, 광선, 일광

□ **Sunday** [sʌ́ndei]
선데이
명 일요일, 안식일(약어 Sun)

□ **sundown** [sʌ́ndàun]
선다운
명 일몰

□ **sundry** [sʌ́ndri]
선드리
형 잡다한, 갖가지의

□ **sunlight** [sʌ́nlàit]
선라이트
명 일광, 햇빛

□ **sunny** [sʌ́ni]
서니
형 볕 잘 드는, 양지바른, 명랑한

□ **sunrise** [sʌ́nràiz]
선라이즈
명 해돋이, 해뜰녘, 초기, 초년

□ **sunset** [sʌ́nsèt]
선셑
명 해거름, 일몰, 저녁놀

□ **sunshine** [sʌ́nʃàin]
선샤인
명 햇볕, 양지, 일광

□ **superb** [suːpə́ːrb]
슈우퍼어브
형 장렬한, 화려한, 멋진, 뛰어난

□ **superficial** [sùːpərfíʃəl]
슈우퍼피셜
형 표면의, 피상적인, 외면의

□ **superfluous** [suːpə́ːrfluəs]
슈우퍼어플루어스
형 여분의, 불필요한, 남는

□ **superior** [səpíəriər]
서피어리어
형 우수한, 뛰어난, 우량한, 양질의

□ **superlative** [səpə́:rlətiv]
서퍼어러티브
형 최고의, 최상의 명 최상급

□ **superstition** [sù:pərstíʃən]
슈우퍼스티션
명 미신, 사교, 미신적 관습

□ **supervise** [sú:pərvàiz]
슈우퍼바이즈
타 감독하다, 관리하다 명 감독

□ **supper** [sʌ́pər]
서퍼
명 저녁식사, 만찬

□ **supplant** [səplǽnt]
서플랜트
타 (부정수단 따위로) 대신 들어앉다

□ **supplement** [sʌ́pləmənt]
서플러먼트
명 보충, 추가 타 부족을 달다

□ **supply** [səplái]
서플라이
타 공급하다, 지급하다 명 공급

□ **support** [səpɔ́:rt]
서포오트
명 지탱하다, 버티다 명 지주

□ **suppose** [səpóuz]
서포우즈
타 상상하다, 가정하다, 추측하다

□ **suppress** [səprés]
서프레스
타 억누르다, 참다, 진압하다

□ **supremacy** [səpréməsi]
서프레머시
명 최상, 주권, 대권

□ **supreme** [səprí:m]
서프리임
형 최고의, 가장 중요한, 최후의

□ **sure** [ʃúər]
슈어
형 확실한, 자신있는, 틀림없는

□ **surface** [sə́:rfis]
서어피스
명 외부, 표면, 외관 형 표면의

□ **surge** [sə́:rdʒ]
서어쥐
자 파도치다, 물결치다 명 큰 파도

506

□ **surgeon** [sə́ːrdʒən] 　　 몡 외과의사, 군의관, 선의
서어전

□ **surgery** [sə́ːrdʒəri] 　　 몡 외과(의술), 수술실, 외과 의원
서어저리

□ **surmise** [sərmáiz] 　　 몡 추측, 추량 타 재 짐작하다
서마이즈

□ **surmount** [sərmáunt] 　　 타 오르다, 극복하다, 타고 넘다
서마운트

□ **surname** [sə́ːrnèim] 　　 몡 성(姓), 별명 타 성을 달다
서어네임

□ **surpass** [sərpǽs] 　　 타 ~을 능가하다, 보다 뛰어나다
서패스

□ **surplus** [sə́ːrplʌs] 　　 몡 여분, 과잉, 초과액 톙 여분의
서어플러스

□ **surprise** [sərpráiz] 　　 몡 놀람 타 놀라게 하다 톙 놀라운
서프라이즈

□ **surrender** [səréndər] 　　 타 재 넘겨주다, 항복하다 몡 항복
서렌더

□ **surround** [səráund] 　　 타 둘러싸다, 에워싸다
서라운드

□ **survey** [sərvéi] 　　 타 재 바라다보다, 측량하다
서베이

□ **survive** [sərváiv] 　　 타 재 ~의 후까지 살다, 오래 살다
서바이브

□ **susceptible** [səséptəbl] 　　 톙 민감한, 예민하게 느끼는
서셉터블

□ **suspect** [səspékt] 　　 타 알아채다, 수상히 여기다
서스펙트

□ **suspend** [səspénd] 　　 타 재 공중에 매달다, 정지하다
서스펜드

□ **suspense** [səspéns] 　　 몡 걱정, 불안, 미결
서스펜스

□ **suspension** [səspénʃən]
서스펜션
명 걸침, 매달림, 매다는 지주, 정지

□ **suspicion** [səspíʃən]
서스피션
명 느낌, 의심, 혐의, 기미

□ **suspicious** [səspíʃəs]
서스피셔스
형 의심스러운, 의심하는

□ **sustain** [səstéin]
서스테인
타 버티다, 유지하다, 떠받치다

□ **swallow** [swálou]
스왈로우
타 자 삼키다, 참다 명 제비

□ **swamp** [swámp]
스왐프
명 늪, 습지 타 물에 잠기게 하다

□ **swan** [swán]
스완
명 백조, 시인, 가수

□ **swarm** [swɔ́ːrm]
스워엄
명 (곤충의) 큰 떼, 무리, 군중

□ **sway** [swéi]
스웨이
타 자 흔들리다, 동요하다
명 흔들림

□ **swear** [swéər]
스웨어
자 타 맹세하다, 선서하다

□ **sweat** [swét]
스웨트
명 땀 자 타 땀을 흘리다

□ **Swede** [swíːd]
스위이드
명 스웨덴 사람, 스웨덴

□ **Sweden** [swíːdn]
스위이든
명 스웨덴

□ **sweep** [swíːp]
스위이프
타 자 청소하다 명 청소, 일소

□ **sweet** [swíːp]
스위이프
형 달콤한 명 단 것 부 달게

□ **sweeten** [swíːtn]
스위이튼
타 자 달게하다, 향기롭게 하다

□ **swell** [swél]
스웰
⟨자⟩⟨타⟩ 부풀다 ⟨명⟩ 팽창, 증대, 커짐

□ **swerve** [swɔ́:rv]
스워어브
⟨자⟩⟨타⟩ 벗어나다 ⟨명⟩ 빗나감

□ **swift** [swíft]
스위프트
⟨형⟩ 빠른, 날랜 ⟨부⟩ 신속하게

□ **swim** [swím]
스윔
⟨자⟩⟨타⟩ 헤엄치다, 뜨다
⟨명⟩ 헤엄, 수영

□ **swine** [swáin]
스와인
⟨명⟩ 야비한 사람, 탐욕자

□ **swing** [swíŋ]
스윙
⟨자⟩⟨타⟩ 흔들거리다 ⟨명⟩ 동요, 흔들림

□ **swirl** [swɔ́:rl]
스워얼
⟨자⟩⟨타⟩ 소용돌이치다 ⟨명⟩ 소용돌이

□ **Swiss** [swís]
스위스
⟨형⟩ 스위스의 ⟨명⟩ 스위스 사람

□ **switch** [swítʃ]
스위취
⟨명⟩ 스위치 ⟨타⟩⟨자⟩ 스위치를 틀다

□ **Switzerland** [swítsərlənd]
스위처런드
⟨명⟩ 스위스(수도)

□ **swoon** [swú:n]
스우운
⟨명⟩ 졸도, 기절 ⟨자⟩ 쇠약해지다

□ **sword** [sɔ́:rd]
소오드
⟨명⟩ 검, 칼, 무력, 병력

□ **syllable** [síləbl]]
실러블
⟨명⟩ 음절, 한 마디 ⟨타⟩ 음절로 나누다

□ **symbol** [símbəl]
심벌
⟨명⟩ 상징, 표상, 부호 ⟨타⟩ 상징하다

□ **sympathetic** [sìmpəθétik]
심퍼쎄틱
⟨형⟩ 동정심이 있는, 공감하는

□ **sympathize** [símpəθàiz]
심퍼싸이즈
⟨자⟩ 동정하다, 동의하다

A
B
C
D
E
F
G
H
I
J
K
L
M
N
O
P
Q
R
S
T
U
V
W
X
Y
Z

□ **sympathy** [símpəθi]
심퍼씨

명 동정, 연민, 위문, 문상

□ **symphony** [símfəni]
심퍼니

명 심포니, 교향곡, 화음, 조화

□ **symptom** [símptəm]
심프텀

명 징후, 증상, 징조

□ **syndicate** [síndikət]
신디커트

명 기업연합, 신디케이트, 이사회

□ **synonym** [sínənìm]
시너님

명 동의어, 표시어, 뜻이 같은 말

□ **syntax** [síntæks]
신택스

명 통어법(론), 문장 구성법

□ **syrup** [sírəp]
시럽

명 시럽, 당밀

□ **system** [sístəm]
시스텀

명 조직, 체계, 계통, 학설, 방식

□ **systematic(al)**
[sìstəmǽtik(əl)] 시스터매틱(컬)

형 조직적인, 체계적인

집 House

① bathroom
[bǽθrù(ː)m 배쓰루움]

② lavatory
[lǽvətɔ̀ːri 래버토오리]

③ kitchen
[kítʃin 키친]

④ dining room
[dáiniŋ ruːm 다이닝 루움]

① 욕실 ② 화장실 ③ 부엌 ④ 식당

⑤ **second floor**
[sékənd flɔːr 세컨드 플로어]

⑥ **window**
[wíndou 윈도우]

⑦ **wall**
[wɔːl 워얼]

⑨ **stairs**
[stéəːrz
스테어즈]

⑧ **door**
[dɔːr 도오]

⑩ **first floor**
[fəːrst flɔːr 퍼어스트 플로어]

⑪ **living room**
[lívin rúːm
리빙 루움]

⑤ 벽 ⑥ 창문 ⑦ 벽 ⑧ 문 ⑨ 계단 ⑩ 1층 ⑩ 거실

512

□ **table** [téibl]
테이블

명 테이블, 탁자, 식탁

□ **tablet** [tǽblit]
태블리트

명 (나무, 돌, 굴속의) 평판, 명판

□ **tack** [tǽk]
택

명 (납작한) 못, 압정, 주름, 가봉

□ **tackle** [tǽkl]
태클

명 도구, 연장
타 자 ~에 달려들다, 부딪히다

□ **tact** [tǽkt]
택트

명 솜씨, 요령, 재치, 촉감

□ **tactics** [tǽktiks]
택틱스

명 전술, 병법, 술책, 책략

□ **tadpole** [tǽdpòul]
태드포울

명 올챙이

□ **tag** [tǽg]
태그

명 물표, 꼬리표, 짐표

□ **tail** [téil]
테일

명 꼬리, 꽁지 타 자 꼬리를 달다

□ **tailor** [téilər]
테일러

명 재봉사, 양복 짓는 사람

□ **taint** [téint]
테인트

타 자 더럽히다, 오염하다 명 얼룩

□ **take** [téik]
테이크

타 자 취하다, 잡다, 쥐다, 받다

□ **tale** [téil]
테일

명 이야기, 고자질, 소문, 설화

□ **talent** [tǽlənt]
탤런트
명 재능, 수완, 솜씨

□ **talk** [tɔ́ːk]
토오크
자 타 말하다 명 담화, 이야기

□ **tall** [tɔ́ːl]
토올
형 (키가) 큰, 높은, 엄청난

□ **tame** [téim]
테임
형 길든, 길들인 자 타 길들이다

□ **tan** [tǽn]
탠
타 자 가죽을 무두질하다, 햇볕에
그을리다

□ **tank** [tǽŋk]
탱크
명 (물, 가스 등의) 탱크, 전차,
저수지

□ **tap** [tǽp]
탭
명 꼭지 자 타 가볍게 두드리다

□ **tape** [téip]
테이프
명 납작한 끈, 줄자
타 테이프로 묶다

□ **taper** [téipər]
테이퍼
명 작은 초, 초 먹인 심지
타 뾰족하게 하다

□ **tapestry** [tǽpəstri]
태퍼스트리
명 무늬 놓은 두꺼운 천,
태퍼스트리, 벽걸이 융단

□ **tar** [táːr]
타아
명 타르, 아편 타 타알을 칠하다

□ **tardy** [táːrdi]
타아디
형 느린, 더딘, 늦은

□ **target** [táːrgit]
타아깃
명 과녁, 목표, 표적

□ **tariff** [tǽrif]
태리프
명 관세(율), 요금표

□ **tarry** [tǽri]
태리
자 타 머무르다, 늦어지다,
망설이다

□ **tart** [táːrt]
타아트
형 신, 신랄한

514

□ **task** [tǽsk]
태스크
⟨명⟩ 일, 직무, 과업 ⟨타⟩ 혹사하다

□ **tassel** [tǽsəl]
태설
⟨명⟩ 술(장식용) ⟨타⟩ 수염을 달다

□ **taste** [téist]
테이스트
⟨타⟩ ⟨자⟩ 맛보다 ⟨명⟩ 맛, 미각, 풍미

□ **tatter** [tǽtər]
태터
⟨명⟩ 누더기 옷 ⟨타⟩ 갈갈이 찢다

□ **tavern** [tǽvərn]
태번
⟨명⟩ 선술집, 여인숙

□ **tawny** [tɔ́:ni]
토오니
⟨명⟩ 황갈색 ⟨형⟩ 황갈색의

□ **tax** [tǽks]
택스
⟨명⟩ 세금, 무거운 짐, 부담
⟨타⟩ 과세하다

□ **taxation** [tækséiʃən]
택세이션
⟨명⟩ 과세, 세수

□ **taxi** [tǽksi]
택시
⟨명⟩ 택시 ⟨자⟩ ⟨타⟩ 택시로 가다

□ **tea** [tí:]
티이
⟨명⟩ 차, 홍차, 차나무

□ **teach** [tí:tʃ]
티이취
⟨타⟩ ⟨자⟩ 가르치다, 교육하다

□ **teacher** [tí:tʃər]
티이쳐
⟨명⟩ 선생, 교사

□ **team** [tí:m]
티임
⟨명⟩ 팀, 패 ⟨자⟩ ⟨타⟩ 한 수레에 매다

□ **tear** [tíər]
티어
⟨명⟩ 눈물, 비애, 비탄

□ **tear** [teər]
테어
⟨타⟩ ⟨자⟩ 찌르다, 할퀴다 ⟨명⟩ 째진 곳

□ **tease** [tí:z]
티이즈
⟨타⟩ 괴롭히다, 놀려대다, 애태우다

□ **technical** [téknikəl] 　형 공업의, 기술적인, 전문의
테크니컬

□ **technique** [tekní:k] 　명 기법, 기교
테크니이크

□ **tedious** [tí:diəs] 　형 지루한, 장황한
티이디어스

□ **teem** [tí:m] 　자 충만하다, 풍부하다
티임

□ **telegram** [téligræm] 　명 전보, 전신, 속보, 게시판
텔리그램

□ **telegraph** [téligræf] 　명 전신(기) 타 자 타전하다
텔리그래프

□ **telephone** [téləfòun] 　명 전화(기) 타 자 전화로 말하다
텔러포운

□ **telescope** [téləskòup] 　명 망원경
텔러스코우프

□ **television** [téləvìʒən] 　명 텔레비젼
텔러비젼

□ **tell** [tél] 　타 자 말하다, 이야기하다, 고하다
텔

□ **temper** [témpər] 　명 기질, 기분, 성질, 천성
템퍼

□ **temperament** 　명 기질, 성미, 체질, 성질
[témpərəmənt] 템퍼러먼트

□ **temperance** [témpərəns] 　명 절제, 삼감, 금주
템퍼런스

□ **temperate** [témpərət] 　형 절제하는, 온화한, 적당한
템퍼러트

□ **temperature** [témpərətʃər] 　명 온도, 체온, 기온
템퍼러쳐

□ **tempest** [témpist] 　명 사나운 비바람, 폭풍우, 소동
템피스트

□ **temple** [témpl]
템플

몡 성당, 신전, 사원, 절

□ **temporary** [témpərèri]
템퍼레리

톙 일시의, 덧없는, 임시의

□ **tempt** [témpt]
템프트

틴 유혹하다, ~할 기분이 나게
하다

□ **temptation** [temptéiʃən]
템프테이션

몡 유혹(물)

□ **ten** [tén]
텐

몡 10 톙 10의

□ **tenacity** [tənǽsəti]
터내서티

몡 고집, 끈기, 완강

□ **tenant** [ténənt]
테넌트

몡 차지인, 거주자, 소작인

□ **tend** [ténd]
텐드

틴 잔 ~의 경향이 있다, 도달하다

□ **tendency** [téndənsi]
텐던시

몡 경향, 풍조, 버릇, 추세

□ **tender** [téndər]
텐더

톙 상냥한, 부드러운, 어린

□ **tennis** [ténis]
테니스

몡 정구, 테니스

□ **tenor** [ténər]
테너

몡 방침, 경향, 대의, 테너(가수)

□ **tense** [téns]
텐스

톙 팽팽한, 긴장한 몡 [문법] 시제

□ **tension** [ténʃən]
텐션

몡 팽팽함, 긴장, 흥분, 노력

□ **tent** [tént]
텐트

몡 텐트 틴 잔 천막으로 덮다

□ **tenth** [ténθ]
텐쓰

몡 제 10 톙 제 10의

□ **term** [tə́:rm]
터엄
🖲 기한, 임기, 학기 (학승) 용어

□ **terminal** [tə́:rmənl]
터어머늘
🖲 끝의, 말단의, 종점의 🖲 종점

□ **terminate** [tə́:rmənèit]
터어머네이트
🖲 🖲 끝내다, 다하다, 해고하다

□ **terrace** [térəs]
테러스
🖲 단지, 높은 지대, 시가

□ **terrible** [térəbl]
테러블
🖲 무서운, 무시무시한, 호된, 심한

□ **terrify** [térəfài]
테러파이
🖲 겁나게 하다, 놀라게 하다

□ **territory** [térətɔ́:ri]
테러토오리
🖲 영토, 판도, 지방, 구역

□ **terror** [térər]
테러
🖲 공포, 무서움, 검

□ **test** [tést]
테스트
🖲 시험, 검사 🖲 시험하다

□ **testament** [téstəmənt]
테스터먼트
🖲 유언, 유서, 신과의 서약

□ **testify** [téstəfài]
테스터파이
🖲 🖲 증명하다, 입증하다

□ **testimony** [téstəmòuni]
테스터모우니
🖲 전언, 증명, 증언, 성명

□ **text** [tékst]
텍스트
🖲 본문, 원문, 텍스트

□ **textbook** [tékstbùk]
텍스트북
🖲 교과서

□ **texture** [tékstʃər]
텍스처
🖲 천, 감, 직물, 조직

□ **than** [ðǽn]
댄
🖲 🖲 ~보다, ~이외의

□ **thank** [θǽŋk]
쌩크

타 감사하다 명 감사, 사례

□ **thankful** [θǽŋkfəl]
쌩크펄

형 감사의, 고마워하는

□ **that** [ðǽt]
댙

대 저것, 그것 형 그, 저

□ **the** [ðə, ði]
더, 디

관 그, 저, 이 부 그만큼, 더, 오히려

□ **theater** [θíːətər]
씨이어터

명 극장, 강당, 무대, 연극

□ **theatrical** [θiǽtrikəl]
씨애트리컬

형 극장의, 과장된, 연극 같은

□ **thee** [ðíː]
디이

대 thou의 목적격, 그대에게

□ **theft** [θéft]
쎄프트

명 도둑질, 절도, 장물

□ **their** [ðéər]
데어

대 they의 소유격

□ **them** [ðém]
뎀

대 they의 목적격

□ **theme** [θíːm]
씨임

명 논지, 화제, 근거, 주제

□ **themselves** [ðəmsélvz]
뎀셀브즈

대 그들 자신(을, 이)

□ **then** [ðén]
덴

부 그때, 그당시, 그 다음에

□ **thence** [ðéns]
덴스

부 그러므로, 거기서부터

□ **theology** [θiálədʒi]
씨알러쥐

명 신학

□ **theory** [θíːəri]
씨이어리

명 학설, 이론, 공론, ~설

□ **there** [ðéər]
데어
- 분 그 곳에, 거기에서

□ **thereafter** [ðèərǽftər]
데어래프터
- 분 그 뒤에, 그 이후, 그것에 의해서

□ **thereby** [ðèərbái]
데어바이
- 분 그것에 의해서, 그것으로

□ **therefore** [ðéərfɔ̀ːr]
데어포오
- 분 그러므로, 그 결과

□ **therein** [ðèərín]
데어린
- 분 그 가운데에, 그 점에 있어서

□ **thereof** [ðèərʌ́v]
데어러브
- 분 그것에 관해서, 거기서부터

□ **thereon** [ðèərɔ́ːn]
데어로온
- 분 그 후 즉시, 게다가

□ **thereupon** [ðéərəpʌ̀n]
데어러판
- 분 그리하여, 그러므로, 그 결과

□ **therewith** [ðèərwíð]
데어위드
- 분 그것과 함께, 그 까닭에

□ **thermometer**
[θərmámətər] 써마머터
- 명 온도계, 검온기, 한란계

□ **these** [ðíːz]
디이즈
- 대 이(것)들 형 이(것)들의

□ **they** [ðéi]
데이
- 대 he, she, it의 복수, 그들(은)

□ **thick** [θík]
씩
- 형 두꺼운 분 진하게, 굵게

□ **thicken** [θíkən]
씨컨
- 타 자 두껍게 하다, 두꺼워지다

□ **thicket** [θíkit]
씨키트
- 명 덤불, 잡목, 숲, 관목 숲

□ **thief** [θíːf]
씨이프
- 명 도둑, 절도, 도적

520

□ **thigh** [θái] 명 넓적다리, 가랑이
싸이

□ **thimble** [θímbl] 명 골무, 끼움쇠테
씸블

□ **thin** [θín] 형 얇은, 홀쭉한 타 자 얇게 하다
씬

□ **thing** [θíŋ] 명 물건, 물체, 사태, 도구
씽

□ **think** [θíŋk] 타 자 생각하다, 상상하다
씽크

□ **third** [θə́ːrd] 명 제3, 세 번째 형 제3의
써어드

□ **thirst** [θə́ːrst] 명 목마름, 갈증, 갈망 자 열망하다
써어스트

□ **thirsty** [θə́ːrsti] 형 목 마른, 건조한, 갈망하는
써어스티

□ **thirteen** [θə́ːrtíːn] 명 13 형 13의
써어티인

□ **thirtieth** [θə́ːrtiiθ] 명 제30 형 제30의
써어티이쓰

□ **thirty** [θə́ːrti] 명 30 형 30의
써어티

□ **this** [ðís] 대 이것, 이 물건 형 이것의
디스

□ **thistle** [θísl] 명 엉겅퀴(스코틀랜드의 국화)
씨슬

□ **thorn** [θɔ́ːrn] 명 (식물의) 가시, 고통, 근심
쏘온

□ **thorough** [θə́ːrou] 형 충분한, 철저한, 완벽한
써어로우

□ **thoroughfare** [θə́ːroufɛ̀ər] 명 통로, 가로, 통행, 한길
써어로우페어

□ **those** [ðóuz]
도우즈

형 그들의 대 그들, that의 복수

□ **though** [ðóu]
도우

접 ~이나, ~이지만

□ **thought** [θɔ́:t]
쏘오트

명 사고(력), 생각 동 think의 과거

□ **thoughtful** [θɔ́:tfəl]
쏘오트펄

형 사려깊은, 주의깊은

□ **thoughtless** [θɔ́:tlis]
쏘오틀리스

형 분별없는, 경솔한

□ **thousand** [θáuzənd]
싸우전드

명 1000, 천, 무수 형 1000의

□ **thrash** [θræʃ]
쓰래쉬

타 자 채찍질하다, 타작하다

□ **thread** [θréd]
쓰레드

명 실, 섬유, 줄 타 자 실을 꿰다

□ **threat** [θrét]
쓰레트

명 위험, 협박, 흉조

□ **threaten** [θrétn]
쓰레튼

타 자 위협하다, ~할 듯하다

□ **three** [θrí:]
쓰리이

명 3, 셋 형 3의

□ **thresh** [θréʃ]
쓰레쉬

타 타작하다, 때리다 명 탈곡기

□ **threshold** [θréʃhould]
쓰레쉬호울드

명 문지방, 문간, 입구, 출발점

□ **thrice** [θráis]
쓰라이스

부 세번, 3배로, 매우

□ **thrift** [θríft]
쓰리프트

형 검약, 절약, 검소

□ **thrifty** [θrífti]
쓰리프티

형 절약하는, 검소한, 알뜰한

522

□ **thrill** [θríl]
쓰릴
명 전율, 감동 타 자 오싹하게 하다

□ **thrive** [θráiv]
쓰라이브
자 성공하다, 번영하다, 무성하다

□ **throat** [θróut]
쓰로우트
명 목구멍, 기관, 목소리

□ **throb** [θráb]
쓰랍
명 고동 자 두근거리다, 고동치다

□ **throe** [θróu]
쓰로우
명 격동, 고민, 진통, 산고

□ **throne** [θróun]
쓰로운
명 왕좌, 옥좌 타 즉위시키다

□ **throng** [θrɔ́ːŋ]
쓰로옹
명 군중 자 타 떼지어 모이다

□ **through** [θrú]
쓰루
전 ~을 통하여 부 통해서 형 끝난

□ **throughout** [θruːáut]
쓰루우아우트
부 도처에, 죄다 전 ~동안

□ **throw** [θróu]
쓰로우
타 자 던지다, 발사하다 명 던지기

□ **thrust** [θrʌ́st]
쓰러스트
타 자 밀다, 밀어내다 명 밀기

□ **thumb** [θʌ́m]
썸
명 엄지손가락 타 만지작거리다

□ **thump** [θʌ́mp]
썸프
명 딱 때림 타 자 탁 때리다

□ **thunder** [θʌ́ndər]
썬더
명 벼락, 천둥 자 타 천둥치다

□ **thunderbolt** [θʌ́ndərbòult] 명 뇌전, 벼락, 낙뢰
썬더보울트

□ **Thursday** [θə́ːrzdei]
써어즈데이
명 목요일(약어 Thurs)

523

□ **thus** [ðʌ́s] 부 이와 같이, 이렇게, 따라서
더스

□ **thwart** [θwɔ́ːrt] 타 방해하다 부 횡단하여
쓰워어트

□ **thy** [ðái] 대 너, thou의 소유격
다이

□ **tick** [tík] 명 똑딱 소리 자 타 똑딱 소리내다
틱

□ **ticket** [tíkit] 명 표, 승차권, 게시표, 입장권
티키트

□ **tickle** [tíkl] 타 자 간질이다 명 간지러움
티클

□ **tide** [táid] 명 조수, 조류 자 타 극복하다
타이드

□ **tidings** [táidiŋz] 명 통지, 소식, 기별, 사건
타이딩즈

□ **tidy** [táidi] 형 말쑥한, 정연한 타 자 정돈하다
타이디

□ **tie** [tái] 타 자 매다, 동이다 명 매듭, 맴
타이

□ **tiger** [táigər] 명 범, 호랑이, 잔인한 사람
타이거

□ **tight** [táit] 형 탄탄한, 견고한 부 단단히
타이트

□ **tighten** [táitn] 타 자 바싹 죄다, 단단하게 하다
타이튼

□ **tile** [táil] 명 기와, 타일 타 기와를 이다
타일

□ **till** [tíl] 전 ~까지 접 ~할 때까지
틸　　　　　　　　　　타 자 갈다

□ **tilt** [tílt] 자 타 기울다, 기울이다 명 경사
틸트

□ **timber** [tímbər] 팀버	몡 재목, 용재, 큰 목재, 대들보
□ **time** [táim] 타임	몡 때, 시간, 세월, 기간, 시대
□ **timid** [tímid] 티미드	혱 겁 많은, 겁에 질린, 소심한
□ **tin** [tín] 틴	몡 주석, 양철, 깡통 혱 주석으로 만든
□ **tinge** [tíndʒ] 틴쥐	몡 엷은 색 탇 엷게 물들이다
□ **tingle** [tíŋgl] 팅글	쟈 욱신거리다 몡 욱신거림
□ **tinker** [tíŋkər] 팅커	몡 땜장이 쟈 탇 어설프게 만지다
□ **tint** [tínt] 틴트	몡 색조, 희미한 색 탇 착색하다
□ **tiny** [táini] 타이니	혱 아주 작은, 몹시 작은
□ **tip** [típ] 팁	몡 끝, 첨단, 끄트머리, 팁
□ **tiptoe** [típtòu] 팁토우	몡 발끝 쟈 발끝으로 걷다
□ **tire** [táiər] 타이어	탇 쟈 피로하게 하다, 피곤해지다 몡 타이어
□ **tired** [táiərd] 타이어드	혱 피로한, 싫증난, 지친, 물린
□ **tissue** [tíʃuː] 티슈우	몡 (생물의) 조직, 얇은 직물
□ **title** [táitl] 타이틀	몡 표제, 제목, 책 이름, 자막
□ **to** [túː] 투우	젠 ~으로, ~에, ~까지, ~하게도

□ **toad** [tóud] ⃞ 두꺼비, 경멸할 인물
토우드

□ **toast** [tóust] ⃞ 구운 빵 ⃞ ⃞ 축배를 들다
토우스트

□ **tobacco** [təbǽkou] ⃞ 담배, 살담배, 흡연
터배코우

□ **today** [tədéi] ⃞ ⃞ 오늘, 금일, 현재, 오늘날
터데이

□ **toe** [tóu] ⃞ 발가락, 돌출부, 발끝
토우

□ **together** [təgéðər] ⃞ 함께, 동반해서, 같이, 동시에
터게더

□ **toil** [tɔ́il] ⃞ 수고, 노고, 고생 ⃞ 수고하다
토일

□ **toilet** [tɔ́ilit] ⃞ 화장, 복장, 화장실, 목욕실
토일리트

□ **token** [tóukən] ⃞ 표, 상징, 부호, 기념품
토우컨

□ **tolerable** [tálərəbl] ⃞ 참을 수 있는, 견딜수 있는
탈러러블

□ **tolerate** [tálərèit] ⃞ 참다, 견디다, 묵인하다
탈러레이트

□ **toll** [tóul] ⃞ 종소리, 통행세, 장세
토울

□ **tomato** [təméitou] ⃞ 토마토, 일년감
터메이토우

□ **tomb** [tú:m] ⃞ 무덤, 묘 ⃞ 매장하다
투움

□ **tomorrow** [təmɔ́:rou] ⃞ ⃞ 내일, 미래
터모오로우

□ **ton** [tʌ́n] ⃞ 톤(중량의 단위=1000kg)
턴

□ **tone** [tóun]   명 가락, 음(조)
토운   타 자 가락을 붙이다

□ **tongs** [tɔ́ːŋz]   명 부젓가락, 부집게, 지짐인두
토옹즈

□ **tongue** [tʌ́ŋ]   명 혀, 말, 언어, 변설, 말투
텅

□ **tonight** [tənáit]   명 부 오늘밤
터나이트

□ **tonnage** [tʌ́nidʒ]   명 (배의) 용적, 톤수, 용적량
터니쥐

□ **too** [túː]   부 그 위에, 또한, 너무, 지나치게
투우

□ **tool** [túːl]   명 도구, 공구, 연장
투울

□ **tooth** [túːθ]   명 이, 이 모양의 물건, (톱의) 이
투우쓰

□ **top** [táp]   명 꼭대기, 정상, 극점, 절정
탑

□ **topic** [tápik]   명 화제, 논제, 제목, 원리
타픽

□ **torch** [tɔ́ːrtʃ]   명 횃불, 토오치, 빛
토오취

□ **torment** [tɔ́ːrment]   명 고통, 가책 타 괴롭히다
토오멘트

□ **torpedo** [tɔːrpíːdou]   명 수뢰, 어뢰, 지뢰, 갱
토오피이도우

□ **torrent** [tɔ́ːrənt]   명 분류, 급류, 폭우, 여울
토오런트

□ **tortoise** [tɔ́ːrtəs]   명 거북이, 느림보
토오터스

□ **torture** [tɔ́ːrtʃər]   명 고문, 고통 타 고통을 주다
토오쳐

□ **toss** [tɔ́ːs]
토오스

타 자 던져올리다 명 던지기

□ **tosspot** [tɔ́ːspɑ̀t]
토오스팥

명 술고래, 모주꾼

□ **total** [tóutl]
토우틀

명 총계 형 전체의 자 타 합계하다

□ **totter** [tátər]
타터

자 비틀거리다 명 비틀거림

□ **touch** [tʌ́tʃ]
터취

타 자 대다, 닿다, 만지다 명 접촉

□ **tough** [tʌ́f]
터프

형 강인한, 완고한, 질긴

□ **tour** [túər]
투어

명 관광여행 타 자 주유하다

□ **tourist** [túərist]
투어리스트

명 여행가, 관광객, 좋은 봉

□ **tournament** [túərnəmənt]
투어너먼트

명 시합, 경기, 선수권대회

□ **tow** [tóu]
토우

명 예인선 타 밧줄로 끌다

□ **toward** [tɔ́ːrd]
토오드

전 ~의 쪽으로, ~에 대하여

□ **towel** [táuəl]
타우얼

명 수건, 타올, 행주

□ **tower** [táuər]
타우어

명 탑, 성루 자 우뚝 솟다

□ **town** [táun]
타운

명 읍, 소도시, 지방의 중심지

□ **toy** [tɔ́i]
토이

명 장난감, 노리개 자 장난하다

□ **trace** [tréis]
트레이스

명 발자국, 형적 타 자 추적하다

□ **track** [træk] 　 명 흔적 타 ~에 발자국을 남기다
트랙

□ **tract** [trækt] 　 명 넓은 토지, 지역, 지방
트랙트

□ **tractor** [træktər] 　 명 끄는 도구, 견인차, 트럭터
트랙터

□ **trade** [tréid] 　 명 상업, 장사 자 타 장사하다
트레이드

□ **trader** [tréidər] 　 명 상인, 무역업자, 무역선
트레이더

□ **tradesman** [tréidzmən] 　 명 소매 상인, 점원
트레이즈먼

□ **tradition** [trədíʃən] 　 명 전설, 구전, 전통, 관례
트러디션

□ **traffic** [træfik] 　 명 교통, 왕래 타 자 왕래하다
트래픽

□ **tragedy** [trædʒədi] 　 명 비극, 참사, 비참
트래저디

□ **tragic** [trædʒik] 　 형 비극의, 비참한, 비극적인
트래쥑

□ **trail** [tréil] 　 타 자 질질 끌다 명 지나간 자국
트레일

□ **trailer** [tréilər] 　 명 끄는 사람, 추적자, 예고 편
트레일러

□ **train** [tréin] 　 타 자 훈련하다, 길들이다 명 열차
트레인

□ **training** [tréiniŋ] 　 명 훈련, 교련, 트레이닝, 연습
트레이닝

□ **trait** [tréit] 　 명 특색, 특징, 모습, 버릇
트레이트

□ **traitor** [tréitər] 　 명 반역자, 배반자, 매국노
트레이터

□ **tram** [trǽm]　　　　　　　　명 궤도(차), 시가 전차, 석탄차
트램

□ **tramp** [trǽmp]　　　　　　자 타 방랑하다, 쿵쿵 걷다
트램프

□ **trample** [trǽmpl]　　　　　타 자 짓밟다, 학대하다, 무시하다
트램플

□ **trance** [trǽns]　　　　　　명 꿈결, 황홀, 혼수 상태
트랜스

□ **tranquil** [trǽŋkwil]　　　　형 평온한, 조용한, 차분한
트랭퀼

□ **transact** [trænsǽkt]　　　　타 자 처리하다, 거래하다
트랜색트

□ **transfer** [trænsfɔ́:r]　　　명 전환, 이동 타 자 옮기다
트랜스퍼어

□ **transform** [trænsfɔ́:rm]　　타 변형시키다, 바꾸다
트랜스포옴

□ **transient** [trǽnʃənt]　　　형 일시적인, 덧없는, 순간적인
트랜션트

□ **transit** [trǽnsit]　　　　　명 통과, 통행, 변천 타 횡단하다
트랜싯

□ **transition** [trænzíʃən]　　명 변이, 변천, 과도기
트랜지션

□ **transitive** [trǽnsətiv]　　명 [문법] 타동사 형 타동사의
트랜서티브

□ **translate** [trænsléit]　　　타 자 번역하다, 해석하다, 고치다
트랜슬레이트

□ **transmit** [trænsmít]　　　타 보내다, 발송하다, 전달하다
트랜스미트

□ **transparent** [trænspɛ́ərənt] 형 투명한, 명료한, 솔직한
트랜스페어런트

□ **transport** [trænspɔ́:rt]　　타 수송하다, 유형에 처하다
트랜스포오트

□ **transportation** 명 수송, 운송기관, 운반
[trænspərtéiʃən] 트랜스퍼테이션

□ **trap** [træp] 명 덫, 함정
트랩 타 자 덫에 걸리게 하다

□ **travel** [trǽvəl] 자 타 여행하다, 나아가다 명 여행
트래벌

□ **traverse** [trǽvəːrs] 타 자 가로지르다, 관통하다
트래버어스 명 횡단

□ **tray** [tréi] 명 쟁반, 얕은 접시, 푼주
트레이

□ **treachery** [trétʃəri] 명 배신, 배반, 반역
트레쳐리

□ **tread** [tréd] 자 타 밟다, 걷다, 지나다 명 밟기
트레드

□ **treason** [tríːzn] 명 반역(죄), 불신
트리이즌

□ **treasure** [tréʒər] 명 보배, 보물 타 진귀하게 여기다
트레저

□ **treasurer** [tréʒərər] 명 회계원, 출납계원
트레저러

□ **treasury** [tréʒəri] 명 금고, 국고, 세입, 기금
트레저리

□ **treat** [tríːt] 타 자 취급하다, 다루다 명 향응
트리이트

□ **treatise** [tríːtis] 명 학술논문, 전문서적
트리이티스

□ **treaty** [tríːti] 명 조약, 맹약, 협정, 약속
트리이티

□ **treble** [trébl] 명 3배, 세겹 형 3배의
트레블

□ **tree** [tríː] 명 나무, 수목, 목제품
트리이

□ **tremble** [trémbl]
트렘블
〔자〕〔타〕떨다, 전율하다 〔명〕떨림

□ **tremendous** [triméndəs]
트리멘더스
〔형〕무서운, 무시무시한, 거대한

□ **tremulous** [trémjuləs]
트레뮬러스
〔형〕떨리는, 후들거리는

□ **trench** [tréntʃ]
트렌취
〔명〕도량, 참호 〔타〕참호를 파다

□ **trend** [trénd]
트렌드
〔명〕경향, 방향, 추세
〔자〕향하다, 기울다

□ **trespass** [tréspəs]
트레스퍼스
〔명〕침입, 침해 〔자〕침입하다

□ **trial** [tráiəl]
트라이얼
〔명〕공판, 시험, 시련, 재판

□ **triangle** [tráiæŋgl]
트라이앵글
〔명〕삼각형, 3인조, 삼각자

□ **tribe** [tráib]
트라이브
〔명〕부족, 종족, 야만족

□ **tribunal** [traibjúːnl]
트라이뷰우늘
〔명〕법정, 법관석, 재판소

□ **tribute** [tríbjuːt]
트리뷰우트
〔명〕공물, 세, 부과금, 징수금

□ **trick** [trík]
트릭
〔명〕묘기, 재주, 속임수
〔타〕〔자〕속이다

□ **trickle** [tríkl]
트리클
〔자〕〔타〕똑똑 떨어지다, 조르륵
흐르다

□ **trifle** [tráifl]
트라이플
〔명〕하찮은 일 〔타〕〔자〕장난치다

□ **trim** [trím]
트림
〔형〕말쑥한 〔명〕정돈, 준비 상태
〔타〕〔자〕손질하다, 장식하다

□ **trinity** [trínəti]
트리너티
〔명〕삼위일체, 3인조, 3개 한 벌

□ **trip** [tríp]
트립
명 여행, 소풍 타 자 여행하다

□ **triple** [trípl]
트리플
형 3배의, 세 겹의 명 3배, 3루타

□ **triumph** [tráiəmf]
트라이엄프
명 개선, 승리 자 이기다

□ **triumphant** [traiʌ́mfənt]
트라이엄펀트
형 승리를 거둔, 의기양양한

□ **trivial** [tríviəl]
트리비얼
형 하찮은, 보잘것없는, 시시한

□ **trolley** [tráli]
트랄리
명 손수레, 고가 이동 활차

□ **troop** [trú:p]
트루우프
형 떼, 대(隊), 무리 자 타 모이다

□ **trophy** [tróufi]
트로우피
명 전리품, 전승기념물, 상패

□ **tropic** [trápik]
트라픽
명 회귀선, 열대

□ **tropical** [trápikəl]
트라피컬
형 열대의, 열대적인, 열렬한

□ **trot** [trát]
트라트
명 빠른 걸음 자 타 빨리 걷다

□ **trouble** [trʌ́bl]
트러블
명 걱정, 근심, 고생
타 자 괴롭히다

□ **trough** [trɔ́:f]
트로오프
명 함지박, 여물통, 반죽그릇, 홈통

□ **trousers** [tráuzərz]
트라우저즈
명 바지, 즈봉, 헐렁바지

□ **trout** [tráut]
트라우트
명 (물고기) 송어

□ **truck** [trʌ́k]
트럭
명 화물자동차, 트럭

533

□ **trudge** [trʌdʒ] 자 무겁게 터벅터벅 걷다
트러쥐

□ **true** [trú:] 형 정말의 부 진실로 명 진실
트루우

□ **truly** [trú:li] 부 참으로, 성실히, 진실로
트루울리

□ **trumpet** [trʌmpit] 명 트럼펫, 나팔 자 타 나팔 불다
트럼핏

□ **trunk** [trʌŋk] 명 줄기, 몸통, 본체, 큰 가방
트렁크

□ **trust** [trʌst] 명 신용, 신임 타 자 신뢰하다
트러스트

□ **trustee** [trʌstí:] 명 보관인, 수탁자
트러스티이

□ **trusty** [trʌsti] 형 믿을 수 있는, 확실한
트러스티

□ **truth** [trú:θ] 명 진리, 진실, 사실, 참
트루우쓰

□ **try** [trái] 타 자 노력하다, 해보다, 시도하다
트라이 명 시도

□ **tub** [tʌb] 명 통, 물통 타 자 목욕하다
텁

□ **tube** [tjú:b] 명 관, 튜우브, 지하철, 통
튜우브

□ **tuck** [tʌk] 타 자 걷어올리다, 밀어넣다, 덮다
턱

□ **Tuesday** [tjú:zdei] 명 화요일(약어 Tues)
튜유즈데이

□ **tug** [tʌg] 타 잡아당기다, 끌다 명 힘껏 당김
터그

□ **tulip** [tjú:lip] 명 튜울립
튜울립

534

□ **tumble** [támbl]
터블
邧 邧 넘어지다, 뒹굴다 몡 전락

□ **tumult** [tjúːməlt]
튜우멀트
몡 소동, 떠들썩함, 혼란, 폭동

□ **tune** [tjúːn]
튜운
몡 곡조, 멜로디 邧 음조를 맞추다

□ **tunnel** [tánl]
터늘
몡 터널, 지하도 邧 邧 굴을 파다

□ **turban** [táːrbən]
터어번
몡 터어번

□ **turbulent** [táːrbjulənt]
터어블런트
혱 (파도, 바람이) 거친, 광포한

□ **turf** [táːrf]
터어프
몡 잔디, 뗏장 邧 잔디를 심다

□ **Turk** [táːrk]
터어크
몡 터어키인, 난폭자, 개구쟁이

□ **Turkey** [táːrki]
터어키
몡 터어키 공화국

□ **turkey** [táːrki]
터어키
몡 칠면조, 무용지인, 바보

□ **turn** [táːrn]
터언
邧 邧 돌리다, 켜다 몡 회전, 전향

□ **turnip** [táːrnip]
터어닙
몡 [식물] 순무, 단조로운 일

□ **turret** [táːrit]
터어리트
몡 작은 탑, 망루, 포탑

□ **turtle** [táːrtl]
터어틀
몡 바다 거북

□ **tutor** [tjúːtər]
튜우터
몡 가정교사
邧 邧 (개인적) 지도하다

□ **twelfth** [twélfθ]
트웰프쓰
몡 제 12 혱 제 12의

□ **twelve** [twélv]
트웰브

몡 12 혱 12의, 12절판

□ **twenty** [twénti]
트웬티

몡 20 혱 20의

□ **twentieth** [twéntiiθ]
트웬티이쓰

몡 제 20 혱 제 20의

□ **twice** [twáis]
트와이스

뿐 두번, 2회, 2배로

□ **twig** [twíg]
트위그

몡 잔 가지, 가는 가지, 지맥

□ **twilight** [twáilàit]
트와일라이트

몡 황혼, 땅거미, 여명

□ **twin** [twín]
트윈

혱 쌍둥이의 몡 쌍둥이중의 하나

□ **twine** [twáin]
트와인

몡 꼰실 탸 쟈 꼬다, 얽히게 하다

□ **twinkle** [twíŋkl]
트윙클

쟈 탸 빤짝빤짝 빛나다 몡 반짝임

□ **twist** [twíst]
트위스트

탸 쟈 비틀다, 뒤틀다 몡 꼬임

□ **twit** [twít]
트위트

탸 야유하다, 비웃다, 조롱하다

□ **twitch** [twítʃ]
트위취

탸 쟈 확 잡아당기다 몡 확 잡아챔

□ **twitter** [twítər]
트위터

몡 지저귐 쟈 탸 지저귀다

□ **two** [túː]
투우

몡 2, 두 개 혱 2의, 두 개의

□ **twopence** [tʌ́pəns]
터펀스

몡 (영국의 은화) 2펜스, 시시한 일

□ **twopenny** [tʌ́pəni]
터퍼니

혱 2펜스의, 값싼 몡 2펜스

536

□ **type** [táip]
타이프
    형 형, 전형
    타 타이프라이터로 찍다

□ **typhoid** [táifɔid]
타이포이드
    형 장티푸스의 명 장티푸스

□ **typhoon** [taifúːn]
타이푸운
    명 태풍

□ **typical** [típikəl]
티피컬
    형 대표적인, 모범적인, 상징적인

□ **typist** [táipist]
타이피스트
    명 타이피스트, 타자수

□ **tyranny** [tírəni]
티러니
    명 전제정치, 폭정, 포학, 학대

□ **tyrant** [táiərənt]
타이어런트
    명 폭군, 압제자, 전제군주

A
B
C
D
E
F
G
H
I
J
K
L
M
N
O
P
Q
R
S
T
U
V
W
X
Y
Z

과목 Subject

① math(ematics)
[mǽθəmǽtiks 매써매틱스]

② Korean
[kərí:ən 커리이언]

③ science
[sáiəns 사이언스]

④ art
[ɑ:rt 아트]

---

① 수학 ② 국어 ③ 과학 ④ 미술

⑤ music
[mjúːzik 뮤우직]

⑥ physical education
[fízikəl èdʒukéiʃən 피지컬 에쥬케이션]

⑦ social studies
[sóuʃəl stʌ́diz 소우셜 스터디즈]

📖 _____

⑤ 음악   ⑥ 체육   ⑦ 사회

- □ **ugly** [ʌ́gli]
  어글리

  톙 추한, 보기싫은, 불쾌한

- □ **ultimate** [ʌ́ltəmət]
  얼터멋

  톙 최후의, 마지막의, 가장 먼

- □ **umbrella** [ʌmbrélə]
  엄브렐러

  몡 우산

- □ **umpire** [ʌ́mpaiər]
  엄파이어

  몡 (경기의) 심판자 짜 탸 심판하다

- □ **UN** [júːén]
  유우엔

  약 국제연합(United Nations)

- □ **unable** [ʌnéibl]
  어네이블

  톙 ~할 수 없는, 연약한, 무력한

- □ **unanimous** [juːnǽnəməs]
  유우내너머스

  톙 만장일치의, 이구동성의

- □ **unaware** [ʌnəwéər]
  어너웨어

  톙 눈치채지 못하는, 알지 못하는

- □ **unbearable** [ʌnbéərəbl]
  언베어러블

  톙 참을 수 없는, 견딜 수 없는

- □ **unbroken** [ʌnbróukən]
  언브로우컨

  톙 파손되지 않는, 완전한

- □ **uncertain** [ʌnsə́ːrtn]
  언서어튼

  톙 의심스러운, 불안한

- □ **unchanged** [ʌntʃéindʒd]
  언췌인쥐드

  톙 변하지 않은

- □ **uncle** [ʌ́ŋkl]
  엉클

  몡 백부, 숙부, 외삼촌, 고모부

□ **unclean** [ʌnklíːn] 형 불결한, 더럽혀진, 부정한
언클리인

□ **uncomfortable**
[ʌnkʌ́mfərtəbl] 언컴퍼터블 형 불안한, 불편한, 거북한

□ **uncommon** [ʌnkámən] 형 진귀한, 드문, 흔하지 않은
언카먼

□ **unconscious** [ʌnkánʃəs] 형 무의식의, 부지중의, 모르는
언칸셔스

□ **uncouth** [ʌnkúːθ] 형 서투른, 조야한, 거칠은
언쿠우쓰

□ **uncover** [ʌnkʌ́vər] 타 자 뚜껑을 열다, 탈모하다,
언커버 폭로하다

□ **under** [ʌ́ndər] 전 ~의 아래에 부 아래에
언더

□ **undergo** [ʌndərgóu] 타 받다, 당하다, 겪다
언더고우

□ **underground**
[ʌ́ndərgràund] 언더그라운드 형 지하의, 비밀의 명 지하도

□ **underline** [ʌ́ndərlàin] 타 ~의 밑에 선을 긋다 명 밑줄
언더라인

□ **underneath** [ʌndərníːθ] 전 ~의 밑에 부 아래에 명 하부
언더니이쓰

□ **understand** [ʌndərstǽnd] 타 자 이해하다, 알아듣다
언더스탠드

□ **undertake** [ʌndərtéik] 타 떠맡다, 인수하다, 착수하다
언더테이크

□ **underwear** [ʌ́ndərwɛ̀ər] 명 내의, 속옷
언더웨어

□ **underworld** [ʌ́ndərwə́ːrld] 명 지하, 지옥, 저승, 하층사회
언더워얼드

□ **undesirable** [ʌndizáiərəbl] 형 탐탁치 않은, 바람직하지 못한
언디자이어러블

□ **undisturbed** [ʌndistə́:rbd] 헹 조용한, 방해되지 않는
언디스터어브드

□ **undo** [ʌndú:] 탸 원상태로 돌리다, 취소하다
언두우

□ **undone** [ʌndʌ́n] 동 undo의 과거분사 헹 끌른
언던

□ **undress** [ʌndrés] 탸 쟈 옷을 벗기다, 옷을 벗다
언드레스

□ **uneasy** [ʌní:zi] 헹 불안한, 거북한, 꺼림칙한
어니이지

□ **unemployed** [ʌnimplɔ́id] 헹 일이 없는, 실직한, 쓰지 않는
어님플로이드

□ **unequal** [ʌní:kwəl] 헹 같지 않은, 부동의, 불공평한
어니이퀄

□ **unfinished** [ʌnfíniʃt] 헹 미완성의, 완전치 못한
언피니쉬트

□ **unfit** [ʌnfít] 헹 부적당한, 적임이 아닌
언피트

□ **unfold** [ʌnfóuld] 탸 (접어갠 물건을) 펴다, 열리다
언포울드

□ **unfortunate** [ʌnfɔ́:rtʃənət] 헹 불행한 몡 불운한 사람
언포오쳐너트

□ **ungrateful** [ʌngréitfəl] 헹 은혜를 모르는, 애쓴 보람 없는
언그레이트펄

□ **unhappy** [ʌnhǽpi] 헹 불행한 , 비참한, 불운한
언해피

□ **uniform** [jú:nəfɔ́:rm] 헹 한결같은 몡 제복
유우너포옴

□ **unimportant** [ʌnimpɔ́:rtənt] 헹 중요하지 않은, 보잘것없는
언임포오턴트

□ **union** [jú:njən] 몡 결합, 동맹, 일치, 합동
유우년

542

□ **unique** [juːníːk]
유우니이크

혱 유일의, 독자의, 진기한

□ **unit** [júːnit]
유우니트

혱 한 개, 한 사람, 단위

□ **unite** [junáit]
유나이트

[타][자] 일치하다, 결합하다

□ **united** [junáitid]
유나이티드

혱 결합한, 일치된, 결속된

□ **unity** [júːnəti]
유우너티

몡 단일, 통일, 일치, 화합

□ **universal** [jùːnəvə́ːrsəl]
유우너버어설

혱 우주의, 만유의, 전 세계의

□ **universe** [júːnəvəːrs]
유우너버어스

몡 우주, 만물, 전 세계

□ **university** [jùːnəvə́ːrsəti]
유우너버어서티

몡 종합 대학교, 대학팀

□ **unjust** [ʌndʒʌ́st]
언저스트

혱 부정한, 매정한, 부당한, 불법의

□ **unkind** [ʌnkáind]
언카인드

혱 불친절한, 매정한, 냉혹한

□ **unknown** [ʌnnóun]
언노운

혱 알 수 없는, 미지의, 불명의

□ **unless** [ənlés]
언레스

젭 만약 ~이 아니면, ~외에는

□ **unlike** [ʌnláik]
언라이크

혱 다른, 같지 않은
젼 ~와 같지 않고

□ **unlikely** [ʌnláikli]
언라이클리

혱 가망 없는, 있을 것 같지 않은

□ **unlimited** [ʌnlímitid]
언리미티드

혱 끝없는, 무한한, 한없는

□ **unload** [ʌnlóud]
언로우드

[타][자] (짐을) 부리다, 내리다

□ **unlock** [ʌnlάk] 　　　　　　타 자 자물쇠를 열다, 털어놓다
언락

□ **unlucky** [ʌnlʌ́ki] 　　　　　형 불행한, 불운한, 운이 없는
언러키

□ **unmarried** [ʌnmǽrid] 　　　형 미혼의
언매리드

□ **unmoved** [ʌnmúːvd] 　　　　형 확고한, 냉정한, 흔들리지 않는
언무우브드

□ **unnatural** [ʌnnǽtʃərəl] 　　형 부자연한, 보통이 아닌
언내처럴

□ **unnecessary** [ʌnnésəsèri] 　형 불필요한, 무익한, 쓸데없는
언네서세리

□ **unoccupied** [ʌnάkjupàid] 　형 점유당하지 않은, 일이 없는
언아큐파이드

□ **unpleasant** [ʌnpléznt] 　　　형 불쾌한, 마음에 들지 않는
언플레즌트

□ **unprecedented** 　　　　　　형 전례없는, 신기한
[ʌnprésədèntid] 언프레서덴티드

□ **unreasonable** [ʌnríːzənəbl] 형 부조리한, 터무니없는
언리이저너블

□ **unrest** [ʌnrést] 　　　　　　명 불안, 불온(상태), 걱정
언레스트

□ **unsatisfactory** 　　　　　　형 불만족한
[ʌnsæ̀tisfǽktəri] 언새티스팩터리

□ **unseen** [ʌnsíːn] 　　　　　　형 안 보이는, 보이지 않는
언시인

□ **unsound** [ʌnsáund] 　　　　형 건전하지 못한, 상한
언사운드

□ **unspeakable** [ʌnspíːkəbl] 형 말할 수 없는, 몹시 나쁜
언스피이커블

□ **untie** [ʌntái] 　　　　　　　타 (매듭을) 풀다, 해방하다
언타이

544

□ **until** [əntíl]
언틸
전 ~까지 접 ~때까지, 마침내

□ **untouched** [ʌ́ntʌ́tʃt]
언터취트
형 손대지 않은, 언급되지 않은

□ **untrue** [ʌ̀ntrú:]
언트루우
형 진실이 아닌, 허위의

□ **unusual** [ʌ̀njú:ʒuəl]
어뉴우쥬얼
형 보통이 아닌, 진기한

□ **unwelcome** [ʌ̀nwélkəm]
언웰컴
형 환영받지 못하는, 싫은

□ **unwilling** [ʌ̀nwíliŋ]
언윌링
형 본의가 아닌, 마음내키지 않는

□ **unwise** [ʌ̀nwáiz]
언와이즈
형 슬기 없는, 어리석은

□ **unworthy** [ʌ̀nwɔ́:rði]
언워어디
형 가치 없는, 하찮은

□ **up** [ʌ́p]
업
부 위로 전 ~의 위에 형 올라간

□ **uphold** [ʌ̀phóuld]
업호울드
타 후원하다, 올리다, 받치다

□ **upland** [ʌ́plənd]
어플런드
명 고지, 산지 형 고지에 사는

□ **uplift** [ʌ̀plíft]
엎리프트
타 들어올리다, 높이다

□ **upon** [əpán]
어판
전 on과 같은 뜻

□ **upper** [ʌ́pər]
어퍼
형 위의, 상부의, 상위의

□ **upright** [ʌ́pràit]
엎라이트
형 곧은, 곧게 선 부 똑바로

□ **uproar** [ʌ́prɔ́:r]
엎로오
명 큰 소란, 소동, 소음

□ **uproot** [ʌprúːt]
엎루우트

$\boxed{타}$ 뿌리채 뽑다, 근절시키다

□ **uprouse** [ʌpráuz]
엎라우즈

$\boxed{자}$ 일으키다, 눈을 뜨게 하다, 각성시키다

□ **upset** [ʌpsét]
엎세트

$\boxed{타}$ $\boxed{자}$ 뒤집어 엎다 $\boxed{명}$ 전복

□ **upside** [ʌ́psàid]
엎사이드

$\boxed{명}$ 위쪽, 상부, 상행선

□ **upstairs** [ʌ́pstéərz]
엎스테어즈

$\boxed{부}$ 2층에, 위층에 $\boxed{형}$ 2층의

□ **upward** [ʌ́pwərd]
엎워드

$\boxed{형}$ 상승하는, 향상하는

□ **urchin** [ə́ːrtʃin]
어어췬

$\boxed{명}$ 개구쟁이, 선머슴, 고슴도치

□ **urge** [ə́ːrdʒ]
어어쥐

$\boxed{타}$ 몰아내다, 재촉하다 $\boxed{명}$ 자극

□ **urgent** [ə́ːrdʒənt]
어어전트

$\boxed{형}$ 긴급의, 중요한, 절박

□ **urn** [ə́ːrn]
어언

$\boxed{명}$ 항아리, 단지

□ **us** [ʌs]
어스

$\boxed{대}$ we의 목적격, 우리들에게

□ **USA** [ju: es ei]
유우에스에이

$\boxed{약}$ 아메리카 합중국 (the United States of America)

□ **usage** [júːsidʒ]
유우시쥐

$\boxed{명}$ 사용법, 취급법, 관습, 습관

□ **use** [júːs]
유우스

$\boxed{명}$ 사용, 이용, 용법, 실용

□ **use** [júːz]
유우즈

$\boxed{타}$ 쓰다, 사용하다, 취급하다

□ **used** [júːst]
유우스트

$\boxed{형}$ ～에 익숙하여 $\boxed{타}$ ～하곤 했다

□ **useful** [júːsfəl]
유우스펄

형 유용한, 편리한, 도움이 되는

□ **useless** [júːslis]
유우슬리스

형 쓸모 없는, 무익한, 헛된

□ **usher** [ʌ́ʃər]
어셔

명 안내인, 수위 타 안내하다

□ **USSR** [juː es es ɑː(r)]
유우 에스 에스 아알

약 소비에트 연방

□ **usual** [júːʒuəl]
유우쥬얼

형 보통의, 평소의, 평범한

□ **usually** [júːʒuəli]
유우쥬얼리

부 보통, 언제나, 평소에

□ **utensil** [juːténsəl]
유우텐설

명 가정용품, (부엌)세간, 도구

□ **utility** [juːtíləti]
유우틸러티

명 유용, 실용, 유익

□ **utilize** [júːtəlàiz]
유우털라이즈

타 이용하다, 활용하다

□ **utmost** [ʌ́tmòust]
어트모우스트

형 극도의, 최대의 명 최대한도

□ **utter** [ʌ́tər]
어터

형 철저한, 온전한 타 말하다

정원 Garden

① **flower bed**
[fláuər bed 플라우어 베드]

③ **cat**
[kæt˖ 캣]

② **rabbit**
[rǽbit 래빝]

④ **dog**
[dɔːg 도그]

⑤ **fence**
[fens 펜스]

---

① 화단 ② 토끼 ③ 고양이 ④ 개 ⑤ 울타리

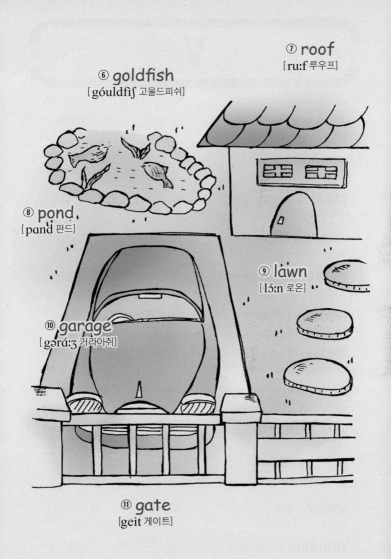

⑦ **roof**
[ruːf 루우프]

⑥ **goldfish**
[góuldfiʃ 고울드피쉬]

⑧ **pond**
[pɑnd 판드]

⑨ **lawn**
[lɔ́ːn 로온]

⑩ **garage**
[ɡərɑ́ːʒ 거라아쥐]

⑪ **gate**
[ɡeit 게이트]

⑥ 금붕어 ⑦ 지붕 ⑧ 연못 ⑨ 잔디 ⑩ 차고 ⑫ 대문

□ **vacancy** [véikənsi]
베이컨시
> 명 공허, 빈 자리, 공간, 공석

□ **vacant** [véikənt]
베이컨트
> 형 공허한, 빈, 비어 있는

□ **vacation** [veikéiʃən]
베이케이션
> 명 휴가, 방학 재 휴가를 얻다

□ **vacuum** [vǽkjuəm]
배큐엄
> 명 진공, 빈 곳, 공백

□ **vagabond** [vǽgəbὰnd]
배거반드
> 명 방랑자, 불량배 형 방랑하는

□ **vagrant** [véigrənt]
베이그런트
> 형 방랑하는, 떠도는

□ **vague** [véig]
베이그
> 형 애매한, 분명치 않은, 막연한

□ **vain** [véin]
베인
> 형 쓸데없는, 헛된, 무익한

□ **vale** [véil]
베일
> 명 (시)계곡, 골짜기, 속세, 뜬세상

□ **valiant** [vǽljənt]
밸런트
> 형 용감한, 씩씩한

□ **valley** [vǽli]
밸리
> 명 골짜기, 계곡, (강의) 유역

□ **valuable** [vǽljuəbl]
밸류어블
> 형 소중한, 값비싼, 귀중한

□ **valuation** [vὰljuéiʃən]
밸류에이션
> 명 평가, 가치판단

□ **value** [vǽljuː]　밸류우
　　명 가치, 값어치　타 평가하다

□ **vanish** [vǽniʃ]　배니쉬
　　자 사라지다, 자취를 감추다

□ **vanity** [vǽnəti]　배너티
　　명 공허, 무가치, 무익, 허무

□ **vanquish** [vǽŋkwiʃ]　뱅퀴쉬
　　타 정복하다, ~에 이기다

□ **vapor** [véipər]　베이퍼
　　명 증기, 수증기, 김, 공상, 망상

□ **variable** [vέəriəbl]　베어리어블
　　형 변하기 쉬운, 일정치 않은

□ **variation** [vὲəriéiʃən]　베어리에이션
　　명 변화, 변동, 변화물, 변이

□ **variety** [vəráiəti]　베라이어티
　　명 다양성, 잡동사니, 변화

□ **various** [vέəriəs]　베어리어스
　　형 다른, 여러 가지의, 틀리는

□ **varnish** [váːrniʃ]　바아니쉬
　　명 속임, 겉치레　타 니스칠하다

□ **vary** [vέəri]　베어리
　　타 자 바꾸다, 변하다, 변경하다

□ **vase** [véis]　베이스
　　명 꽃병, 병, 단지

□ **vast** [vǽst]　배스트
　　형 거대한, 광대한, 굉장히

□ **vault** [vɔ́ːlt]　보올트
　　명 둥근 지붕, 둥근 천장

□ **vegetable** [védʒətəbl]　베저터블
　　명 푸성귀, 야채, 식물　형 식물의

□ **vegetation** [vὲdʒətéiʃən]　베저테이션
　　명 초목, 지방 특유의 식물, 식물의 성장

□ **vehement** [víːəmənt]
비이어먼트
형 간절한, 열렬한, 격렬한

□ **vehicle** [víːikl]
비이클
명 차량, 탈 것, 매개물

□ **veil** [véil]
베일
명 베일, 너울, 면사포

□ **vein** [véin]
베인
명 정맥, 혈관, 심줄

□ **velocity** [vəlásəti]
벌라서티
명 속력, 빠르기, 속도

□ **velvet** [vélvit]
벨비트
명 우단, 비로드 형 우단과 같은

□ **venerable** [vénərəbl]
베너러블
형 존경할 만한, 존엄한, 훌륭한

□ **vengeance** [véndʒəns]
벤전스
명 복수, 원수 갚기, 앙갚음

□ **Venice** [vénis]
베니스
명 베니스(이탈리아 동북부의 항구)

□ **venom** [vénəm]
베넘
명 (뱀, 거미 따위의) 독, 독액

□ **vent** [vént]
벤트
명 구멍, 빠지는 구멍

□ **ventilate** [véntəlèit]
벤털레이트
타 환기하다, 정화하다

□ **venture** [véntʃər]
벤쳐
명 모험 타 자 감히 하다

□ **Venus** [víːnəs]
비이너스
명 비너스(사랑과 미의 여신), 금성

□ **veranda** [vərændə]
버랜더
명 베란다

□ **verb** [vəːrb]
버어브
명 [문법] 동사

552

□ **verdict** [və́:rdikt]
버어딕트
☐ (배심원의) 답신, 평결, 판단, 결정

□ **verge** [və́:rdʒ]
버어쥐
☐ 끝, 가장자리 ☐ ~에 직면하다

□ **verify** [vérəfài]
베러파이
☐ 확인하다, 입증하다, 증명하다

□ **verse** [və́:rs]
버어스
☐ 시(詩), 운문, 시의 한 행

□ **version** [və́:rʒən]
버어전
☐ 번역, 역서, 해석

□ **vertical** [və́:rtikəl]
버어티컬
☐ 수직의, 세로의, 연직의

□ **very** [véri]
베리
☐ 대단히, 매우, 참말로 ☐ 참된

□ **vessel** [vésəl]
베설
☐ 용기 그릇, (대형의) 배

□ **vest** [vést]
베스트
☐ 조끼, 속옷 ☐ ☐ 옷을 입히다

□ **vestige** [véstidʒ]
베스티쥐
☐ (희미한) 형적, 자취, 흔적

□ **vesture** [véstʃər]
베스쳐
☐ 옷, 의복, 가리개, 수확물

□ **veteran** [vétərən]
베터런
☐ 노련자, 베테랑, 능수

□ **veto** [ví:tou]
비이토우
☐ 거부권, 부인권 ☐ 거부하다

□ **vex** [véks]
벡스
☐ 성나게 하다, 짜증나게 하다, 초조하게 하다

□ **vexation** [vekséiʃən]
벡세이션
☐ 괴롭힘, 짜증, 안달, 초조

□ **vibrate** [váibreit]
바이브레이트
☐ ☐ 떨다, 진동시키다, 흔들다

A B C D E F G H I J K L M N O P Q R S T U V W X Y Z

□ **vibration** [vaibréiʃən] 　명 진동, 떨림, 마음의 동요
바이브레이션

□ **vice** [váis] 　명 악덕, 악습, 죄악, 비행
바이스

□ **vice** [váis] 　접 부 차석의, 대리
바이스

□ **vice president** 　명 부통령, 부통재, 부회장
[váisprézədənt] 바이스프레저던트

□ **vicinity** [visínəti] 　명 근처, 근방, 인근, 주변
비시너티

□ **vicious** [víʃəs] 　형 사악한, 악덕의, 타락한
비셔스

□ **victim** [víktim] 　명 희생(자), 피해자, 조난자
빅팀

□ **victor** [víktər] 　명 승리자, 정복자 형 승리의
빅터

□ **victorious** [viktɔ́ːriəs] 　형 이긴, 승리의, 승리를 가져오는
빅토오리어스

□ **victory** [víktəri] 　명 승리, 극복
빅터리

□ **victual** [vítl] 　명 음식, 양식
비틀　　　　　　　　　타 자 식량을 공급하다

□ **view** [vjúː] 　명 경치, 시력, 의견 타 보다
뷰우

□ **viewpoint** [vjúːpɔ́int] 　명 보는 관점, 견해, 견지
뷰우포인트

□ **vigilance** [vídʒələns] 　명 경계, 조심, 불면증, 철야
비절런스

□ **vigor** [vígər] 　명 활력, 원기, 정력, 체력
비거

□ **vigorous** [vígərəs] 　형 원기가 있는, 힘찬, 강력한
비거러스

554

□ **vile** [váil]
바일
형 야비한, 비열한, 천한

□ **villa** [vílə]
빌러
명 별장, 교외주택

□ **village** [vílidʒ]
빌리쥐
명 마을, 촌(락)

□ **villain** [vílən]
빌런
명 악한, 악인, 악당

□ **vine** [váin]
바인
명 포도나무, 덩굴 식물

□ **vinegar** [vínigər]
비니거
명 초, 식초

□ **vineyard** [vínjərd]
비녀드
명 포도밭, 포도원, 일터

□ **violate** [váiəlèit]
바이얼레이트
타 (법률, 규칙을) 위반하다

□ **violence** [váiələns]
바이얼런스
명 맹렬, 폭력, 난폭, 침해

□ **violent** [váiələnt]
바이얼런트
형 과격한, 맹렬한, 극단적인

□ **violet** [váiəlit]
바이얼리트
명 제비꽃, 보라빛 형 보라빛의

□ **violin** [vàiəlín]
바이얼린
명 바이올린, 현악기

□ **viper** [váipər]
바이퍼
명 독사, 살무사

□ **virgin** [vɔ́:rdʒin]
저어쥔
명 처녀, 아가씨 형 처녀의

□ **virtue** [vɔ́:rtʃu:]
버어츄우
명 덕, 미덕, 장점, 가치

□ **virtuous** [vɔ́:rtʃuəs]
버어츄어스
형 선량한, 도덕적인, 정숙한

A B C D E F G H I J K L M N O P Q R S T U V W X Y Z

□ **visage** [vízidʒ]
비지쥐
명 얼굴, 용모

□ **visible** [vízəbl]
비저블
형 눈에 보이는, 명백한, 실제의

□ **vision** [víʒən]
비전
명 시력, 시각, 상상력, 선견

□ **visit** [vízit]
비지트
타 자 방문하다 명 방문, 견학

□ **visitor** [vízitər]
비지터
명 방문자, 문병객, 손님

□ **visual** [víʒuəl]
비쥬얼
형 시각의, 눈에 보이는

□ **vital** [váitl]
바이틀
형 생명의, 생명이 있는

□ **vitality** [vaitǽləti]
바이탤러티
명 생명력, 활력, 원기, 생기

□ **vitamin(e)** [váitəmin]
바이터민
명 비타민

□ **vivid** [vívid]
비비드
형 선명한, 산뜻한, 생생한

□ **vocabulary** [voukǽbjulèri]
보우캐뷸레리
명 어휘, 용어, 단어집

□ **vocal** [vóukəl]
보우컬
형 소리의, 음성의, 시끄러운

□ **vogue** [vóug]
보우그
명 유행, 인기, 호평

□ **voice** [vɔ́is]
보이스
명 목소리, 음성 타 목소리를 내다

□ **void** [vɔ́id]
보이드
형 빈, 공허한, ~이 없는 명 공허

□ **volcanic** [vɑlkǽnik]
발캐닉
형 화산의, 화산이 있는, 화성의

□ **volcano** [vɑlkéinou]
발케이노우

명 화산

□ **volley** [vɑ́li]
발리

명 일제사격, 연발 타 자 사격하다

□ **volleyball** [vɑ́libɔ̀:l]
발리보올

명 배구

□ **volume** [vɑ́lju:m]
발류움

명 권, 책, 서적, 부피, 양

□ **voluntary** [vɑ́ləntèri]
발런테리

형 자발적인, 임의의, 자유의사의

□ **volunteer** [vɑ̀ləntíər]
발런티어

명 유지(有志) 타 자 지원하다

□ **vote** [vóut]
보우트

명 표결, 투표 자 타 투표하다

□ **vow** [váu]
바우

명 맹세, 서약 타 자 맹세하다

□ **vowel** [váuəl]
바우얼

명 모음(자) 형 모음의

□ **voyage** [vɔ́iidʒ]
보이이쥐

명 항해, 항행 자 타 항해하다

□ **vulgar** [vʌ́lgər]
벌거

형 저속한, 야비한, 비천한

A
B
C
D
E
F
G
H
I
J
K
L
M
N
O
P
Q
R
S
T
U
V
W
X
Y
Z

□ **wade** [wéid]
웨이드
자 타 걸어서 건너다

□ **wafer** [wéifər]
웨이퍼
명 웨이퍼(살짝 구운 얇은 과자)

□ **waft** [wɑ́:ft]
와아프트
타 둥둥 띄우다

□ **wag** [wǽg]
왜그
타 자 흔들다, 흔들리다

□ **wage** [wéidʒ]
웨이지
명 임금

□ **wagon** [wǽgən]
왜건
명 짐마차, 왜건

□ **wail** [wéil]
웨일
자 타 울부짖다, 통곡하다

□ **waist** [wéist]
웨이스트
명 허리

□ **wait** [wéit]
웨이트
자 타 기다리다, 대기하다, 모시다

□ **waiting-room**
[wéitiŋ-rúm] 웨이팅룸
명 대합실

□ **wake** [wéik]
웨이크
자 타 깨다, 일어나다, 잠깨다

□ **walk** [wɔ́:k]
워어크
자 타 걷다, 산책하다 명 산보

□ **wall** [wɔ́:l]
워얼
명 벽, 담, 둑 타 담을 싸다

□ **wallet** [wάlit]
월리트
명 지갑, 돈주머니, (여행용) 바랑

□ **walnut** [wɔ́ːlnʌt]
워얼널
명 호두, 호두색

□ **wan** [wάn]
완
형 창백한, 핏기 없는, 희미한

□ **wander** [wάndər]
완더
자 헤매다, 빗나가다, 방랑하다

□ **wane** [wéin]
웨인
자 이지러지다, 작아지다 명 쇠미

□ **want** [wɔ́nt]
원트
타 자 원하다, 탐내다 명 결핍

□ **war** [wɔ́ːr]
워어
명 전쟁, 싸움 자 전쟁하다

□ **warble** [wɔ́ːrbl]
워어블
자 타 지저귀다 명 지저귐

□ **ward** [wɔ́ːrd]
워어드
명 감시, 감독 타 보호하다

□ **warden** [wɔ́ːrdn]
워어든
명 감시인, 문지기, 간수장

□ **ware** [wéər]
웨어
명 제품, 상품, 판매품

□ **warehouse** [wéərhàus]
웨어하우스
명 창고, 도매상 타 창고에 넣다

□ **warfare** [wɔ́ːrfɛ̀ər]
워어페어
명 전쟁, 교전, 싸움

□ **warm** [wɔ́ːrm]
워엄
형 따뜻한 타 자 따뜻하게 하다

□ **warn** [wɔ́ːrn]
워언
타 경고하다, 주의하다

□ **warrant** [wɔ́ːrənt]
워런트
명 근거, 보증, 권리 타 보증하다

A B C D E F G H I J K L M N O P Q R S T U V **W** X Y Z

559

□ **warrior** [wɔ́:riər]
워리어

몡 무인, 용사, 노병

□ **warship** [wɔ́:rʃip]
워어슆

몡 군함

□ **wary** [wéəri]
웨어리

혱 주의 깊은, 세심한, 주도한

□ **was** [wʌ́z]
워즈

동 be의 1인칭, 3인칭 단수

□ **wash** [wɑ́ʃ]
워쉬

타 자 씻다, 빨다 몡 세탁

□ **washing** [wɔ́:ʃiŋ]
워쉥

몡 빨래, 세탁, 세탁물

□ **waste** [wéist]
웨이스트

혱 거친 자 타 낭비하다 몡 황무지

□ **wasteful** [wéistfəl]
웨이스트풀

혱 낭비하는, 사치스러운

□ **watch** [wɑ́tʃ]
워치

몡 회중시계 타 자 주시하다

□ **water** [wɔ́:tər]
워어터

몡 호수, 바다 타 자 물을 주다

□ **waterfall** [wɔ́:tərfɔ̀:l]
워어터포올

몡 폭포, 늘어진 것

□ **waterproof** [wɔ́:tərprù:f]
워어터프루우프

몡 방수포, 방수복 혱 방수의

□ **waterway** [wɔ́:tərwèi]
워어터웨이

몡 운하, 수로

□ **watery** [wɔ́:təri]
워어터리

혱 물의, 물이 많은, 축축한

□ **wave** [wéiv]
웨이브

몡 물결, 파도 자 타 물결치다

□ **waver** [wéivər]
웨이버

자 흔들리다, 너울거리다

□ **wax** [wǽks]
왝스
명 밀초 타 밀을 바르다, 증대하다

□ **way** [wéi]
웨이
명 길, 도로, 통로, 진로, 방향

□ **we** [wíː]
위이
대 우리는, 우리들, 우리가

□ **weak** [wíːk]
위이크
형 약한, 힘 없는, 무력한

□ **weaken** [wíːkən]
위이컨
타 자 약하게 하다, 약해지다

□ **wealth** [wélθ]
웰쓰
명 부, 재산, 풍부, 부유

□ **wealthy** [wélθi]
웰씨
형 유복한, 풍부한, 넉넉한

□ **weapon** [wépən]
웨펀
명 무기, 병기, 흉기

□ **wear** [wéər]
웨어
타 자 쓰다 명 착용, 소모

□ **weary** [wíəri]
위어리
형 피로한, 지쳐있는, 피곤한

□ **weasel** [wíːzəl]
위이즐
명 족제비, 교활한 사람, 밀고자

□ **weather** [wéðər]
웨더
명 일기, 날씨 타 자 풍화하다

□ **weave** [wíːv]
위이브
타 자 짜다, 엮다, 뜨다

□ **web** [wéb]
웨브
명 거미집, 거미줄

□ **wed** [wíːd]
웨드
타 자 결합하다, 결혼하다

□ **wedding** [wédiŋ]
웨딩
명 결혼, 결혼식, 혼례

A
B
C
D
E
F
G
H
I
J
K
L
M
N
O
P
Q
R
S
T
U
V
W
X
Y
Z

561

□ **wedge** [wédʒ]
웨지
명 쐐기 타 쐐기로 쪼개다(죄다)

□ **Wednesday** [wénzdei]
웬즈디
명 수요일(약어 Wed)

□ **wee** [wíː]
위이
형 조그마한, 아주 작은

□ **weed** [wíːd]
위이드
명 잡초, 해초 타 자 잡초를 뽑다

□ **week** [wíːk]
위이크
명 주, 일주일간, 7일간

□ **weekday** [wíːkdèi]
위이크데이
명 평일 형 평일의

□ **weekend** [wíːkènd]
위이켄드
명 주말 형 주말의
자 주말을 보내다

□ **weekly** [wíːkli]
위이클리
형 1주간의 부 매주 명 주간지

□ **weep** [wíːp]
위이프
자 타 울다, 슬퍼하다, 비탄하다

□ **weigh** [wéi]
웨이
타 자 저울에 달다, 무게를 달다

□ **weight** [wéit]
웨이트
명 무게, 체중 타 무겁게 하다

□ **weird** [wíərd]
위어드
형 불가사의한, 수상한

□ **welcome** [wélkəm]
웰컴
명 환영 환영받는 타 환영하다

□ **welfare** [welfɛər]
웰페어
명 복지사업, 복리, 후생

□ **well** [wél]
웰
명 샘 부 잘, 훌륭히 형 건강한
감 저런

□ **were** [wɔ́ːr]
워어
동 be의 과거

562

□ **west** [wést]
웨스트
명 서쪽 형 서쪽의 부 서쪽에

□ **western** [wéstərn]
웨스턴
형 서부지방의, 서양의

□ **wet** [wét]
웻
형 젖은, 축축한
자 타 적시다, 젖다

□ **whale** [hwéil]
웨일
명 고래, 거대한 것

□ **wharf** [hwɔ́ːrf]
웨어프
명 부두, 선창

□ **what** [hwʌ́t]
왓
대 어떤 것, 얼마, 무엇
형 무슨, 어떤

□ **whatever** [hwʌtévər]
왓에버
대 (~하는) 것은 무엇이나
형 어떤 ~이라도

□ **wheat** [hwíːt]
위이트
명 밀, (소맥) 곡식

□ **wheel** [hwíːl]
위일
명 바퀴, 수레바퀴, 차륜

□ **when** [hwén]
웬
부 언제 접 ~할 때 대 언제

□ **whence** [hwéns]
웬스
부 어디서, 어찌하여, 거기서부터

□ **whenever** [hwènévər]
웨네버
부 ~할 때에는 언제든지

□ **where** [hwéər]
웨어
부 어디에, 어느 위치에 명 장소

□ **whereas** [hwèəræz]
웨어래즈
접 ~인 까닭에, ~을 고려하면

□ **whereby** [hwèərbái]
웨어바이
부 어떻게, 그에 의하여

□ **wherefore** [hwéərfɔ́ːr]
웨어포오
부 어째서, 그러므로 명 이유

□ **wherein** [hwὲərín]
웨어린
㈜ 무엇 가운데에, 그 중에

□ **wherever** [hwɛərévər]
웨어에버
㈜ 어디에, 어디에든지

□ **whether** [hwéðər]
웨더
㈜ ~인지 어떤지, ~인지 또는

□ **which** [hwítʃ]
위치
때 어느 것, 어느 쪽 ⑱ 어느 쪽의

□ **whichever** [hwìtʃévər]
위체버
때 ⑱ 어느 ~이든지, 어느 것(이나)

□ **whiff** [hwif]
위프
⑲ 한번 붊(바람), 확 풍기는 향기

□ **while** [hwáil]
와일
⑲ 잠시
㈜ ~하는 동안에, ~할지라도

□ **whim** [hwim]
윔
⑲ 일시적 기분, 변덕, 자아틀

□ **whimper** [hwímpər]
윔퍼
㈜ ㉤ 훌쩍훌쩍 울다, 낑낑거리다

□ **whine** [hwáin]
와인
㈜ ㉤ 애처롭게 울다, 흐느껴 울다

□ **whip** [hwíp]
윕
⑲ 매, 채찍질 ㉤ ㈜ 채찍질하다

□ **whirl** [hwə́:rl]
워얼
㉤ ㈜ 빙빙 돌리다 ⑲ 회전, 선회

□ **whirlwind** [hwə́:rlwìnd]
워얼윈드
⑲ 회오리 바람, 선풍

□ **whisk** [hwísk]
위스크
⑲ 작은 비, 총채 ㉤ ㈜ (먼지) 털다

□ **whisker** [hwískər]
위스커
⑲ 구레나룻, (고양이, 쥐의) 수염

□ **whisper** [hwíspər]
위스퍼
㈜ ㉤ 속삭이다 ⑲ 속삭임

□ **whistle** [hwísl]
위슬
자 타 휘파람을 불다
명 휘파람, 호각

□ **white** [hwáit]
와이트
형 흰, 백색의, 창백한 명 흰옷

□ **whiten** [hwáitn]
와이튼
타 자 희게 하다, 표백하다

□ **whither** [hwíðər]
위더
부 어디로, 어느 방향으로

□ **who** [húː]
후우
대 누구, 어떤 사람, ~하는 사람

□ **whoever** [huːévər]
후에버
대 ~하는 사람은 누구든지

□ **whole** [hóul]
호울
형 전체의, 전부의, 모든 명 전부

□ **wholesale** [hóulsèil]
호울세일
명 도매 타 자 도매하다 형 도매의

□ **wholesome** [hóulsəm]
호울섬
형 건강에 좋은, 건전한, 위생적인

□ **wholly** [hóulli]
호울리
부 아주, 완전히, 오로지

□ **whom** [húːm]
후움
대 who의 목적격

□ **why** [hwái]
와이
부 왜, 어째서, ~하는 명 이유

□ **wicked** [wíkid]
위키드
형 나쁜, 사악한, 심술궂은

□ **wide** [wáid]
와이드
형 폭이 넓은, 너른, 낙낙한

□ **widow** [wídou]
위도우
명 미망인, 과부, 홀어미

□ **width** [wídθ]
위드쓰
명 넓이, 폭

□ **wield** [wíːld] 위일드	퇴 칼을 휘두르다, 권력을 지배하다
□ **wife** [wáif] 와이프	명 처, 아내, 부인, 마누라
□ **wig** [wíg] 위그	명 가발, 머리칼 퇴 가발을 씌우다
□ **wiggly** [wígli] 위글리	형 주저하는, 꿈틀거리는
□ **wild** [wáild] 와일드	형 야생의, 야만의 퇴 가발을 씌우다
□ **wild-cat** [wáildkæt] 와일드캩	명 삵괭이, 무법자 형 당돌한
□ **wilderness** [wíldərnis] 윌더니스	명 황야, 황무지
□ **will** [wíl] 윌	조 ～할 것이다 명 의지, 결의
□ **willful** [wílfəl] 윌풀	형 계획적인, 고집 센, 고의의
□ **willing** [wíliŋ] 윌링	형 기꺼이 ～하는, 자진해서 하는
□ **willow** [wílou] 윌로우	명 버드나무(수목, 재목)
□ **win** [wín] 윈	퇴 재 획득하다, 이기다 명 승리
□ **wince** [wíns] 윈스	재 질리다, 움츠리다 명 주춤함
□ **wind** [wínd] 윈드	명 바람, 강풍 퇴 바람에 쐬다
□ **wind** [wáind] 와인드	퇴 재 감다, 휘감기다, 말다
□ **window** [wíndou] 윈도우	명 창, 창구, 유리창, 창틀

566

□ **windy** [wíndi]
윈디
혱 바람이 세게 부는, 몹시 거칠은

□ **wine** [wáin]
와인
몡 포도주, 과실주, 검붉은 빛

□ **wing** [wíŋ]
윙
몡 날개 틔 날개를 달다, 날리다

□ **wink** [wíŋk]
윙크
쟈 틔 눈을 깜박이다, 눈짓하다
몡 눈짓

□ **winner** [wínər]
위너
몡 승리자, 우승자

□ **winnow** [wínou]
위노우
틔 (곡물, 겨 등) 까부르다,
키질하다

□ **winter** [wíntər]
윈터
몡 겨울, 만년 쟈 틔 겨울을 나다

□ **wintry** [wíntri]
윈트리
혱 겨울의, 추운, 겨울다운

□ **wipe** [wáip]
와잎
틔 닦다, 훔치다 몡 닦기, 훔침

□ **wire** [wáiər]
와이어
몡 철사, 전선 틔 쟈 철사로 묶다

□ **wireless** [wáiərlis]
와이얼리스
혱 무선의, 전선의 몡 무전, 라디오

□ **wiry** [wáiəri]
와이어리
혱 철사 같은, 빳빳한

□ **wisdom** [wízdəm]
위즈덤
몡 지혜, 현명, 학문, 분별

□ **wise** [wáiz]
와이즈
혱 현명한, 분별 있는 쟈 틔 알다

□ **wish** [wíʃ]
위쉬
틔 쟈 원하다, 바라다 몡 소망

□ **wistful** [wístfəl]
위스트풀
혱 탐나는 듯한, 생각에 잠긴

567

□ **wit** [wít] 명 기지, 재치, 재사
윝

□ **witch** [wítʃ] 명 마녀, 무당, 마술사
위치

□ **with** [wið] 전 ~와 함께, ~의 속에,
위드 ~을 써서

□ **withdraw** [wiðdrɔ́:] 타 자 물러서게 하다, 회수하다
위드드로오

□ **wither** [wíðər] 자 타 시들다, 쇠퇴시키다
위더

□ **withhold** [wiðhóuld] 타 보류하다, 억누르다
위드호울드

□ **within** [wiðín] 전 ~의 속에, ~이내에 부 안에
위딘

□ **without** [wiðáut] 전 ~의 밖에, ~없이
위드아울 부 외부에, 밖은

□ **withstand** [wiðstǽnd] 타 거역하다, 저항하다, 버리다
위드스탠드

□ **witless** [wítlis] 형 지혜(재치)없는, 분별이 없는
위트리스

□ **witness** [wítnis] 명 증인 타 자 목격하다, 증언하다
위트니스

□ **witty** [wíti] 형 재치있는, 재담을 잘 하는
위티

□ **wizard** [wízərd] 명 (남자) 마술사, 요술쟁이
위저드

□ **woe** [wóu] 명 비애, 고뇌, 재난 감 슬프도다
우오우

□ **wolf** [wúlf] 명 [동물] 이리, 탐욕스런 사람
울프

□ **woman** [wúmən] 명 부인, 여자
우먼

□ **wonder** [wʌ́ndər] 명 놀라움, 경이, 경탄
원더 타 자 놀라다

□ **wonderful** [wʌ́ndərfəl] 형 놀라운, 불가사의한
원더풀

□ **wont** [wóunt] 형 버릇처럼 된 명 습관, 풍습
오운트

□ **woo** [wúː] 타 구혼하다, 조르다
우우

□ **wood** [wúd] 명 숲, 수풀, 삼림, 나무, 재목
우드

□ **wooden** [wúdn] 형 나무의, 나무로 만든, 어색한
우든

□ **woodman** [wúdmən] 명 나무꾼, 산림간수
우드먼

□ **woodpecker** [wúdpèkər] 명 딱다구리
우드펙커

□ **wool** [wúl] 명 양털, 털실, 모직물, 울
울

□ **woolen** [wúlən] 형 양털의, 양모로 된 명 모직물
울린

□ **word** [wə́ːrd] 명 말, 단어, 서언, 낱말
워어드

□ **work** [wə́ːrk] 명 일, 작업 자 타 일하다
워어크

□ **worker** [wə́ːrkər] 명 일손, 일꾼, 노동자, 노력가
워어커

□ **working** [wə́ːrkiŋ] 명 일, 노동, 작용 형 일하는
워어킹

□ **workshop** [wə́ːrkʃàp] 명 작업장, 공장, 일터
워어크샵

□ **world** [wə́ːrld] 명 지구, 현세, 세상, 인류, 세속
워얼드

□ **worldly** [wə́:*r*ldli]   형 속세의, 현세의, 세속적인
워어들리

□ **worm** [wə́:*r*m]   명 벌레(지렁이, 구더기, 회충 등)
워엄

□ **worry** [wə́:ri]   타 자 괴롭히다, 고민하다
워리

□ **worse** [wə́:*r*s]   형 보다 나쁜 부 더욱 나쁘게
워어스

□ **worship** [wə́:*r*ʃip]   명 숭배, 경모 타 자 숭배하다
워어쉽

□ **worst** [wə́:*r*st]   형 가장 나쁜 부 가장 나쁘게
워어스트

□ **worth** [wə́:*r*θ]   형 ~만큼의 값어치가 있는
워어스   명 가치

□ **worthy** [wə́:*r*ði]   형 가치 있는, 훌륭한 명 명사
워어디

□ **would** [wúd,wəd]   조 will의 과거, ~할 것이다
우드, 워드

□ **wound** [wú:nd]   명 부상, 상처, 타격
우운드   타 상처 입히다

□ **wrap** [rǽp]   타 자 싸다, 덮다 명 어깨걸이
랲

□ **wrath** [rǽθ]   명 격노, 복수, 신의 노여움
로오스

□ **wreath** [rí:θ]   명 화환, 동그라미
리이스

□ **wreathe** [rí:ð]   타 자 화환으로 만들다, 장식하다
리이드

□ **wreck** [rék]   명 파멸, 난파 타 자 파괴하다
렉

□ **wren** [rén]   명 굴뚝새
렌

□ **wrench** [réntʃ]
렌치
명 비틀림 타 잡아떼다, 비틀다

□ **wrest** [rést]
레스트
타 비틀다, 억지로 빼앗다

□ **wrestle** [résl]
레슬
자 타 레슬링을 하다 명 레슬링

□ **wretch** [rétʃ]
레치
명 불운한 사람, 비열한 사람

□ **wretched** [rétʃid]
레치드
형 불운한, 비참한, 가엾은

□ **wriggle** [rígl]
리글
자 타 꿈틀거리다 명 꿈틀거림

□ **wrinkle** [ríŋkl]
링클
명 주름 타 자 주름지다

□ **wrist** [ríst]
리스트
명 손목

□ **write** [ráit]
라이트
타 자 쓰다, 저작하다, 기록하다

□ **writhe** [ráið]
라이드
타 뒤틀다 자 몸부림치다

□ **writing** [ráitiŋ]
라이팅
명 씀, 필적, 저술, 지필

□ **written** [rítn]
리튼
동 write의 과거분사 형 문자로 쓴

□ **wrong** [rɔ́ːŋ]
롱
형 부정의 타 해치다 명 부정

□ **wrought** [rɔ́ːt]
로오트
동 work의 과거 형 만든, 가공한

A
B
C
D
E
F
G
H
I
J
K
L
M
N
O
P
Q
R
S
T
U
V
W
X
Y
Z

□ **Xmas** [krísməs, éksməs]   몡 크리스마스(=Christmas)
  크리스마스, 엑스머스

□ **X-ray** [éksrèi]   혱 X선의 탄 X선으로 검사하다
  엑스레이

□ **xylophone** [záiləfòun]   몡 실로폰, 목금
  자일러포운

□ **yacht** [ját]
야트
몡 요트

□ **Yankee** [jǽŋki]
앵키
몡 (영·속어) 미국 사람

□ **yard** [jáːrd]
야아드
몡 마당, 구내

□ **yarn** [jáːrn]
야안
몡 직물 짜는 실, 뜨개실

□ **yawn** [jɔ́ːn]
요온
재타 하품하다 몡 하품

□ **yea** [jéi]
예이
뮈 예, 그렇다 몡 긍정, 찬성

□ **year** [jíər]
이어
몡 해, 1년, 연도, 나이

□ **yearn** [jə́ːrn]
여언
재 동경하다, 그리워하다

□ **yeast** [jíːst]
이이스트
몡 효모(균), 이스트, 누룩

□ **yean** [jíːn]
이인
재타 (양·염소가) (새끼를) 낳다

□ **yeanling** [jíːnliŋ]
이인링
몡 새끼 양, 새끼 염소
톙 갓 태어난, 어린

□ **yearly** [jíərli]
이어리
톙 연 1회의, 매년의

□ **yell** [jél]
옐
재 큰소리를 지르다 몡 고함 소리

□ **yellow** [jélou]
옐로우
몡 노랑 톙 노란, 황색의

573

□ **yelp** [jélp]
엘프
자 (개가) 깽깽 울다

□ **yeoman** [jóumən]
요우먼
명 자유농민

□ **yes** [jés]
예스
부 네, 그래 명 「네」라고 하는 말

□ **yesterday** [jéstərdèi]
예스터데이
명 부 어제

□ **yet** [jét]
예트
부 아직, 이미
접 그럼에도 불구하고

□ **yield** [jíːld]
이일드
타 자 산출하다, 낳다 명 산출

□ **yoke** [jóuk]
요우크
명 멍에

□ **yonder** [jándər]
얀더
부 저쪽에[의], 저곳에[의]

□ **you** [júː]
유우
대 당신[너희, 자네](들) 은[이]

□ **young** [jʌ́ŋ]
영
형 젊은, 한창인, 어린

□ **youngster** [jʌ́ŋstər]
영스터
명 젊은이, 청소년

□ **your** [júər]
유어
대 you의 소유격, 당신(들)의

□ **yours** [júərz]
유어즈
대 당신(들)의 것

□ **yourself** [juərsélf]
유어셀프
대 당신 자신

□ **youth** [júːθ]
유우스
명 젊음, 청년 시절

□ **youthful** [júːθfəl]
유우스펄
형 젊은, 발랄한

□ **zeal** [zíːl]
지일

명 열심, 열성

□ **zealous** [zéləs]
젤러스

형 열심인, 열광적인

□ **zebra** [zíːbrə]
지이브러

명 얼룩말

□ **zenith** [zíːniθ]
지이니스

명 천정, 정점

□ **zero** [zíərou]
지어로우

명 0(아라비아 숫자의), 0도, 제로

□ **zest** [zést]
제스트

명 열정, 강한 흥미, 풍미

□ **zigzag** [zígzæg]
지그재그

명 Z자형, 지그재그(형)

□ **zinc** [zíŋk]
징크

명 [화학] 아연

□ **zone** [zóun]
조운

명 지대, 대(帶)
타 자 띠(모양으로) 두르다

□ **zoo** [zúː]
주우

명 동물원

□ **zoological** [zòuəládʒikəl]
조월라지컬

형 동물학(상)의, 동물에 관한

□ **zoology** [zouálədʒi]
조우알러지

명 동물학

□ **zoom** [zúːm]
주움

명 급상승, 급등 자 급상승하다

□ **zyme** [záim]   명 효모, 전염병의 병원체
자임

□ **zymurgy** [záimə:rdʒi]   명 양조학(釀造學), 발효 화학
자이머어지